부정적 리더십을 치유하는
리더십 코칭

부정적 리더십을 치유하는 리더십 코칭

초판 인쇄 2023년 1월 25일
초판 발행 2023년 1월 30일

지은이   이용권
펴낸이   이찬규
펴낸곳   북코리아
등록번호 제03-01240호
주소   13209 경기도 성남시 중원구 사기막골로45번길 14
          우림2차 A동 1007호
전화   02-704-7840
팩스   02-704-7848
이메일   ibookorea@korea.com
홈페이지 www.북코리아.kr
ISBN   978-89-6324-975-9 (93320)

값 27,000원

부정적 리더십을 치유하는
리더십 코칭

이용권 지음

머리말

당신은 리더인가?

당신은 리더다. 처음엔 누군가로부터 지시를 받는다 해도 실행하는 순간부터 당신은 자기 삶의 주인공이자 리더다. 리더로 변하는 순간, 당신은 달라지고 주변 사람들이 행복해진다. 리더 한 사람의 긍정적인 변화로 주변 사람들이 적게는 수명, 많게는 수천, 수만 명이 행복해질 수 있다. 당신은 그런 존재다.

이를 위해서는 리더가 변화해야 한다. 어떻게 변화할 것인가? 이것이 본고의 목적이다.

4차 산업혁명 시대로 표방되는 현대에는 리더 중심(leader centered)에서 구성원 중심(follower centered)의 패러다임으로 전환되어야 한다. 세계적 기업인 구글의 CEO 에릭 슈미트에게 누군가 코칭을 받아보라고 했을 때 "내가 왜 코칭을 받지? 내가 IT 분야의 최고 전문가인데, 누가 나에게 코칭을 한단 말인가?" 하는 의문을 가졌으나 막상 코칭을 받고 난 뒤에는 "이제까지 내가 받았던 최고의 조언은 코칭을 받아보라는 것이었으며, 최고의 행동은 코칭을 받아본 것이었다"라고 말했다.

조직에는 반드시 리더가 존재한다. 구성원들이 신명 나게 일하도록 하여 조직성과를 달성하고 자신의 잠재역량을 키워나가도록 돕는 리더가 있는 반면, 구성원을 위축시키고 조직을 망하게 만드는 리더가 조직에는 많이 존재한다. 구성원들은 알고 있으나 말하지 못할 뿐이다. 하지만 고양이 목에 누가 방울을 달 수 있으랴?

이제는 리더도 코칭을 받아야 한다. 못해서 받는 것이 아니라 더 잘해서 조직의 목표를 달성하고 구성원들을 행복하게 하기 위해 코칭을 받는 것이다. 누군가로부터 정답을 구하는 티칭(teaching)의 효과는 22%에 불과하지만, 코칭의 효과는 그 4배인 88%의 효과가 있다고 한다.

상명하복의 대명사라 일컬어지는 군 조직에서도 리더들의 부정적 리더십을 치유하고 잠재역량을 발휘하여 스스로 문제를 해결하고 성장하도록 돕는 리더십 코칭이 널리 시행 중이다. 군 조직은 리더십에서 시작하여 리더십으로 끝나는 조직이다. 군 조직의 리더십 코칭은 대대장, 연대장, 사단장으로 확대되고 리더십코칭전문관제도 또한 새롭게 시행 중이다. 리더 개인에 대한 코칭뿐만 아니라 팀 차원 및 그룹 차원을 넘어 조직문화를 변화시키고 조직의 성과를 리더 개인뿐만 아니라 구성원 모두가 공유할 수 있도록 조직코칭을 시행하고 있다.

리더십코칭제도는 기업이나 정부조직도 시행해볼 필요가 있다. 한 명의 천재가 천 명을 먹여살릴 수 있듯이 자신의 리더십을 코칭받은 리더가 조직을 행복하게 할 수 있기 때문이다. 감찰활동은 일이 발생한 후를 담당하지만, 코칭은 미래지향적 예방적 기능을 담당하기에 4차 산업혁명 시기에 적합한 기능이라 할 수 있다.

이러한 코칭 효과는 리더 본인뿐만 아니라 구성원 모두가 변화와 성장을 인식하는 리더십 코칭 진단도구라는 객관적 도구를 활용하여 코칭 이전과 코칭 이후의 변화된 리더십을 구성원, 상급자에게 측정하여 확인한 결과다. 또한 리더와 구성원 모두가 상호 이해할 수 있도록 MBTI나 조하리의 창, DISC, 리더십 코칭 진단도구 등을 활용했다.

이 책은 크게 네 부분으로 나누어져 있다. 제1부는 4차 산업혁명과 리더십의 변화 필요성을 다룬 부분으로 제1장 4차 산업혁명과 인간 생활의 변화, 제2장 조직관리, 제3장 리더십의 변화 요구, 제4장 부정적 리더십과 리더십 패러다임의 변화로 구성했다. 4차 산업혁명으로 인한 조직의 영향과 리더십의 이론적 변화, 날로 증가하는 팔로워십의 중요성, 리더십의 낭만화 이론에 대한 현실 인식으로 연구 필요성이 제기되는 부정적 리더십, 'MZ세대에 적합한 리더십은 과연 무엇인가?'에 대해 논했다.

제2부는 '코칭이란 무엇인가?'를 다루는 부분으로 제5장 코칭의 유래와 정의, 제

6장 코칭의 구성요소 및 코치의 역할, 제7장 코칭의 심리학적 접근으로 구성했다. 코칭에 대한 다양한 정의뿐만 아니라 코칭의 구성요소 및 코칭 시스템, 코칭의 존재감, 더불어 코칭의 근본적 목적인 변화와 성장을 위한 인간의 심리적 변화 원리, 코칭심리학 연구의 체계적 접근 필요성, 다양한 코칭심리 이론 및 기법, 코칭 리더십 발휘에 필요한 리더십 차원의 접근, 코칭 리더의 감정조절 방법에 대해서도 제시했다.

제3부는 '어떻게 코칭 리더십을 발휘할 것인가?'를 다루는 부분으로 제8장 코칭 리더십의 중심적 사고, 제9장 코칭 리더의 역량, 제10장 코칭대화 모델, 제11장 코칭 단계별 대화로 구성했다. 코칭 간 다양한 상황에 대응할 수 있는 핵심적 사고, 코칭 리더로서 지녀야 할 역량, 대화 간 활용되는 다양한 코칭대화 모델, 코치의 단계별 대화 등을 제시했다.

제4부는 리더십 코칭의 효과성에 관한 부분으로 제12장 리더십 코칭, 제13장 코칭의 효과성 평가, 제14장 리더십 코칭 간 활용될 수 있는 코칭 도구 등으로 구성했다. 군에서 실제로 이루어지는 군 코칭을 근간으로 하여 기업이나 비영리조직에서도 필요한 리더십 코칭에 관한 내용으로 독일군 코칭과 미군 코칭도 소개했다. 코칭의 효과성 부분에 대해서는 실제로 사단장, 연대장, 대대장을 대상으로 한 리더십 코칭 사례를 기준으로 리더십 코칭 효과성을 객관적·합리적으로 정량적 제시를 했다.

이 책은 일상생활 자체가 리더십인 조직에서 적게는 500명 많게는 1만 2천 명을 지휘하는 대대장으로부터 연대장, 사단장에 이르기까지 조직 리더들의 리더십 코칭을 기반으로 실제적 경험을 바탕으로 했다. 상명하복의 대표적인 군 조직에서 리더십 코칭을 한다고 의문을 제기하는 사람들도 있겠지만, 군 조직도 변화하고 리더들도 변화·성장하고 있다. 코칭의 필요성에 대해 많은 사람이 공감하지만, 코칭의 효과성에 대해서는 이 책처럼 리더 자신뿐만 아니라 이들의 지휘를 받는 구성원들이 코칭을 받고 난 이후의 변화와 성장에 대해 실질적으로 제시한 경우는 없다는 측면에서 의의가 있다 할 것이다.

이 책을 통해 여러분 스스로 리더가 되어 4차 산업혁명 시대의 능동적 변화의 주역이 되기를 바란다. 더불어 스스로를 변화시키고 구성원을 성장시켜주는 리더십을 발휘했으면 한다. 이제까지 변혁적 리더십, 서번트 리더십, 슈퍼 리더십 등 다양한 리더십이 있지만 리더의 영향력에 대해서만 다루었을 뿐 리더의 영향력이 미치지 않는 구성원에 대해서는 할 수 있는 것이 제한된 것이 현실이다.

이 책은 이러한 리더들에게 자신의 팔로워들을 어떻게 변화시키고 성장시킬 것인지에 대한 해결책을 제시해보고자 한다. 특히나 'MZ세대에 적합한 리더십을 어떻게 발휘할 것인가?' 하는 것은 뷰카(VUCA) 시대를 살아가는 리더들의 한결같은 고민일 것이다. MZ세대에게 적합한 리더십은 구성원의 임무와 역할이 정해진 장기판식 리더십보다는 각자의 돌이 상황에 따라 무한한 가능성을 가질 수 있도록 하는 바둑판식 리더십일 것이다. 더불어 우물의 두레박처럼 구성원에게 일일이 요구하는 리더십이 아닌, 모터펌프처럼 시동만 걸면 자동으로 솟구쳐 넘치는 마중물의 리더십이 요구된다. 그러기 위해서는 코칭 리더로서 구성원의 마음을 헤아릴 수 있는 코칭심리학에 대해 연구하고 구성원들의 말에 귀를 기울이는 경청과 통찰력 있는 질문, 생각의 한계를 깨뜨릴 수 있는 피드백 능력을 길러야 한다. 코칭 대상자와 대화하는 코칭 대화 모델을 통해 스스로 성찰과 통찰에 이르는 방법을 제시해보고자 한다.

리더십 코칭과 코칭 리더십 역량개발에 관심 있는 분들에게 조금이나마 도움이 되었으면 하는 바람으로 이 책을 기술했다. 이 책이 당신의 리더십 발휘에 큰 도움이 될 것을 확신한다.

이 책이 출간될 수 있도록 도움을 주신 북코리아 이찬규 대표님께 감사드린다.

2023년 1월
자운대에서, 항상 누군가에게 도움이 되고자 하는
자유이용권(free tickets) 씀

차례

I
4차 산업혁명과 리더십의 변화

II
코칭이란
무엇인가

III

어떻게
코칭 리더십을
발휘할 것인가

IV
리더십 코칭의 효과성

I

4차 산업혁명과 리더십의 변화

1장
4차 산업혁명과 인간 생활의 변화

1. 4차 산업혁명의 충격

당신은 리더인가? 당신은 분명히 자기 삶의 리더이자 주인공이다.

설사 타인으로부터 지시를 받더라도 일하는 순간부터 당신은 스스로의 리더다. 하지만 진정한 리더가 되기 위해서는 자존감을 가지고 주어진 환경에 능동적으로 대처할 필요가 있다. 주어진 환경을 올바로 예측하고 최적의 리더십을 발휘해야 한다. 조직을 둘러싼 주변환경은 과거 그 어떤 시기보다 급격하게 변화하고 있다. 급격하게 변화하는 현대사회를 뷰카〔VUCA: 변동성(Volatility), 불확실성(Uncertainty), 복잡성(Complexity), 모호성(Ambiguity)〕의 시대라고 한다. 이러한 변화의 흐름을 알고 적절히 대응하는 리더만이 조직을 발전시킬 수 있다.

리더를 둘러싼 조직환경은 이전과는 확연하게 변화하고 있다. 1990년대 일본이 미국에 "No!"라고 외치던 시기만 해도 세계 10대 글로벌 기업에 NTT, 스미토모은행, 후지은행, 도쿄전력 등이 선정되었다. 하지만 현재는 단 한 개의 기업도 글로벌 기업에 포함되지 못하고 있다.[1]

---

1 『위대한 기업은 다 어디로 갔을까?』의 저자 짐 콜린스는 이러한 기업들의 몰락 단계를 성공으로부터

승승장구하던 조직이 왜 침몰할까? 이러한 배경에는 여러 가지가 있겠지만, 조직을 이끄는 리더가 조직의 환경변화를 예측하지 못하고 과거의 성공에 안주했기 때문이다. 4차 산업혁명의 첨단기술(인공지능, 빅데이터, 클라우드 컴퓨팅 등)은 인간사회에서 활용되는 지식의 유효기간을 급속하게 단축시키고 있다. 대표적인 예로 담배와 태양계 주위의 행성을 들 수 있다. 1950년대까지만 해도 담배는 몸에 이롭다고 적극 권장했던 기호식품이었다. 권위 있는 의사들이 담배는 스트레스를 해소해주고 몸에 이롭다며 사람들에게 적극 권장했다. 하지만 현재 흡연이 건강에 좋다는 의사는 단 한 명도 존재하지 않을 것이다.

또한 태양 주위를 돌고 있는 행성 숫자도 수성 · 금성 · 지구 · 화성 · 목성 · 토성 · 천왕성 · 해왕성 · 명왕성 9개로 알고 있었다. 하지만 2006년 국제천문연맹(IAU)의 행성 분류법[2]이 바뀌면서 명왕성은 태양계 아홉 번째 행성의 지위를 잃고 왜소행성(dwarf planet)으로 분류되었다. 미래학자들은 이처럼 지식과 기술의 급속한 발달로 2050년이 되면 현재 우리가 알고 있는 지식의 1% 정도만이 유효할 것이라고 전망하고 있다.

이러한 지식의 변화 속도에 대해 미래학자들은 '지식의 반감기'라는 용어를 사용하여 설명하고 있다. 지구상에 인류가 처음 출현한 것은 약 300만 년 전이라고 추정한다. 인류가 지구상에 출현한 이후 예수 그리스도의 탄생까지 축적된 지식의 양을 '1'이라 가정하면, 예수 그리스도 탄생 이후 1차 산업혁명이 발생한 1780년대까지 2배의 지식이 증가했다고 한다. 2차 산업혁명을 기점으로 다시 2배로 증가했고, 3차 산업혁명 시기까지 지식은 다시 2배 더 증가했다. 이후 4차 산업혁명 시기인 밀레니엄 시대를 기점으로 더욱 폭발적으로 증가했다.

지식의 급속한 증가는 기존 산업혁명과 비교할 수 없을 정도로 빠르게 변화하고

자만심이 생기는 단계, 원칙 없이 더 많은 욕심을 내는 단계, 위험성과 위기 가능성을 부정하는 단계, 구언을 찾아 헤매는 단계, 유명무실하거나 생명이 끝나는 단계로 구분했다.

2   1840년대 천문학자들은 천왕성의 궤도를 분석하다가 주변 행성인 해왕성을 발견하게 되었는데, 해왕성도 다른 행성의 영향을 받을 것이라는 추측을 하게 되었다. 마침내 1930년 3월 미국 전문학자 클라이드 톰보에 의해 명왕성이 발견되었고, 사람들은 그리스 신화에 등장하는 저승의 신 '플루토(Pluto)'라 명명했다. 하지만 2006년 8월 국제천문연맹(IAU)은 돌연 명왕성을 행성 범주에서 제외하고 에리스와 함께 왜소행성으로 분류했다. 실제로 명왕성은 반경이 달보다 작고, 지구 크기의 6분의 1에 불과하다[출처: 이포커스(http://www.e-focus.co.kr)].

있다. 기존 지식의 변화 속도가 산술급수적이었다면, 4차 산업혁명으로 인한 변화 속도는 기하급수적이다. 변화의 범위는 산업뿐만 아니라 전 세계의 다양한 영역에 이르기까지 광범위하게 영향을 미치고 있다. 생산방식의 변화는 기존 생산자 위주의 공급방식에서 벗어나 이제는 소비자가 요구하는 방식을 넘어서서 소비자가 스스로 생산하는 시대로 전환하고 있다.

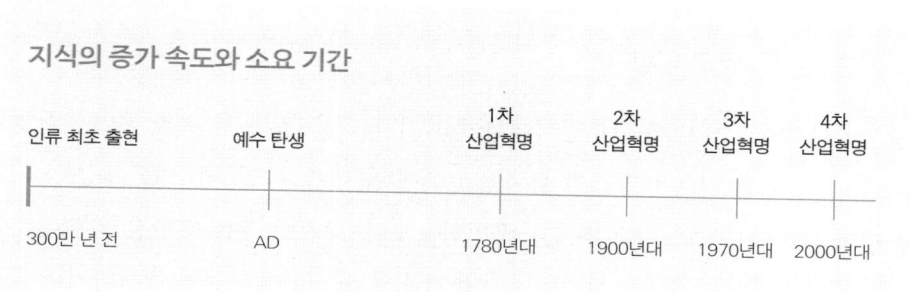

지식의 증가 속도와 소요 기간

인류 최초 출현	예수 탄생	1차 산업혁명	2차 산업혁명	3차 산업혁명	4차 산업혁명
300만 년 전	AD	1780년대	1900년대	1970년대	2000년대

4차 산업혁명 시대란 무엇일까? 이에 대해 학자들은 "컴퓨터로 생성된 가상공간과 인간의 현실세계를 실시간대로 연결하여 초지능화·초산업화 사회가 될 것"이라고 전망하고 있다. 여기서 '실시간'이란 인간이 시간과 공간의 제약 없이 컴퓨터라는 촉매제를 사용하여 언제든지 연결할 수 있는 것을 의미한다. '초지능화'란 인간이 창조하거나 인공지능(AI: Artificial Intelligence)에 의해 축적·생성된 빅데이터(big data)를 클라우드 컴퓨팅(cloud computing)이라는 가상공간에 저장하여 지속적으로 새로운 지식을 창조하는 것을 말한다. '초연결'[3]이란 "사람과 컴퓨터가 네트워크로 연결되어 다량의 빅데이터를 수집하고 분석하여 미래의 발생 가능한 패턴이나 시나리오를 도출하여 상호 연결되는 것"을 의미한다. '초산업화'란 각 영역의 구분 없이 디지털 세계를 빅데이터로 통합하여 다양하고 새로운 기술을 다량으로 생산하여 정치, 경제, 사회, 국방 등 다양한 영역이 상호 간에 영향을 미치는 것이다.

---

3 캐나다의 사회학자 애너벨 퀄(Anabel Qual)과 배리 웰먼(Barry Wellman)이 4차 산업혁명을 설명하며 사용했다.

우리 사회는 4차 산업혁명에 적합한 리더십이 요구된다. 조직환경을 둘러싼 산업구조의 고도화와 구성원의 인식 변화에 제대로 대응하지 못할 경우 조직의 생존에 치명적일 수 있다. 기존의 리더십으로는 구성원을 리드하기 어려운 시대가 도래했다. '4차 산업혁명 시대에 적합한 리더십은 무엇일까'? '부정적 리더십을 어떻게 치유할 것인가'? 여기에 대한 해답을 찾고자 한다.

1) 기존 산업혁명의 영향

1차 산업혁명은 1780년대 영국에서 증기기관이 발명되면서 촉발되었다. 산업혁명으로 만들어진 기계는 인간의 삶에 많은 영향을 미쳤다. 인간이 만든 물건을 기계를 이용하여 대량 생산하고 빠르게 운반함으로써 '공간이 주는 제한점'을 극복하게 되었다. 산업혁명 이전에는 사람이나 동물의 힘을 이용하여 곡물을 경작하거나 물건을 생산했다. 그러나 증기의 힘을 이용한 기계장치가 발명되고 이를 활용한 대량 생산 체제를 갖추어 빠르게 공유할 수 있는 시스템이 갖추어졌다.

이에 따라 인간이 사용하는 제품을 만들 수 있는 공장을 도시에 건설하고, 생산된 물건을 다른 장소로 이동할 수 있는 시대가 된 것이다. 생산 장소가 고정된 농토나 집이 아닌 새로운 개념의 '공장(factory)'이라는 개념이 싹트기 시작했다. 공장의 기계화를 확산시킨 계기는 리처드 아크라이트가 1769년 물레방아의 힘으로 실을 뽑아내는 수력 방적기를 개발하면서 비롯되었다. 방직공장은 농촌인력을 공장이 밀집한 대도시로 흡수하여 공장 영역을 확장시켰다. 이와 같이 1차 산업혁명은 '공간의 확장'을 불러왔다.

2차 산업혁명은 1870년대 발전기와 전기의 발명으로 본격적인 대량 생산 시대를 열게 되었다. 전기를 활용하는 기계나 전구의 발명으로 시간의 제약 없이 야간에도 불을 밝히고 대량 생산이 가능해졌다. 생산 공정의 자동화로 대표되는 컨베이어벨트 시스템에 의한 대량 생산 방식으로 인간이 사용하는 물건의 획기적인 증가를 가져왔다. 미국 신시내티의 한 도축장에 컨베이어벨트가 최초로 등장한 이후, 이를 자동차 생산방식에 도입하자 대량 생산이 가능하게 되었다. 1차 산업혁명 시대인 '기계화 사회'에서 2차 산업혁명인 '전기산업화 사회'로 전환하게 되면서 대규모 기업 조직이 탄생했다. 발명왕 에디슨은 GE(General Electric), 헨리 포드는 포드 자동차회사, 앤드루 카네기는 철강공장, 록펠러는 석유회사를 창립하여 오늘날 글로벌 기업의 모태가 되었다. 2차 산업혁명은 '시간영역의 확장'을 불러왔다.

3차 산업혁명은 1970년대 정보통신과 인터넷의 발달과 함께 시작되었다. 인터넷이라는 가상공간을 창출하여 현실 세계에서만 이루어지던 일들을 가상공간으로 확장했다. 특히 가상공간의 창출로 기존의 생산방식이나 소비패턴, 사람들의 인식에도 많은 변화가 생겼다. 컴퓨터로 촉발된 지식·정보화 혁명은 개인과 기업, 국가들 사이에 다양한 전자서비스를 창출했다. 인터넷을 기반으로 한 전자상거래는 기존 산업혁명 시대에서는 볼 수 없었던 새로운 온라인 경제활동을 창출했다. 지식·정보화로 촉발된 3차 산업혁명으로 e비즈니스 기업이 출현하게 되어 애플, 구글, 메타, 아마존, 마이크로소프트, 알리바바, IBM 등이 세계적 기업으로 등장했다. 3차 산업혁명으로 인해 컴퓨터라는 실생활 영역뿐만 아니라 컴퓨터 안에서 이루어지는 '가상공간 영역의 생성 시대'로 접어들었다고 할 수 있다.

2) 4차 산업혁명 기술의 촉매제

4차 산업혁명은 인간이 만든 인공지능에 의해 지식을 축적하고 이를 빅데이터로 분석하고 결합하여 가상공간을 통해 지식을 공유하는 결과로 더욱 촉진되었다.

1956년 다트머스대학의 존 매카시 교수가 처음 제기한 인공지능은 '머신러닝(Machine Learning)'과 '딥러닝(Deep Learning)'으로 구분된다. '머신러닝'은 인간이 기계에 알고리즘을 만들어 기계가 스스로 데이터를 분석할 수 있도록 만든 것이다. '딥러닝'은 학습된 데이터를 바탕으로 컴퓨터가 스스로 분석한 데이터를 기반으로 새로운 데이터를 생성하는 기술이다.

'빅데이터'는 4차 산업혁명 시대의 원동력이자 문제해결의 열쇠라 할 수 있다. 빅데이터 분석을 통한 미래 예측능력은 과학적이고 수학적인 통계방식 등을 활용하여 좀 더 정밀하고 세부적으로 발전하고 있다. 인공지능과 빅데이터는 미래를 예측하여 정확한 데이터를 제시해줌으로써 인간의 미래 활동을 예측하고, 자연재해의 변화를 예측하여 피해를 최소화함으로써 풍요로운 인간 생활을 가능하도록 해주었다.

클라우드 컴퓨팅은 모든 정보를 가상의 공간에 저장한다는 개념이다. '클라우드(cloud)'는 하늘에 떠 있는 구름으로 사람들이 언제든지 데이터를 올리고 상호 공유하는 것을 뜻한다. 시간과 공간을 초월하여 필요한 사람은 누구라도 접속하여 편리하게 사용할 수 있다. '모바일(mobile) 장비'는 조직구성원들이 언제든 필요한 정보를 얻을 수 있는 메신저 역할을 하게 되었다.

기존에는 리더만이 독점한 정보 및 지식 등을 조직구성원들도 언제든지 상호 공유할 수 있게 되었다. 이로 인해 리더의 정보 독점력은 점점 사라지고 더욱 다양한 지식을 갖춘 조직구성원이 생겨났다. 시공간의 초월로 인한 영향으로 리더의 말과 행동은 실시간으로 전 세계에 생중계될 수 있게 되었다. 따라서 리더는 '어항 속의 금붕어'라는 생각으로 "낮말은 새가 듣고 밤말은 쥐가 듣는다"는 신독(慎獨)[4]의 자세로 임해야 하는 시대가 도래했다.

특히 4차 산업혁명 시대의 핵심기술은 상호 융·복합되어 사람들에게 기회이자 위기로 다가오고 있다. 인간의 의식세계에 혁명적 충격을 불러온 인공지능은 인간만이 지식을 지니고 생성시킨다는 오만과 편견을 깨게 되었다. 현재는 시간과 공간의 구분이 없는 초현실화의 시대로 접어들었다. 리더의 역할은 조직구성원이 스스로 하고자 하는 동기를 부여하여 성취감을 얻도록 돕는 것이다.

이를 위해 리더에게는 조직구성원에게 강압적 방식이 아닌 스스로 깨닫고 변화할 수 있는 설득력이 요구된다. 조직구성원이 자발적으로 믿고 따를 수 있도록 그들의 마음속에 내재되어 있는 욕구를 새롭게 개념화하고 현실로 구현하는 창의적인 역량이 요구된다. 더불어 리더는 조직구성원들이 지닌 욕구를 파악하고, 이들이 마음껏 역량을 발휘할 수 있도록 조직의 분위기를 창출해야 한다.

---

4 보거나 듣는 사람이 없는 곳에 혼자 있을 때라도 도리에 어긋나는 행동이나 생각을 하지 않는 마음과 태도

2. 조직구성원의 인식 변화

　조직을 구성하는 구성원들은 최고급 관리자나 상층 관리자 임무를 수행하는 X세대,[5] 중간관리자급인 M세대, 조직의 실질적인 임무를 수행하는 Z세대로 구분할 수 있다. 기성세대인 X세대는 최고관리자나 중간관리자급 이상의 위치에서 중요한 결정을 하고 시행을 감독하는 세대라 할 수 있다. X세대는 산업화와 민주화 시대의 혜택을 누리며 물질적·경제적 안정 속에서 성장했다. 민주화와 산업화의 결실인 풍요로운 사회 속에서 성장하여 부모 세대와는 다르게 배고픔으로 대변되는 보릿고개 시절을 겪지 않고 성장한 세대가 이제 50대에 접어들었다. 그러나 그들은 이제 기성세대로 진입하여 노화를 실감하고 젊은 세대에게 '꼰대'로 낙인찍히는 세대로 전락할 상황에 직면하고 있다.

　M세대는 1990년 이후 해외여행 자유화로 다양한 경험을 한 세대다. 기존의 가치나 관습을 거부하고 개성을 중시하는 개인주의 성향으로 어느 정도 PC 활용에 익숙한 세대를 말한다. M세대는 밀레니얼 세대로서 'PC 기반의 디지털 원주민 세대'라 할 수 있다. IMF 외환위기 및 2002년 한일 월드컵을 경험한 세대로서 인터넷 활용 및 소셜미디어를 통한 네트워크를 공유하며, 'Yolo(You Only Live Once)족'이라고도 한다. 특히 일과 일상생활의 밸런스를 맞추고자 노력하는 세대로서 워라밸(work & balance)을 추구한다.

　이들은 물건을 구입할 때 가격 대비 성능을 중시하며, 해외봉사활동과 어학연수를 통해 문화 글로벌(global)적인 사회적 감수성을 지닌 세대라 할 수 있다. 이들은 조직에서 30~40대의 중간관리자로서 인체에 비유하면 허리 부분을 담당한다. 이러한 밀레니얼 세대의 직업의식은 평생직장보다 평생직업을 중시한다. 이들은 조직에 입사한 후 자신의 가치관이나 흥미에 맞지 않으면 자발적으로 퇴사하는 경우가 많으며, 이들의 퇴직은 자신이 진짜 원하는 직업이 무엇인지를 찾는 과정이라 생각하는 경향이 강하다.

5　캐나다 작가 더글러스 코플랜드(Douglas Coupland)의 소설 『X세대(*Generation-X*)』에서 유래

Z세대는 '밀레니얼 키즈'라 불리며, 조직의 핵심으로 등장하는 세대다. 2000년대 이후 출생한 세대로 스마트폰 기반의 모바일 원주민으로 성장했다. 어릴 때부터 PC 보다 스마트폰, 태블릿을 주로 접한 모바일 네이티브 세대다. 의사표현이 자유롭고 확실하며, 지시적·강압적 행동에 쉽게 적응하지 못하는 특징이 있다. 인터넷을 매개로 한 의사소통에 대단히 능숙하며, SNS 사용빈도가 높다. 본인의 개성과 취향이 소비의 기준이며, 연예인이나 유튜버 등 영향력 있는 인싸(influencer)들의 취향과 말을 존중한다. 소비패턴은 실감시대로서 실제로 경험하고 SNS로 공유할 수 있는 것을 선호하고, 인터넷 검색결과보다 신뢰할 수 있는 사람을 팔로우인(follow in) 한다. 생활경향은 '카르페 디엠(Carpe Diem: 현재를 즐겨라)'을 중시하며 '미래와 이상'을 추구한다. 이들은 대부분 'VIB(Very Important Baby)'로 키워진 세대이며, 가치관은 Mysider〔내(My)+편(side)〕로 자신만의 가치관과 기준을 따른다. 스마트폰을 손에 쥐고 자랐으며 자신의 의견을 적극적으로 표현하는 세대다.

세대 교체의 바람으로 기존의 지시나 강압적인 명령만으로 지휘하던 시대는 종말을 고하고 있다. 이들 세대는 인정과 지지를 받으면 엄청난 시너지를 발휘할 수 있으나 비난이나 억압적인 강요는 부작용을 초래할 수 있다. 또한 다른 어떤 세대보다 공부를 많이 하고 절제할 줄도 안다. 노력한 만큼의 성과에 공정하고 합리적인 보상을 받기 원하며 새로운 일에 강한 적응력을 지닌 세대다. 스스로에게 끊임없는 도전 기회를 부여하며 자기개발 기회를 희망한다. 감정표현이 자유롭고 일방향 소통보다는 쌍방향 소통을 통해 비전과 가치를 공유하기를 원한다. 따라서 조직을 발전시키기 위해서는 리더 위주의 사고에서 조직구성원을 존중하는 조직문화로 전환해야 한다. 리더는 구성원들의 장점을 적극 발굴하고 이를 긍정적 자산으로 활용하는 분위기를 조성할 필요가 있다.

하버드대학의 하워드 가드너 교수는 "조직구성원의 마음을 감동시키기 위해서는 인간의 본성을 이해하고 존중해주어야 한다"고 강조했다. 리더는 구성원들의 진정한 마음을 읽고 그들이 원하는 가치와 욕구를 파악하여 반응해줄 수 있어야 한다. 그들이 사용하는 언어뿐만 아니라 행동이나 감정 등의 비언어적인 요소들을 파악하여 공감해줄 수 있어야 한다. 리더의 진정한 소통과 존중하는 행동이 구성원들의 심

군에서 배울 수 있는 과목

금(心琴)을 움직여서 자발적이고 적극적으로 행동하도록 만들 수 있을 것이다.

　Z세대가 가장 확실하게 자리 잡아 가고 있는 조직이 바로 군대다. 기존의 군대는 부정적인 인식이 많았으나 Z세대의 적극적이고 자발적 참여를 유도하기 위해 혁신적으로 변화하고 있다. 군대에 입대하는 장병들은 군사대학(Military College)에서 리더십과 팔로워십을 배우고, 인생성공을 위한 꿈과 희망, 비전을 수립한다. 더불어 사회에서 형성된 부정적 사고와 습관이 있다면 새롭게 재탄생할 수 있는 장소다. 더불어 전우들과 생사고락을 함께하면서 인생성공의 인적 네트워크를 구축할 수 있는 최적의 장소이기도 하다.

3. 리더의 인식 변화 필요성

　인간 중심의 조직문화와 SNS 등을 활용한 다양한 정보공유는 리더십의 패러다임에 변화를 요구하고 있다. 기존의 수직적이고 지시적인 리더십이 아닌 수평적이고 동반자적인 리더십을 원하고 있다. 구성원들 간에 광범위한 지식의 공유는 리더의 권력 원천이던 정보의 독점이 사라지게 되었다. 과거에는 정보의 진원지가 리더 중심이었다면 현재는 조직구성원으로 이동하고 있다.

조직구성원들의 다양한 욕구를 어떻게 충족시킬 것인가? 이는 조직을 운영하는 리더에게 필수적인 역량이 되고 있다. 구성원들에 대한 리더의 인식은 관리와 통제의 개념에서 벗어나 존중과 신뢰의 대상, 성공의 동반자라는 전환이 필요하다. 관리와 통제의 대상이 아닌 자율적인 업무수행과 성장을 원한다. 따라서 일방적 지시에 의한 강압적 업무수행보다는 창의적 업무수행을 지원할 수 있는 리더의 인식 및 조직문화 육성이 절실하다.

"모든 길은 로마로 통한다"고 하면서 영원히 융성할 것 같았던 로마제국도 역사 속으로 사라졌다. 세계 최대의 제국을 건설했던 몽골제국도 변화와 혁신을 거부하고 자만심의 성(城)에 빠져 역사 속으로 흔적도 없이 사라졌다. 칭기즈칸은 자신이 이룩한 제국의 리더들에게 "새로운 것에 대한 도전 없이 비단옷을 입고 편안함에 안주하여 성을 쌓게 되면 망한다"고 경고했지만, 몽골제국의 리더들은 시대적 변화의 흐름을 거부하고 '편안함의 성(城)'에 안주하다가 결국 사라지고 말았다.

세계 휴대폰 시장에서 한때 40.4%로 최고치를 기록하던 노키아도 스마트폰의 변화에 반응하지 못하고 왕좌의 자리를 넘겨줘야 했다. 코닥필름도 세계 최초로 디지털카메라를 발명했지만 기존 아날로그 시장에 집착하다가 결국 도산했다.[6] 이처럼 시대적인 변화의 흐름에 적응하지 못하면 반드시 망한다는 역사적 사실은 거역할 수 없는 역사의 진리임을 가르쳐준다.

리더는 구성원들이 바라보는 시각의 다양성을 존중하고, 그들이 인식하는 내용이 '틀림(wrong)이 아닌 다름(difference)'을 인정할 수 있어야 한다. 인터넷이나 SNS, 집단지성 등을 활용한 새로운 지식에 대한 노출도 적극적일 필요가 있다. 리더가 상황을 올바로 인식하고 제대로 대응하지 못한다면 조직은 망하기 쉽다. 조직이 서서히 망하는 길로 들어설 것인지, 아니면 흥하는 조직이 될 것인지는 리더에게 달려 있다. 조직이 현상을 유지하기 위해서도 변화가 필요하지만, 조직의 도약적 발전을 위해서는 결정적 변혁이 요구된다.

---

6 1888년 창립되어 1969년 인류의 역사적인 달 착륙 장면을 찍었던 코닥(Kodak)은 1975년 세계 최초로 디지털카메라를 개발했다. 하지만 당시 미국 필름시장의 90%, 카메라시장의 85%를 차지한 기존 시장점유율을 과감히 버리지 못하여 결국 망하고 말았다.

솔개는 통상 70년 정도 생존한다. 하지만 솔개는 40년 정도 살다가 변신을 해야 한다. 40년 생활을 하다 보면 발톱이 노화되고 깃털이 무거워진다. 솔개는 자신의 부리를 날카롭게 하기 위해 바위에 피가 나게 부리를 쪼아대고 발톱을 문지른다. 자신의 부리로 낡고 무거워진 날개를 뽑아내는 6개월의 인고의 세월을 견뎌내야 추가로 30년을 더 살 수 있다.

21세기는 변화의 속도가 너무 급격하여 리더가 답을 주기에는 턱없이 부족한 것이 현실이다. 그래서 현대를 '해답이 없는 시대'라 한다. 이에 따라 리더의 지도방식도 기존의 가르치는(teaching) 방식에서 벗어나 스스로 성찰하고 통찰할 수 있는 코칭(coaching) 방식으로 전환해야 한다. 리더 혼자만의 생각으로 내린 지시는 조직을 잘못된 방향으로 이끌거나 느리게 반응하게 할 수 있다. 조직이 효과적으로 반응하기 위해서는 리더 한 사람의 판단보다는 집단지성에 의한 결정이 훨씬 유용할 수 있다.

「진주만」 영화를 통해 본 일개 병사 역할의 중요성

1941년 12월 7일 아침, 일본군의 진주만 공습은 미 해군의 전투력에 치명적인 손실을 가져다주었다. 이로 인해 미국은 제2차 세계대전에 직접 참전하게 되었다. 일본군의 진주만 기습 공격으로 12척의 미 해군의 함선과 188대의 비행기가 격추되거나 손상을 입었다. 이로 인해 2,335명의 군인과 68명의 민간인 사망자가 나왔다. 진주만 공습 당시 가장 중요한 일을 한 사람은 누구였을까? 미국 태평양함대 사령부에서 간부들과 휴식을 즐기던 사령관이었을까? 아니면 태평양함대 사령부? 아니면 당시 레이더스코프를 감시하던 말단 병사였을까? 계급상으로는 비교할 수 없겠지만, 레이더스코프를 감시하던 병사가 상급부대에 신속하고 정확하게 보고했다면 진주만 공습을 사전에 차단하여 인명 손실과 항공모함, 전투기 등의 피해를 최소화할 수 있었을 것이다. 이처럼 과학무기체계가 발달할수록 최첨단에 있는 조직구성원의 역할이 중요해지고 있다. 조직에서 리더 한 사람의 역할도 중요하지만, 최하위 구성원의 비중이 점점 더 중요해지고 있다.

4. 미래 예측 방법

인간은 미래를 예측하기 위해 부단히 노력해왔다. 미래를 체계적으로 예측하기 위해 나름대로 연구하기 시작한 것이 별자리 관측이었다. 이를 학문적으로 정립한 것이 천문학이다. 고대에는 먹고사는 문제가 가장 중요했다. 이에 따라 리더는 자신이 다스리는 국가에 언제 가뭄이 들고 홍수가 나는지 별자리를 보고 예측하는 일이 가장 중요했다.

이집트의 나일강 유역이나 인도의 인더스강 유역, 중국의 황하 일대에서 발원한 인류문명의 중심지에서 공통적으로 발달한 것이 천문학이다. 천문학을 통해 장마와 가뭄을 예측하여 대비하고, 이를 바탕으로 전투력을 키워 정복전쟁을 벌일 수 있는 토대가 가능했다. 현재의 리더에게 미래를 예측하여 대비하는 것은 과거보다 더 중요해지고 있다. 과거에는 별자리를 보고 예측했지만, 앞으로는 더욱 빠르고 정밀한 미래 예측을 요구하고 있다.

미래 예측 방법으로는 트렌드 분석과 시나리오 분석, 전문가 예측 등이 있다.

첫째, '트렌드(trend) 분석'은 일어나고 있는 현상의 특징이나 원인, 변화하고 있는 속도나 잠재적 파급효과 등에 대한 추이를 분석하는 것이다. 현재 가진 계량적인 데이터나 질적 분석 등을 바탕으로 미래의 변화를 예측하는 방법이다. 이러한 트렌드 분석은 특정 커뮤니티 국면이나 산업 분야의 미래 예측에 유용하게 사용될 수 있다.

둘째, '시나리오 분석'은 제2차 세계대전 때 미군이 일본군이나 독일군의 공격에 대응하기 위해 사용한 방법이다. 즉, 일본군이 어떠한 방향으로 공격할 것인지 예측되지 않는 상황에서 미리 일본군에 정보를 흘려 적이 어떠한 반응을 보이는지를 파악하여 이에 대비한 방법이다. 시나리오 분석은 나중에 민간기업 경영에 도입되어 더욱 발전했다.

셋째, '전문가 예측'은 해당 분야의 전문가들을 대상으로 델파이 그룹을 형성한 다음 의견을 수렴하여 대안을 수립하는 방법이다. 통상적으로 전문가들의 의견을 구하면서 해당 분야 실무자들의 의견을 수렴하여 현장의 목소리를 참조한다. 델파이 전문가들은 10~15명 정도로 구성되어 현장의 의견을 수차례 청취하면서 미래 예측에 대한 의견을 수렴해나가는 방법을 사용한다.

기타 스캐닝 방법이나 브레인스토밍 방법, 모의실험 방법 등이 있다. 스캐닝 방법은 신문이나 잡지, 인터넷 웹사이트 등을 참조하여 미래의 변화징후를 조사하는 방법이다. 사건보다는 시간을 두고 발생하는 급속한 변화추세에 초점을 두는 기법이다. 브레인스토밍 방법은 6~10명 정도의 소그룹을 형성하여 특정 주제에 대해 새로운 아이디어를 창출하는 방법이다. 모의실험 방법은 유사한 모형을 통해 현상이나 실체의 특징을 파악하고 이에 대한 문제점이나 해결 방법 등을 모색하는 방법이다.

미래 예측 방법에 대해 기존에는 과거의 경험을 바탕으로 하는 경험주의를 강조했으나 현재는 '구성주의'[7] 방법이 유용하게 활용되고 있다. 과거에는 타인의 지식과 경험, 노하우 등을 중시했지만 앞으로는 개인 스스로 체득하는 성찰(省察)과 통찰로 얻어지는 지혜가 더욱 요구되고 있다.

미래 예측 방법

기 법	주요 내용
트렌드(추이) 분석	– 특징이나 원인, 발전 속도, 잠재적 파급효과 등에 대한 트렌드 분석 – 현행 계량적 데이터로 미래 변화 예측 – 특정 커뮤니티, 산업 분야에 대한 트렌드 분석
시나리오 분석	– 제2차 세계대전 때 미군이 적군의 공격전략에 대응하기 위해 사용 – 민간기업 경영에 도입 확대
전문가 예측	– 해당 분야 전문가들을 대상으로 의견을 수렴하여 대안 수립 – 통상적으로 10~15명 정도로 형성
스캐닝	– 신문, 잡지, 웹사이트 등 미디어를 통해 미래 변화징후 조사 – 사건보다는 시간을 두고 발생하는 급속한 변화추세에 초점
브레인스토밍	– 소그룹을 구성하여 특정 주제에 대해 새로운 아이디어 창출
모의실험	– 유사한 모형을 통해 실체의 특징을 알고 운영 방법이나 문제점 발견

---

7   구성주의는 인간이 자신의 경험으로부터 지식과 의미를 구성해낸다는 이론이다. 교육학에서는 피교육자들이 교육을 받을 때, 학습 이전의 개념을 토대로 학습이 진행된다는 의미가 된다. 이 이론에 따르면, 교사의 역할은 피교육자가 사실이나 생각을 발견할 수 있도록 돕는 것이다(위키백과).

2장
조직관리

1. 조직의 정의와 특징

　인간이 만물의 영장이 된 이유는 효율적인 조직을 만들었기 때문이다. 대부분의 동물들도 무리를 형성하여 살아가지만 인간처럼 효율적인 조직으로 발전시키지 못했다. 이스라엘 헤브루대학의 유발 하라리(Yuval Harari) 교수는 "호모사피엔스라는 종이 가진 최대의 강점은 조직을 이루는 능력에 있다"고 강조했다. 약육강식의 자연환경에서 인간이 만물의 영장이 될 수 있었던 이유는 무리를 지어 생존을 영위하는 동물들과 달리 인간은 조직을 만들어 생존과 안전의 욕구 차원을 넘어 소속과 자아실현을 추구하며 이를 후대에 전했기 때문"이라고 했다.

　인간의 뇌는 신체 무게의 3% 정도에 불과하지만 에너지의 소비는 20%를 차지한다. 이처럼 뇌가 차지하는 부피는 작지만 중요한 역할을 담당한다. 인간의 뇌가 주름진 이유는 복잡한 사회생활을 영위하기 위해 인지기능이 필요했기 때문이다. 영국 옥스퍼드대학의 생물학자 로빈 던바(Robin Dunbar) 교수는 '사회적 뇌 가설' 이론에서 "인간의 뇌가 발달한 것은 복잡한 사회적 관계 때문"이라고 주장했다. 특히 복잡한 인간관계 속에서 이루어지는 조직관리는 단순히 힘과 지위의 기능보다는 감정과 사고의 영역이 중요하게 작용한다.

영국 스코틀랜드의 세인트앤드루스대학 연구팀은 뇌의 크기와 진화의 인과관계에 대한 연구 결과를 발표했다. 이 연구에 의하면 인간의 뇌는 생태적 도전 시 60% 정도, 협동적인 과업추진 시 30%, 그룹 간 경쟁 도전에 직면했을 때 뇌의 크기가 10%가량 커진다는 사실을 밝혀냈다. 인간의 뇌가 다른 동물과 비교하여 비정상적일 정도로 커진 이유는 욕구추진 과정에서 상호 간에 주고받는 의사소통 기술이 크게 작용했기 때문이다. 조직을 만들어 복잡한 인간관계 속에서 효율적인 업무를 추진하는 과정에서 뇌에너지가 많이 소모되어 크기가 커진 것이다.

개인 간 경쟁은 뇌의 크기에 별로 중요하게 작용하지 않으나, 조직 내의 협동과 경쟁과정에서 커진 것이다. 특히 어려서 부모로부터 충분한 보살핌을 받은 아이는 학습이나 기억 등과 연관된 인지능력이 더욱 왕성하게 발달한다. 반면 부모로부터 충분한 지원을 받지 못한 아이의 경우 현저히 떨어진다는 것이다. 이는 조직 내 신입사원도 마찬가지다. 신입사원이 조직문화 및 분위기에 조기 적응하면 스스로 동기부여가 되고 창의적인 업무수행으로 조직 성과달성에 기여한다.

현대적인 의미의 조직개발은 산업혁명을 계기로 본격적으로 연구되기 시작했다. 조직학자인 샤인은 조직의 개념을 "공통의 목적달성을 위해 노동과 직무를 세분화하고, 이에 부합된 권한과 책임을 부여한 일정 계층을 통해 많은 사람의 활동을 합리적으로 조정·통제하는 것"이라 했다. 버나드(Chester. l. Barnard)는 조직을 "일정한 목적을 달성하기 위해 의도적으로 조정된 복수의 인간활동 체계"라고 했다. 이와 같은 내용을 종합 정리해보면 조직이란 "부여된 과업을 성공적으로 완수하기 위해 조직화·체계화된 시스템"이라고 할 수 있다.

이와 같은 측면에서 일반적인 친목단체와 구별되는 공식적인 조직의 특징은 다음과 같다.

첫째, 구성원 상호 간에 공유된 목표와 이를 달성하기 위한 시스템이 갖춰져 있다. 조직에는 반드시 공통된 목표가 존재한다. 구성원들이 인정하고 수용하는 조직의 목표가 분명해야 한 방향으로 나아갈 수 있다. 이를 위해 조직은 분업화·표준화·전문화되어야 한다. 조직에 부여된 과업을 달성하기 위해서는 직간접적으로 연관되는 일들에 대한 분업과 표준화가 이루어져야 한다.

둘째, 조직의 인위성과 지속성이 존재한다. 조직은 부여된 목표를 이루기 위해 구성원들이 인위적으로 참가하여 만들어진 체계다. 따라서 조직구성원이 교체된다 할지라도 조직의 고유한 성격은 변화하지 않고 유지되는 지속성을 지닌다. 유타대학의 제이 바니(Jay B. Barney) 교수는 탁월한 조직의 역량으로 'VRIO'를 강조하고 있다. VRIO는 가치(Value), 희소성(Rarity), 독창성(Imitability), 역량을 갖춘 조직(Organization with competency)을 의미한다. 가치(Value)는 고객이 비용을 지불할 만한 제품을 만들어 내는가? 희소성(Rarity)은 타 조직이 쉽게 만들 수 없는 제품인가? 독창성(Imitability)은 타 조직이 모방할 수 없는 제품을 만드는가? 역량을 갖춘 조직(Organization with competency)은 이러한 상품을 제조할 수 있는 역량을 지닌 조직을 말한다.

셋째, 조직은 나름의 독특한 조직문화를 만들어 계승·발전시킨다. 조직이 지속적으로 발전하기 위해서는 타 조직과 비교하여 경쟁력 있는 고유의 문화가 필요하다. 경쟁력 있는 고유의 조직문화는 조직의 성과를 높일 수 있으며 하루 아침에 만들어지지 않는다.

2. 조직구성의 기본 요건

조직의 과업을 원활하게 수행하기 위해서는 직무활동을 효과적으로 조정하고 통제하기 위한 수평적·수직적 분화체계 등의 구조를 갖추어야 한다.

이러한 조직의 구조는 공식성, 집중성, 복합성이라는 구성요소로 이루어진다.

'공식성'은 조직 내에서 수행되는 조직구성원의 업무가 표준화·구체화됨을 의미한다. 업무가 표준화되고 구체화되어야 구성원들이 혼란스럽지 않고 각자에게 주어진 과업에 집중하고 환경적 요인의 변화에 신속하게 반응할 수 있다.

'집중성'은 조직구성원들이 조직의 비전이나 설정된 목표를 중심으로 움직여야 함을 의미한다. 조직의 목표달성을 위한 구성원들의 집중된 힘은 방향의 통일성을 가질 수 있기 때문이다.

'복합성'은 조직 내의 활동이 수직적·수평적으로 얼마나 유기적으로 결합되어 있는가를 의미한다. 때로는 수직적 구조로 일사불란한 지휘체계에 의해 업무를 수행하면서도 필요 시에는 인접 조직이나 상하 간 수평적 의사소통을 통한 다양한 의견을 수렴할 수 있어야 한다.

리더는 조직에 부여된 목표를 달성하고자 합리적인 계획을 수립하여 이를 실현하고자 한다. 조직의 목표를 달성하기 위한 기본요건은 다음과 같다.

첫째, 명령이 통일되어야 한다. 부여된 과업을 성공적으로 수행하기 위해서는 조직에 규율이나 질서가 있어야 하고, 직무수행 간 상급자로부터 수령된 지시나 방침은 통일되어야 한다.

둘째, 권한은 적절하게 위임되어야 한다. 리더의 능력은 한계가 있기 때문에 조직이 대규모화되고 복잡해질수록 업무의 능률성과 전문성을 고려하여 조직구성원이 적절하게 처리할 수 있는 것들은 과감하게 위임해야 한다.

셋째, 과업은 적절하게 조정·통제되고 분화되어야 한다. 조직의 목표를 성공적으로 수행하기 위해서는 적절하게 조정·통합되어 적용되어야 전체적인 시너지효과가 발휘될 수 있다. 더불어 지나치게 조직구성원 중심보다는 목표달성을 위해 과업 중심으로 조직이 준비되고 편성되어야 한다.

넷째, 적절한 조직편성과 함께 구성원은 다양한 전문적인 지식이나 기술을 지녀야 한다. 한 사람이 통제할 수 있는 한계가 있다. 조직에서 한 사람의 상급자가 직무와 관련하여 직접 지휘·감독하려면 육체적인 작업은 15~30명 정도, 지적(知的)인 작업은 3~6명 정도가 적절하다. 조직구성원은 전문적인 지식이나 기술을 갖추고 직무상 다양한 과업수행을 이행할 수 있어야 한다. 더불어 시대적 흐름은 기존의 전문적인 능력도 중요하지만, 다양한 역량이 요구되기도 한다.

조직 간에 우열조직이 발생하는 이유는 '조직문화' 때문이라 할 수 있다. 조직문화는 제품의 질이나 기술력 같은 경영요소와 달리 경쟁기업이 쉽게 모방하거나 대체하기 어려운 특징이 있다. 세계적 글로벌 기업인 애플이나 구글 등은 자신들만의 강력한 조직문화를 보유하고 있다.

노벨 경제학 수상자 허버트 사이먼(Hebert Simmon, 1991)은 "현대사회는 시장경제라기보다는 조직경제라고 하는 것이 더 정확하다"고 했다. 조직경제는 조직문화로부터 창출된다고 할 수 있다. 조직문화는 조직구성원들이 공동의 문제를 해결해나가는 과정에서 생성된다. 조직이 성장하고 경쟁에서 살아남기 위해서는 경쟁사가 모방하기 어려운 독특한 조직문화를 구축해야 한다.

세계적인 컨설팅 기업인 베인 앤 컴퍼니(Bain & Company)가 미국을 비롯한 전 세계 365개 기업을 대상으로 조직문화와 조직성과의 상관관계에 대해 연구 조사한 결과, 기업의 조직문화는 조직 경쟁력을 높이는 원천이라고 했다. 조직이 성공하기 위해서는 우수한 조직문화를 형성하고, 훌륭한 인재들을 확보해야 한다는 것이다. 조직문화는 인재전쟁에서 성공하기 위한 필수적인 사항이다. 우수한 인재들은 기업을 선택하는 과정에서 훌륭한 비전과 기업 가치를 보유하고 자율성이 보장된 기업을 선호하기 때문이다.

리더는 조직의 비전을 설정하고 나아갈 방향을 제시해야 한다. 이는 조직의 목표를 달성하기 위해 조직구성원의 행동을 유발하는 사회적 힘을 응축하고, 조직 내에 일하는 문화를 개선하고 경쟁 조직과 차별화하는 요인이라 할 수 있다. 조직사회에는 미션과 비전을 공유하고, 업무추진과정에서 투명성과 신뢰성을 보장해야 한다. 조직내 리더의 부정직함이나 비윤리적인 행위는 정당화되지 않으며 감출 수 없다. 일순간의 탈선이나 비도덕적인 행동은 조직구성원이나 사회시스템에 의해 과감히 퇴출될 것이다.

조직 내에 사람 냄새가 나는 조직문화 분위기와 구성원에 대한 과감한 권한 위임 등이 필요하다. 리더는 과감한 변화와 혁신의 분위기를 창출하여 구성원들이 언제든 자유롭게 자신의 의견을 반영하여 조직발전에 기여할 수 있도록 이끌어야 한다.

리더는 직원에 대한 복지가 구성원의 의식개선에 충분하다는 고정관념을 버려야 한다. 급여나 연봉, 휴가 등의 위생요인은 잠시 생산성을 향상시킬 수 있으나 지속적이지 못하다. 반면 조직의 미션이나 비전 및 가치, 조직구성원의 직무 자율성, 경력 개발 기회 등 내부적 동기요인은 조직의 생산성을 지속적으로 향상시킬 수 있다.

더불어 조직을 진단해서 평가하면 좋아진다는 생각도 버려야 한다. 조직을 진단하거나 평가하면 일시적으로 좋을 수 있으나 지속적이지 못하다. 구성원의 자발적 참여가 없는 진단이나 평가는 오히려 진단에 대한 피로감만 증폭시킨다.

3. 조직관리 역사

리더십 연구에서 조직관리는 필수불가결한 사항이다. 리더는 자신의 사고와 행동이 조직구성원에게 미치는 영향을 고려해야 한다. 리더의 사소한 말 한마디가 조직에 미치는 영향력을 예측하고 판단할 수 있어야 한다. 어린아이가 무심코 던진 돌멩이가 개구리에게는 생명을 앗아가는 치명적 행위가 될 수 있듯이 리더의 사소한 말 한마디가 치명적 상처가 될 수 있다. 리더는 "칼로 벤 상처는 쉽게 아물지만, 혀로 벤 상처는 가슴속에 영원히 남는다"는 사실을 명심하고 절제해야 한다.

조직관리에 대한 체계적인 연구는 20세기 초에 본격적으로 연구되기 시작했다. 관리(management)라는 단어는 라틴어에서 파생했다. 라틴어 maneggiare는 '전쟁에 나설 때 필요한 도구를 다룬다'는 의미를 내포하고 있다. '손'을 의미하는 'manus'와 '실행하다'라는 'agere'가 합쳐진 것이다. 즉, '실행을 관리하다'라는 의미로 조직에 부여된 목적을 달성하기 위한 수단으로 본다는 의미가 함축되어 있다.

조직관리는 관리자의 행동적 측면이 가지는 중요성을 인식한 테일러(F. W. Taylor, 1856~1915)와 페이욜, 베버 등에 의해 발전했다. 테일러는 『과학적 관리의 원리(*The Principles of Scientific Management*)』라는 저서를 통해 관리자의 구상과 노동자의 과업숙련도를 분리하여 노동의 생산성을 향상시킬 것을 주장했다. 관리자는 연구와 설계 및 경영을 주로 담당하고, 노동자는 직무의 숙련도를 향상시킬 것을 역설했다. 이를 통해 경험보다 과학적 관리방법을 존중하는 과학적 관리론의 기초를 이루는 데 공헌했다.

테일러는 조직을 과학적으로 관리하기 위한 원칙으로 세 가지를 주장했다.

첫째, 표준화된 조건을 제시했다. 조직에 부여된 과업을 성공적으로 수행하도록 작업조건과 도구를 표준화하는 것이 필요하다고 강조했다. 구성원에게 할당된 과업을 효율적으로 수행하기 위해서는 작업환경 조건과 도구가 상호 호환될 수 있는 표준화가 요구된다고 했다.

둘째, 과업에 실패할 경우 조직에 발생하는 손실을 각 개인에게 부과함으로써 그에 따른 책임을 강조했다. 테일러는 기본적으로 구성원들을 신뢰의 대상보다는 통제의 대상으로 보았다. 부여된 과업에 실패할 경우 손실을 각 개인에게 부과하는 것을 기본으로 했다.

셋째, 성공할 경우에는 구성원에게 충분히 보상했다. 과업에 성공할 경우 충분한 물질적 보상을 제시함으로써 동기를 부여하는 것이다.

포드는 부품의 규격화 및 표준화를 바탕으로 한 과학적 관리론을 주장했다. 포드 자동차 공장에서는 자동차를 대량 생산하기 위해 컨베이어벨트 시스템에 의한 생산성 및 효율성을 극대화했다. 이러한 컨베이어벨트 시스템은 군 조직에서 벤치마킹한 것이다. 전장에서 대량 피해를 입은 장비를 신속히 처리하기 위한 전투근무지원 물자의 표준화 및 규격화 시스템을 모방한 결과물이다.

테일러의 과학적 관리가 조직수준의 능률향상에 중점을 두었다면, 프랑스의 사업가 페이욜(H. Fayol, 1841~1925)은 관리를 계획적으로 조직하고 지휘 및 조정, 통제 등에 초점을 두었다. 페이욜은 관리자의 분업화, 적절한 권한과 책임 부여, 개인의 이익보다 조직 이익의 우선화, 적정수준의 집권화, 권한계열의 계층적인 연쇄, 팀 정신 등을 포함하는 관리의 일반적인 원칙 등을 제시했다.

베버는 거대한 조직을 합리적이고 능률적으로 운영하기 위해 문서에 의한 공식적 규칙과 규제, 개인적 연고가 배제된 객관적 기준에 의한 작업관계, 전문능력 습득자에 의한 분업, 권한수준에 따른 직위의 계층구조, 계층상 직위에 의한 의사결정 권한구조, 평생고용 약속, 최고의 효율달성을 위한 합리성 등을 강조했다.

테일러, 포드, 페이욜, 베버 등의 전통적인 경영방식과 달리 조직 내 종업원에게 관심을 가진 인간관계론은 호손공장 실험에서 비롯되었다. 호손공장 실험은 1924년부터 1932년 사이 4차에 걸쳐 미국의 웨스턴일렉트릭사 공장에서 조명실험을 바탕으로 이루어졌다. 통제집단에게는 조명의 밝기에 아무런 변화를 주지 않은 반면, 실험집단에게는 조명의 밝기를 바꾸면서 조명도의 변화가 생산성에 미치는 영향을 조사했다. 실험 결과는 실험집단과 통제집단 모두 생산성이 향상된 것으로 나타났다. 최초 실험으로 조명의 변화보다는 실험을 한다는 것 자체가 실험에 영향을 미친다는 것을 알게 되었다.

2차 실험 결과 생산성에 영향을 미치는 요인으로 조명 이외에 인간의 주관적 감정이나 태도가 중요한 것으로 판명되었다. 3차 실험은 면접실험으로 1, 2차 실험 결과의 원인을 규명하고자 했다. 2만여 명을 대상으로 면접을 실시한 결과 자신의 제안이 회사에 의해 수용되면 종업원들의 만족도가 향상됨을 알 수 있었다. 4차 관찰실험 결과는 작업집단이 높은 임금을 받기 위해 회사가 요구하는 공식적인 높은 생산성 목표에 추종하는 동료를 동료집단에서 추방하는 규범이 만들어져 결과적으로 생산성을 감소시키는 것으로 조사되었다. 이는 생산성이 높아지면 표준작업량이 많아져 결과적으로 임금상승률이 떨어지고 누군가는 해고될 것이라는 인식 때문인 것으로 조사되었다.

호손공장 연구 결과는 생산성 향상을 위해 임금이나 작업환경 등 작업조건뿐만 아니라 조직구성원의 사고와 감정 등에 관심을 가지게 되었다. 조직구성원들도 인간이며, 이들은 임금이나 작업조건 같은 외부적 요인뿐만 아니라 구성원 개개인의 감정에 의해서도 영향을 받는 존재라는 점이다. 호손공장 실험을 계기로 상사와 동료의 관계, 비공식 집단의 존재, 집단 내의 분위기 등 인간관계가 생산성에 지대한 영향을 미친다는 사실이 조직관계를 연구하는 사람들에게 깊이 인식되었다.

4. 역사를 통해 본 군대 조직

인간이 만든 조직의 대표적인 형태 중의 하나는 '군대조직'이라고 할 수 있다. 왜냐하면 군대조직을 어떻게 구성하고 운용하는가에 따라 국가의 운명이 결정되었기 때문이다. 인류 역사상 가장 강성했던 군대조직을 보면 그 비밀을 알 수 있다. 세계 최대 제국을 건설한 칭기즈칸(777만 km²), 알렉산더(348만 km²), 나폴레옹(115만 km²)의 군

고대 그리스의 군대조직 팔랑스

대조직이 이러한 비밀을 잘 나타내고 있다.

고대의 가장 강력한 조직형태는 '팔랑스'를 들 수 있다. 팔랑스는 고대 그리스나 마케도니아군의 형태로 유럽과 아시아를 제패한 군대조직이다. 방패와 창을 든 다수의 병사가 고슴도치처럼 밀집대형으로 전개하여 근접전을 벌이며 적을 압박했다. 팔랑스의 공격 방법은 한 손에는 방패를 들고 다른 손에는 창을 들고 공격하는 단순한 방식이지만, 대형을 갖추어 전진하는 것만으로 적에게는 위압적인 파괴력을 보여주었다. 팔랑스의 특징은 당시의 어떠한 조직보다 집단적 힘이 강력하게 발휘되었다. 팔랑스는 여기에 기동력을 증강한 기병을 활용함으로써 조직의 힘을 최대화했다.

중세시대의 가장 강력한 조직형태는 칭기즈칸의 군대를 들 수 있다. 인류 역사상 세계 최대의 제국을 건설했던 칭기즈칸의 군대조직은 그 당시 동서양의 어떠한 조직보다 간편하면서 효율적인 애자일(Agile)[1] 조직을 갖추었다. 칭기즈칸 군대는 십부제를 기준으로 백부제, 천부제, 만부제로 간편한 조직편성 체제를 갖추었다. 이들은 십부제(10명 기준)를 분대단위로, 백부제(100명 기준)를 중대단위로 하여 조직을 편성했다. 십부제 및 백부제 편제는 인접 전우가 형제이자 친척으로 항복이나 배신을 방지하고 전우애를 최대한 발휘하게 만들었다.

대규모 조직형태인 천부제와 만부제 편제는 서로 다른 부족으로 편성하여 집단

1　'기민하고 날렵하다'는 의미로, 좋은 것을 빠르게 취하고 낭비 없게 만드는 다양한 방법론을 통칭하여 이르는 말

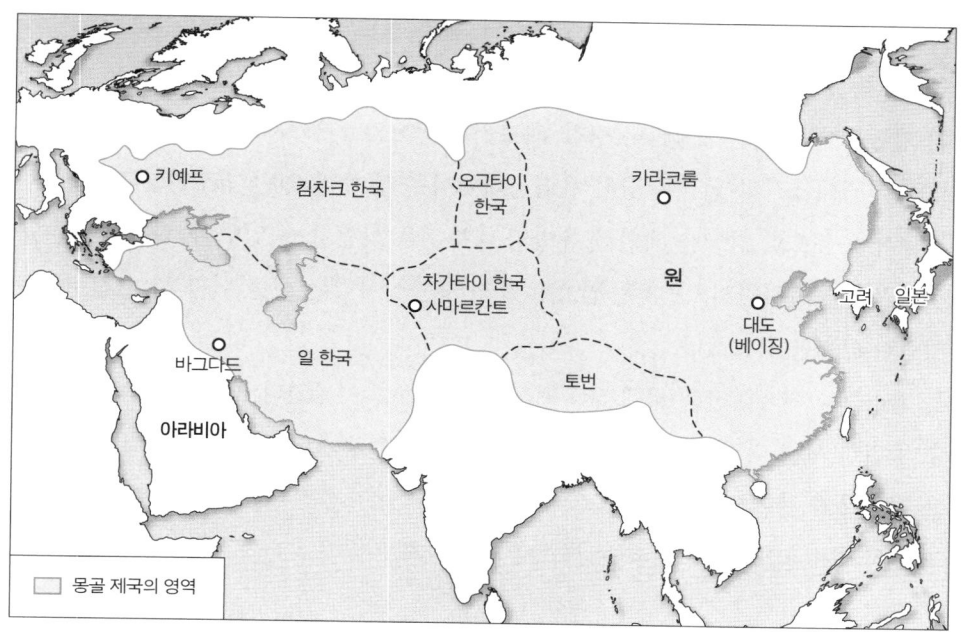

인류 역사상 최대제국을 건설한 몽골제국의 영토

간의 경쟁심을 유도했다. 전투 중에는 함께 먹을 것을 강조하고, 전리품은 항상 공정하게 분배하여 기동 속도를 증가시킬 수 있었다. 이와 같은 간편한 조직편제는 위기시 기민하게 운용되었다. 몽골 기마군단의 효율성은 1명의 병사가 4~5마리의 말을 데리고 비상식량이나 물을 휴대하여 전투근무지원 문제를 간편하게 해결했다. 간편한 조직으로 그 누구도 점령하지 못했던 동토(凍土)의 땅 모스크바를 두 번이나 점령할 수 있었다.

몽골군대는 헝가리 침공(1241) 당시 일일 기동 속도가 100km로서 제2차 세계대전 때 독일군 기갑부대보다 빨랐다. GE의 잭 웰치는 "조직이 신속하게 움직이려면 조직이나 경영방침 등이 간편해야 한다"고 강조했다. 조직의 신속한 대응능력은 조직의 간편성에서 기인한다. 기민한 조직의 대응은 생존과 효율성을 증강시킬 수 있다.

나폴레옹 군대는 근대적인 조직을 대표한다. 나폴레옹은 군대조직을 5~6개의 군단으로 편성했다. 1개 군단은 평균 2~3만 명으로, 전투병력과 지원병력으로 편성했다. 군단조직은 단독으로 임무를 수행하되, 하루 정도의 거리 내에서 상호지원이 가능하도록 운용했다. 예하 사단은 4~6천 명 정도의 보병과 기병으로 편성하여 보병의 기동을 지원하는 공병이나 병참, 의료지원 등으로 기능화·세분화하여 편성했다. 프랑스 군대조직의 장점은 당시 유럽군대에서는 볼 수 없었던 경포와 지도, 독특한 전술적 운용으로 영국을 제외한 유럽의 대부분을 석권할 수 있었다. 나폴레옹은 군대조직을 운용하면서 "군대는 밥으로 행진하는 살아있는 생물"이라 하며 전투근무지원과 사기를 강조했다.

제1, 2차 세계대전은 군대조직 편성의 전환점을 이루었다. 대량 생산 체제를 갖추기 위한 사업 다각화 및 기능 조직을 강화했다. 전쟁에 소요되는 대량의 전투물자를 지원하기 위한 인적자원 및 조직개발 중요성(체계적 선발, 훈련, 육성)이 대두됨으로써 조직 차원의 효율성을 추구하는 시스템 이론을 활용했다.

5. 현대 기업조직

현대 기업조직은 해외시장 개척 및 인수합병 등을 통한 글로벌 성장을 추구한다. 기업조직을 이끌어갈 핵심인재 양성 및 리더십 개발, 글로벌 기업현장에서의 이질적 경영이 중시된다. 21세기 들어 기업은 비즈니스 융·복합 환경에 적응하기 위해 유연성과 민첩성이 필요한 조직으로 전환되고 있다. 인터넷 디지털 혁명에 기반한 수평적인 조직문화가 중요해지고, 리더 중심에서 조직구성원 중심으로 급격한 변화가 요구되고 있다.

조직환경의 변화에 적절히 대응하고 위험감수를 통한 끊임없는 새로운 도전이 중요시됨에 따라 현대사회는 '애자일' 조직형태로 전환되고 있다. 애자일 조직은 부서 간 경계를 허물고 환경에 신속하게 적응하기 위해 팀단위로 구성해 업무를 수행한다. 로버트와 그로버(Robert & Grover, 2012)에 의하면 "조직은 예측 불가능하고 역동적이며 지속적으로 변화하는 환경에 효과적·효율적으로 대응하는 능력을 갖추어야 한다"고 강조했다. 현대사회에서 생존과 지속 가능한 경쟁우위를 확보하기 위해 애자일 조직은 필수적인 요소라 할 수 있다.

애자일 조직이 갖추어야 할 특징은 다음과 같다.

첫째, 조직구성원 모두가 공통의 비전과 조직의 목표를 공유해야 한다. 확실한 조직 내 비전이나 미션, 목표를 공유하지 않는 것은 목적지 없이 항해하는 배와 같다. 공유된 미션이나 가치, 목표는 배가 항해하는 과정에서 풍랑이나 문제점이 발생했을 때 이를 슬기롭게 극복하는 행동 규범이 된다. 공유된 목표나 가치는 조직구성원을 단결시켜주고 위기 시 올바른 행동 대처 방법을 통일시켜 조직몰입 여건을 조성할 수 있다.

둘째, 사람 중심의 조직문화 풍토가 요구된다. 성과뿐만 아니라 관계지향형의 사람 냄새가 나는 조직 분위기가 형성되어야 구성원들의 소속감을 불러오고 조직에 충성심이 생기게 한다. 부하에 대한 리더의 존중과 배려, 상호 협업하는 조직문화는 성공의 필수적 요소다.

셋째, 원활한 의사소통을 바탕으로 수평적 조직문화가 요구된다. 지시적이거나 강압적인 위계구조를 청산하고 활발한 의사소통을 통해 사전에 갈등을 차단할 수

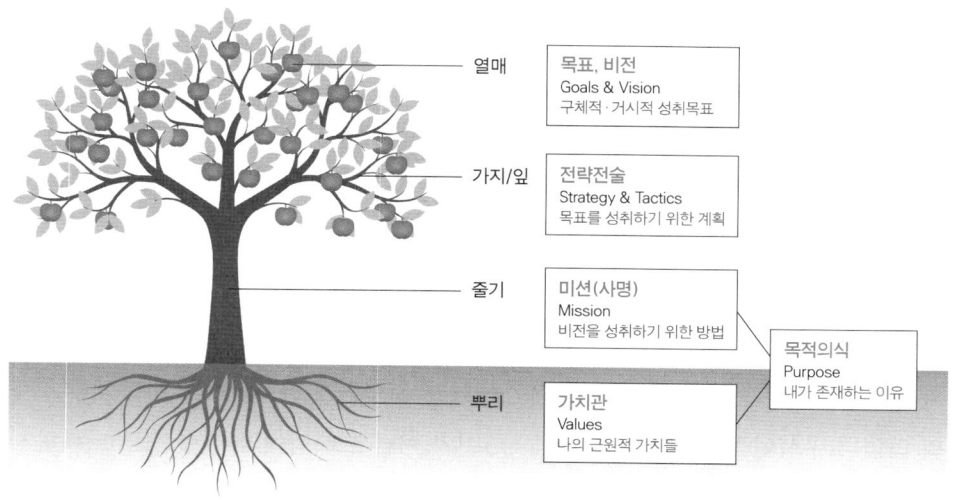

조직구조의 비전 및 목표

있는 조직풍토가 요구된다. 이를 위해 리더는 조직 내에 건전한 메기 역할을 할 수 있어야 한다. 리더는 시대적 상황에 적합한 조직문화 분위기 유지를 위해 고정관념도 버리고 상황변화와 구성원들의 욕구를 파악할 수 있는 역량을 겸비해야 한다.

넷째, 권한위임(empowering)을 통해 신명나는 조직문화를 구축해야 한다. 조직구성원에게 과감하게 권한을 위임하고 이를 통해 조직구성원이 자발적으로 참여하여 동참하게 하는 것이다. 리더는 과감하게 위임하고 잘못될 경우 스스로 책임을 진다. 조직시스템은 리더 혼자 운용할 수 없다. 혼자서 하기에는 세상은 너무나 빠르게 변화하고 있다.

권한위임은 제로섬(zero-sum) 게임이 아니라 '플러스 섬(plus-sum) 게임'이라는 인식을 해야 한다. 권한위임은 리더에게 주어진 권한을 조직구성원에게 빼앗기는 것이 아니라 혼자 하지 못하는 것을 구성원의 도움을 받아 완료한다는 인식을 가질 필요가 있다. 조직에 부여된 목표를 달성하기 위해 권한을 위임하여 그들로부터 지원을 받는 것이다. 이때 리더는 구성원이 과업을 수행할 수 있도록 필요한 자원을 충분히 할당하여 도움을 받는 것이다.

다섯째, 리더는 빠른 의사결정과 지적 수용력을 겸비해야 한다. 과거의 리더는 지시하거나 답을 주는 사람이었다. 하지만 미래의 리더는 질문하고 구성원들의 말에 귀를 기울여야 한다. 과거에는 구성원의 의견을 묻지 않고 혼자 결정해도 조직의 운명을 결정할 환경적 변화가 크지 않았기에 문제 되지 않았다. 하지만 21세기에는 변화의 속도가 빨라서 리더가 답을 주는 동안 이미 그 데이터는 과거의 지식이거나 잘못된 방향이 될 수도 있다. 따라서 리더가 알고 있는 지식의 양은 한계가 있고, 그 변화를 따라가기에는 한계가 있다는 점을 깊이 명심해야 한다.

지식을 배우는 최고의 기관은 대학이라고 한다. 대학에서 배우는 지식의 변화속도를 살펴보면 물리학 지식의 유효기간은 15년 정도, 경제학은 9년, 심리학과 역사학은 7년 정도에 지나지 않는다고 한다. 이렇게 급속하게 변화되는 사회현상에 조직의 리더나 구성원들이 기존의 자신의 사고방식이나 프레임에 빠져 스스로 노력하지 않는 조직은 도산하고 말 것이다.

역사적으로 융성함을 누리던 기업이나 국가도 미래의 변화에 대비하지 못하고 현실에 안주하면서 패망했다. 캐나다의 경영전략 학자인 대니 밀러는 『이카루스 패러덕스』를 통해 "성공이 결국 파멸을 낳고, 가장 소중한 것으로 여겼던 것이 결국엔 자신을 망칠 수 있다"고 경고했다. 기술력이 세계 최고의 기업일지라도 CEO가 시대적인 변화를 제대로 읽지 못하거나 현실에 안주한다면 언제든지 조직을 패망하게 만든다는 사실을 잊지 말아야 한다.

6. 바람직한 조직문화 구축

1) 조직문화의 중요성

피터 드러커는 "조직문화는 아침 식사로 전략을 먹는다"고 했다. 이는 조직문화가 얼마나 중요한지를 단적으로 보여주는 말이다. 리더가 아무리 훌륭한 전략을 수립한다 할지라도 이를 수행하는 조직문화가 뒷받침되지 않으면 성공할 수 없다. 리더가 교체되면 조직의 전략도 순식간에 물거품이 되는 것을 많이 본다. 관료조직뿐만 아니라 기업에서도 마찬가지다. 이를 방지하고 지속적인 성장과 변화를 추구하기 위해서는 전략수립보다 조직문화 구축이 더욱 중요해지고 있다.

글로벌 기업 임원을 대상으로 한 조사에서 임원 중 90% 이상이 기업의 성공을 위해서는 전략만큼이나 조직문화가 중요하다고 답변했다. 이 중 81%는 조직문화가 탄탄하지 못하면 탁월한 성과를 내기 어렵다고 답변했다. 기업 내 신뢰받는 조직문화를 형성한 기업은 고성과를 창출하지만, 신뢰받지 못하거나 느슨한 조직문화를 가진 기업은 낮은 성과를 보였다.

우리나라에서도 비슷한 연구 결과가 있다. 대한상공회의소에서 직장인 500명을 대상으로 "구글이나 페이스북 같은 창의적 기업이 100점이라 가정하고, 자신이 소속된 조직문화 점수는 몇 점인가?"라는 질문에 59.2점의 조사 결과가 나왔다. 이처럼 평균 이하의 점수가 나온 원인은 경직된 의사소통, 개인보다 기업을 우선시하는 조직문화, 부서 이기주의, 단기성과 위주의 조직문화 등으로 조사되었다.

인터넷이나 매스미디어의 발달로 수평적 조직문화와 투명하고 공정한 기준을 요구한다. 구성원들은 경제적 보수보다 일상에서의 즐거움이나 개인적 성장을 추구한다. 따라서 효율성을 중시하는 조직문화보다 구성원에 대한 존중과 배려가 중시되는 조직문화를 요구한다.

구성원들로부터 신뢰받는 조직문화는 경쟁우위의 원천이다. 조직문화는 인재전쟁에서 조직을 활성화할 수 있는 강력한 무기이자 경쟁사가 쉽게 모방하기 어려운 조직의 중요한 자본이다. 성장하고자 하는 조직은 이러한 조직문화의 중요성을 인식하고 올바른 조직문화 풍토 조성을 위해 노력해야 한다. 조직문화 구축은 구성원들이 상호작용하는 과정에서 구축된다. 이와 같이 구축된 조직문화는 구성원들의 가치관과 태도의 형성에 영향을 미치고 조직이 요구하는 행동유형을 자발적으로 따르도록 할 수 있다. 이와 같이 올바르게 구축된 조직문화는 부여된 과업을 효율적으로 달성하기 위한 해답을 제시하게 되므로 바람직한 조직문화 정착은 성장의 필수적 요소다.

2) 성장하기 위한 조직문화 건설

조직이 성장하고 발전하기 위한 조직문화를 건설하기 위해서는 다음과 같은 것이 요구된다.

첫째, '명확한 비전과 가치를 공유하는 조직문화 구축'이 필요하다. 성장하는 조직은 중·장기적인 비전이나 가치 중심으로 조직을 운영한다. 반면에 건강하지 못한 조직은 단기간의 핵심성과지표(KPI)에 집착하여 각자도생하는 조직문화를 갖게 된다. 이러한 조직은 단기적으로는 목표달성이 가능할 수 있어도 장기적으로 성장하기 어렵다. 따라서 리더는 중·장기적인 비전과 가치를 수립하고 이에 따른 명확한 조직의 목적과 사명을 공유해야 한다. 구성원의 가슴을 떨리게 하는 명확한 비전과 가치수립은 성장하고 발전하기 위한 조직문화 구축의 핵심이라 할 수 있다.

애플을 세계적인 기업으로 만든 스티브 잡스가 처음 애플을 창업할 때 비전은

'혼(魂)이 있는 100억 달러 기업을 만드는 것'이었다. 스티브 잡스의 이러한 비전제시는 구성원들에게 명확한 조직활동의 방향성을 제시하고 조직이 추구하는 미래 상태를 밝혀줌으로써 애플의 조직문화 형성의 근간이 되었다. 이로써 애플은 현재 매출순위 최고를 유지하고 있다.

명확한 목표를 수립하고 조직을 관리할 때 목표지향적인 것과 프로세스 지향적인 방법이 있다. 목표지향적인 방법을 구사할 경우 구성원들이 명확한 목표를 설정하고 이를 함께 추진하는 경우 자발적인 동기부여로 높은 생산성을 기대할 수 있다. 반면에 프로세스 지향적일 경우 조직구성원을 성과를 만들어 창출하는 기계로 인식할 수 있다. 이러한 경우 잘못하면 리더는 관리만 잘하면 된다는 생각으로 접근하여 조직구성원의 동기를 떨어뜨려 생산성의 저하를 가져올 수 있다.

둘째, '높은 도덕성(ethicality)을 견지하는 조직문화'를 구축해야 한다. 특히 4차 산업혁명 시대에는 높은 도덕성과 더불어 투명한 조직문화를 요구하는 시대가 되었다. 노벨 경제학상 수상자 케네스 애로(Kenneth Arrow) 스탠퍼드대학 교수는 "신뢰는 일종의 사회적 자본이며 신뢰가 부족한 사회는 경제발전이 저해된다"고 강조했다. 구글은 모든 정보가 공개되고, 주요한 내용은 구성원 간 상호 공유되는 것을 기업 조직문화의 원칙으로 했다. 현재 구글은 글로벌 10대 기업에 속한다. 반면에 리더의 도덕성으로 인해 조직 자체를 파멸시킨 '엔론사태'는 리더의 도덕성이 얼마나 중요한지를 알 수 있는 대표적 사례라 할 수 있다.

리더는 현재 자신의 조직에 사일로 현상이 없는지를 관심 있게 지켜볼 필요가 있다. 부서 이기주의를 뜻하는 '사일로 현상'은 조직 내 리더가 척결해야 할 대표적인 조직문화라 할 수 있다. 사일로는 원래 곡식을 저장하기 위해 깊게 판 구덩이를 말하는데, 사일로 현상은 "조직구성원들이 주위와 협력하지 않고 자기 조직만의 틀 안에 갇혀 있는 것"을 의미한다. 문제가 발생하면 어느 부서 책임인지만 따지고 조직 전체의 효율성보다는 자신의 안위만을 추구하는 것도 사일로 현상의 일종이다.

셋째, '조직 내 구성원 상호 간에 신뢰감(trust)'이 형성되어야 한다. 속담에 "배 고픈 것은 참을 수 있어도 배 아픈 것은 참을 수 없다"고 한다. 조직 내에 신뢰가 형성되지 않고 시기와 질투가 난무한다면 결코 조직에 부여된 과업을 성공시킬 수 없을 것이다.

세계 최대의 제국을 건설할 수 있었던 몽골제국의 원동력에는 이러한 신뢰문화가 형성되어 있기에 가능했다. 전투에서 승리한 군대가 가장 먼저 하는 것이 약탈이었다. 하지만 이로 인한 폐해(弊害)가 컸다. 정복지에서 약탈을 자행하는 과정에서 기강이 해이해지고 도주한 적의 역습으로 결국 전투에서 패배하는 경우가 많았다. 칭기즈칸은 이러한 폐해를 알고 있었기에 적과의 전투에서 승리하더라도 약탈을 금지하고 전투가 완전히 종결된 이후 모두가 공평하게 분배받는다는 사실을 인식시켰다. 이를 통해 약탈을 방지하고 적의 역습으로 몽골군의 피해를 방지할 수 있었다. 칭기즈칸의 군대는 약탈하지 않고 오직 전투에만 집중하자 전투하중이 경량화되고 전투원 상호 간에 신뢰의 조직문화를 형성하여 세계 최대 제국을 건설하는 조직이 될 수 있었다.

동물의 세계에서도 신뢰를 바탕으로 한 희생의 모습을 볼 수 있다. 기러기가 대륙을 횡단하는 과정에서 선두 기러기는 힘들면 뒤에 있는 기러기가 앞장서줄 것을 믿기 때문에 선두에서 거친 바람을 맞으면서 날갯짓을 하는 것이다.[2]

넷째, '인간 중심(humanitic)의 조직문화'를 정착시켜야 한다. 조직 내 구성원들의 마음속에 심리적 안정감이 형성되어 있어야 한다. 2015년 구글의 인력분석팀(People Analytics)은 '높은 성과를 내는 팀의 비밀을 파악하는 연구' 결과를 발표했다.[3] 그 결과 고성과를 창출하는 팀의 특징은 다음과 같다.

① 팀원 간에 상호 의존성이 높고, 업무구조 및 역할이 분명하다.
② 팀원 개개인이 일에서 의미를 찾도록 업무를 배분한다.
③ 모두가 합심하여 공통의 목적을 위해 노력한다.
④ 조직의 심리적 안정감을 높이기 위해서는 실패에 대한 책임을 개인에게 지우

---

2 영국 왕립 수의대 스티븐 포르투갈 박사팀의 연구 결과에 의하면, 기러기가 V자 대형으로 비행하게 되면 대형 내에 위치한 기러기는 선두 기러기보다 심장박동과 날갯짓 횟수가 11~14% 감소한다는 사실을 알아냈다. 전투기도 편대비행을 하면 연료소모가 최대 18% 절약되는 것으로 조사되었다.

3 이 연구는 성과가 좋은 180개 팀을 선별하여 고성과를 내는 비결을 인터뷰했다.

지 않는다.

⑤ 실패를 학습의 기회로 삼는 조직문화 분위기를 만든다.

다섯째, '혁신적인 조직 분위기(innovation)를 형성'해야 한다. 현대 조직은 제휴하고 협업하는 능력이 요구된다. 제휴와 협업은 작은 조직으로 큰 성과를 낼 수 있다. 전통적인 성공 방정식이 '합의 법칙'을 따랐다면, 4차 산업혁명 시대에는 '곱의 법칙'을 따른다. 팀조직 전문가인 하버드대학 에이미 에드먼슨(Amy Edmondson) 교수는 고정팀(fixed team)과 유동팀(fluid team)으로 구분하여 고정팀보다는 유동적인 팀 편성과 프로젝트 중심으로 업무를 추진할 것을 권장하고 있다. 유동팀은 각각의 프로젝트에 맞는 사람들을 불러서 일시적으로 한데 모았다가 일이 끝나면 이를 쪼개 다시 다른 그룹과 합치는 방식으로 운영한다. 미래의 조직편성은 팀(team)이 아니라 티밍(teaming)이라 할 수 있다.

4차 산업혁명처럼 빠르고 다양하게 변화하는 시기에 혁신적인 조직 분위기는 매우 중요하다. 새로운 게임의 룰(rule)을 만들고 기존에 하던 방식은 때로 창조적으로 파괴해 새로운 기풍을 조성해야 한다. 클라우스 슈밥은 『제4차 산업혁명』이라는 책에서 "큰 물고기가 작은 물고기를 잡아먹는 시대에서 빠른 물고기가 느린 물고기를 잡아먹는 시대로 바뀌고 있다"고 했다. 변혁의 시대에 요구되는 것은 '업무에서의 속도뿐만 아니라 정확한 방향유지'도 중요하다. 미래 조직은 재빠르게 올바른 방향으로 바꾸는 민첩성을 지녀야 한다. 최근 유행하는 '린 스타트업(Lean Startup)'은 민첩함의 중요성을 강조한 경영방식을 말한다. 방향전환(pivot)은 최초 예측과 다른 결과가 나왔을 때 무엇이 잘못되었는지를 확인하고 재빨리 방향을 바꿔 새로운 시도를 하는 능력이다.

세계적인 경영학자 헨리 민츠버그(Henry Minzverg) 교수는 세계적인 기업들을 대상으로 최초 전략계획 수립의 변동성을 조사했다. 이 연구 결과에 의하면, "최초 수립한 전략의 90%는 실제로 실행되지 않았고 시행하기도 전에 새로운 전략계획 수립이 필요할 때도 있었다"고 했다. 최초 전략은 전략으로서 중요하지만 전략계획 수립이 진행되는 과정에서 얼마든지 주변환경의 변화로 수정되어야 함을 알 수 있다. 전쟁

계획은 총성과 함께 효과가 사라질 수 있지만, 그래도 계획의 중요성은 결코 간과할 수 없다.

조직은 끊임없이 새로운 변화를 시도해야 한다. 변화에 대한 도전을 두려워하지 말아야 한다. 경영전략과 혁신 분야의 권위자인 다트머스대학 비제이 고빈다라잔(Vijay Govindarajan)은 기업의 생존율에 대한 연구를 실시했다. 1960~2009년 사이 미국의 상장기업 2만 9,688개를 전수조사한 결과 1970년 이전 상장기업의 5년 생존율은 92%인 반면, 2000~2009년 사이 상장기업은 63% 정도로 확인되었다. 신생조직일수록 후발주자의 모방으로 생존 위협이 커졌다. 따라서 지속적인 혁신과 변화를 지속해야 함을 알 수 있다. 최근 미국의 보스턴 컨설팅회사 연구도 이와 같은 결과를 뒷받침한다. 1950년 이후 상장된 기업 3만 5천 개를 분석한 결과 기업들의 평균 수명은 30년 정도 되었다. 그런데 2000년대 들어 상장된 기업들의 평균 수명은 15년으로 절반으로 대폭 줄었다.

여섯째, 조직 내 '활발한 의사소통(communication)'이 이루어져야 한다. 집단적 창의와 협업 모델의 대표적 기업인 픽사(Pixar)의 브레인 트러스트(Brain Trust)[4]는 할 말을 하는 회의를 통해 창조적 혁신을 꾀하고 있다. 스티브 잡스가 "내 인생에 이렇게 똑똑한 사람들이 많이 모여 있는 집단을 본 적이 없다"고 했을 정도로 픽사에는 훌륭한 인재가 많았다. 그러나 훌륭한 인재가 많아도 활발한 의사소통이 이루어지지 않으면 좋은 성과를 낼 수 없다. 픽사의 운영원칙인 브레인 트러스트는 어떤 결정권도 갖지 않는다는 점이다. 단지 활발한 의사소통을 위한 촉진자 역할을 한다. 픽사의 토의 분위기는 철저하게 수평적이며, 비평보다는 개선에 집중하며 항상 솔직함을 전제로 한다. 상급자의 눈치를 보며 자기 생각을 제대로 말하지 못하는 조직은 반드시 침몰한다는 사실을 강조한다.

리더가 조직구성원을 리드하는 방식에는 세 가지 방법이 있다. 조직구성원들의 위에서 리드하는 방식(on people), 구성원들과 함께하는 방식(with people), 구성원들의

---

4 '두뇌'라는 의미로, 정부나 기업에 소속되어 자문에 응하는 학식과 경험이 풍부한 전문가 집단을 이르는 말

I. 4차 산업혁명과 리더십의 변화

마음속에 들어가 리드하는 방식(in people)이다. 좋은 리더는 사람들과 함께하지만, 위대한 리더는 사람들 마음속에서 사람을 이끈다고 한다. 위대한 리더가 되기 위해서는 구성원이 진정으로 원하는 바를 찾아 스스로 움직여야 한다. 그래야만 혁신이 가능하다는 점을 리더는 알아야 한다. 이를 위해 리더는 수평적이고 동반자적 조직문화를 구축하며 구성원을 믿고 기다려주는 여유를 지녀야 한다.

7. 글로벌 기업의 조직구조

조직에 부여된 과업을 훌륭하게 수행하기 위해서는 관리능력과 리더십 역량이 요구된다. 더욱이 리더가 차상위 직책에 승진하게 되면 수행해야 할 역할에 적합한 역량이 요구된다. 조직은 자질과 역량이 부족한 사람이 더 이상 오르지 못할 자리까지 오르게 된다는 속설이 있다. 다만 역량이 있는 소수에 의해 조직이 유지·발전된다는 것이다. 자질과 역량이 부족한 리더를 더 높은 자리에 올려 보내는 조직은 쇠락하거나 도태된다. 이러한 차원에서 글로벌 기업들은 조직 내에서 리더들의 역량을 개발하고자 노력한다.

조직구조는 기계적이고 관료적인 조직이 있는가 하면 유연하게 대응하는 조직에 이르기까지 다양하다. 조직의 성장 측면에서 보면 초기의 소규모 기능조직에서 시작하여 규모가 커질 경우 기민하게 대처할 수 있도록 다각화된 사업부제 조직으로 변화할 필요가 있다.

조직구조의 형태는 기능별 조직구조, 사업부제 조직구조, 혼합형 조직구조, 매트릭스 조직구조 등으로 분류된다. 글로벌 기업들의 조직구조 형태를 살펴보면, 아마존은 온라인으로 서적이나 제품을 판매하는 기업 이미지와 어울리지 않게 피라미드 형태의 관료제 형태를 취한다. 조직의 가장 윗선에는 CEO가 자리하고 있어 모든 권한과 책임이 그에게 집중된다는 것을 확인할 수 있다. 전자상거래 업체로서 '기능별 조직구조 형태'를 취하면서 각 부문이 기능별로 분화되어 업무를 수행한다. 표준화된 업무수행 절차와 규칙 속에 공식적으로 운영되는 관료제 형태와 유사하다.

마이크로소프트는 사업 분야별로 개별 사업부가 책임지고 관리해나가도록 유도하는 사업부별 조직형태를 취한다. 이러한 형태는 분권화된 기계적 조직으로 구성되며, 사업부들은 독립적인 권한과 책임을 지게 된다. 조직 규모가 크고 성숙화된 기업에서 선호하는 조직형태로 글로벌 시장에 대응하기에 적합한 구조다.

애플은 소수의 전략경영층이 핵심운영층을 직접적으로 조정·감독하는 기능을 수행하는 단순구조 형태다. 정중앙에 CEO가 위치하여 변화에 빠르게 대응할 수 있는 역동적인 구조로 모든 권한과 책임이 집중되기 때문에 CEO 부재 시 조직에 혼란이 올 가능성이 존재한다.

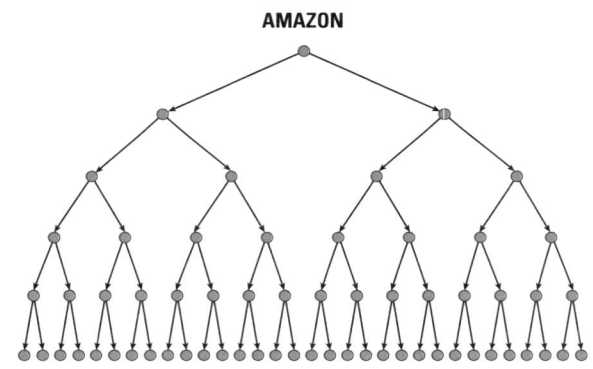

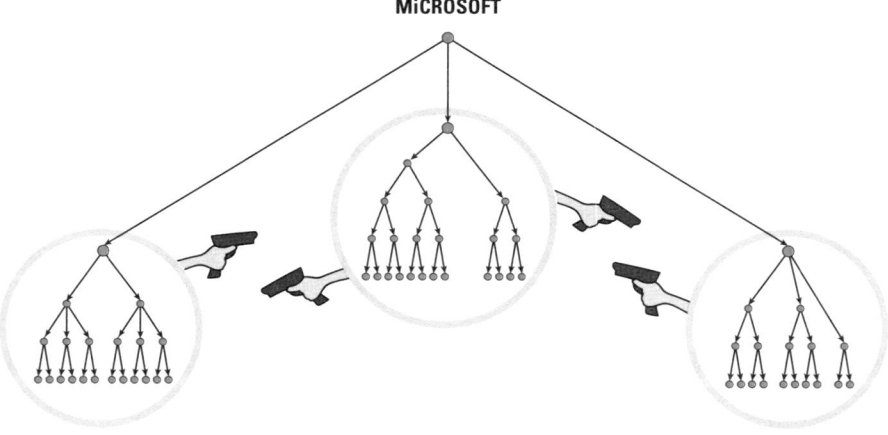

APPLE

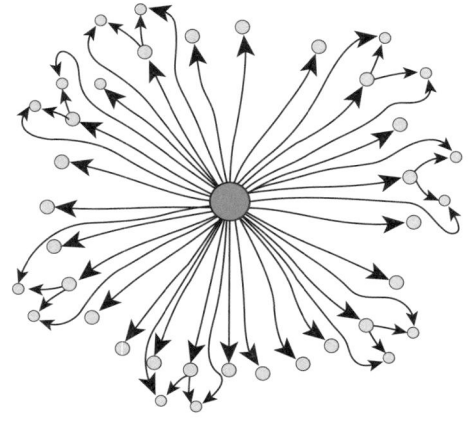

GOOGLE

FACEBOOK

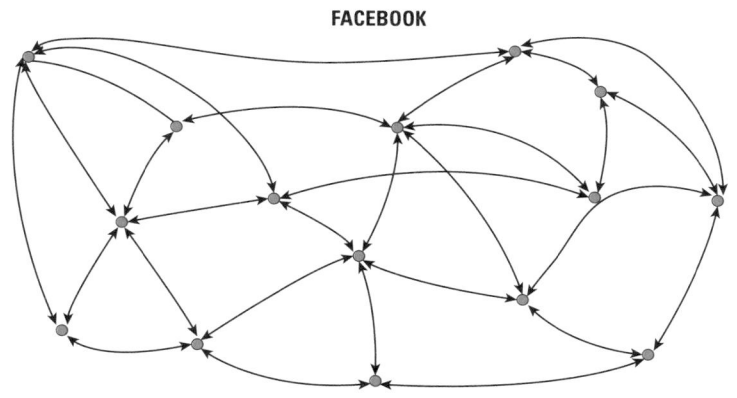

구글의 조직형태는 기계적 관료제와 전문적 관료제 형태를 유지하는 혼합형 구조라 할 수 있다. 전문적 관료제는 상황에 따라 분권적으로 운용되며, 기계적 관료제는 기능별 임무를 수행한다. 구글은 변화의 핵심에 위치한 IT 기업 특성상 회사의 특성에 최적화된 연구소와 전문가 집단에서 구성하기에 적합한 형태라 할 수 있다.

페이스북은 다양한 전문적 기술을 가진 사람들로 구성된 임시집단으로 전통적인 관료제 구조와 달리 융통적이고 적응적이며 혁신적 구조를 지닌 특별 임시조직인 애드호크라시(adhocracy) 형태를 취한다. '애드호크라시'는 조직학자 워렌 베니스(Warren Bennis)가 처음 제시하고 미래학자 앨빈 토플러(Alvin Toffler)가 널리 확신시킨 조직형태로 고도화된 수평적 직무 전문화를 이룸과 동시에 변화에 지속적으로 대응하도록 구성된 '혁신적인 마인드'의 조직형태다.

8. 조직규모에 따라 요구되는 리더십

1) 리더십 파이프라인

GE(General Electric)에서는 리더를 외부에서 영입하는 것이 아니라 내부에서 육성하고 리더십을 승계하기 위한 목적으로 인적자원개발 모형인 리더십 파이프라인 모델을 제작했다. 리더십 파이프라인은 1970년대 말러(Mahler)에 의해 개발된 교차로 모델을 근거로 모든 조직에는 특정한 요구조건을 가진 특정한 리더십 교차로가 존재한다는 이론을 바탕으로 한다. 인적자원개발부서는 리더십 단계별로 요구되는 특정한 기술과 가치를 익히고 발휘할 수 있는 역량개발에 노력한다. 이러한 리더십 파이프라인에는 계층별 리더가 길러야 할 조건과 자기개발의 방향성을 제시하고 있다.

리더십 파이프라인은 총 6단계의 전환점으로 구분되어 있으며 개인-조직-회사 차원으로 구분할 수 있다. 1단계는 자기관리 차원의 셀프관리자에서 초급관리자로, 2단계는 초급관리자에서 중간관리자로 전환하는 단계다. 1, 2단계는 개인 차원으로

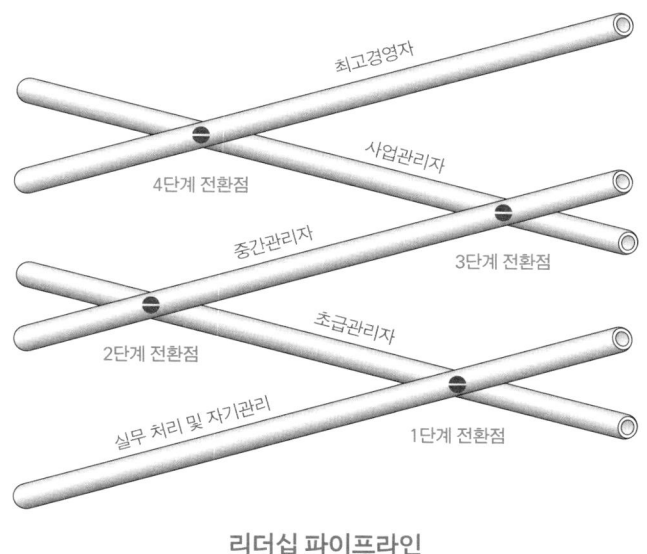

리더십 파이프라인

초급관리자 및 초급관리자의 관리자로의 전환 시기로서 리더십 역량 제고를 위한 가이드를 제공한다. 소규모 조직에 적합한 리더로서의 자질과 역량을 개발하여 다음 단계의 리더십을 발휘할 준비를 하는 단계다. 이 단계에서는 자신의 업무를 바탕으로 자기개발 계획을 수립한다.

3단계는 중간관리자에서 사업관리자로, 4단계는 사업관리자에서 최고경영자로 전환하는 단계다. 조직 차원은 회사 내 명확한 역할 이해로 조직경쟁력을 제고하는 것이다. 리더는 조직구성원에게 육성지침을 제공하고, 구체화되고 차별화된 책임을 부여한다. 조직구성원은 리더가 고민하는 문제가 무엇인지를 알고 자연스럽게 리더와 구성원 관계의 상호협력체계를 구축하는 것이다.

5단계는 최고경영자에서 그룹관리자로, 6단계는 기업 최고관리자로 전환하는 단계다. 회사 차원은 리더십 공급의 파이프라인을 구축하는 것이다. 리더가 갖추어야 할 바람직한 자질과 역량을 구체적으로 제시하고, 리더 후보자를 선발하여 기업의 최고관리자로서 필요한 리더십 역량을 기르게 한다.

2) 조직 리더십

조직의 리더는 규모와 직책 과업수행에 적합한 자질과 역량을 개발하기 위해 노력해야 한다. 수십 명을 지휘하는 행동급 제대로부터 수만 명을 지휘하는 전략적 제대의 CEO에게 요구되는 자질과 역량, 리더십 발휘 방법은 확연히 다르기 때문이다. 조직의 제대와 규모, 계급과 직책에 적합한 리더십[5]을 발휘할 수 있도록 개발을 지원하는 것이다. '무엇에 중점을 두고 어떻게 리더십을 발휘해야 하는가'는 조직의 승패를 결정짓는 중요한 요소다.

4차 산업혁명 시대를 살아가는 리더에게 '미래를 위해 조직이 무엇을 어떻게 준비할 것인가?' 하는 것은 조직의 생존과 직결된다. 변화의 속도가 느렸던 과거에는 리더가 조금 실수해도 복구할 여유가 있었다. 하지만 미래에는 리더의 실수를 만회할 시간이 주어지지 않는다. 이러한 측면에서 조직의 제대와 규모, 계급이나 직책별 임무와 역할을 고려하여 최적의 리더십을 발휘해야 한다.

소규모 조직을 이끄는 리더들은 주로 행동적 리더십을 발휘하며, 규모가 비교적 큰 조직을 이끄는 리더들은 조직적 리더십을, 대규모 조직을 이끄는 리더들은 전략적 리더십을 주로 발휘하게 된다.

'행동적 리더십'은 리더가 현장에서 구성원들과 직접 접촉하면서 발휘하는 리더십이다. 군대로 치면 대대급 이하의 단일 기능과 병과로 편성된 조·반·분대로부터 대대급 제대에서 발휘하게 된다. 이러한 제대의 리더는 수백 명 이하의 비교적 적은 병력을 대부분 직접 지휘하게 된다. 행동적 리더십은 리더가 현장에서 구성원들과 대면하면서 임무를 수행하므로 동고동락하면서 조직의 팀워크와 응집력을 강화시켜 임무를 수행하게 된다. 행동적 제대에서 요구되는 리더십 발휘의 중점은 리더의 솔선수범과 조직구성원에 대한 존중과 배려, 주도적인 임무수행, 의사소통, 조직구

---

5 리더십 수준 분류를 살펴보면 헌트(Hunt, 1991)는 '다단계 리더십 모형'으로, 콜린스(Collins, 2001)는 '리더십 5단계 계층구조'로, 벨(Bell, 2006)은 '리더십 세 가지 차원' 등으로 리더십 수준을 분류했다. 미 육군은 직접적(팀과 부대)·조직적(조직과 시스템)·관리적(글로벌 및 지역과 국가) 리더십 등 3단계로 분류했고, 육군은 제대와 규모, 계급과 직책을 고려하여 행동·조직·전략 리더십 등 3단계로 구분하여 수준별 리더십 발휘에 요구되는 자질과 역량, 리더십 발휘 중점의 상대적 중요도를 제시했다.

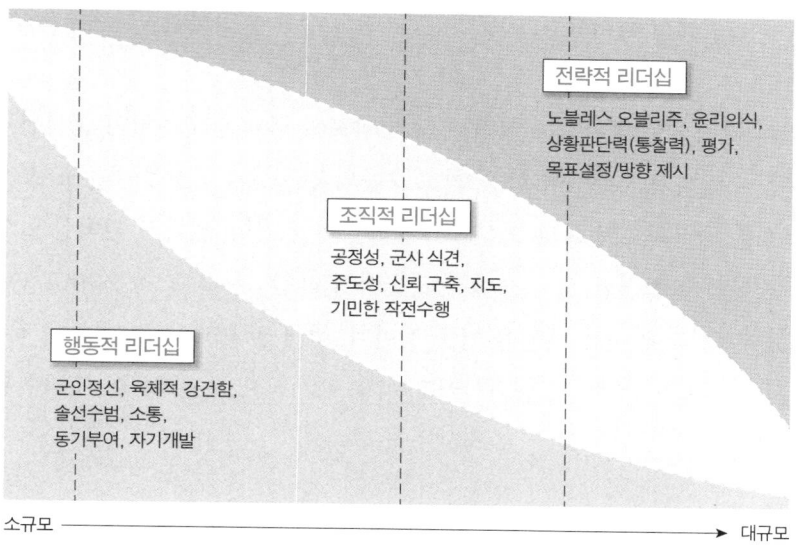

제대별 리더십 수준

성원 지도 등이 요구된다.

　‘조직적 리더십’은 리더가 부대의 제 기능과 가용자원을 임무수행 목적에 적합하도록 상호 결합하여 시너지 효과를 발휘케 하는 리더십이다. 군대로 치면 연대급부터 군단급까지의 다양한 부대에서 발휘하게 된다. 이때 리더는 수천 명에서 수만 명으로 편성된 조직을 이끌면서 제 전투수행 기능과 각급 부대의 임무수행을 통합한다. 관련 기관과 유기적으로 협조하면서 다양하고 복잡한 임무를 수행한다. 조직적 리더십을 발휘하는 리더는 다양한 조직을 이끌기 위해 직접적인 영향력보다는 간접적인 영향력을 발휘한다. 이러한 조직의 제반 특성을 고려하여 임무를 효율적으로 수행하기 위해서는 업무를 조정·통제하고 다양한 이해관계에 따른 갈등을 관리하여 협력적으로 행동함으로써 통합능력을 발휘케 한다.

　‘전략적 리더십’은 국가이익과 군사 전략목표를 달성하기 위해 장기적이고 미래지향적으로 정책을 계획하고 임무를 수행하는 데 발휘되는 리더십이다. 전략적 리더십은 주로 작전사급 이상 제대에서 발휘하게 된다. 전략적 리더십을 발휘하는 리더는 참모조직과 제도, 규정, 법령 등을 활용하여 체계적으로 조직을 이끌고, 장기적이고 거시적 관점에서 정책결정, 제도발전 등 조직 전체에 영향을 미치는 중요한 임무를 수행한다.

　전략적 리더십을 발휘하는 리더는 군의 목표와 국익을 고려하여 군사전략과 주요 정책을 수립하고 시행해야 한다. 최고 수준의 전문성과 역량을 갖추고, 조직의 비전과 목표를 제시하고 변화와 혁신을 주도해나가야 한다. 전략적 리더십 발휘에 요구되는 중점은 불확실한 상황 속에서도 군사적 혜안(coup d'oeil)을 가지고 과감하게 결단하고, 그 결과에 대해 책임을 지는 것이다. 현재 및 미래 환경 변화에 적응하면서 조직을 더 나은 방향으로 변화시키고 이를 체계적으로 관리하는 조직활동이 필요하다.

3장
리더십의 변화 요구

1. 리더십의 어원

인류의 역사는 '리더십의 역사'라 할 수 있다. 리더십과 관련된 기록은 약 5천 년 전 고대 이집트의 상형문자에서 발견되었다. 이집트의 동굴벽화에 리더(Seshemet), 상관(Sechemu), 부하(Shemsu)를 의미하는 단어들이 등장한다. '리더'라는 용어가 처음 사용된 것은 13세기경 영국이었다. 앵글로색슨족이 사용하던 '레단(ledan)'에서 유래한 리더(leader)는 '가다(to go)'라는 동적(動的)인 언어로 '앞장서서 가는 사람'을 의미했다. 본격적으로 리더라는 단어가 사용된 시기는 19세기부터다.

리더십은 리더(leader)＋십(ship)의 합성어로, 리더는 배가 목적지까지 나아갈 수 있도록 방향키를 잡고 구성원들을 하나가 되도록 이끌어가는 사람이다. 즉, 집단을 하나의 통합된 조직으로 만들어 부여된 목표를 달성할 수 있도록 구성원들에게 동기를 부여하는 것이 리더십의 역사라 할 수 있다.[1]

리더의 중요성은 인류의 역사를 통해 잘 알 수 있다. 몽골의 칭기즈칸이나 프랑스의 나폴레옹, 세계의 역사 전문가나 전사를 연구하는 군인들이 칭송하는 이순신

---

1 리더십은 리더와 구성원, 상황요인으로 구성된다.

장군 등이 대표적인 인물이다. 리더 한 사람이 국가의 운명이나 조직의 성패에 미친 영향은 크다. 이러한 리더들의 공통점은 온갖 역경에서도 구성원들이 스스로 꿈과 희망을 갖고 자발적으로 참여하도록 동기를 부여했다. 최고의 리더십은 구성원들이 리더의 존재를 느끼지 못하도록 물 흐르듯이 조직을 이끄는 것이라 할 수 있다. 구성원들이 원하는 목표를 이루었을 때 "우리가 해냈다"라고 함성을 지를 수 있게 만드는 리더가 최고의 리더십을 발휘했다고 할 수 있다.

리더에게도 급수가 있다. 낮은 수준의 리더는 '구성원들의 위(on people)'에서 법과 규정으로 리드하고자 한다. 중간 수준의 리더는 '구성원들과 함께(with people)'하는 리더다. 최고 수준의 리더는 '구성원들의 마음속(in people)'에서 비전을 제시하고 정신적 공감대를 형성하며 함께 조직의 목표를 향해 나아가는 리더라고 할 수 있다.[2]

리더는 억지로 존재감을 나타내려 해서는 안 된다. 조직이 편안할 때는 구성원들이 리더의 존재감을 느끼지 못한다. 진정한 리더십은 위기 시에 발현된다. 구성원들이 위기의식을 느끼면 모두 리더를 쳐다본다. 이때 리더는 역경을 인내하면서 구성원들을 다독여 참다운 리더십을 발휘할 수 있어야 한다.

이를 위한 리더십 개발은 부족한 점을 보완하되 강점을 극대화하고자 노력해야 한다. 고전적인 측면의 리더십 개발 이론은 리더의 특성이나 행동, 조직에 부여된 환경적인 요소를 중시했다. 현대적 리더십 이론은 리더십의 변화와 혁신, 카리스마, 지적 영감 등을 강조하고 있다. 변화의 속도가 빠르고 모호한 상황에 조직을 이끄는 리더에게 필요한 자질과 역량은 구성원들이 진정으로 무엇을 원하는지를 알아야 한다. 이를 위해 지시하고 강압하기보다는 질문하고 경청하는 자세가 요구된다.

20세기 말 소련과 동유럽의 공산주의는 열심히 노력한 사람이나 게으른 사람에게 공평한 보상이 주어지는 시스템으로 결국은 역사 속으로 사라지게 되었다. 공평한 보상은 구성원들에게 동기가 부여되지 않음으로써 조직 내 경쟁의식이 사라지고 개인의 자율과 개성이 무시되었기 때문이다. 이를 조직의 관점에서 살펴보면, 조

---

2 한비자는 "하급 수준의 리더는 자신의 힘을 사용하고, 중급 수준의 리더는 남의 힘을 빌려서 사용하고, 고급 수준의 리더는 남의 지혜를 사용한다"고 했다.

직의 목표를 달성하기 위해 구성원에게 동기를 부여하고 영향력을 행사하는 과정이 리더십이라고 할 수 있다. 리더가 구성원들에게 적당한 경쟁과 이에 따른 공정한 인센티브를 부여하여 자발적으로 따르게 하는 것은 조직운영의 기본이라 할 수 있다. 또한 그들의 개인적 성향과 인격에 대한 존중은 매우 중요한 요소다.

2. 리더의 중요성

나폴레옹은 "갈리아를 정복한 것은 로마군대가 아니라 시저였으며, 무적의 로마군대를 전율케 한 것은 카르타고 군대가 아니라 한니발 장군"이라고 하면서 리더의 중요성을 강조했다. 클라우제비츠는 『전쟁론』에서 전투의 승패를 결정짓는 것은 단한 사람, 즉 리더에게 달려 있다고 강조했다. 한 사람의 리더가 얼마나 중요한가는 전쟁의 역사에서 쉽게 찾아볼 수 있다.

서기 612년, 중국의 수 양제는 혼란했던 중국을 통일하자 주변 인접국들에게 신하로서의 복종과 조공을 요구했다. 하지만 고구려는 이에 응하지 않고 오히려 수나라를 선제공격했다. 이에 화가 난 수 양제는 113만 8천 대군을 이끌고 고구려를 침략했다. 수 양제는 세계 전사상 연합국 체제가 아닌 단일국가로서 본인이 직접 113만의 전투병력과 이를 지원하는 전투지원병력 300만 명이 넘는 최대의 병력을 이끌고 참전했다. 당시 고구려의 인구가 400만 명 정도로 추산되니 300만 명의 대병력이 얼마나 많은지를 쉽게 알 수 있다.

수 양제의 침입으로 나라가 백척간두 누란(淚亂)의 위기에 처했다. 고구려의 영양왕은 이에 굴하지 않고 을지문덕 장군에게 나가 싸울 것을 명령했다. 을지문덕 장군은 수나라군에 항복하는 척하며 이들을 지금의 청천강까지 유인하여 궤멸시켰다. 이처럼 나라를 풍전등화의 위기에서 구한 것은 을지문덕 장군이라는 한 사람의 리더가 있었기 때문에 가능했다.

임진왜란 당시 이순신 장군이 명량해전에서 30 : 1의 절대적인 열세 속에서 왜 수

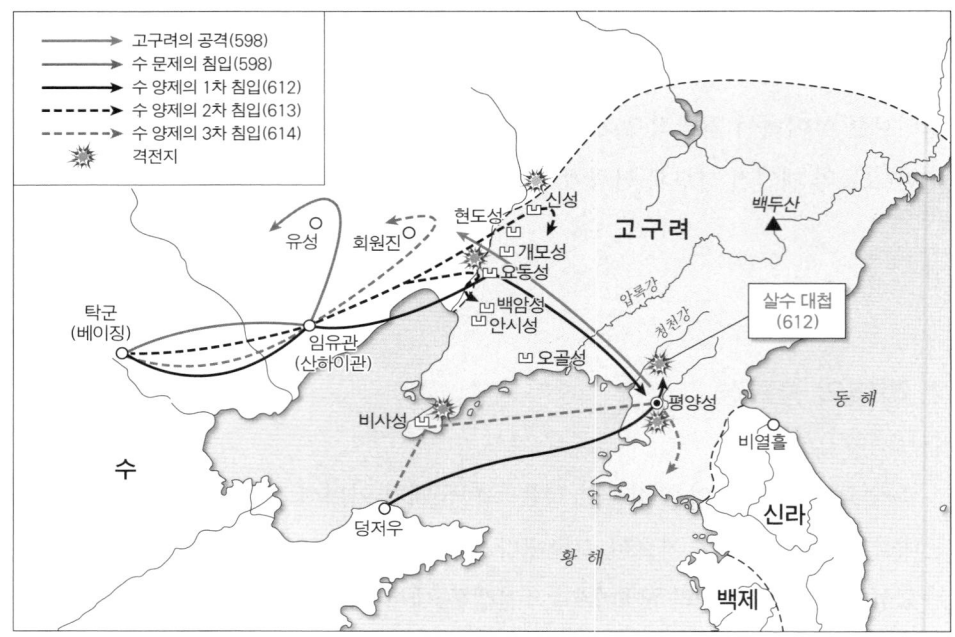

고구려와 수나라와의 전쟁

군을 대패시킨 사실은 한 사람의 리더가 풍전등화의 위협에서 얼마나 중요한지 역사적으로 입증하고 있다. 이순신 장군은 왜군이 공격할 때마다 승리했지만, 조정 대신들의 모함으로 파면당했다. 이에 조선 수군의 전권을 맡게 된 원균은 연전연승하

리더의 중요성

구 분	명량해전	칠천량해전
리 더	이순신 장군	원균 장군
시 기	1597년 9월 16일	1597년 7월 15일
장 소	명량(울돌목)	칠천량
전투력	판옥선 13척	판옥선 180여 척(거북선 3척 포함)
전 과	왜선 31척 파괴	조선 전함 160여 척 완파
전투 결과	– 조선을 위기에서 구함 – 일본의 전쟁목적을 좌절시킴	– 조선수군 궤멸 – 제해권 상실

던 조선 수군을 이끌고 왜군에 맞서 싸우다가 칠천량해전에서 대패를 당하게 된다. 이순신 장군은 왜 수군에게 완패를 당하고 가까스로 도망해온 12척의 전함으로 단 두 달 만에 조선 수군을 새로운 조직으로 재건하여 333척의 왜 수군을 상대로 승리하여 나라를 위기에서 구해냈다.

전쟁의 역사뿐만 아니라 기업의 사례에서도 리더의 중요성은 아무리 강조해도 지나침이 없다. 이러한 차원에서 기업 조직이나 군 조직 모두 올바르고 유능한 리더를 육성하고자 노력한다. 그러나 현실은 항상 긍정적인 리더만이 존재하는 게 아니다. 조직구성원(follower)들에게 자발적 동기를 부여하여 조직의 효율성을 증진시키는 긍정적 리더가 있는가 하면, 반대로 조직구성원들의 의욕을 꺾는 부정적 리더가 존재한다. 이에 따라 부정적 리더에 의한 독성 리더십(toxic leadership)[3]을 어떻게 치유할 것인가에 대한 관심이 증가하고 있다.

미국의 심리학자 미셸 맥퀘이드가 직장인 1천 명을 대상으로 실시한 설문조사에서 응답자 중 65%가 금전적 보상보다 상사의 해고를 원하는 것으로 나타났다(미 경제 주간지 포브스 인터넷판, 2013). 이는 조직구성원들이 과거의 용병처럼 금전이라는 단순한 동기부여로 해결된다는 인식을 버려야 한다는 것을 의미한다. 이제는 리더에게 구성원의 다양한 욕구를 알고 상황에 적합하게 충족시켜줄 수 있는 역량이 요구되고 있다. SNS 등에 자신의 의견이나 주장을 적극적으로 표현하는 MZ세대가 구성원들의 주류를 이루고, 이들에 의한 새로운 조직문화가 창출되고 있다. 이들의 욕구를 충족하고 리더의 일방적 지시나 강압에 의한 부정적 리더십을 치유할 필요성이 요구된다.

4차 산업혁명의 여파로 외부환경에 효율적으로 적응하기 위해 기업조직이 변화하고 있다. 상하계급의 수직적 구조에서 효과적으로 대응할 수 있는 수평적 파트너십 구조로의 전환이 이루어지고 있다. 기업의 경쟁우위 요소로 간주되었던 시스템 중심의 관리방식이 점차 사람 중심의 인적자원개발로 전환되고 있다. 조직구성원들

---

3 미 육군리더십센터에서 주목하고 있는 독성 리더십(toxic leadership)은 부정적 리더십의 하나로 "조직구성원이나 조직의 임무수행에 역효과를 가져오는 자기중심적인 태도, 동기부여, 행위의 조합"으로 정의하고, 독성 리더는 개인의 이익을 위해 조직구성원을 속이고 겁박하며 강제하거나 불공평한 신상필벌을 한다고 기술하고 있다.

의 인식도 자신이 담당한 업무에서 자율성을 요구하고 있다. 조직 내에서도 개인적인 성장과 발전을 통해 성과를 도출하고자 하는 욕구가 강해지고 있다. 기업 내 생산방식도 수요자의 필요(needs)에 맞는 다품종 소량 생산 방식으로 전환하듯이, 리더십의 흐름도 조직구성원의 다양한 욕구를 충족시켜주는 방향으로 변화되고 있다.

　그러나 조직 내에서는 아직도 이러한 변화에 둔감한 것이 현실이다. 리더가 구성원의 변화와 성장을 촉진시키기보다는 일방적·강제적으로 지시하고 가르치려는 티칭(teaching) 방식이 주로 행해지고 있다. 급속하게 변화하는 환경에 현명하게 대처하는 리더를 육성하기 위해서는 조직의 특성을 이해하고 구성원의 욕구를 수용할 수 있어야 한다. 리더는 이러한 환경의 변화와 시대적인 변화를 감지하고 존중해야 한다. 기존의 리더가 "나를 따르라(Follow me)!" 하면 조직구성원 모두가 "Yes, Sir" 하며 무조건 따르리라 생각하는 시대는 지났다는 사실을 깊이 인식해야 한다.

3. 리더십 이론의 변화

1) 특성론 관점

　돌을 물속에 던지면 부력이 적어서 쉽게 빠진다. 하지만 리더(leader)가 리더십이라는 배(ship)에 돌을 담으면 적절한 장소에서 유용하게 활용할 수 있다. 단순히 물속으로 사라지는 돌을 부력이 큰 리더십에 실어 옮긴다면 다양하게 사용할 수 있다. 건설현장에서는 콘크리트를 타설하여 강을 건너는 다리건설에 활용하고, 전장에서는 참호구축에 사용할 수 있다.

　세상에 필요없는 것은 없다. 단지 리더가 적재적소에 활용할 줄 모르기 때문이다. 구성원들의 불평불만조차 리더가 이를 리더십이라는 배에 실어 조직발전으로 승화시킬 수 있다. 리더는 조직에 부여된 과업을 달성하기 위해 구성원들에게 동기를 부여하여 자발적 참여를 이끌어내야 한다. 리더십이란 배가 캄캄한 밤에 항로를 이탈하여 방향을 잃었을 때 배에 승선한 선원들이 무사히 항구에 도달할 수 있도록 나침반 역할을 할 수 있어야 한다.

영국의 사상가 토머스 칼라일은 "길을 가다가 장애물이 나타나면 패배하는 사람들은 그것을 걸림돌이라 하고, 성공하는 사람들은 그것을 디딤돌이라 한다"고 했다. "세상에 나쁜 구성원은 없다. 단지 능력이 부족한 리더만이 존재할 뿐이다." 부처님 눈에는 부처님만 보이고 돼지의 눈에는 먹을 것만 보인다는 무학대사의 말처럼 리더가 어떤 생각을 가지고 바라보는가에 따라 조직구성원의 행동이 달라짐을 명심해야 한다. 이처럼 리더는 먼저 자신의 마음을 바로하고 구성원들의 장점을 발굴할 수 있어야 한다.

리더십에 대한 체계적이고 과학적인 연구는 20세기 초에 시작되었다. 훌륭한 리더들은 일반인들과 다른 어떤 특성이 있거나 자질이 다를 것이라는 이론에서 출발했다. 이러한 특성이론(traits theory)은 한 개인이 가지고 있는 성격이나 욕구, 동기, 가치관, 능력, 기술 등의 내재적인 속성을 포함하여 다른 사람과 차별되는 속성의 집합을 말한다. 조직에 부여된 목표를 달성함에 있어 리더의 성실성이나 야망, 전문적인 지식이나 대인관계 등의 자질이나 특성에 중점을 두고 있다.

하지만 이러한 리더의 특성론은 ① 리더의 자질이나 특성을 경험적으로 확인할 수 없다는 점, ② 리더로서 갖춰야 할 특성들 간에 공통점이나 상호 연관성이 적다는 점, ③ 서로 상대적 우선순위를 정한다는 것이 현실적으로 불가능하다는 점, ④ 조

성격특성 모델

성격특성	세부 특성
외향성(surgency)	지배성, 사회성
신뢰성(dependability)	성취지향성, 동조성, 조직성, 진실성
호의성(agreeability)	친밀감, 감정이입, 대중성
조정성(adjustment)	정서적 안정성, 자기수용성
지성(intelligence)	호기심, 개방된 마음, 학습지향성

출처: Hughes, Ginnett & Curphy (1996), Leadership: Enhancing the lesson of experience, p. 176.

직에 부여된 과업달성에 리더의 특성이 결정적인 영향을 미친다는 주장은 설득력이 적다는 점에서 한계에 봉착하게 됐다.

2) 행동주의 관점

특성이론의 한계가 노출되면서 새로운 리더십 이론이 등장하기 시작했다. 1940년대부터 심리학에서 행동주의가 연구되기 시작하면서 리더십에서도 리더의 행동에 주목하기 시작했다. 리더의 어떠한 행동이 구성원들에게 자발적 참여의지를 갖게 하여 조직의 목표를 달성하게 하는지를 연구했다.

미국의 아이오와대학에서는 '리더의 어떠한 행동이 조직구성원의 자발적인 추종이나 조직목표 달성에 기여하는가?'에 주목했다. 레빈과 리피트 등은 '리더의 스타일에 따라 초등학생들이 어떠한 행동을 보이는가?'를 연구했다. 3명의 대학생에게 초등학생들을 가르치면서 권위적 · 민주적 · 방임적인 행동을 하도록 하여 리더십의 효과성을 측정했다. 학생들이 6주간 세 가지 유형의 리더를 경험하면서 주어진 과제를 얼마나 잘 수행하고 리더에 대한 만족도가 어떠한가를 측정했다.

연구 결과, 학생들은 리더십 유형 중에서 민주적 리더십을 가장 선호하는 것으로 조사되었다. 권위적 리더십은 리더의 권위에 대한 반발로 구성원의 공격적 행동이나 무관심한 행동을 유발했다. 방임적 리더십은 권위적 리더십보다 더 많은 공격적 행동을 야기했으며, 학습불량과 무질서를 초래했다. 학업 향상은 민주적 리더십이 가장 높았으며, 방임적 리더십이 가장 낮았다. 권위적 리더십의 학업 향상은 초기에는 양호했으나 시간이 흐름에 따라 급격히 저하되는 것으로 조사되었다.

오하이오대학교는 '효과적인 리더십 유형'을 찾기 위한 연구에 집중했다. 리더가 조직을 지휘할 때 어떻게 행동하는가를 분석하기 위해 1,800여 개의 행동 사례를 수집한 후 중요하다고 판단되는 문항을 추출하여 '리더 행동기술 설문지(LBDQ: Leader Behavior Description Questionnaire)'를 개발했다. 연구 결과로 개발된 리더십의 유형은 '과업주도형'과 '배려형'으로 구분되었다. '과업주도형 리더'는 조직에 부여된 목표를 달성하기 위해 구성원들의 역할을 규정하고 구조화하는 행동을 강조한다. 과업을 부여하고 구성원들을 감독과 통제를 통해 업무수행을 주도한다. '배려형 리더'는 구성원들과 원만한 인간관계를 유지하면서 우호적인 태도로 신뢰하고 지원하는 방식으로 업무를 추진한다.

이러한 결과는 기존 연구와 달리 처음으로 리더의 행동을 리더가 아닌 '리더와 구성원의 관계를 중심'으로 구분했다는 점이다. 리더십 발휘에서 구성원들과의 관계가 중요한 요소임을 밝혀냈다. 반면에 두 가지 차원이 어떠한 비율로 조직 효과에 영향을 주는지는 알 수 없으며, 환경요인을 고려하지 않은 채 리더십을 단지 두 가지 차원의 관계요인으로만 파악했다는 단점이 노출되었다.

블레이크와 머튼(Blake & Mouton)의 '관리격자모형'은 과업주도형과 배려형의 연구 결과를 참고하여 리더의 '행동유형'을 더욱 세분화했다. 관리격자모형은 사람에 대한 관심과 생산성에 대한 관심이라는 두 가지 차원으로 나누어 리더의 행동유형을 '무관심형', '인기형', '과업형', '팀형', '관리형'의 다섯 가지로 분류했다. 구성원과의 관계와 부여된 과업달성을 위한 생산성을 축으로 했다. 사람과 생산성의 각 축에 1점부터 9점까지 척도를 부여하는 관리격자망(managerial grid)을 설계했다.

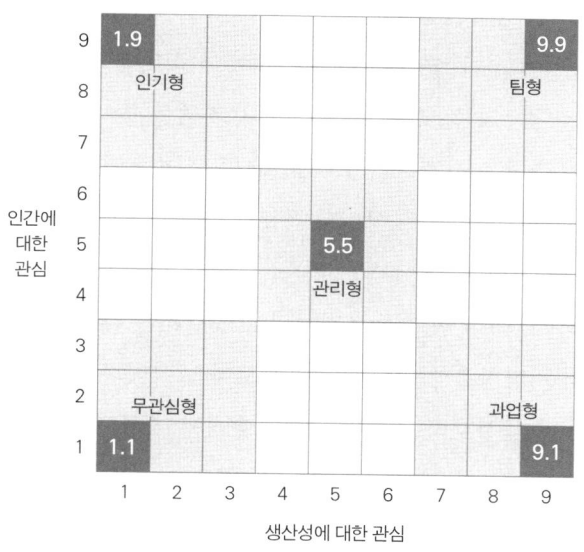

9점 척도 관리격자모형

① 무관심형(impoverished management/1.1)은 사람과 과업에 대한 관심이 모두 적은 리더의 유형이다. 구성원들과 별로 접촉하지 않고 과업에도 소극적 태도로 최소한의 영향력만 발휘한다. 구성원에게 과업은 부여하되 관심을 갖지 않으며, 과업을 지시하는 것으로 자신의 역할을 한정한다.

② 인기형(country club management/1.9)은 사람에 대한 관심이 높은 유형이다. 리더는 구성원들과 원만한 인간관계를 중심으로 리더십을 발휘한다.

③ 과업형(task-oriented management/9.1)은 과업에 높은 관심을 나타내며 목표달성을 우선적으로 생각한다. 따라서 구성원에게 엄격한 규칙과 명령, 통제에 의한 리더십을 발휘한다.

④ 팀형(team management/9.9)은 과업과 사람에 대한 관심을 보이는 유형이다. 과업도 중시하지만 이를 달성함에 있어 구성원들에 대한 욕구를 충족시키고자 노력하는 통합형 리더십을 발휘한다.

⑤ 관리형(organizational management/5.5)은 과업과 사람에 대한 관심을 적당한 정도로 유지하며 리더십을 발휘하는 유형이다.

미시간대학은 '조직의 성과를 높이는 데 효과적인 리더의 행동이 무엇인가?'를 도출하고자 했다. 리커트(Likert)를 중심으로 한 연구에서 리더의 행동유형을 '과업 중심적 리더'와 '구성원을 중시하는 리더'로 구분했다. 과업을 중시하는 리더는 직무의 기술적 측면과 생산적 측면을 강조하면서 목표달성을 위한 업무촉진을 강조하는 유형이다. 구성원을 중시하는 리더는 구성원의 욕구에 관심을 가지며 권한을 위임하고 지원하는 업무환경을 조성한다.

특성과 행동에 관한 리더십 연구는 조직성과를 창출하는 데 있어서 리더의 특성과 행동유형들이 어떠한 영향을 미치는지 파악하고자 노력했다. 하지만 이러한 연구 결과도 리더의 행동이나 특성보다 조직의 성과창출에서 조직에 부여되는 상황이 미치는 영향을 간과하고 있다는 단점이 한계로 지적되었다.

3) 상황적합주의

1960년대 들어 등장한 상황적합이론은 리더의 행동적 특성, 과업의 특성, 조직의 역학관계 등 부여된 주변환경이 리더십에 어떠한 영향을 미치는지에 대해 연구했다. 리더의 행동은 '객관적으로 옳고 그름의 문제가 아닌 조직 내에 주어진 상황을 어떻게 활용하는가?'의 여부에 따라 효과가 달라진다는 점을 알게 되었다. 기존 이론들이 리더에게만 초점을 두는 방식이었다면, 상황적합주의는 리더십을 발휘하는 주변 상황에 초점을 두었다. 상황적합이론의 대표적인 학자로는 피들러(F. E. Fiedler), 허시와 블랜차드(Hersey & Blanchard) 등이 있다.

피들러는 '리더십 유형과 상황의 적합성 관계'에 중점을 두었다. 리더십 발휘에서 리더의 특성이나 행동요인보다는 조직활동에 부여되는 상황변수를 중시하고 리더를 '과업지향적 리더'와 '관계지향적 리더'로 분류했다. 과업지향과 관계지향이라는 두 가지 리더십 유형이 어떠한 상황에서 가장 효과적인가를 연구했다. 이를 위해 조직생활에서 '가장 함께 일하고 싶지 않은 동료(LPC: Least Preferred Coworker)' 척도를 개발했다. LPC 항목은 18개 항목으로 구성되며, 8점 척도로 분류했다. 기본점수는 18점에서 144점으로 구분되어 64점 이상이면 관계지향적인 리더, 57점 이하이면 과업지향적인 리더로 분류했다. 함께 근무하기를 꺼리는 동료의 여러 가지 특성을 개발하고 이에 대한 합산점수를 산출했다. 리더와 구성원의 관계, 과업의 구조화, 리더의 계급이나 직책의 상황변수 등에 따라 가중치를 부여했다.

이러한 피들러의 연구 결과에 대한 긍정적 평가로는 리더십 연구에서 최초로 상황변수를 도입하여 리더십과 상황변수의 적합성이 조직성과 판단에 기준이 될 수 있음을 제시했다. LPC 척도가 얼마나 객관적이고 합리적인지의 논쟁이 있지만, 독창적이고 새로운 리더 타입을 개발하여 상황변수와 리더십 측정방법을 개발했다는 점을 들 수 있다.

허시와 블랜차드는 '리더와 부하의 유형에 따른 적합성'에 대해 연구했다. 리더의 행동을 과업행동과 관계행동의 두 가지로 분류했으며, 여기에 상황요인을 추가했다. 리더가 고려해야 할 요소로는 능력 면에서 직무상의 성숙도, 직무와 관련된 지능 및 지식, 전문분야에 대한 지식 등으로 구분하고 의지 면에서는 심리상의 성숙도, 일에 대한 자신감, 업무를 수행하고자 하는 의지 등을 고려했다.

① '지시형 리더'는 과업지향성이 높고(HD: High Directive) 관계지향성이 낮은(LS: Low Supportive) 유형이다. 이러한 타입의 리더는 과업달성에 중점을 두고 구체적이고 세부적인 명령을 부여하며 구성원의 행동을 강력하게 통제한다. 리더가 세부적으로 조직의 목표설정이나 지침을 부여하고 일방적으로 판단하여 결정한다. 과업수행 역량이 부족하거나 정열과 의욕이 있는 구성원들에게는 지시형 리더십이 적합할 수 있다. 반면에 지시형 리더십은 자발적으로 하고자 하는 조직구성원에게는 의욕을 상실시켜 조직을 이탈하게 만들며, 리더 본인도 모르는 사이에 조직을 벼랑 끝으로 몰고 갈 수 있다.

② '코치형 리더'는 과업지향성과 관계지향성이 모두 높은 유형이다. 이 타입의 리더는 과업을 중시하면서 구성원도 존중하고 배려하며, 가장 효과적으로 조직목표를 달성해나가려는 유형이다. 조직에 부여된 과업을 성공적으로 달성한 경우 포상을 주며, 부여된 임무와 역할을 제대로 하지 못한 경우 그에 상응하는 처벌을 가한다. 코치형 리더는 구성원과의 활발한 의사소통을 통해 조직 내 의사결정을 한다. 구성원에게 강압적이고 일방적인 방식이 아닌 필요한 설명이나 질문을 통해 구성원들이 스스로 참여토록 유도한다.

③ '지원형 리더'는 과업지향성이 낮고 관계지향성이 높은 유형이다. 구성원과 좋은 관계를 유지하며 조직을 즐겁고 우호적인 분위기로 유지하려고 노력한다. 리더가 목표달성을 위해 구성원의 노력을 촉구하고 지원하며 의사결정에 관한 책임을 함께 나누는 리더십이다. 조직 내 효율적인 의사소통과 다양한 의견수렴에 노력하며 조직을 이끌어나간다. 구성원들의 반응을 고려하여 경청하고 질문하는 가운데 문제를 해결하고자 노력하는 유형이다. 역량은 충분하지만 자신감이나 의욕이 저조한 구성원에게는 지원형 리더십이 적합하다.

④ '위임형 리더'는 과업지향성과 관계지향성이 모두 낮은 유형이다. 이러한 타입의 리더는 과업수행에서 조직구성원에게 강압적이고 구체적인 지시나 간섭

보다는 위임(empowering)하는 유형이다. 위임형 리더는 조직구성원들이 스스로 움직일 수 있도록 지휘하고 활발한 의사소통을 이루려고 노력한다. 과업에 대한 수행역량과 의욕이 충만한 구성원들에는 위임형 리더십이 적합하다.

허시와 블랜차드는 리더의 유형과 부하의 유형을 결합했다.

① 구성원이 미성숙한 M1은 '미성숙형'으로 해당 과업에 대한 능력과 하고자 하는 의지가 모두 낮은 경우다. 조직구성원의 성숙도가 가장 낮은 단계로, 직무수행 능력도 없고 스스로 하고자 하는 의지도 적다. 직무성숙도와 관계성숙도가 낮은 상황에서 리더는 과업지향적 행동에 중점을 두고, 관계지향적 행동은 줄인다. 따라서 이러한 유형에는 '지시형 리더십(S1)'이 적합하다. 리더가 구성원들의 역할을 구체적으로 지시하고, 과업의 목표나 세부 행동 절차를 지시하고 확인한다.

② M2는 '심리성숙형'으로 과업수행 능력은 낮으나 하고자 하는 의지는 높은 경우다. 조직구성원들은 필요한 과업을 수행하는 능력은 부족하나 자발적으로 일하려고 하는 유형이다. 구성원들은 기본적으로 하고자 하는 의지가 충만하나 과업수행에 필요한 기술이 부족한 단계다. 조직구성원의 직무성숙도는 낮지만 심리성숙도가 높은 상황에서 리더는 관계지향적 행동을 취해야 한

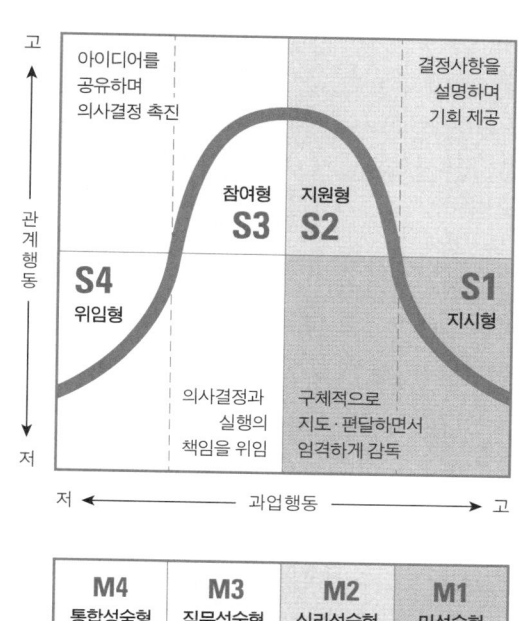

허시와 블랜차드의 상황적 리더십

다. 이러한 유형에는 '지원형 리더십(S2)'이 적합하다.

③ M3는 '직무성숙형'으로 과업수행 역량은 높으나 하고자 하는 의지는 낮은 경우다. 조직구성원들은 리더가 원하는 과업을 수행할 역량은 가지고 있으나 자발적인 열의가 부족한 상태다. 직무성숙도는 높지만 하고자 하는 의지가 낮기 때문에 '참여형 리더십(S3)'이 적합하다. 설득형 리더십은 리더가 업무 달성을 향해 조직구성원의 노력을 촉구하며, 의사결정에 관한 책임을 조직구성원과 함께하는 스타일이다.

④ M4는 '통합성숙형'으로 과업수행 역량도 높고 하고자 하는 의지도 모두 높은 경우다. 조직구성원들은 리더가 요구하는 과업을 수행할 능력도 있고, 자발적으로 일하려고 하는 가장 높은 수준의 성숙도를 보여준다. 통합성숙형은 구성원들의 역량과 의지가 높은 단계이기에 리더는 구성원들에게 위임하고 최대한 자율성을 허용하는 것이 좋으며, '위임형 리더십(S4)'이 적합하다.

4. 인간 중심의 리더십 연구

조직의 사활이 좌우되는 상황에서 리더의 역량개발은 그 어느 시기보다 중요해지고 있다. 한번 잘못되면 되돌리기에는 세상의 변화가 너무 빠르고 다양하기 때문이다. 따라서 최고경영자나 인적자원개발부서는 부여된 임무를 효과적으로 달성할 수 있는 리더를 육성하기 위해 노력하고 있다.

리더십은 '지휘통솔'이라고 표현되기도 한다. 지휘(command)와 통솔(leadership)의 개념을 포함한 의미다. 지휘통솔 개념은 처음에 리더가 구성원에게 발휘하는 영향력으로 사용되다가 현재는 동료 및 상급자에게 확대·발전하고 있다. 지휘(指揮)는 부여된 권한을 바탕으로 목표를 설정하고 방향을 제시하는 성과 중심의 조직관리라 할 수 있다. 통솔(統率)은 구성원을 중시하는 인간 중심의 사람관리라고 할 수 있다.

1970년대 들어 인간 중심의 심리학이 발전함에 따라 리더십 이론도 획기적으로

지휘통솔과 리더십

구 분	지 휘	통 솔	지휘통솔	리더십
단어적 의미	指: 손으로 가리킴 揮: 손으로 휘두름	統: 합치다 率: 거느리다	부여된 임무를 달성하기 위해 조직의 목표를 수립·통제하는 과정	구성원들에게 목표를 제시하고 동기를 부여함으로써 조직의 성과를 이룩하려는 활동에 영향을 미치는 과정
개념적 의미	목표설정, 방향제시 권한과 책임, 준법	조직과 노력의 통합 솔선수범, 실천		
중심 사고	목표 중심의 조직관리	인간 중심의 사람관리	임무를 완수하기 위한 인간/조직관리	상하좌우를 아우르는 통합적 사고
관계	권한(업무)적 관계	사람관계	리더-팔로워 일방적 관계	리더-팔로워-파트너 상호협력적 관계

변화했다. 기존의 리더 중심적 사고에서 조직구성원 중심으로 전환되었다. 리더가 발휘하는 특성이나 행동요인, 상황론적 입장에서 인간 중심으로 전환되었다. 기존에는 조직구성원이 부수적인 요소였다면 이제는 주된 요소로 자리 잡고 있다. 이는 1970년 이후 3차 산업혁명의 영향으로 인간의 삶이 점차 풍요해지고 자아실현의 욕구 등이 그 어느 시대보다 커졌기 때문이다.

인간 중심의 리더십으로는 변화와 혁신을 강조하는 변혁적 리더십, 리더의 도덕적 품성을 기반으로 리더의 진정성과 봉사를 중시하는 서번트 리더십, 카리스마 리더십, 진성 리더십 등을 들 수 있다.

변혁적 리더십은 다운튼(Downton, 1973)에 의해 처음 제시되었다. 이후 번스(Burns, 1978)가 『역사를 바꾸는 리더십(*Leadership*)』을 통해 본격적으로 거론하기 시작했다. 기존의 리더십 이론들이 리더와 구성원들 간의 거래적 관계에만 초점을 둔 거래적 리더십(transactional leadership)이었다면, 변혁적 리더십(transformational leadership)은 리더가 조직구성원들에게 스스로 동기를 부여하고 변화와 혁신을 강조하는 리더십이라 할 수 있다. 거래적 리더십이 구성원에게 과업의 중요성을 인식시키고 조직의 이익을 개인의 이익보다 우선시했다면, 변혁적 리더십은 매슬로의 욕구계층이론과 콜버그의 도덕적 발전이론을 결합하여 스스로의 참여를 통한 동기유발을 강조한다. 구성원들에게 부여된 과업에 대한 높은 의욕을 불러일으키고 확신에 찬 행동과 개인적 배

거래적 리더십과 변혁적 리더십의 비교

구 분	거래적 리더십	변혁적 리더십
목표	현상 관리와 유지에 중점(교환 관계)	조직의 변화와 혁신
성격	소극적 자세	적극적 도전의식
대상	하급 관리자	고급 관리자
시간	단기 전망	장기 전망
주요 요소	업적에 따른 보상, 예외적 관리	이상적 영향력, 영감적 동기부여, 지적 자극, 개별화된 배려
동기부여	– 즉각적이고 보상을 통해 동기부여 – 외재적 동기부여	– 높은 단계의 개인적 목표 추구 – 내재적 동기부여
행동표준	규칙과 습관을 따르도록 함	혁신과 실험하도록 격려
문제해결	문제를 직접적으로 해결해주거나 해답이 있는 곳을 알려줌	문제 제기를 통해 문제를 해결하거나 조직구성원 스스로 문제를 해결하도록 지원

려를 통해 구성원들과 조직을 변화시킬 수 있다는 것이다.

배스(Bass, 1985)는 번스의 변혁적 리더십에 대한 연구 결과를 더욱 확장했다. 배스는 구성원이 스스로 동기를 부여함에 있어서 '카리스마, 영감적 동기부여, 개별적 배려, 지적 자극' 등을 강조했다. '카리스마'는 리더가 구성원들에게 조직의 비전이나 사명감을 제시하여 자긍심을 고취하는 것이다. 리더가 발휘하는 카리스마는 때로 구성원의 강력한 롤모델(role model)이 되고, 존경과 신뢰를 받는다. '영감적 동기부여'는 구성원들에게 비전을 제시하거나 그들의 노력과 성과에 칭찬과 격려 등을 함으로써 사기를 진작시켜 업무에 몰입토록 한다. '지적 자극'은 구성원들의 창의적 사고력과 혁신성을 자극하여 스스로를 개발하도록 하고, 새로운 신념이나 가치관을 탐구하고 갖추도록 하는 것이다. '개별적 배려'는 구성원들에게 개별적인 관심을 보여주며, 구성원들을 중시하고 독립적이고 인격적인 존재로 대우하고 지도하며 조언하는 것을 의미한다.

서번트 리더십은 1970년대 그린리프에 의해 시작되었으며, 구성원을 우선적으로 생각하며, 희생과 봉사에 중점을 두고 헌신하는 리더십이라 할 수 있다. 서번트 리더는 개방적인 가치관을 가지고 구성원을 존중하고 배려한다. 구성원에 대한 생각을 일방적 지시를 받는 수동적인 대상자에서 탈피하여 봉사와 섬김의 대상으로 존중하고 배려한다. 리더는 조직구성원을 조직의 목적을 달성하는 데 가장 중요한 자원이라고 생각하고, 상호 신뢰를 바탕으로 임무를 수행하며, 과업을 추진하는 과정에서 구성원들의 성장을 도와주고 능력을 육성시키고자 노력한다.

진성 리더십(authentic leadership)은 기존의 리더십 이론들이 리더십의 본질적인 측면에서 벗어나 리더의 화려한 언변이나 태도, 스킬 등을 강조하는 방향으로 변질되자 기본으로 돌아가고자 하는 각성에서 비롯되었다. 진성 리더십은 자기인식이나 도덕적 관점, 관계적 투명성 등을 바탕으로 리더의 긍정적 사고와 도덕적·윤리적 철학을 강조한다.

진성 리더십이 부각된 계기는 미국의 에너지 기업인 엔론(Enron)사의 파산이 결정적 기폭제가 되었다.[4] 엔론사의 회계비리 부정사건은 진정성(authenticity)과 윤리성(ethicality)이 리더에게 절대적 요소라는 점을 각인시켜주었다. 진성 리더는 스스로 도덕적 가치를 지니고 자기인식(self-awareness)과 자기규제(self-regulation)를 엄격히 적용하는 리더를 의미한다. 진정성(authenticity)을 바탕으로 구성원을 배려하고 존중하며 스스로 성찰하는 리더로 현재 자신의 진정한 자아를 인식하는 것이다. 진성 리더는 자기인식과 내재화된 윤리적 관점(internalized moral perspective), 균형 감각(balanced sense), 관계 투명성(relational transparency) 등의 요소를 지녀야 한다.

이러한 인간 중심 리더십의 특징은 인간을 중시하는 철학에 기초하여 구성원의 자존감을 중시하는 것이다. 리더의 필요성(needs)과 구성원들의 욕구(wants)를 파악하여 적절히 조화시켜주는 것을 리더의 사명으로 한다. 구성원들이 원하는 것이 무엇인지를 정확히 알기 위해 질문하고 경청하는 것이 중요하다. 리더는 조직에 부여된 과업을 위해 최선을 다하는 과정에서 구성원들이 제대로 수행하지 못할 경우 제대

4　엔론은 1985년 휴스턴 내추럴 가스(Houston Natural Gas Co.)와 오마하의 인터노스(Internorth Inc.)의 합병으로 세워졌다. 에너지 분야에서의 명성과 신용도를 기반으로 『포춘』지에 6년 연속 미국의 가장 혁신적인 기업에 선정될 정도로 우수한 기업으로 인정받았다. 하지만 CEO 제프리 스킬링(Jeffrey Skilling)이 회계 조작을 시도하다가 발각되어 2001년 12월 2일 부도 신청을 했다.

리더십 개념의 시대적 변천

연 대	핵심 개념	정 의
1930년 이전	통제, 권력 행사, 복종, 충성	리더의 의지를 추종자들에게 각인시켜 복종, 존경, 충성, 협력 등을 이끌어내는 능력(Moore, 1927)
1930년대	성격, 개인 특성	한 사람의 특성과 다른 사람들의 특성이 상호작용한 결과로 다른 사람들의 행동양식이 바뀌게 되는 것(Bogardus, 1934)
1940년대	집단, 설득, 자발성	설득과 모범을 통해 사람들이 일정한 행동을 따르도록 영향력을 행사하는 기술(Copeland, 1942)
1950년대	관계, 행동, 효과성	집단의 활동을 공유된 목표를 향하여 이끌어가는 개인의 행동(Hemphill & Coon, 1957)
1960년대	공동목표, 행동 패턴, 구조화	공동의 목표를 달성하기 위해 다른 사람들의 행동에 영향을 미치는 것(Gibb, 1969)
1970년대	의사결정 스타일, 상호영향, 귀인	리더와 추종자 간에 지속적인 거래를 포함하는 영향력 행사의 과정(Holland, 1978)
1980년대	카리스마, 변화주도, 조직목표	자기 자신의 비전이나 이슈 실현을 목적으로 메시지를 분명히 하고, 거래적 수단을 통해 타인들의 지원을 확보하여 결과를 산출하는 것(Heifetz & Sinder, 1988)
1990년대	혁신, 자아, 추종자	리더십이란 다른 사람들이 스스로 효과적으로 이끌도록 영향을 미치는 과정(Manz & Sims, Jr.)
2000년대	신뢰, 가치, 시스템, 네트워크	조직의 인적 자본과 사회적 자본의 증진을 통해 집단지능을 향상시켜 조직의 적응력을 극대화하는 행위(Marion & Uhl-Bien)

출처: 백기복·신제구·김정훈(2009), 『리더십의 이해』, 서울: 창민사, 44쪽.

로 된 피드백으로 자발적으로 동참하게 해야 한다. 강압적이고 지시적 방법이 아닌 스스로 참여하게 하는 효과적인 방법을 추구하고자 하는 것이 인간 중심 리더십이라 할 수 있다.

5. 팔로워십

1) 팔로워의 개념

리더십을 더욱 잘 발휘하기 위해서는 팔로워십(followership)을 겸비해야 한다. 팔로워라는 말은 '돕다', '후원하다'라는 뜻의 독일어 follaziohan에서 유래한 말이다. 리더(leader)의 어원은 '이끄는 자'라는 뜻도 있지만, '참다', '견디다'라는 뜻도 포함하고 있다. 리더는 참을 줄 알아야 한다. 팔로워의 의미는 따르고 돕는다는 뜻이 내포되어 있다. 따라서 리더와 팔로워의 관계는 평등한 공생 관계라고 할 수 있다. '지휘관은 자기 멋대로 하고, 참모는 참아야 하는 관계'가 아니라 오히려 리더가 참고 기다릴 줄 알아야 한다. 리더의 자리는 참을 줄 알고 고통을 견딜 수 있어야 하는 자리이며, 팔로워는 리더를 도와주는 사람이다.

리더와 팔로워는 상호 도움을 주고 받는 공생의 관계다. 이들은 상호 부족한 부분을 채워주고, 조직에 부여된 공동의 목표달성을 추구하는 파트너 관계다. 팔로워

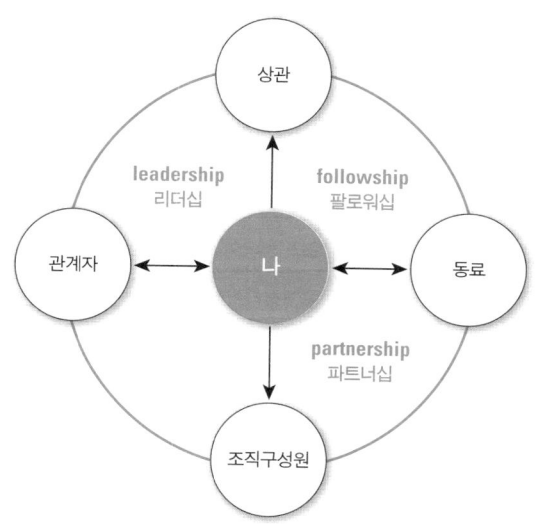

"리더에게는 반드시 3척의 배(leadership, followship, partnership)가 필요하다."

나를 중심으로 한 상하 동료관계도

는 리더를 자발적으로 추종하거나 자신이 속한 조직에서 맡은 역할을 수행하기 위해 적극적 능동적으로 복종해야 한다. 세상의 모든 사람은 리더이자 팔로워이고 파트너이기 때문에 리더십과 팔로워십, 파트너십을 갖추어야 제대로 된 리더십을 발휘할 수 있다.

풀턴 쉰(Fulton J. Sheen) 주교는 "순종하는 법을 배우지 않은 사람들에게 명령권이 주어질 때 문명은 언제나 위험에 빠진다"고 경고했다. 세상에 온전히 리더십만, 또는 팔로워십만을 발휘하는 경우는 존재하지 않는다. 상급자에게 올바른 팔로워십을 발휘하는 리더만이 자신의 팔로워에게 올바른 리더십을 구사할 수 있다. 팔로워십의 중요성은 최근에 더욱 중요해지고 있다. 정보통신기술의 발달로 기존에는 리더만이 가졌던 정보를 팔로워들도 쉽게 공유하게 되었다. 따라서 현장에서 활동하는 팔로워들의 역할이 증대되고 있다.

리더십과 팔로워십은 상호 의존관계다. 상황이 복잡해지고 과업이 어려울수록 리더와 팔로워의 관계는 고정되는 것이 아니라 역할이 전환될 수도 있다. 따라서 모든 사람은 리더이자 동시에 팔로워가 될 수 있다. 오사마 빈 라덴 생포 시 전시상황

빈 라덴 체포작전 당시의 전시상황실

I. 4차 산업혁명과 리더십의 변화

실에서 오바마 대통령이 리더이지만 상황을 지휘하는 팔로워에게 자리를 요구하지 않고 옆자리에서 조용히 지켜보는 모습은 우리에게 시사하는 바 크다.

리더 혼자서 조직환경을 통제하고 효율적으로 운용하기에는 한계가 있기 때문에 팔로워의 도움이 필요하다. 조직을 둘러싸고 있는 환경이 빠르게 변화하고 이로 인한 예측이 곤란해지고 있기 때문이다. 이러한 상황에서 리더 혼자서 판단하고 행동하기에는 많은 변수가 존재하고 신속한 판단을 요구한다. 신속한 판단으로 잘못된 결과가 발생할 수도 있다.

과거에는 리더가 외부와 직접 접촉하는 것은 기껏해야 조직 내 소수 측근들과의 관계 속에서 이루어졌다. 하지만 SNS의 발달로 실시간대로 전 세계에 중계되는 상황이 가능해지고 있다. 이는 기회이기도 하지만 리더에게는 위기일 수도 있다. 조직의 성공과 실패는 리더가 구성원을 리드하는 것도 중요했지만, 이제는 팔로워들이 리더를 얼마나 추종하느냐에 좌우되는 경향이 커지고 있기 때문이다.

리더가 구성원들과 신뢰를 형성하기에는 오랜 시간이 걸리는 반면, 단 몇 초 만에 신뢰를 깨뜨릴 수도 있다. 이를 방지하기 위해서는 구성원들이 건전한 비판을 할 수 있는 조직문화를 형성해야 한다. 또한 리더는 이를 수용할 수 있어야 한다. 유연하고 수용적인 조직문화 구축을 위해 리더십도 중요하지만 팔로워십이 중요하다. 조직 내의 모든 구성원은 리더이자 팔로워인 상황에서 올바른 팔로워십에 대한 연구가 절실히 요구되는 까닭이다.

2) 팔로워의 유형

켈리(1988)는 기존의 리더십 연구들이 조직성과에 미치는 리더의 영향을 지나치게 강조한 나머지 상대적으로 팔로워들의 중요성을 간과했다고 비판했다. 그는 '팔로워십'이라는 개념을 제시하고 조직의 실질적인 성과에 영향을 미치는 팔로워들의 중요성을 부각시키고자 노력했다.

하버드대학 리더십 전문가인 바버라 켈러먼(Barbara Kellerman)은 『팔로워십(Followership)』에서 권력과 권한, 영향력의 역학관계를 기준으로 많이 가진 자를 리더,

덜 가진 자를 팔로워로 구분했다. 올바른 팔로워에 대한 정의를 "리더의 지시를 무조건 따르는 것이 아니라 자신의 의견을 제시하여 리더를 보좌하고 지원하는 파트너로서의 역할을 수행하는 사람"이라고 했다.

조직성공의 기여도에서 '리더는 20% 정도이지만 팔로워의 기여도는 80% 이상'이라고 한다. 대부분의 리더는 아무리 직급이 높다 할지라도 리더로 일하는 시간보다 팔로워로 행동하는 시간이 더 많다. 따라서 리더와 팔로워는 상호 경쟁관계가 아니라 보완적인 관계다. 조직의 목표를 달성하는 데 팔로워들의 자질이나 역량이 중요하다. 훌륭한 팔로워는 나무와 숲을 동시에 보는 통찰력과 타인과 조화를 이룰 수 있는 역량을 지녀야 한다. 팔로워는 자신의 위치보다 높은 관점에서 생각하고 조직목표를 달성하기 위해 적극적으로 참여하고 노력하려는 의지를 보유해야 한다. 이와 같은 관점에서 팔로워십을 리더십의 상황변수 취급에서 벗어나 리더십과 독립적인 개념으로 다루고자 하는 노력이 전개되고 있다.

팔로워가 갖추어야 할 자질과 역량으로 자기관리(self management), 조직과 동료에 대한 헌신(commitment), 자기계발(self improvement), 용기(courage), 조직에 부여된 일에 대한 능동적 참여(active engagement), 비판적 사고(critical thinking), 열정(passion), 팀 정신(team spirit) 등을 꼽을 수 있다.

팔로워의 유형으로는 모범형(effective followers), 실무형(pragmatic followers), 순응형(conformistic followers), 소외형(alienated followers), 수동형(passive followers)으로 분류된다.

① 모범형 팔로워는 스스로를 자율적으로 관리하며 리더를 추종한다. 조직의 비전과 가치, 조직목표 달성에 몰입하지만, 리더와 의견이 상이할 때는 적극적으로 개진한다. 조직의 성과를 높이는 데 필요한 전문역량을 키우고 영향력을 극대화하고자 노력을 집중한다. 위험한 일에 용기 있고 매사에 정직하며, 상급자로부터 신뢰를 받을 수 있는 구성원이 되고자 노력한다. 위험을 기꺼이 감수하고 스스로 일을 시작하는 독립적인 문제해결자이기 때문에 동료와 상급자들로부터 항상 높은 평가를 받는다.

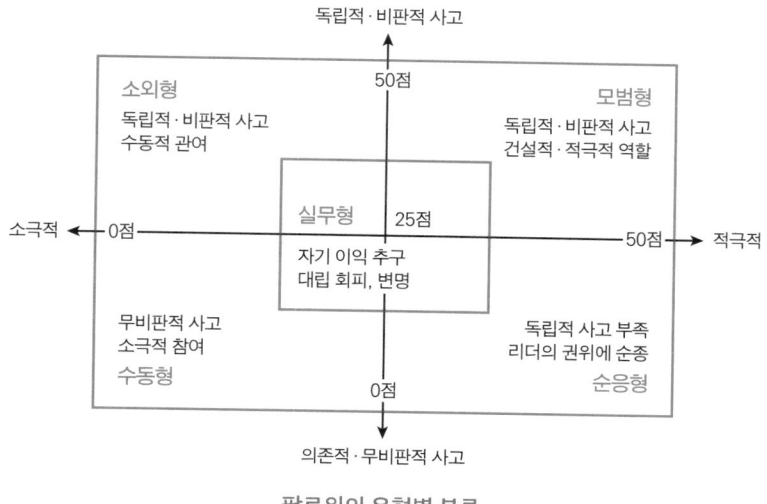

팔로워의 유형별 분류

② 실무형 팔로워는 자신의 이익을 추구하며 잘못된 일에 대해서는 변명하면서 대립을 회피하는 유형이다. 항상 조직이 돌아가는 상황에 관심을 가지고 후회할 일을 하기보다 안전한 것이 최고라는 자세로 업무에 임한다.

③ 순응형 팔로워는 독립적 사고가 부족하며, 리더의 권위에 순종하는 유형이다. 수동형보다 활발하지만 자기주도적으로 일을 추진하지 못하는 편이다. 때로 이들은 리더에게 지나칠 만큼 의존적이고 비굴하기까지 하다.

④ 소외형 팔로워는 독립적이고 비판적이지만 자신의 역할을 수행함에 있어서 소극적이다. 조직과 일에 대한 애착이 없고 자주 냉소적인 태도를 보이며, 자신이 하고 싶지 않은 일에 대해서는 불평하며 마지못해 따르는 상태에 머물게 된다.

⑤ 수동형 팔로워는 조직이 하는 일에 대해 무관심하고 소극적이며 무비판적인 유형이다. 조직의 목표달성에 관심이 없고, 하고자 하는 동기가 없으며, 리더와 조직으로부터 완전히 분리되어 스스로 힘이 없다고 생각하고 정보도 갖고 있지 않다고 생각한다.

4장
부정적 리더십과 리더십 패러다임의 변화

1. 부정적 리더십

조직에는 훌륭한 리더도 있지만, 부정적 영향을 미치는 리더가 많은 것이 현실이다. 그러나 이제까지 리더십 연구는 부정적 측면을 인정하면서도 긍정적인 측면만을 강조한 것이 현실이다. 현실적으로 존재하는 부정적 리더십에 대한 연구를 소홀히 했다.

조직에 폐해를 가져다주는 부정적 리더십에 대한 연구는 미국과 유럽을 중심으로 시작되었다. 1990년대부터 연구되기 시작한 부정적 리더십(negative leadership)은 독성 리더십(toxic leadership), 비열한 횡포(tyranny), 비인격적 감독행위(abusive supervision), 탈선된 리더십(derailed leadership), 비윤리적 행동(unethical behavior), 파괴적 리더십(destructive leadership) 등으로 다양하게 분류되면서 최근 들어 본격적으로 연구되고 있다.

부정적 리더에 대한 연구를 시작하면서 사람들은 특정인의 리더십을 실제보다 더 좋게 인식하고 있음을 알게 되었다. 마인들(Meindle, 1987)은 이러한 현상을 '리더십의 낭만화(romanticizations of leadership) 현상'이라고 주장하면서 부정적 리더십의 연구 필요성을 제기했다. 더 나아가 애슬랜드 등(Asland et al., 2010)은 대부분의 조직 내에 부정적 리더가 존재하기 때문에 부정적 리더십을 반드시 연구해야 한다고 강조했다.

켈러먼(Kellerman, 2004)은 부정적 리더십에 대해 경험적 측면에서 보았을 때 비효과적이고 비윤리적이기 때문에 더욱 경계해야 한다고 주장했다. 왜냐하면 부정적 리더십으로 인해 발생하는 비용은 개인적 영역을 넘어 조직의 영역으로까지 확대되고 부정적인 영향력이 다양한 계층에 미치기 때문이다.

조직의 성과가 아주 좋거나 나쁠 때 실제와는 상관없이 특정 리더의 리더십 때문에 그런 성과가 얻어졌다고 간주하는 경향이 있다. 이를 '귀인(歸因, attribution)이론'[1]이라 한다. 이러한 현상은 성과가 보통일 때보다는 양극에 위치할 때 더 자주 발생한다.

부정적 리더가 보이는 다섯 가지 특성을 들면 다음과 같다.

① 조직구성원에게 책임을 전가하는 리더
② 리더 개인의 이익을 조직의 이익보다 우선시하는 리더
③ 말과 행동이 일치하지 않는 언행 불일치의 리더
④ 자신의 감정조절을 하지 못하고 '욱!' 하거나 감정기복이 심한 리더
⑤ 혈연, 지연, 학연 등 개인적인 친분을 선호하는 리더 등

부정적 리더십은 갑자기 나타났다가 사라지는 어떤 일시적 현상이 아니다. 지속적이면서도 치명적으로 조직을 해치는 좀비와 같이 나타난다. 현실적으로 부정적 리더는 자신이 갖고 있는 직책상의 권한을 바탕으로 구성원들을 무시하거나 모욕한다. 때로는 비인격적으로 대우하며 위협적인 언행도 서슴지 않는다. 리더의 부정적이면서도 나쁜 행동과 습관들은 조직의 성과를 저해한다. 따라서 조직에 대한 구성원의 조직만족도를 낮추고 생산적 업무활동을 저해하는 부정적 리더십에 대한 체계적인 연구가 필요하다. 이를 통해 리더의 부정적 행동을 사전에 예방하고, 조직구성원들을 그 피해로부터 보호하며, 조직의 지속적 성장과 발전을 보장할 수 있다.

---

1 귀인이론은 프리츠 하이더, 해럴드 켈리 등에 의해 만들어진 사회심리학 이론으로, 한 개인이 타인의 행동이나 사건의 원인을 어떻게 받아들이는가와 관련이 있다. 사람들이 자신 또는 타인의 행동 원인을 설명하는 방식으로 '원인의 귀착'이라는 의미다.

답정너형 (73.6%)	은근 디스형 (65.4%)	버럭형 (69%)	아~ 됐어형 (44.4%)
"답은 내가 정해놨으니 너희는 정해진 대답만 하라"는 유형	대놓고 말은 안 해도 얼굴이나 목소리에서 부정적 기운을 내뿜는 유형	의견이 마음에 안 들거나 질문에 답하지 못하면 버럭하는 유형	대충 듣고 지레짐작으로 말을 끊는 유형

꼰대처럼 권위적으로 소통하는 상사의 네 가지 유형

출처: 2017년 상공회의소 설문조사 결과.

2. 부정적 리더십의 유형

부정적 리더십의 유형은 독성 리더십, 비인격적 감독행위, 탈선된 리더십, 비윤리적 행동, 파괴적 리더십 등이 있다.

첫째, '독성 리더십(toxic leadership)'은 구성원이나 조직의 임무수행에 역효과를 가져오는 리더의 자기중심적인 태도 및 행동 등의 복합체라 할 수 있다. 휘커는 독성 리더십을 "미래에 대한 비전이나 존경, 준거적 권력 등을 통해 조직구성원들을 자발적으로 따르도록 이끌기보다는 강요와 강제, 그리고 다른 위협적 수단을 동원하여 구성원들을 몰아가는 실패한 리더십의 한 형태"라고 했다.

독성 리더는 자신의 영달을 위해 조직구성원을 속이거나 겁박하며, 강제하거나 불공평한 기능 장애적 행위를 지속적으로 사용한다. 독성 리더십은 최악의 경우 리더에 대한 저항이나 구성원들을 죽음에 이르게 할 수 있다. 더불어 조직에 대한 나쁜 감정이나 헌신의 감소, 신뢰감 하락, 의사소통 부재, 조직구성원의 복지 저하 등으로 나타날 수 있다. 리더가 계급과 직책을 활용하여 조직구성원에게 악영향을 미칠 수 있는 독성 리더십을 조속히 차단해야 할 필요성이 여기에 있다.

둘째, '비인격적 감독행위(abusive supervision)'는 리더가 신체적 접촉 이외의 언어적·비언어적 적대행동을 조직구성원들에게 지속적으로 보이는 것을 의미한다. 리더가 직접적인 신체 접촉은 하지 않되, 비인격적·모욕적인 행동이나 언어를 통해 조직구성원에게 지속적으로 굴욕감을 가하는 행위다. 이러한 비인격적 감독행위는 조직 내의 일하는 분위기를 심각하게 저해할 수 있다.

셋째, '탈선된 리더십(derailed leadership)'은 리더 자신의 성장에 장애가 되는 행동을 스스로 보일 뿐만 아니라 조직구성원과 조직에 부정적인 영향력을 행사하는 것을 말한다. 리더가 자신의 변화와 성장에 장애가 되는 행동을 할 뿐만 아니라 조직과 조직구성원에게 부정적인 영향력을 행사하는 차원에서 리더십의 역기능적 행동 특성을 의미한다.

넷째, '비윤리적 행동(unethical behavior)'은 리더가 조직의 핵심가치, 행동 기준, 조직규범과 기대를 위반하는 행동과 비윤리적이며 비효과적인 행동을 보인다.

다섯째, '파괴적 리더십(destructive leadership)'은 리더가 조직의 목적, 사명, 자원, 효율성, 조직구성원의 동기부여, 만족도 등을 훼손하거나 저해하는 행위를 반복적으로 시행한다. 따라서 비윤리적이고 파괴적인 리더십에 대한 체계적인 이해와 부정적 리더로 인한 구성원의 피해를 최소화해야 한다.

3. 부정적 리더십 사례

세계적으로 리더십 연구에 관한 권위적인 기관인 미 육군리더십센터의 연례 설문조사〔2014 CASAL: Center for Army leadership Annual Survey of Army Leadership〕에 의하면, 설문 대상자인 62%의 군인이 상급자의 리더십 수준에 대체로 만족한다고 응답했다. 반면, 21%는 상급자의 리더십에 불만족을 표현했다.

닷트리치와 카이로는 "미국 기업들의 경우 50%만이 기업의 목표를 달성하는데, 이러한 조직관리의 실패 원인은 경영자의 전문지식이나 기술보다는 리더십의 부재에 원인이 있다"고 주장했다. 군 조직도 마찬가지다. 해리스는 군 조직의 특수성을 언급하면서 "상명하복의 위계적·수직적 구조인 군대에서 발생하기 쉬운 부정적 리더십에 대해 더욱 많은 연구가 필요하다"고 했다.

이러한 독성 리더에 대한 구성원들의 반응은 리더와 의사소통을 통해 직접적으로 접촉(28%)하여 해결하는 사람도 있다. 하지만 독성 리더와 의사소통을 하기보다는 자신의 업무에만 집중(34%)하거나 리더와 직접적인 접촉을 회피(22%)하는 것으로 조사되었다. 독성 리더십의 가장 큰 문제는 타인들과 의논(3%)하거나 직접 대응한다고(28%) 응답한 31%만이 독성 리더의 행동을 외부에 알린다. 이를 다르게 표현하면 독성 리더십의 피해를 받는 3분의 2 이상은 리더의 잘못된 행동에 대해 직접적으로 표현하지 않고 혼자 고민하거나 최악의 선택까지 할 수 있다는 점이다.

미 스탠퍼드대학 제프리 페퍼 교수는 『모호한 리더십(*The Ambiguity of Leadership*)』에서 "역량 있는 리더가 조직에 부임한다고 해서 성과가 반드시 좋아진다는 증거는 없다. 그러나 부정적 리더가 조직을 쑥대밭으로 만들 확률은 훨씬 크다"고 하면서 부정적 리더가 조직의 성패에 미치는 영향에 대해 강조했다.

리더의 가장 큰 착각 중의 하나는 자신이 리더십을 발휘하는 과정에서 팔로워의 성장을 위해 화를 내면서 교육한다는 점이다. 리더는 화를 내면서 교육하는 것이 '백해무익(百害無益)'하다는 점을 올바로 인식해야 한다. 리더가 화를 내면 구성원들은 리더의 생각과는 반대로 의욕상실 및 업무 포기(37%), 회의감(29%), 분노(20%), 극단적 생각(5%) 등을 하는 것으로 조사되었다. 이는 리더의 부정적 리더십이 조직발전에 전혀 도움이 되지 않음을 나타낸다.

4. 리더십 패러다임의 변화

인간사회가 초연결 융·복합 시대로 변화함에 따라 구성원들의 다양한 욕구를 충족시키기 위해 리더십의 패러다임이 변화하고 있다. '패러다임'은 '사례'나 '본보기' 등을 뜻하는 그리스어 '파라데이그마(paradeigma)'에서 유래했다. 패러다임은 인간의 행동방식을 조율하는 의식의 지도(map)이자 한 시대를 살아가고 있는 사람들의 견해나 사고를 지배하는 이론적 틀이나 개념을 의미한다.

미국의 철학자 토머스 쿤(Thomas Kuhn)[2]은 『과학혁명의 구조(*The Structure of Scientific Revolution*)』(1962)에서 패러다임을 "한 시대를 지배하는 과학적 인식·이론·관습·사고·관념·가치관 등이 결합된 총체적인 틀 또는 개념의 집합체"로 정의하고 있다. 패러다임은 인간이 살아가면서 생기는 다양한 문제에 대응하는 심리적 유형(psychological type)이다. 이러한 패러다임이 제대로 형성되면 삶을 유익한 방향으로 이끌지만, 잘못 형성될 경우 위험을 초래할 수도 있다.

조직환경이 변화하는데 리더가 기존의 패러다임에 집착한다면 구성원들로부터 외면당할 수 있다. 따라서 새로운 변화들이 나타나면 기존의 패러다임에서 나타나는 문제점들을 해결하기 위해 노력해야 한다. 이러한 노력을 통해 기존의 일정한 패러다임은 차츰 부정되고, 경쟁적인 새로운 변화들이 정착되면서 기존의 패러다임은 완전히 사라지며, 새로운 패러다임이 자리를 대신하게 된다. 패러다임은 영원히 지속될 수 없으며, 항상 '생성 → 발전 → 쇠퇴 → 대체' 과정을 되풀이한다. 이러한 변화를 '패러다임 전환(paradigm shift)'[3]이라 한다. 사회적 물줄기, 즉 사람들의 견해나 사고를 지배하는 조직구성원들의 의식이 변화하는 것이다.

이러한 패러다임의 대표적인 변화는 전투현장에서 볼 수 있다. 예부터 사격방법

---

2 1922년 미국 오하이오주에서 태어나 1943년 하버드대학에서 최우등으로 졸업했으며, 1946년과 1949년에 각각 물리학 석사 및 박사학위를 취득함

3 전쟁 패러다임의 특성 변화

전쟁 패러다임		국가 중심	리더 중심	리더-팔로워 중심	팔로워 중심
시대 변화(시기)		왕조 시대	민족국가/산업혁명	세계화/정보화 시대	4차 산업혁명(AI)
행위 주체		군주, 국왕 중심	국가/군대	소규모 조직	개인
전쟁 중심		정부	지휘관 및 군대	조직 중심	조직원
전쟁 목적		군주의 부와 명예	국가안보 이익	포괄적 안보 이익	개인 이익
전쟁 목표		유리한 협상조건	무조건 항복	정권 탈취	
전쟁 방법	전략목표	제한된 점령	적 군사력 격멸	국민 의지 굴복	
	작전 방법	전투대형/백병전	섬멸 및 기동전	복합 및 민간전쟁	
전쟁 수단		근력 및 화력 수단	대량 살상무기	첨단 과학무기	로봇, 무인전투차량
전쟁 양상		제한전	국가 총력전	제한전 및 분란전	
전쟁 현상		조직적 폭력행위	무력의 충돌	적대의지 충돌	
지휘 구호		공격 앞으로	나를 따르라	Go together	Self change

은 사냥할 동물을 잡기 위해 조심조심 사냥감에 접근하여 활을 꺼내 사격을 준비하고 조준하여 시위를 당긴다. 이른바 '사격준비(ready) → 조준(aim) → 발사(shoot)' 순으로 이루어졌다. 그러나 첨단 과학무기체계가 완전히 바뀌었다. 먼저 개략적인 목표를 조준하여 미사일을 발사(shoot)하고 이동하는 목표를 향해 조준(aim)해나가면서 명중된 목표물을 보고 재타격할 것인지 새로운 목표를 향할 것인지 준비(ready)하는 단계로 변화했다. '발사(shoot) → 사격준비(ready) → 조준(aim)' 순으로 완전히 바뀐 것이다.

이러한 무기체계의 발전에 의해 전쟁의 패러다임의 변화되고, 이에 따른 리더십의 패러다임도 전환되어야 한다. 민족국가가 태동하기 전에는 왕이나 작전지휘관인 장수가 전쟁의 목적을 달성하기 위해 제한된 형태로 전투를 실시했다. 주요 전투수행방법은 전투대형을 갖추고 백병전 형태로 이루어졌다. 그에 따라 리더는 절대적인 권력을 휘두르며 대부분 후방에서 북이나 징이라는 신호수단을 이용하여 공격과 철수를 지휘했다. 그의 명령에 따라 "공격 앞으로(Forward charge)!" 하면 군대는 일제히 대형을 갖추면서 공격하는 패러다임이다.

민족국가가 태동하고 산업혁명을 이루면서 전쟁행위의 주체는 국가가 되어 국가총동원령이 선포되어 나라의 이익을 위해 적의 군사력을 격멸하고 무조건 항복을 강요하는 형태로 전쟁양상이 변화되었다. 이에 따라 리더는 적 군사력을 격멸하기 위해 섬멸 및 기동전을 구사했다. 리더의 리더십 형태는 고착된 전선을 타개하고자 리더가 직접 참호에서 뛰어나가면서 "나를 따르라(Follow me)!" 하는 지휘방식으로 변화되었다.

전쟁무기체계가 점차 고도화되고 C4I(Command, Control, Computer, Communication & Intelligence) 체계가 발달하면서 전쟁 형태도 대규모에서 소규모로 전환되었다. 이에 따라 전쟁의 중심도 국가 중심에서 조직 중심으로 전환되고, 전투 양상도 분란전이나 제한전 형태로 전환되었다. 이에 따라 리더의 지휘패턴도 "나를 따르라!"라는 가시적인 방식에서 변화하여 같이 행동하는 "함께 갑시다(Go together)!" 형태로 전환되었다.

이제는 전쟁의 패러다임이 리더 중심에서 리더와 팔로워가 함께 수행하는 형태로 전환되고 있다. 로봇이나 무인전투차량, 무인공격기 등이 전투를 수행하고 인공

4차 산업혁명과 리더십 패러다임 전환

구 분	1차	2차	3차	4차
시 기	1760년	1865~1980년	1980년대 이후	~ 현재
요 인	증기기관 → 기계화	컨베이어시스템/전기 → 대량 생산	디지털, 컴퓨터 → 생산자동화	AI, 3D 프린터 →ICT 융합
전력 구조	병력 및 화력	기계/기동화	정보집약	무인/로봇 중심 무인전투체계
리더십 구호	Forward charge (공격 앞으로) →	Follow me (나를 따르라) →	Go together (함께 갑시다) →	I'll do (제가 하겠습니다)
리더십 중심	리더 중심 (leader-centered)		→	조직구성원 중심 (follower-centered)

패러다임의 변화에 따른 논공행상의 예

옛날 어느 왕국에 공주가 심한 병을 앓게 됐다. 공주를 지극히 사랑한 왕은 공주의 병을 고치는 사람은 자신의 사위를 삼겠노라고 전국에 방을 붙였다. 멀리서 망원경을 가지고 있던 첫째 형이 두 동생에게 이 정보를 알렸다. 이에 아무리 먼 길도 단숨에 이동할 수 있는 양탄자를 가지고 있던 둘째 형이 이동수단을 제공하여 순식간에 왕궁에 도착했다. 셋째인 막내는 자신이 가지고 있던 사과를 먹게 하여 공주의 병을 고쳤다. 이에 왕은 자신의 말을 지키고자 심각한 고민에 빠지게 되었다. 누구를 왕의 사위로 삼을 것인가?

여러분이라면 어떻게 할 것인가? 산업화 시대에 이 문제에 접근해본다면 어떨까?
1. 병을 직접적으로 고칠 수 있는 수단이 강조되던 시대는?
2. 이동수단이 없었다면?
3. 정보가 없었다면?
4. 미래사회가 중요시하는 것은 무엇일까?

지능에 의해 사전에 입력된 데이터에 의해 최적의 전투수행방식 등이 결정되면 리더는 최소한의 결정으로 전투를 수행하게 될 것이다. 리더의 역할이 축소되고 오히려 팔로워들의 비중이 높아짐에 따라 팔로워들이 리더의 의도를 제대로 수행하기 위해 리더는 팔로워들이 스스로 변화하여 "제가 하겠습니다(I'll do)!" 하고 적극적으로 참여하는 리더십을 발휘해야 한다. 이제는 조직현장에서도 리더 중심에서 팔로워 중심으로 리더십의 패러다임이 변화해야 하는 상황이 도래하고 있다.

5. MZ세대에 적합한 리더십

1) MZ세대가 요구하는 리더의 역량

VUCA[4] 시대에 요구되는 리더십은 무엇일까? IBM에서 임원을 대상으로 '조직 차원에서 요구되는 역량은 무엇인가?'라는 설문조사를 했다. 이 연구조사에서 리더급인 임원들에게 요구되는 역량으로 리더십(37%), 실행 속도(34%), 고객과의 연계성(33%), 혁신(31%) 순으로 응답했다. 이 연구 결과는 리더가 조직이나 고객이 요구하는 바를 얼마나 빠르게 결정하여 실행하는가 하는 점이다. 조직에서 요구하는 바를 고객과 연계하면서 혁신적으로 고객 중심의 사고와 행동으로 조직과 조직구성원을 이끌어가는가도 중요하다.

조직이 원하는 리더십에 대해 미국 워싱턴대학 정신분석학 교수인 마이클 맥코비는 『승부사(*The Games man*)』에서 250여 명의 최고경영자를 분석 조사하여 기능형 리더(craft man), 파이터형 리더(fighter), 컴퍼니형 리더(company), 게임형 리더(games man)로 분류했다.

4　VUCA는 변동적이고 복잡하며 불확실하고 모호한 사회환경을 의미하며 1980년대 말 미 육군대학원에서 현대전장을 변동성(Volatility), 불확실성(Uncertainty), 복잡성(Complexity), 모호성(Ambiguity)으로 표현하면서 시작되었다.

첫째, '기능형 리더'는 기능직이나 기술자 출신의 리더를 말하며, 자신의 일에 열정을 가지고 있으나 최고경영자로서의 전문성이 부족하거나 대충 하는 것을 못 보는 스타일이다. 상위 직책으로 올라갈 준비가 부족한 리더라 할 수 있다.

둘째, '파이터형 리더'는 전투형 리더로 안 되면 되게 하라는 식으로 추진력은 대단하나 설득과 타협이 부족한 유형이다. 복잡하지 않고 단순한 과거에는 통했으나 현재와 미래에는 전혀 불필요한 리더 유형이라 할 수 있다.

셋째, '컴퍼니형 리더'는 회사의 규칙을 잘 지켜 신뢰를 받는 유형이다. 샌님 같은 리더형으로 시키는 일만 하고 독립적이거나 과감한 결정을 하지 못하는 리더라 할 수 있다.

넷째, '게임형 리더'는 자유분방한 프리스타일 유형이다. 인정 많고 자유분방하며 즉흥적이고 때로는 생각 없이 행동하기도 한다. 일을 벌이다 보니 추스르지 못하는 경향이 있다.

20세기에는 시대의 변화가 복잡하지 않고 단순하여 동기부여를 위해 당근과 채찍 같은 보상과 처벌이 효과적이었다. 하지만 21세기처럼 복잡하고 다양한 환경에서는 보상과 처벌 같은 단순한 동기부여는 큰 효과를 내지 못한다. 리더가 주도성이나 전문성을 가지고 조직의 분명한 비전과 목표 설정을 통해 구성원의 성장을 도모하는 것이 더 큰 효과가 있다.

'MZ세대의 특성에 적합한 리더십은 무엇인가?'라는 주제로 구성원들에게 설문조사를 실시했다. 설문 결과에 의하면 이들에게 조직은 자기 삶을 위한 도구일 뿐이라고 응답했다. 왜냐하면 "조직구성원이기에 앞서 세상에 하나뿐인 '나'니까"라고 응답했다. 조직에 충성하는 것은 이해할 수 없고, 오직 나를 위해 일할 뿐(Me generation) 이라는 생각을 가지고 있었다. 한때 시중에 유행한 책 가운데 『하마터면 열심히 살 뻔했다』라는 책 제목이 이를 대변한다. 또한 MZ세대는 끊임없이 "왜 그렇게 해야 하는 것입니까?"라고 질문한다. 반면에 스스로 동기가 부여되고 가치 있다고 생각되는 일에는 "그 일은 제가 하겠습니다"라고 적극적으로 참여한다고 응답했다.

둘째, '이들은 무엇이 다른가?'라는 질문에 정보를 대하는 자세가 기존 세대와는 다르다. 이들은 다양한 정보를 얻기 원하고, 획득된 정보가 요약되기를 희망한다.

MZ세대의 마음을 얻으려면 뻔한 이야기보다는 관련 동영상을 활용하는 것이 효과적이다. 대화를 나누더라도 감동이 있는 스토리텔링식으로 설득되기를 원하며, 직접적인 대면 접촉보다는 간접적인 대화를 희망한다.

이러한 MZ세대의 반응에 기업체들도 기민하게 반응하고 있다. 포스코는 MZ세대를 지휘하는 리더들을 위한 코칭가이드를 제작하여 활용하고 있다. 삼성전자는 MZ세대로 이루어진 TF팀을 구성하여 성과를 거두고 있다. 또한 역멘토링제도로 50대의 CEO에게 10대의 고등학생의 멘토링을 활용하는 기업들도 증가하고 있다.

교육 전문기업 휴넷이 팀원급 직장인 512명을 대상으로 '팀장 만족도' 설문조사를 실시한 결과, 응답자의 54.8%가 불만족스럽다고 답했다. 직장인이 꼽은 최고의 리더는 '소통형 리더'였다. 또한 리더가 반드시 갖춰야 할 역량으로 '소통'이 1위를 차지했다. '소통형 리더'란 직원들과 함께 아이디어를 고민하고 의사결정에 적극적으로 참여하는 리더를 말한다. 2위로 구성원을 존중하고 섬기는 '서번트 리더'(25.9%), 3위는 강한 카리스마와 거대한 존재감을 바탕으로 구성원을 이끄는 '카리스마 리더'(8.6%), 4위는 직원에게 권한을 위임하고 의사결정을 맡기는 '위임형 리더'(6.2%), 5위는 다수결 원칙에 따라 행동하는 '민주형 리더'(1.2%)를 꼽았다.

최악의 리더의 특징으로는 '언행 불일치'를 꼽았다(직원 40.7%, CEO 55.6%). 이어 명령과 복종을 강요하는 '권위형 리더'(직원 25.9%, CEO 26.7%)가 2위를 차지했다. 3위는 '불신형 리더'(22.2%), 4위는 '공사 불균형 리더'(7.4%), 5위는 '성과제일주의 리더'(3.7%) 순이었다. 직원들이 매긴 현 직장 리더의 점수는 5점 만점에 평균 3.1점으로 집계됐다. 반면 리더들은 스스로에게 평균 3.8점을 주었다. 리더들에게 리더십 계발을 위한 가장 효과적인 방법을 묻자 '독서, 교육 등 자기계발'(55.6%), '주변 리더들과의 만남'(53.3%)이 많았다. 이어 '실무와 현장 경험'(37.8%), '직원들과의 교류'(35.6%), '전문가 컨설팅'(24.4%) 순이었다.

2) MZ세대에 적합한 리더상

MZ세대를 대상으로 그들이 요구하는 리더상을 조사한 결과, 비전과 목표를 제시하는 리더, 진정성 있는 리더, 질문하는 리더, 플랫폼 리더, 통찰형 리더, 스마트한 리더, 성장시켜주는 리더를 원한다고 응답했다. 따라서 이들과 효율적으로 소통하기 위해서는 비전(visoin)과 진정성(authentic), 이들의 역량을 개발하고 왜 해야 하는지 의미를 부여하고 질문해주는 리더, 이들의 역량을 발휘하게 해줄 수 있는 플랫폼적 사고를 지닌 리더, 통찰력(insight)을 겸비한 스마트(smart)한 사고 등이 요구된다.

(1) 명확한 비전을 제시하는 리더(visionable leader)

비전이란 "조직이 궁극적으로 추구하고자 하는 핵심목적과 그것을 달성하기 위해 나아가야 할 방향"을 제시하고, 목표란 "비전을 달성하기 위해 가고자 하는 정확한 좌표"를 의미한다. 비전과 목표는 구성원들에게 동기를 부여하고, 서로의 노력을 한 방향으로 일치시키며, 잠재능력을 발휘하게 한다. 비전은 미래지향적이며, 목표는 결정적이고 달성 가능해야 한다. 비전과 목표 설정 시에는 구성원들을 적극 참여시켜 공감대를 형성하고, 다양한 의견을 반영한다. 이들의 의견이 반영되어 조직이 추구하는 비전과 목표가 명확하게 설정되었을 때, 구성원들에게 성취동기와 열정을 불러일으켜 성공적인 목표달성이 가능하게 된다.[5]

이처럼 리더의 비전과 목표는 국가나 조직에 상상 이상의 목표를 달성하게 만든

---

5 글씨를 읽거나 쓰지 못하는 17세 어린 소년 테무진은 타타르 부족의 습격으로 아버지를 잃게 되었다. 이후 자신의 부족은 뿔뿔이 흩어지고, 자신은 포로로 잡혀 끌려가는 신세에 처해졌다. 테무진은 "자신의 흩어진 부족을 되찾고 아버지의 원수를 갚는 것"을 목표로 수립하게 되었다. 수립한 목표를 달성하기 위해서는 결코 죽을 수 없다는 생각으로 온갖 역경과 험난한 과정을 이겨내고 드디어 그 소원을 이루게 되었다. 이때 테무진은 초원의 부족들이 "함께 이루어야 할 공동의 목표"가 있으니 잘 뭉친다는 사실을 깨닫게 되었다. 하나의 공동목표가 달성되면 곧바로 새로운 목표를 만들어 쉬지 않고 자신의 부족을 이끌어나갔다. 이후 테무진은 일찍이 과거에도 없었고, 앞으로 그 누구도 생각하지 못할 웅대한 비전을 수립했다. 웅대한 비전은 "부족들끼리 싸우지 않고 주변 국가로부터 위협을 받지 않는 것, 더 나아가 미지의 세계를 경영하고 천하를 통일"하는 것이었다. 그리고 그가 꿈꾸는 천하는 중원을 넘어 사람이 사는 모든 땅으로 이어지고, 계속해서 물류가 끊임없이 흐르는 그런 세계를 구축하는 것이었다. 이러한 테무진의 목표와 비전은 마침내 그를 칭기즈칸이 되게 했고, 인류 역사상 세계 최대의 제국을 건설하게 했다. 그래서 『타임(*Times*)』지는 21세기가 시작되기 이전 1천 년 동안 인류 역사에 가장 큰 영향을 미친 인물로 칭기즈칸을 선정하기도 했다.

다. 케네디는 대통령에 당선된 이후 "10년 이내에 인간을 달나라에 착륙시키겠다"라는 원대한 비전과 구체적 목표를 수립하여 마침내 1969년 7월 16일 인간이 달에 착륙했다. 다른 행성에 인간이 진출하는 역사적 쾌거를 이루게 된 원동력은 이러한 비전과 목표가 있었기에 달성 가능했다. 우리나라의 경우도 마찬가지다. 6.25전쟁 이후 나라가 가난과 기아로 허덕일 때 박정희 대통령은 온 국민에게 지난 5천 년 역사를 바꿀 원대한 비전을 제시했다. 우리도 한번 "잘 살아보세"라는 비전을 제시함으로써 한반도 역사에서 가난과 굶주림의 역사를 종식시키고 긍지와 자부심으로 가득한 한류(Korean wave)를 탄생시켰다.

(2) 진정성 있는 리더(authentic leader)

리더는 올바른 인성을 바탕으로 구성원들을 진정성 있게 대해야 한다. 항상 건전한 판단과 결심을 통해 구성원과 함께 성공적으로 임무를 완수할 때 진정한 존경심과 신뢰를 얻어 영향력을 발휘할 수 있다. '인성'이란 사람의 됨됨이로서 리더가 갖추어야 할 특성을 의미한다. 리더가 어떠한 품성을 갖추었느냐에 따라 행동방식이 달라진다. 리더가 온 힘을 다해 임무완수에 매진할 때 구성원들 또한 희생을 각오하고 자발적으로 참여하게 된다. 리더가 구성원들과 진정성 있는 신뢰를 쌓기 위해서는 진심으로 그들을 위하는 마음을 갖도록 해야 한다. 이러한 신뢰를 얻기 위해서는 솔선수범, 진실한 의사소통, 작지만 사소한 배려 등이 수반되어야 한다.

리더의 진정성은 변혁적 리더십, 카리스마적 리더십, 서번트 리더십 등에서 중요한 요소로 강조된다. 리더가 아무리 좋은 비전을 제시하더라도 진정성을 갖추지 못하면 결국 리더의 야망을 위한 충족수단으로 전락할 우려가 있다. 리더의 진정성은 말과 행동이 일관됨으로써 구성원들의 긍정적 심리를 자극하고 자발적 참여를 유도할 수 있다. 리더가 구성원에게 모범을 보임으로써 이들의 마음속에 진심으로 따르고자 하는 리더십을 이끌어낼 수 있다.

(3) 질문하는 리더(ask leader)

다가오는 미래는 빠른 속도로 변화하기에 대응하기가 쉽지 않다. 내가 알고 있는 현재의 지식으로 변화무쌍한 미래문제를 해결하기에는 역부족일 수 있다. 또한 리더가 구성원의 마음을 알고 있다고 생각하는 마음은 착각일 수 있다. 따라서 타인의 마음을 알기 위해서는 묻고 경청하고 공감하는 것이 필요하다. 리더가 알고 있는 지식은 지극히 일부라는 것을 인식하고, 구성원들의 진정한 마음을 얻고 이들로부터 지원을 받고자 한다면 이들에게 공감 어린 질문을 해야 한다.

질문하는 리더는 나라를 얻을 수 있었고, 지시만 하는 리더는 나라를 잃었다는 사실을 역사를 통해 알 수 있다. 역발산 기개세(力拔山氣蓋稅)[6]의 위용을 자랑하던 항우는 좋은 가문에서 태어나 가문의 후광으로 승승장구했다. 총명한 머리를 바탕으로 어려서부터 전술전략을 익혀 270여 회의 전투에서 승리했다. 매번 전투에서 승리하다 보니 부하들의 의견을 구하기보다는 자신의 지시대로 따르게 하는 '하여(何如)의 조직문화'를 만들었다. 이에 부하들은 무슨 문제가 있더라도 항우의 눈치를 보며 명령만 기다리는 피동적인 자세가 되었다.

반면에 한나라를 건국한 유방은 배운 것도 없고 재력도 없었다. 이에 유방은 문제가 생기면 부하들에게 어찌해야 할지 '여하(如何)의 조직문화'를 구축했다. 이에 유방의 부하들은 문제가 생기면 유방에게 어떻게 보고할 것인지 중지를 모아 건의하니 유방의 주변에 훌륭한 인재들이 모여들었다. 반면에 항우는 자신이 많이 안다고 생각하여 부하들의 의견을 구하지 아니하고 귀를 기울이지 않았다. 이에 항우의 조직은 하여(何如)의 조직문화가 형성되어 유능한 인재들이 떠나게 되었다. 리더들이 훌륭하다고 생각하는 답을 제공하는 순간 부하들의 말이 없어지고 조직이 성장할 기회를 상실한다는 진리를 망각해서는 안 된다. 질문의 위력은 구성원 스스로 동기를 부여하게 만든다. 리더가 질문을 통해 왜 해야 하는지, 어떻게 할 것인지를 설득한다면 이들과 깊은 신뢰, 공감대 형성, 존중과 배려 등을 형성할 수 있다.

(4) 플랫폼 리더(platform leader)

플랫폼이란 "컴퓨터 시스템의 기본이 되는 특정 프로세스 모델과 하나의 컴퓨터

---

6 힘은 산을 뽑아 던질 만큼 매우 세고, 기력은 세상을 덮을 정도로 웅대함을 이르는 말

시스템을 바탕으로 하는 운영체제"를 말한다. MS-DOS상에서는 Dos가, 윈도우 체제에서는 MS-Window가 플랫폼 역할을 한다. 요즘 부상하고 있는 IT 분야에서 수많은 앱을 수용할 수 있는 기반을 제공해주는 것이 플랫폼이다. 현실에 대입하면 기차의 플랫폼은 수많은 승객과 수화물을 실어 나르는 장소이며 연결장소다. 이처럼 플랫폼은 기차가 출발하고 정지하는 장소다. 이러한 플랫폼이 얼마나 크고 잘 정비된 곳이냐에 따라 승객이 많고 수화물도 많다. 이와 마찬가지로 리더는 리더십의 플랫폼을 크게 하여 다수의 구성원이 사고의 폭을 넓혀 변화하고 성장하도록 플랫폼을 제공해줄 수 있어야 한다.

최근 부상하고 있는 IT기업의 성패는 다른 앱을 플랫폼이 얼마나 잘 수용하느냐에 달려 있다. 2007년 6월 애플의 아이폰이 출시된 이후 10년 만에 애플은 1천조 원의 매출을 기록하며 전 세계 시가총액 1위의 IT기업이 되었다. 100년 이상 지속된 제조기업 제너럴일렉트릭(General Electric)과 마이크로소프트의 아성을 무너뜨리고 10년도 채 안 되는 짧은 기간에 어떻게 세계 최고의 기업으로 등극할 수 있었을까? 비결은 '앱스토어'라는 모바일 콘텐츠 플랫폼을 기반으로 다양한 콘텐츠와 애플리케이션을 제공함으로써 가능했다. 애플이 스마트폰 분야에서 성공한 것은 이러한 플랫폼의 본질을 정확히 이해하고 콘텐츠 제공자와의 협력을 통한 이른바 플랫폼 리더십 확보와 이를 통한 네트워크 효과 창출에 기인한다. 플랫폼 기업이 성공하기 위해서는 시스템을 주도할 차별화된 제품 기술과 상생의 파트너십을 강조함으로써 사업의 불확실성을 낮추고 플랫폼 주도 기업과의 협력을 통해 원하는 수익을 얻을 수 있다는 확신을 주어야 한다.

이러한 플랫폼 리더십은 조직에 부여된 과업을 수행하는 과정에서 성공요소를 도출하고, 상호공유와 활용을 통한 지렛대효과를 극대화하는 시스템적 사고를 제공해준다. 플랫폼적 사고를 통해 문제를 해결하는 방식은 스스로 해결하는 것이 아니라 외부의 힘을 통해 해결함으로써 가치를 증대할 수 있다. 일례로 1999년 캐나다의 금광업체 골드코프(Goldcorp)는 수십 년간 캐내던 금맥이 고갈될 위기에 처하게 되었다. 이에 골드코프는 회사가 가지고 있던 금광 관련 지질데이터를 공개하여 외부의 관련 기업들이 활용토록 함으로써 3년 만에 10배의 매출 증가를 기록하게 되었다.

애플 사례에서 잘 나타나듯이 리더십에서도 마찬가지다. 독불장군식 리더십의 시대는 이미 끝났다. 앞으로의 리더십은 IT기업인 구글이나 네이버처럼 플랫폼을 기반으로 부수적인 애플리케이션이 최적의 조합을 이루며 상생하듯이 리더십도 조직구성원들의 팔로워십을 얼마나 잘 활용하느냐에 좌우된다. 리더가 조직의 단기성과나 자신의 이익 챙기기에 집착하는 독불장군식 행태를 보일 수 있는 시대는 종말을 고했다.

4차 산업혁명 시대에 플랫폼 사고가 주목받는 이유는 급속도로 발전하는 환경 때문이다. 지식정보의 양이 과거에 비해 엄청나게 빠른 속도로 증가하기에 리더 혼자 결정하기보다는 조직구성원들과 협업을 이룬 상태에서 부여된 과업을 수행하는 것이 훨씬 효율적이며 신속하게 대응할 수 있다. 또한 구성원의 욕구가 점점 다양해지고 있는 가운데 리더가 다양한 구성원의 요구에 응하는 것은 결코 쉬운 일이 아니기 때문이다. 고대에는 리더가 뒤에서 지휘하는 "공격 앞으로!" 형식이었다면, 근대화 시대는 카리스마 리더십을 바탕으로 "나를 따르라!", 지식정보화 시대는 참여형 리더십의 "같이 갑시다(Go together)", 4차 산업혁명 시대에는 개인의 성취를 도와주고 기반이 되어주는 리더십, 즉 플랫폼 리더십(platform leadership)이 요구된다.

(5) 통찰하는 리더(insight leader)

통찰력이란 "어떠한 사물이나 현상을 통찰하는 능력"을 말한다. 통찰의 '통(洞)'은 '꿰뚫다', '밝다'라는 뜻이며, '찰(察)'은 '살펴보다'라는 의미다. 즉, "사물이나 현상의 속을 깊게 밝혀 살펴본다"는 뜻이다. 영어단어로는 insight다. in(안으로)＋sight(눈, 관점)로 구성되며, 안으로 꿰뚫어보는 관점을 말한다. 다시 말해 통찰력이란 생각의 대상에 몰입하여 깊이 있게 들여다볼 수 있는 힘이다. 사물이나 현상의 이면을 들여다보고 원리를 깨닫는 것이다. 베르트하이머(Wertheimer, 1959)는 통찰을 "어떤 상황이 새롭고 더욱 심층적인 형태로 파악되면서 결과적으로 그 분야가 광범해지며 더 큰 가능성이 나타나게 되는 것"이라 했다.[7]

---

7 통찰력의 또 다른 예를 든다면 고대 그리스의 물리학자 아르키메데스의 일화다. 그리스의 왕은 아르

나이팅게일은 1853년 10월부터 1856년 2월까지 크림반도에서 벌어진 전쟁에 참전하는 과정에서 전투에서 발생한 부상으로 죽는 군인보다 질병으로 죽는 군인 수가 더 많다는 사실을 알게 되었다. 그녀는 전투에서 발생한 총상의 후유증보다 병원 내 세균감염으로 인해 사망자가 크게 발생한다는 사실을 인식하고 영국 정부에 이에 대한 개선책을 요구했다. 나이팅게일의 요구를 수용한 영국 정부가 더 많은 의료물자를 지원해주어 세균감염 예방을 위해 노력한 결과 전·사상자 수를 42%에서 2%로 대폭 줄이게 되었다. 전투 중 사망자를 획기적으로 감소시킨 가장 큰 배경에는 나이팅게일의 통찰력이 작용했다.

리더십도 마찬가지다. 조직구성원에 대한 세밀한 관심을 바탕으로 그들을 이해해야만 존중하고 배려할 수 있다. MZ세대는 VIB(Very Important Baby)로 성장한 세대다. 이들은 자신들의 사고방식대로 행동하고 표현한다. 이들에 대한 관심과 조직 주변에 발생하는 문제에 대한 리더의 통찰력이 요구된다. 리더가 통찰력 없이 즉흥적인 사고로 방향성을 제시하고 이를 바로잡으려 한다면 실패하기 쉽다. 따라서 리더는 항상 사물의 현상이나 이면에 잠재해 있는 문제에 대한 통찰력을 배양해야 한다.

(6) 스마트한 리더(smart leader)

스마트한 리더는 자신의 직무 분야에 대한 제반 지식을 갖추고 다양한 과업을 능숙하게 수행한다. 리더는 임무수행에 필요한 전문지식을 갖추어야 한다. 리더는 자신의 임무와 역할을 능숙하게 수행할 지식과 전문기술을 습득해야 자신감 있게 조직을 이끌어갈 수 있다. 따라서 리더는 계급과 직책에 부합된 관련 전문역량 개발에 노력해야 한다.

미국 뉴욕대학 스턴경영대학원 멜리사 쉴링 교수는 바둑을 활용하여 다양한 학

키메데스에게 새롭게 제작한 왕관이 순금으로 만들어졌는지 아니면 순금 속에 이물질이 섞여 있는지를 검토해보라고 했다. 왕관으로 제작된 물체의 순도를 측정하는 것이 당시의 과학으로는 거의 불가능했다. 아르키메데스는 목욕탕에서 물이 가득 찬 욕조에 앉아서 고민하던 차에 사람이 들어가자 욕조에 물이 넘쳐나는 현상을 보고 "유레카!"를 외쳤다. 그가 찾아낸 방법은 물을 가득 채운 그릇에 왕관을 넣고 그 왕관에 의해 넘쳐나는 물의 양을 측정한 후 왕관과 같은 무게의 순금 덩어리를 물에 담그고 나서 넘쳐나는 물의 양과 비교해보는 것이었다.

습전략을 연구했다. 실험집단을 셋으로 나누어 바둑훈련만 집중적으로 하는 팀, 바둑훈련과 무관한 다른 게임을 함께 연습하는 팀, 바둑과 연관성이 있는 보드게임을 하는 팀으로 구분하여 실시했다. 이 중 바둑과 연관성이 있는 보드게임을 하는 팀의 실력이 가장 향상되었다. 이는 한 가지에 집중하는 팀보다 하나에 집중하되 관련성 있는 사고를 결합하는 것이 효율적이라는 사실을 입증한 사례다.

필자도 군생활 동안 운동장에서 예하 중대장을 대상으로 장기판의 규칙을 활용하여 기마전을 실시했다. 장기판에서는 전체적으로 판을 굽어보면서 자신의 전략을 구사할 수 있지만, 수평적인 운동장에서는 전방상황을 제대로 파악할 수 없는 상황이 벌어진다. 이러한 상황에서 지휘관의 잘못된 지시로 인해 장기판의 구성원들이 죽어가는 상황이 벌어져 공황상태가 야기되기도 했다. 이러한 결과를 통해 평소 전체적인 국면을 알고 상호 소통하는 것이 얼마나 중요한지를 체득하게 했다.

리더의 역량개발이란 현재 수행하고 있는 임무를 효과적으로 완수하고 차후 임무수행에 대비하여 필요한 능력을 갖추는 것이다. 조직구성원 개인의 역량은 조직구성원으로서의 역할수행뿐만 아니라 시너지 효과를 발휘하기 위해서도 중요하다. 역량이 부족한 조직구성원에게는 임무를 부여할 수 없으며, 설사 임무를 부여해도 효율성이 떨어진다. 구성원들이 현재와 장차 수행하게 될 임무를 고려하여 필요한 능력이 무엇인지를 설정하고, 그들이 도전해야 할 제반 과제를 인식시키고 지도하여 역량을 개발해나가도록 지원해야 한다.

리더는 임무수행에 있어 신속·정확한 상황판단으로 적기에 최적의 대안을 결정하여 대응해야 한다. 또한 결과에 대한 책임은 물론 도덕적·법률적 불이익도 기꺼이 감수해야 한다. 리더는 실수를 두려워하여 결정을 미루거나, 서둘러 결정함으로써 사태를 악화시켜서는 안 된다. 특히 불확실하고 급변하는 상황에서는 위험을 감수하더라도 적기를 놓치지 않는 과감한 결단이 필요하다. 리더는 합리적인 의사결정을 위해 전체를 통찰할 수 있는 안목과 직관력, 판단력을 갖추어야 한다.

(7) 성장시켜주는 리더(grow leader)[8]

구성원들은 본받을 만하고 성장시켜주는 리더를 원한다. 자신에게 동기를 부여하고 관심을 보여주는 리더에게 충성을 다한다. 오기 장군이 다리를 다친 병사의 고름을 입으로 빨아주자 병사의 어머니가 대성통곡했다. 사람들이 그 연유를 묻자 자신의 남편도 오기 장군이 곪은 다리를 빨아주자 전쟁터에서 선봉에 서다 죽었는데, 자신의 아들마저 곧 잃게 될 것이라며 한탄했다고 한다.

미국의 제럴드 그레이엄 교수가 직장인 1,500명 대상으로 '동기부여의 가장 강력한 요인'에 대해 조사한 결과, '자신들이 한 일에 대해 진심 어린 격려의 말'을 해주는 것이라고 답했다. 인간관계에서 돈 한푼 안 들이고 할 수 있는 일이 바로 '칭찬'이다. 칭찬도 높은 사람의 칭찬보다 바로 윗사람의 칭찬을 더 원하는 것으로 조사되었다. 구체적이고 진정성 있는 칭찬을 하는 것이 효과적이다.

리더는 구성원 각자의 역량에 부합되게 과업을 부여하고, 적절한 권한위임(empowering)으로 그들이 주도적으로 임무를 수행하도록 지원해야 한다. 발생하는 성과에 대한 정확한 평가, 인정과 칭찬 등을 통해 동기를 부여해야 한다. 수직적이고 강압적인 조직 분위기에서는 직원들이 침묵을 유지한다.

조직 분위기를 활성화하기 위해 리더가 버려야 할 세 가지는 ① 리더가 모든 것을 직접 통제해야 한다는 생각, ② 구성원을 불신하는 사고, ③ 조직 내 위계서열을 강조하는 방식을 지양해야 한다. 리더는 구성원들이 왜 해야 하는지에 대해 질문하는 것을 기분좋게 받아들이는 것이 좋다.

리더는 항시 겸손한 마음으로 미래에 대비하는 자세가 필요하다. 현재 조직의 성과가 좋다 할지라도 경쟁기업 상황과 미래사회의 변화를 예측하고 필요한 것을 준비해야 한다. 적과 싸워 승리하고 돌아오는 로마의 개선장군이 원로원 귀족들과 수

---

8 미래의 리더는 상사가 아니라 코치가 되어야 한다. 대표적인 사례로 카를로스 곤 닛산자동차 회장의 사례를 들 수 있다. 곤 회장은 닛산자동차가 1991년 시장점유율 6.6%에서 4.9%까지 하락하여 기업이 도산 위기에 처하게 된 시점인 1999년 닛산자동차 회장으로 취임했다. 곤 회장은 취임하자마자 회사 전체에 체계적인 코칭 프로그램을 시행했다. 1단계로 중견간부 600명을 선발하여 직접 3개월간 코칭을 실시했다. 이어서 중간관리자 2,500명을 대상으로 코칭스킬 교육을 실시하고, 코칭스킬을 배운 상사들이 사원들을 대상으로 1:1 코칭을 실시한 결과 18개월 만에 흑자기업으로 돌아서서 완전히 회생하게 되었다.

영화 「쿼바디스(Qvo Vadis)」(1951) 중, 개선장군 뒤에서 "메멘토 모리"를 외치는 노예

많은 시민의 열렬한 환영을 받는 자리에서 "메멘토 모리(Memento mori)"를 외치는 사람이 있었다. 이 사람은 전쟁에서 패하고 포로가 된 노예였다. '메멘토 모리'는 개선장군으로서의 이러한 영광의 시간은 순간이니 매사에 겸손하고 자만하지 말 것을 경고하는 말이다. 겸손하고 자만하지 않는 리더만이 미래에 다가오는 역경을 극복하고 조직을 발전시킬 수 있을 것이다.

II
코칭이란 무엇인가

5장
코칭의 유래와 정의

1. 소크라테스의 문답법

코칭의 시작은 언제일까? 아마도 인류가 말을 하기 시작하면서부터라고 할 수 있을 것이다. 하지만 체계적인 시작은 소크라테스(BC 470~BC 399)의 문답법에서 근원(根源)을 찾을 수 있을 것이다. 문답법은 대화를 통해 스스로의 무지(無智)를 깨닫도록 하는 것이다. 인간은 상대와의 대화 속에서 스스로 인식하지 못했던 것을 깨달을 수 있다. 경청하고 질문하는 가운데 스스로 알지 못했던 진리를 깨달을 수 있다.

소크라테스의 문답법은 산파가 산모의 출산을 돕는 과정에 비유하여 '산파술(産婆術: maieutics)'이라고도 한다. 소크라테스는 "자신이 진리를 낳지는 못하지만 다른 사람이 진리를 잉태하도록 도울 수는 있다"고 했다. 인간은 스스로 새로운 지혜를 창출하는 능력은 부족하나 타인이 창출하도록 돕는 능력은 탁월하다. 소크라테스의 제자 플라톤은 "소크라테스야말로 진정한 스승이자 코치"라고 했다. 상대방과의 대화를 통해 기존에 알고 있던 잘못된 지식을 깨닫고 올바른 사고를 창출해내는 문답법은 오늘날 코칭에서 강조하는 면과 유사하다.

소크라테스의 문답법은 소극적 측면과 적극적 측면의 문답법으로 분류된다. 소극적 측면의 대화는 상대방의 주장(logos/論說)에 대해 질문을 통해 화자가 제대로 알

자크 루이 다비드의 〈소크라테스의 죽음〉

소크라테스의 문답법

소크라테스: 당신은 정의를 무엇이라고 생각하십니까?
트라시마코스: 예! 강자가 지닌 특권이라고 생각합니다.
소크라테스: 강자의 특권이라…, 그럼 강자도 사람입니까?
트라시마코스: 예! 그렇습니다.
소크라테스: 강자도 사람이니 때로는 실수를 합니까?
트라시마코스: 예!
소크라테스: 그럼 강자의 잘못된 행동도 정의라고 할 수 있습니까?
트라시마코스: 아, 그렇군요! 제가 잘못 생각했군요.

지 못함을 인식하도록 하는 것이다. 질문에 대한 답변 과정에서 스스로 깨닫도록 하는 것이다.

이에 반해 상대의 주장에 질문을 통해 스스로 미처 생각하지 못했던 무의식의 무지에서 의식적으로 인지하여 스스로 성찰하도록 하는 적극적 측면이 있다. 상대를 설득[1]할 수 있으며, 성찰하고 통찰이 일어나도록 도울 수 있다.

이러한 문답법의 장점은 다음과 같다.

첫째, 대화를 통해 '타인의 생각'을 알 수 있다는 점이다. 인간의 마음은 하루에도 열두 번 변한다. 자신의 마음도 이처럼 수시로 변하는데, 타인의 마음을 정확히 안다는 것은 어불성설이다. 표현되지 않은 타인의 마음을 어떻게 알 수 있을까? 사람들은 자기 생각이나 욕구를 표현하지 않고 상대방이 스스로 알아주기를 원한다. '상대방이 알아서 해주겠지!' 하는 마음으로 말하지 않고 미루다 보면 아무것도 얻을 수 없다. 그러다 일이 잘못되면 상호 불신만 커진다. 문답법은 질문과 경청을 통해 상대방의 생각이나 욕구를 파악할 수 있다

둘째, '진정한 욕구'를 파악하여 자발적 참여를 이끌어낼 수 있다. 인간의 사고 구조는 생각에 기초하여 다양한 요인이 서로 연결되어 전체적인 체계를 이루게 된다. 합당한 보상에 의한 자발적 참여는 강제적인 지시에 의한 부정적 인식을 제거하여 효율적인 결과를 창출할 수 있다.

셋째, '메타인지(metacognition) 역량'을 배양할 수 있다. 메타인지는 자신의 인지과정에서 아는 것과 모르는 것을 명확히 하여 객관적인 시각으로 관찰·통제·판단하는 정신작용을 의미한다. 메타(meta)는 그리스어로 '한 차원 높다'라는 의미이며, 인지(cognition)는 '자신이 아는 것과 생각하는 것'을 말한다. 즉, 한 차원 높은 생각으로 자신이 아는 것과 모르는 것을 확실하게 구분할 줄 아는 능력을 말한다. 메타인지를 통해 생각 너머의 생각, 즉 새로운 사고를 잉태할 수도 있다. 자신을 객관화하고 부족한 점을 보완하며, 강점을 극대화시킬 수 있다.

이러한 메타인지의 중요성에 대해 네덜란드 라이덴대학의 마르셀 베엔민(Marcel Veenmin) 교수는 학생들의 성적에 미치는 영향요인 분석에서 메타인지의 중요성을 입증했다. 그의 실험 결과에 의하면 학생들의 지능지수(IQ: Intelligence Quotient)가 성적

---

1 설득의 심리학에 의하면 상대를 설득하기 위해서는 ① 상호성, ② 희소성, ③ 전문성, ④ 일관성, ⑤ 호감도, ⑥ 사회적 지지가 필요하다고 한다.

에 미치는 영향은 25%에 불과하지만, 메타인지가 성적에 미치는 영향은 40%라고 제시했다. 학생들의 머리가 좋고 나쁨을 나타내는 지능지수보다 자신이 그 문제에 대해 분명하게 아는지 모르는지를 파악하는 메타인지가 중요하다는 것이다. 메타인지를 파악하기 위해서는 질문과 경청, 피드백을 통해 학생 스스로 깨닫도록 하는 것이다.

하지만 이러한 소크라테스식 문답법은 다음과 같은 단점도 있다.

첫째, 상대방을 배려하지 않는 일방적인 주장으로 상대의 기분을 상하게 할 수 있다. 상대방의 감정을 고려하지 않은 비판적인 질문으로 마음을 닫게 할 수 있다. 문답법의 궁극적인 목적은 스스로 깨닫도록 하는 것이지만, 자칫 상대방의 감정을 상하게 하여 오히려 부정적 결과를 낳을 수도 있다.

둘째, 일방적이고 편협적인 사고를 강요할 수 있다. 문답법은 상대에게 자기 생각을 표현하도록 도와줌으로써 스스로 성찰하고 실천하도록 돕고자 한다. 하지만 상대를 배려하지 않고 주도권을 가진 한쪽에서 일방적으로 자기 생각과 편협적인 사고를 강요하는 경우가 발생하기도 한다.

셋째, 일방적으로 가르치려 하는 경향으로 교육의 효과가 감소할 수 있다. 배우고자 하는 사람의 자발적인 동기부여를 통해 변화하고자 하는 마음이 일어나야 한다. 하지만 일방적 가르침은 오히려 상대로 하여금 반감만 일으키게 할 수 있다. 따라서 그가 말하는 대화 속에 포함된 이슈나 주제를 주의 깊게 듣고, 표현한 내용과 이면에 담긴 감정을 탐색하는 것이 중요하다.

소크라테스의 문답법은 '산파법'이라고도 한다. 산모가 편안하게 아기를 낳을 수 있도록 산파의 경험을 경험과 노하우를 전수하는 것에 비유한 것이다. 산파가 아무리 경험이 많다 할지라도 아기를 대신 낳을 수는 없다. 리더를 산파(産婆)라 한다면 구성원은 산모(産母)가 된다. 리더는 구성원에게 부여된 과업을 잘 수행할 수 있도록 자신의 지식과 경험을 전수하고 권한을 위임하는 것이다. 이를 위해 리더는 구성원이 스스로 문제를 해결할 수 있도록 지원하고 완수할 때까지 기다려주어야 한다.

구성원이 일을 하도록 지원하지만, 못한다고 생각하여 그 일을 리더가 직접 하고자 하는 것은 올바른 리더십이라 할 수 없다. 시간이 없다고 올바른 행동이 나오도록 강요하는 것은 순간의 문제해결은 될지 몰라도 실천으로 이어지기 어렵다. 리더에게 필요한 역량 중의 하나는 기다림이다.

2. 코칭의 유래와 정의

1) 코칭의 유래

'코치'라는 용어는 16세기 헝가리 콕스(Kocs)라는 마을의 '말이 끄는 사륜마차'에서 유래했다. 코치는 승객을 현재 있는 곳에서 가고자 하는 목적지까지 안전하게 데려다주는 운송수단의 의미로 사용되었다. 코치가 개인용 운송수단(door to door)이라면, 기차(train)는 많은 인원을 수송하는 대량운송 수단이다. 코칭이 소규모 훈련을 뜻한다면, 트레이닝(training)은 대규모 인원을 대상으로 하는 학습방법인 셈이다.

1840년경 영국의 옥스퍼드대학에서는 학생들의 수업을 지도하는 개인교사(tutor)

마차와 기차

마차(coach)

기차(train)

- 쌍방향 커뮤니케이션
- 목적지까지 직접 데려다줌

- 일방향 커뮤니케이션
- 정해진 역까지 데려다줌

를 '코치'라고 부르기도 했다. 이후 스포츠 분야인 보트경기에서 '코칭'이라는 용어가 널리 통용되기 시작했다(Whitworth, 1998). 1970년대에는 하버드대학의 테니스 코치 티모시 갤웨이(Timothy Gallwey)가 선수들에게 테니스를 가르치면서 선수들의 기능적 측면의 보완보다는 내면에 잠재해 있는 역량 발휘에 집중하여 훈련시키면 효과가 있다는 것을 발견했다. 그는 이러한 교육방법을 '이너게임(inner game)'이라 부르면서 테니스뿐만 아니라 골프 등 여러 스포츠 분야에 적용했다. 메이스와 말러(Mace & Mahler)는 이를 조직경영 분야로 확산했다(Wenzel, 2001). 그들은 『현장 코칭』에서 직장 내 업무능력을 향상시키기 위한 개념으로 코칭(coaching)을 인적자원개발에 도입했다.

현대적 의미의 코칭은 1980년대 초 미국의 재무설계사 토머스 레너드(Thomas Leonard)로부터 시작되었다고 할 수 있다. 레너드는 사람들이 언제 은퇴할 것인지, 어디로 휴가를 갈 것인지, 어떠한 자동차를 살 것인지 등 재무컨설팅을 하면서 코칭의 필요성을 깨닫고 1992년 코칭 전문훈련기관인 코치대학(Coach U)을 설립했다. 1995년에는 국제코치연맹(ICF: International Coach Federation)이 창설되었고, 우리나라에도 2003년 6월 한국코치협회(KCA: Korea Coach Association)가 설립되었다.

2) 코칭의 정의

코칭에 대한 정의는 리더십만큼이나 다양하다. 많은 학자가 제각기 주장하고 있으나 아직 통일된 정의는 없는 실정이다. 그러나 코칭의 정의는 코칭의 목적과 실시하는 방법에 따라 의사소통과 코칭 프로세스 측면, 조직의 성과달성, 학습 및 역량개발의 관점 등으로 다양하다.

첫째, '의사소통의 관점'에서 하그로브(Hargrove, 1995)는 "개인과 조직을 변화시켜 능력을 확장시키고, 개인과 조직의 비전과 가치에 영향을 주며, 조직의 목표나 목적 달성을 돕기 위해 의식 및 행동을 창조하도록 강력히 지원하는 커뮤니케이션"이라 했다. 메들랜드와 스턴(Medland & Stern, 2009)은 "조직구성원들에게 긍정적인 영향력을 미치는 쌍방향 소통이자 지속적인 책임과 역량개발을 추구하는 전문적이고 협력적인 과정"이라고 했다. 한국코치협회는 "고객이 일상의 문제를 해결하는 데 스스로 자신만의 방법을 찾아갈 수 있도록 도움을 주고 실행력을 높여주는 코치와 코칭대상자의 대화 프로세스"라고 정의했다.

둘째, '성과 및 목표달성'이라는 관점에서 콜린스(Collins, 2001)는 "개인 또는 조직을 현재 있는 곳에서 그들이 원하는 더 만족스러운 곳으로 나아가도록 가능성과 목표달성에 초점을 맞추고 이끄는 행위"라고 정의했다. 길리(Gilley, 2002)는 "성과를 극대화하기 위해 제한적 신념에 묶여 있는 잠재능력을 발휘하도록 도와줌으로써 성과를 달성하는 것"으로 정의했다. 헌트와 바인트라우브(Hunt & Weintraub, 2002)는 "코칭대상자에 대한 충분한 지원과 격려를 통해 긍정적인 자기변화와 성찰을 일으키고 코치의 충분한 피드백(feedback)을 통해 대상자의 성장을 촉진하는 것"이라 했다. 국제코치연맹(ICF: International Coach Federation)은 코칭을 "코칭대상자들의 삶과 경력, 조직이 수립한 목표달성에 탁월한 성과를 가져오도록 지속적으로 돕는 관계"라고 정의했다. 코칭은 코칭대상자 스스로 자기를 인식할 수 있도록 협조하여 자신의 부정적인 신념을 긍정적 신념으로 전환시켜 무한한 잠재능력을 이끌어내어 목표를 달성하는 과정이라 할 수 있다.

셋째, '학습과 역량개발'이라는 관점에서 에드워즈(Edwards, 2003)는 "코칭대상자가 학습을 통해 잠재된 능력을 스스로 최대한 개발하고 발휘하도록 돕는 것"이라고 했다. 그랜트(Grant, 2007)는 코칭을 "개인과 조직에서 개인 성장과 자기주도 학습, 성과 향상을 촉진하기 위한 문제해결 중심적이며 결과 중심적이고 체계적인 과정"이라고 정의했다. 코칭은 '코칭대상자가 스스로 잠재능력을 발휘할 수 있도록 코치와 상호 협력적인 파트너십의 관계 속에서 변화와 성장을 촉진하고 개인과 조직의 목표를 달성하도록 돕는 역량개발'이라고 할 수 있다.

3. 코칭과 유사한 개념

상담(counseling), 컨설팅(consulting), 멘토링(mentoring), 티칭(teaching), 트레이닝 (training), 퍼실리테이팅(facilitating) 등이 있다.

1) 상담과 코칭

상담은 개인이 해결해야 할 문제나 조직의 직무성과 달성에 영향을 미칠 수 있는 심각한 과오가 있을 때 이를 치유하고자 하는 것이다(Ellinger, Ellinger & Keller, 2003). 인간은 일상생활에서 사고나 감정조절, 행동의 문제가 있을 때 이를 해결하여 행복한 삶을 영위하고자 한다. 상담과 코칭의 공통점은 가정이나 직장에서 어려운 문제를 해결하고자 일정한 절차를 지닌 합의된 형태의 대화를 통해 개인의 행동이나 감정, 인지적 변화를 시도한다는 점 등으로 볼 수 있다.

그러나 상담과 코칭의 차이점으로 상담은 상담윤리규정을 기반으로 '과거에 발생한 문제에 초점을 맞추면서 근원적 해결'에 집중한다(Coutu & Kauffman, 2009). 즉, 과거의 문제를 상담자와 함께 치유하는 데 초점을 둔다. 반면에 코칭은 문제보다는 문제 해결 이후 미래의 변화와 성장에 초점을 둔다. 코칭대상자 스스로 자기성찰을 할 수 있도록 코치가 현재 상태와 미래지향적인 질문과 경청을 통해 변화와 성장을 촉진하는 데 중점을 둔다. 코치는 과거의 문제 속으로 파고 들어가는 것보다 현재의 행동과 미래지향적인 해결과 성장을 목표로 코칭대상자 스스로 깨닫고 변화하도록 돕는다는 측면에서 상담과 차이점이 있다.

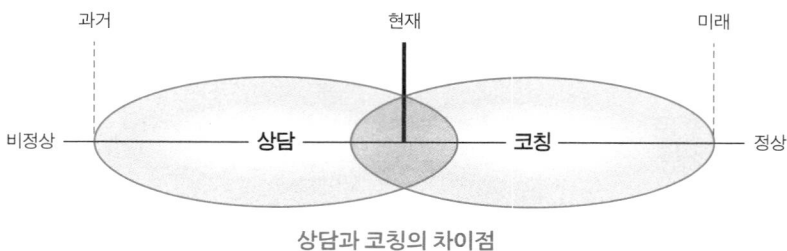

상담과 코칭의 차이점

상담 차원의 접근

코칭대상자: 최근 보직이 바뀌어 업무를 시작했는데, 아직 뭐가 뭔지 모르고 과장님한테 혼나기만 하고 스트레스를 많이 받고 있습니다. 아! 제가 정말 쓸모없고 무능력하다는 생각이 드니 죽고 싶다는 생각밖에 없는데 어떻게 해야할지 모르겠습니다.

코치: 아! ○○님이 요즘 스트레스를 받고 자신이 쓸모없고 무능력하다고 생각하면서 죽고 싶을 정도로 힘들게 생활하시는군요. 언제부터 쓸모없고 무능력하다는 생각이 들면서 죽고 싶다는 생각이 드셨나요?

코칭대상자: 네! 전 어렸을 때는 공부를 잘하고 칭찬만 듣고 자라다가 중학교에 들어가서는 친구들과 어울리다가 공부를 못해 아버지로부터 심한 꾸지람을 듣고 나서부터는 실망감이 들고 그러면서 게임에 빠지고 그러면서 좌절할 때마다 죽고 싶다는 생각이 들었던 것 같습니다.

코치: 어렸을 때는 공부를 잘하다가 게임에 빠지면서 좌절감을 맛보고 난 이후부터 자신감이 많이 없어졌군요. 그러나 그것을 알았다는 게 중요한 것 같아요. 고객님의 인생을 바꾸는 시발점이 될 수 있을 거예요. 또 다른 것은 없나요?

코칭대상자: 네, 사실은 최근 진급에 떨어졌을 때 죽고 싶을 정도로 패배감이 밀려와서….

코치: 그래요! 성인이 되더라도 상처받거나 실패해본 경험이 없는 사람이 몇이나 될까요? 그럼 우리 고객님께서는 어려서 부모님으로부터 혼난 경험이 있으신가요?

코칭 차원의 접근

코칭대상자: 최근 보직이 바뀌어 업무를 시작했는데 아직 뭐가 뭔지 모르고 과장님한테 혼나기만 하고 스트레스를 많이 받고 있습니다. 아! 제가 정말 쓸모없고 무능력하다는 생각이 드니 죽고 싶다는 생각밖에 없는데 어떻게 해야 할지 모르겠습니다.

코치: 아! ○○님이 요즘 스트레스를 받고 그래서 쓸모없고 무능력하다고 생각하면서 죽고 싶다는 생각이 들 정도로 많이 힘드시군요. 정말 잘하고 싶은데요.

코칭대상자: 네! 아직까지는 힘들고 죽고 싶은 생각이 듭니다.

코치: 음…. 죽고 싶을 만큼 힘드시군요. (침묵) 그런데 ○○님과 대화하면서 고객님의 왼쪽 손에 낀 반지가 유난히 반짝이던데, ○○님은 최초 임관할 때 임관반지를 보면서 가졌던 군생활 목표가 무엇인지 말해줄 수 있나요?

코칭대상자: 네. 사실 제 군생활의 꿈은 '훌륭한 리더'가 되는 것이었습니다(강한 어조로). 정말 되고 싶습니다. 조직구성원들과 함께 어울리면서 땀을 흘리는 리더….

코치: (경청 후) ○○님께서는 정말 훌륭한 리더가 되고 싶어 하시는군요. 그럼 ○○님에게 훌륭한 리더는 어떤 의미가 있나요?

코칭대상자: 네, 사실 저는 지휘관이 되면 우리 부대를 '꿈터 부대'로 만들고 싶었습니다. 요즘 젊은이나 부모님들은 군대를 기피하는데, 군대가 기피 장소가 아닌 부모님들이 보내고 싶은 군대, 군대에 오는 병사들은 자신의 꿈과 희망, 비전을 키우는 인생성공대학이라는 그런 군대를 만들고 싶습니다. 그것이 제가 군에 장교로 입대한 이유이기도 합니다.

코치: 고객님! 그럼 우리 함께 고객님의 꿈을 이루기 위해 무엇을 먼저 해야 할까요?

코칭대상자: 네! 제가 현재 가지고 있는 이러한 패배적인 생각을 버리고 부하들에게는 "군대를 꿈터로" 만들기 위한 제 각오부터 다시 생각하고 실천하도록 하겠습니다.

2) 컨설팅과 코칭

컨설팅의 사전적 의미는 '조언(助言)해주는 것'이다. 하지만 실제 비즈니스 현장에서는 단순히 조언하는 차원을 넘어 문제에 대한 해결책(solution)을 제시한다. 조직 내 문제점을 파악하고 고객이 해결하기 어려운 것을 해결해주면서 그 대가로 돈을 받는 것이다. 컨설팅은 조직성과에 초점을 맞추고 객관성을 유지한 상태에서 문제에 대해 정량적으로 분석하려는 특징이 있다(Coutu & Kauffman, 2009). 컨설턴트는 특정한 문제에 대한 해결능력을 가진 전문가로서 컨설팅 요구자의 상담과 자문에 대해 조언과 대안을 제시한다.

코칭과 컨설팅의 차이점으로 컨설팅은 의뢰한 사람에게 조직문제의 해결책을 제공함에 따라 보상을 받는다. 따라서 컨설팅은 조직의 성과달성을 위해 객관적으로 접근하며, 문제해결이나 방안제시에 대해 정량적 분석을 실시한다. 반면에 코칭은 코칭대상자가 가진 강점을 발견하고 개발하도록 도움을 주는 것이다. 컨설팅에서 컨설턴트는 정답을 제공해주지만, 코칭에서 문제해결자는 코치가 아닌 코칭대상자이며 문제의 개선보다는 장점을 발굴하여 미래지향적 해결방안을 극대화한다. 코치는 코칭대상자가 스스로 강점을 발견할 수 있도록 촉진자 역할을 한다.

컨설팅 차원의 접근

코칭대상자: 제가 퇴사를 결심하고 있습니다. 무엇을 해야 할지 아직 잘 모르겠습니다.

코치: 아! 그래서 요즘 부쩍 말이 없고 얼굴에 상심이 많군요. 퇴사 후에는 무엇을 할 생각이십니까?

코칭대상자: 네, 저는 대학에서 경영학을 전공하고 군생활 7년의 경험을 살려 기업체에 취직하려고 합니다.

코치: 아! 그렇군요. 기업에 취직하면 어떤 분야에서 일하고 싶습니까?

코칭대상자: 회사 생활 동안 주로 인사 분야에서 근무하고 군에서 배운 리더십을 바탕으로 민간 기업체의 인사관리 분야에서 일하고 싶습니다.

코치: 아, 그래요! 제가 보기에도 요즘 회사경영 차원에서 인사관리 분야는 각광을 받고 있기도 하고 제가 관찰한 바 ○○님의 대학 전공이나 현재의 조직생활에서 하신 이력으로 보아도 최고의 책임감과 전문성을 가지고 있는 것으로 조사됩니다. ○○님께서 가지고 계신 현재의 스펙으로 새로운 기업에서 조직관리 분야에서 일하시면 잘하시리라 생각됩니다.

코칭 차원의 접근

코칭대상자: 제가 퇴사를 결심하고 있습니다. 무엇을 해야 할지 아직 잘 모르겠습니다.

코치: 아! 그래서 요즘 부쩍 말이 없고 얼굴에 고민이 많았군요. 퇴사를 결심한 주요 이유가 무엇인지 말해줄 수 있겠습니까?

코칭대상자: 최근 조직 생활이 너무나 힘들어서요. 회사 생활 비전도 안 보이고 재미도 없습니다.

코치: 아! 그렇군요. 최근 퇴사를 결심하게 된 결정적 이유라도 있습니까?

코칭대상자: 네. 사실 최근에 진급도 떨어지고 어떤 일을 해햐 할지도 잘 모르겠고….

코치: (경청 후) ○○님이 진심으로 원하는 것은 무엇입니까?

코칭대상자: 코치님과 대화하면서… 제 자신에게 실망하고 있다는 것을 알았어요. 그래서 퇴사를 하겠다고 생각했습니다. 제가 사실은 퇴사를 결심한 것은 아니고요. 사실 제 꿈은 우리 보스처럼 멋진 창업자가 되어 세계적으로 일을 해보고 싶었습니다. 그런데 이렇게 초라하게 되었군요.

코치: 아! 우리 ○○님께서 세계적인 CEO가 되어 일하는 모습을 그려보니 저도 더불어 행복해지는군요. 그럼 우리 같이 고객님이 멋진 회사의 CEO가 되기 위해 어떠한 노력을 할 것인가에 대해 함께 여행을 떠나볼까요?

코칭대상자: 네! 저도 우리 리더처럼 멋있는 상사가 되기 위해 어떤 노력을 할 것인가에 대해 생각을 많이 하고 있었는데, 이것을 코칭 주제로 대화를 한번 해보고 싶습니다.

코치: 고객님이 멋진 리더가 된다는 것은 어떤 의미가 있을까요?

3) 멘토링과 코칭

멘토링[2]은 원래 풍부한 경험과 지혜를 가진 사람(mentor)이 부족한 사람(mentee)에

---

2   그리스 이타카 왕국의 왕 오디세우스가 트로이전쟁에 나서면서 자신의 아들인 텔레마커스를 자신의

게 1:1로 지식이나 노하우를 전수해주는 것이다. "업무에 대한 기술이나 노하우가 적은 사람들을 교육시켜 업무수행 능력을 높이고자 경험과 기술을 가진 사람과 미흡한 사람을 연결시켜주는 것"이라고 볼 수 있다. 멘토링과 코칭은 상호관계를 통해 스스로를 돌아볼 수 있게 하고 상호 학습 및 개발 기회를 준다는 측면에서 유사점이 있다. 멘토링은 주로 장기간에 걸쳐 멘티의 개발과 경력에 초점을 둔 개념이다. 특정한 분야에 전문지식을 가진 멘토가 자신이 지닌 경험이나 노하우 등을 멘티에게 전수하는 것으로 관계에 있어 수직적인 성격이 강하다.

반면 코칭은 상호 수평적·동반자적인 관계하에 비교적 짧은 시간 내에 실시한다. 멘토링은 멘토가 선생이자 부모, 상담자로서 상위 개념이지만, 코칭은 서로 동등한 수평적 관계에서 접근한다는 것이 다르다.

멘토링 차원의 접근

멘티: 최근 업무가 바뀌어 새롭게 시작했는데, 아직 뭐가 뭔지 잘 모르겠고 상급자한테 혼나기만 하고 스트레스를 많이 받고 있습니다. 새로운 업무를 어떻게 해야 할지 모르겠습니다.

멘토: 아! 멘티님께서 요즘 스트레스를 받고 있구나. 나도 신입사원 시절에는 조직 생활에 제대로 적응하지 못해 많이 힘들었는데. 신입사원 시절에는 많은 시행착오를 견디면서 성장하는 거야. 상급자의 꾸지람을 이겨내면 성장의 디딤돌이 되지만, 이에 좌절하면 걸림돌이 되고 말 거야. 상급자의 꾸지람은 자네의 성장을 위한 성장통이라 생각하고 마음에 담아두지 말게나. 힘들거나 모르는 것이 있으면 상급자한테 혼날 생각하고 한번 상급자를 만나 명확한 지침을 받아보는 게 어떨까. 그것이 시간을 절약하고 현명하게 조직 생활을 잘하는 지름길일 것 같은데.

친구인 멘토에게 보살펴달라고 부탁하면서 유래했다. 텔레마커스의 선생이자 부모, 상담자의 역할을 하며 멘토가 되었다.

코칭 차원의 접근

코칭대상자: 최근 업무가 바뀌어 업무를 시작했는데, 아직 뭐가 뭔지 잘 모르겠고 상급자한테 혼나기만 하고 스트레스를 많이 받고 있습니다. 새로운 업무를 어떻게 해야 할지 모르겠습니다.

코치: ○○님이 새로운 업무를 잘하고 싶은데 마음대로 안 되어 힘들어하는군요. ○○님께서 업무를 잘하고자 하는 의미는 무엇인가요?

코칭대상자: 네! 저는 아직 직급은 낮지만, 바닥부터 업무를 제대로 수행하여 최고급 이사가 돼 있을 때 제가 생각하는 훌륭한 리더가 되고 싶습니다. 아울러 제가 현재 겪고 있는 이러한 어려움을 후배들에게 잘 이겨낼 수 있도록 지도하는 그런 사람, 즉 그들의 롤모델이 되는 선배가 되고자 합니다. 그러면서 저 자신은 여유 있는 가운데 자기개발을 통한 멋진 리더가 되기 위한 준비를 하는 것입니다.

코치: 아! ○○님께서 조직 내 최고의 리더가 되었을 때 후배들에게 멋진 롤모델이 되는 모습이 그려지는군요. 그런 멋진 리더가 되기 위해 지금 해야 할 일이 무엇일까요?

코칭대상자: 그중에서 가장 먼저 해야 할 일은 상급자의 신뢰를 회복하는 일입니다.

코치: 상급자의 신뢰회복은 어떤 의미가 있나요?

코칭대상자: 상급자와의 믿음이 중요한데, 믿음을 먼저 회복해야 할 것 같습니다.

코치: 그럼 상급자를 위해 가장 먼저 해야 할 일이 무엇일까요?

코칭대상자: 네, 사실 요즘 제가 상급자가 지시한 몇 가지 업무를 소홀히 하여 신뢰가 많이 추락한 상태입니다. 그래서 이 부분을 먼저 확실하게 하여 작전과장으로부터 신뢰를 회복하는 것이라고 생각합니다.

4) 티칭과 코칭

티칭(teaching)은 교수의 일방적인 생각과 방법으로 지식을 전달하여 학습자의 학습 활동을 이끄는 것이다. 반면, 코칭은 코치의 생각과 의도로 코칭대상자를 이끄는 게 아니라 코칭대상자 스스로 주체가 되어 코칭을 통해 깨우칠 수 있도록 지원과 격려를 해주는 역할을 한다. 그러므로 지식의 전달보다는 코칭대상자의 가치와 목표에 중점을 두고 가능성을 발견해나가도록 한다. 따라서 코칭은 코칭대상자가 내용을 모르거나 지식을 제대로 알지 못하면 코칭을 하는 게 아니라 티칭을 먼저 시행해야 한다는 점이다. 모르는 사항이 있으면 먼저 알려주고, 이를 바탕으로 충분히 인식하고 스스로 성찰할 수 있는 가운데 코칭을 해야 한다.

티칭 차원의 접근

코칭대상자: 코치님, 어떻게 하면 포핸드를 잘 칠 수 있을까요?

코치: 현재 자네의 포핸드 자세는 공을 끝까지 보지 않고 치는 것이 가장 큰 문제예요. 두 번째는 두 발이 땅에서 떨어져 자세가 무너지는 것이 문제입니다. 그 점을 고쳐야 포핸드를 잘 칠 수 있을 것 같아요.

코칭대상자: 또 무엇이 문제인가요?

코치: 라켓의 중앙에 볼을 맞히려면 발로 테니스를 쳐야 제대로 된 스윙을 할 것 같아요.

코칭 차원의 접근

코칭대상자: 코치님! 어떻게 하면 테니스를 잘 할 수 있을까요?

코치: 테니스를 잘 하기 위해서는 라켓과 공이 어떻게 돼야 할까요?

코칭대상자: 일단 공이 오는 것을 보고 라켓 중앙에 공이 잘 맞도록 하는 것입니다. 그런데 전 라켓 중앙에 공이 잘 맞지 않는 것 같아요.

코치: 어떻게 하면 공이 라켓 중앙에 맞도록 할 수 있을까요?

코칭대상자: 공을 끝까지 보고 쳐야 할 것 같아요.

코치: 공을 끝까지 보고 치려면 어떻게 해야 할까요?

코칭대상자: 공을 끝까지 눈으로 보고 손으로 잡아 치면 될 것 같아요.

코치: 공을 끝까지 보고 잡아 치고, 또 무엇이 있을까요?

코칭대상자: 지난번 친구들과의 경기에서 느낀 건데, 두 발이 견고하게 지지된 상태에서 공을 치는 게 중요할 것 같아요.

5) 퍼실리테이팅과 트레이닝

퍼실리테이팅(facilitating)은 조직 내 구성원들의 역량개발이나 의사결정을 촉진하기 위해 일련의 요구 사항에 따라 회의를 설계하고 실행하는 프로세스를 의미한다. 퍼실리테이팅은 구성원들의 의사소통을 촉진하거나 집단지성을 이끌어내고자 한다. 이를 위해 퍼실리테이터는 조직구성원의 자발성과 성취감을 이끌어내어 조직의 성과를 높일 뿐만 아니라 성숙한 조직문화를 창출해야 한다.

퍼실리테이팅은 퍼실리테이터가 주제(agenda)를 준비하고 사전에 정해진 프로세스에 따라 결과와 진행에 초점을 맞추어 진행하는 데 목적이 있다. 반면에 코칭은 고객의 성장을 목표로 하며 역량개발과 해법의 탐구에 중점을 둔다.

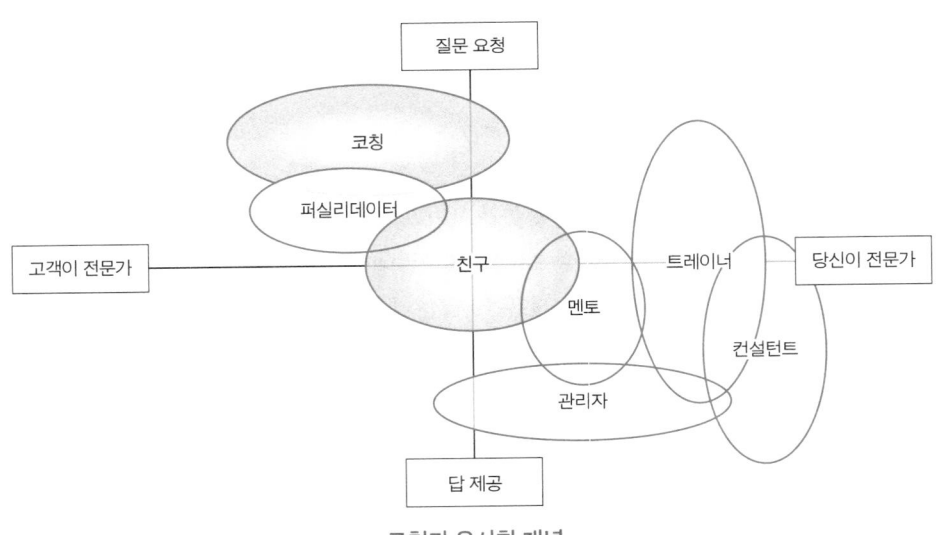

코칭과 유사한 개념
출처: Fairley & Stout (2004), p. 30.

II. 코칭이란 무엇인가

트레이닝(training)은 인간의 신체뿐만 아니라 특정한 기술을 연마하는 훈련에 주로 적용되며, 현재 가진 능력을 반복하여 어떠한 상황에서도 자신의 능력을 발휘하도록 신체적인 숙달을 돕는 것이다. 반면, 코칭은 신체보다는 전인적인 인격발달과 함께 신체적 트레이닝에서 안 되는 부분을 직접적으로 돕기보다는 간접적으로 스스로 깨우치도록 조언하는 것이다. 이때 주의할 점은 모르는 것이 있으면 코칭보다 티칭을 통해 알려주는 것이 선결되어야 한다.

관리(management)는 목표달성에 중점을 두면서 단기간에 구체적인 성과를 내려고 노력한다. 관리는 구성원에 대한 관심보다는 조직목표 달성이 중요한 반면, 코칭은 조직의 목표달성과 성과창출보다는 구성원의 인적자원개발을 통한 변화와 성장에 더욱 중점을 둔다. 또한 비공식적·인간적인 측면으로 접근하기 때문에 관리자가 조직구성원에 대해 깊은 관심을 갖고 대화 호응도가 높다.

4. 코칭의 유형

코칭의 유형은 코칭의 영역과 대상, 형태에 따라 다양하게 구분된다.

코칭의 영역에 따라 기업에서 주로 이루어지는 비즈니스 코칭(business coaching), 사람들의 일상생활을 다루는 라이프 코칭(life coaching), 학교나 취업현장에서 주로 활용되는 커리어 코칭(career coaching), 군 조직에서 리더십 개발 목적으로 활용되는 군 코칭(military coaching) 등이 있다.

비즈니스 코칭은 기업조직에 적용이 가능한 코칭으로 중소기업부터 대기업까지 적용된다. CEO의 회사운영이나 관리자의 관리능력, 성과창출 등을 목적으로 주로 비즈니스 주제에 초점을 맞춘다.

라이프 코칭은 삶에서 일어나는 여러 가지 이슈, 삶의 균형이나 인간관계 개선, 인생의 의미와 목적 발견 등 일상생활의 성공 및 행복에 초점을 둔 코칭이다.

커리어 코칭은 성격, 경력, 재능, 그리고 처해있는 환경 등을 고려하여 자신의 직업관에 맞는 진로방향 및 경력개발 계획을 세우고 역량개발을 돕는 코칭이다.

군 코칭은 임무달성이 가장 우선시되는 조직 특성상 발생하기 쉬운 부정적 리더십을 치유하고 적과 싸워 이길 수 있는 전투력을 육성하기 위한 리더십이 필수다. 리더의 강점을 극대화하고 부정적 리더십을 치유하기 위한 리더십 개발 위주의 코칭이다.

코칭의 대상에 따라 경영자 코칭과 중간관리자 코칭, 청소년과 가족 코칭, 리더십 코칭 등으로 구분할 수 있다. 경영자 코칭은 조직의 임원에게 외부 또는 내부 코치를 통해 조직 내 주요 경영이슈에 대한 성과에 초점을 맞추어 실시한다. 중간관리자 코칭은 조직 내 중간계층의 관리자를 대상으로 실시한다. 청소년 코칭은 진로나 학습능력 향상, 교우관계 개선을 목적으로 학교생활을 주제로 코칭을 실시한다. 가족 코칭은 가족 내 관계문제를 가지고 코칭한다. 리더십 코칭은 조직 내 리더 및 팔로워를 대상으로 리더십을 핵심주제로 선정하여 코칭을 실시한다.

또한 코칭 비용의 지불 주체에 따라 기업 코칭과 개인코칭, 비영리 코칭 등으로 분류하기도 한다. 기업 코칭은 코칭 비용을 회사가 지불하는 경우에 해당한다. 이때 기업에서 코칭을 실시하는 방법은 외부에서 코치를 영입하는 경우와 내부 인적자원개발센터의 전문가를 이용하는 경우 등이 있다. 외부 코치는 기업 외부, 즉 전문코칭기관에서 활동하는 전문코치를 활용하는 방안이다. 개인코칭은 개인이 코칭 비용을 지불하면서 개인의 일상생활 속에서의 문제를 해결하거나 능력을 개발하기 위해 실시한다. 비영리 코칭은 학교나 관공서, 군 조직처럼 코칭 비용을 지불하지 않고 코칭을 실시하는 경우다.

코칭이 활성화되기 위해서는 이와 같은 비영리 코칭이 활성화되어 많은 사람이 코칭의 혜택을 볼 수 있어야 한다. 특히 군 코칭은 조직특성상 비용을 지불하지 않는다. 하지만 코칭으로 인해 한 명의 리더가 변한다면 대대장의 경우 500명, 연대장의 경우 3천 명, 사단장의 경우 1만 명이 직접적으로 행복을 만끽할 수 있어 그 가치는 이루 헤아릴 수 없을 것이다.

코칭의 형태에 따라 1 : 1 개인코칭과 조직코칭을 들 수 있다. 1 : 1 개인코칭은 코치와 코칭대상자가 1 : 1로 실시하는 경우를 말한다. 조직코칭은 팀 코칭(team coaching)

코칭 유형에 따른 분류

구분	내용
영역	기업(비즈니스, 중간관리자), 일상, 학교/취업현장, 군
대상	경영자 및 중간관리자 코칭, 리더십 코칭, 청소년 코칭, 가족 코칭
형태	개인코칭, 조직코칭(팀, 그룹)
비용주체	기업, 개인, 비영리 코칭

과 그룹 코칭(group coaching)으로 구분할 수 있다. 팀 코칭은 공동의 목표달성을 위해 리더와 팀원으로 구성되며, 코칭 주제와 과제가 코칭에 참여하는 사람이 모두 동일하며, 조직 차원의 수직관계가 존재한다. 그룹 코칭은 독립적인 개인들이 수평적인 관계로 모인 집단을 말하며, 코칭 주제는 같으나 코칭에 참여하는 고객 각자의 코칭 과제가 다를 수 있다.

5. 코칭대화의 특징

코칭대화는 일상적인 삶에서 이루어지는 대화와 차이점이 존재한다. 일상적인 삶의 대화는 일상에서 발생하는 신변잡기에 대해 특별한 목적을 두지 않고 이루어진다. 친구와 커피 한 잔을 놓고 일상 속의 문제에 대해 특별한 대화기술이나 형식, 절차 없이 이루어진다. 하지만 코칭대화는 코칭대상자가 다루고자 하는 주제 속에서 목표를 설정하고, 설정된 코칭목표를 달성하기 위해 코칭 역량을 지닌 코칭 전문가와 신뢰관계 속에서 이루어진다. 일반적인 코칭대화는 이러한 코칭목표를 달성하기 위한 현실인식과 대안을 선택하고 이를 지속적으로 실천하여 변화와 성장을 이루기 위한 프로세스가 존재한다는 점이 상이하다.

코칭대화의 특징은 다음과 같다.

첫째, '코칭대상자 중심의 대화'를 한다. 코칭대화는 일방적으로 코치가 자기중심적으로 리드하는 것이 아니라 코칭대상자를 배려하는 대화를 한다. 코치가 일방적으로 지시하거나 조언해주는 것이 아닌 코칭대상자의 입장에서 애로사항을 해결하거나 문제점을 탐색하여 이를 해결하기 위한 대화를 하는 것이다. 이를 위해 코치는 코칭대상자를 강요하거나 재촉하는 게 아니라 인정하고 지지해주며 격려하는 대화를 한다. 코치 중심의 대화가 아닌 코칭대상자 중심의 대화를 하는 것이다.

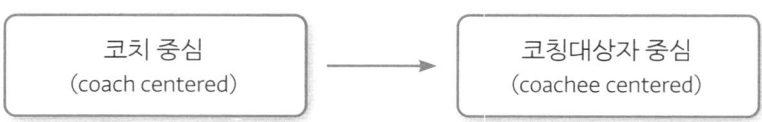

둘째, '코칭목표를 달성하기 위한 대화'를 한다. 코치는 코칭대상자가 해결하고자 하는 주제에 대해 상호 합의하에 코칭목표를 설정한다. 합의된 코칭목표에 대해 코치는 왜 그러한 목표를 설정했는지, 의미와 가치는 무엇인지를 질문하고 경청하는 과정에서 코칭대상자의 강점을 탐색하거나 무의식 속에 존재하는 생각을 일깨운다.

셋째, '변화와 성장을 위한 대화'를 한다. 코칭은 코칭대상자가 스스로 인식하지 못하는 것을 질문을 통해 알아차리도록 한다. 이러한 인식을 통해 코칭대상자의 성장이나 조직의 성과를 달성하고자 한다. 이를 위해 코치는 일방적인 정답을 제공해주는 것이 아닌 코칭대상자 스스로 문제를 해결해나가도록 대화를 유도한다.

넷째, '코칭 프로세스 중심의 대화'를 한다. 코칭대화는 코칭목표를 달성하기 위해 코칭 프로세스 중심으로 대화한다. 코칭대화는 코칭목표를 달성하기 위한 코칭 프로세스가 존재한다. 일상 대화는 순간의 기분에 따라 주제가 달라지기도 하지만, 코칭대화는 코칭목표를 달성하기 위한 프로세스를 구성하여 실시한다. 코칭대상자가 생각하는 코칭목표의 의미나 배경, 현실적인 문제나 해결책, 원하는 수준 등에 대해 질문하고 이에 대한 피드백 등을 통해 구조화된 대화를 하는 것이다.

다섯째, '상호 협력적이고 수평적인 대화'를 실시한다. 코칭대화는 코치와 코칭대상자가 수직적·강압적으로 지시하는 형태가 아닌 상호 협력적이고 수평적인 관계에서 편안하게 대화를 한다. 코칭대화에서 주요 메시지는 상대방에게 적절한 시기에

II. 코칭이란 무엇인가

문제나 상황해결에 적합한 중립적인 언어를 전달하여 변화를 창출하는 기술이 필요하다. 이를 위해 코칭대상자를 인정하고 지지·격려해준다. 코치의 관점보다는 코칭대상자 위주로 공감하고 배려해주려는 마음가짐이 필요하다. 기존의 상하관계 의사소통에서는 지시적이거나 강압적 질책 위주의 대화를 했다면, 코칭형 의사소통은 상대방의 말에 귀를 기울이고 눈을 마주치며 입으로 호응해주는 것이다.

6장
코칭의 구성요소 및 코치의 역할

1. 코칭의 구성요소

하버드대학 비즈니스스쿨의 존 코터 교수는 "훌륭한 리더나 관리자가 되기 위해 과거에 교육받은 많은 사람이 현재는 격심한 리더십 도전에 직면하고 있다. 왜냐하면 조직구성원의 인식이 변화하고 조직 환경이 너무나 빠르고 불확실하며 모호하여 리더의 대처능력을 초과하는 경우가 다반사이기 때문이다"라고 했다. 이를 극복하기 위해 전 세계적으로 코칭이 확산되고 있다. 그는 코칭이 확산되는 이유를 차량의 속도 변화에 비유했다. 과거에는 시속 30마일로 운전하다가 지금은 70마일, 120마일, 180마일로 속도가 증가하고 있다. 차량을 30마일 또는 70마일로 운행할 때는 운전자가 충분히 차량제어를 할 수 있었다. 하지만 속도가 빨라지면서 도로환경이 변화하고 운전자도 좀 더 안전한 환경에서 편안하게 운전할 필요가 생겼다. 마찬가지로 리더십 교육도 기존 리더십의 한계를 인식하고 있다. 리더의 자질과 역량개발뿐만 아니라 부하를 성찰할 수 있도록 지원하는 코칭 리더십이 강조되고 있다. 리더에 의한 일방적 지시보다는 구성원의 강점을 활용한 수평적이고 동등한 관계 속에서 집단지성을 활용할 수 있는 코칭이 효과적이라는 인식이 확산되고 있기 때문이다.

코칭은 코치와 코칭대상자, 이를 둘러싼 코칭시스템과 코칭목표 등으로 구성된다. 통상적으로 코치와 코칭대상자, 코칭시스템으로 구분하지만, 코칭목표는 궁극적으로 달성하기 위한 최종상태이기 때문에 중요하다. 코치는 코칭대상자 스스로 변화와 성장을 촉진할 수 있도록 돕는 존재다. 코치는 코칭대상자와 함께 설정한 목표를 달성하기 위해 코치 자신의 전문적인 역량과 더불어 코칭대상자의 코칭 관련 시스템 등을 점검한다. 코치는 코칭대상자를 가르치고 싶은 욕구나 코치가 직접 해결해 주는 방식을 지양하고 온전히 신뢰하고 기다리는 가운데 코칭대상자가 스스로 실천하도록 돕는 것이다.

코칭대상자는 코칭을 받으면서 자발적으로 임할 수도, 비자발적으로 임할 수도 있다. 자발적으로 임하는 경우 코칭의 효과가 높을 수 있지만, 비자발적인 경우 코칭의 효과가 떨어질 수도 있다. 코칭대상자가 최초에 어떻게 선택했더라도 자발적으로 참여하도록 신뢰감을 증진시키고, 코칭의 존재감이 형성되도록 이끌어야 한다.

코칭목표는 관계가 형성되어 신뢰가 유지된 상태에서 코칭대상자가 원하는 주제를 통해 이를 세분화하여 선정된다. 코칭 주제에 대한 대화과정에서 목표를 설정하게 되는데, 피상적인 수준이 아닌 진정으로 코칭대상자가 행복한 삶을 영위할 수 있는 코칭목표를 선정하도록 함께 노력해야 한다. 코칭목표는 스마트하고 구체적이고 측정 가능하게, 달성 가능하면서 관련성이 있는 가운데 적절한 시간 내에 이루어지도록 설정한다.

코칭시스템은 코칭목표 달성을 위한 코칭환경을 조성하는 것이다. 코칭대상자가 안심하고 편안하게 코칭대화에 몰입하여 코칭목표를 달성할 수 있는 가운데 코칭하는 것이 중요하다. 주변환경을 의식하지 않을 수 있도록 업무와 어느 정도 차단된 가운데 적당한 온도와 조명, 외부의 방해가 없는 가운데 코칭할 수 있는 환경을 조성하는 것이다.

코칭은 오늘날과 같이 급격한 변화의 소용돌이 가운데 과거의 경험과 지식으로 관리하는 리더의 한계를 극복하는 데 기여할 수 있다. 일례로 1990년대 영국 BBC방송국 사장 존 버트가 10년 후의 중기전략 검토를 위해 맥킨지사에 컨설팅을 의뢰한 적이 있다. MBA에서 컨설팅을 공부한 젊고 유능한 컨설턴트들이 아주 훌륭한 컨설팅을 실시했다. 하지만 컨설턴트들이 제시한 컨설팅에 대한 답을 수행하는 일은

BBC방송국 직원들이 맡아야 했다. 이러한 과정에서 많은 혼란과 경제적·시간적 낭비가 초래되어 결국은 실패로 끝나고 말았다. 컨설팅이나 멘토링, 상담 등은 결국 자신이 성찰하고 통찰한 결과를 바탕으로 코칭이 동반되어야 제대로 된 성과를 창출할 수 있다는 점을 시사해주고 있다.

2. 코치

코칭대상자 스스로 변화와 성장을 촉진할 수 있도록 하기 위해 코치가 해야 할 일은 무엇일까? 코칭을 하면서 코치 자신의 성장환경이나 축적된 다양한 경험과 지식은 코칭에 많은 영향을 미친다. 코치가 지닌 자질과 역량은 코칭에 매우 중요하다(Judge & Cowell, 1997).

코치의 자질과 역량에 대해 인간심리를 주로 다루는 심리상담학을 연구한 코치가 코칭에 적합하다고 주장하는 사람도 있고, 반면에 경영학을 전공해서 사람들과의 관계를 이해하는 사람이 오히려 코칭에 적합하다는 주장도 존재한다. 중요한 것은 코치가 얼마나 코칭대상자를 이해하고 설정된 코칭목표를 달성함에 있어서 이를 효과적으로 적용하는가가 중요하다.

셔먼과 프레아스(Sherman & Freas, 2004)의 연구에 의하면, 코치의 역할은 코칭대상자와 수평적·동반자적 관계하에 대상자 스스로 자기인식을 바탕으로 변화와 성장을 통해 코칭목표를 달성할 수 있도록 도와주는 것이라고 한다. 코칭대상자가 달성하려고 하는 코칭의 목적을 명확히 하고 상호 협력하여 대상자 스스로 해결책과 성공전략을 만들 수 있도록 지원하는 것이다. 이 과정에서 코치는 대상자 스스로 자기인식을 하거나 자기발견을 할 수 있도록 하며, 자신의 선택과 행동에 대해 책임을 지도록 하는 것도 중요하다.

구글(Google)의 회장 에릭 슈미트는 누군가 자신에게 코칭을 받아보라고 조언했을 때, "내가 세상에서 인터넷 관련 사업을 가장 많이 알고 있는데 누가 나에게 코칭을 한단 말인가?" 하면서 코칭을 받아보라는 말에 회의적인 반응을 보였다. 하지만 코칭을 받고 난 이후 "이제까지 인생을 살면서 가장 잘한 일은 코칭을 받으라는 조언을 받아들인 것"이라고 했다.

코치는 코칭을 하면서 물 흐르듯이 자연스럽게 코칭대화를 이끌어간다. 코치는 코칭대상자와 마음으로 연결되어 코칭의 존재감이 드러나도록 해야 한다. 코칭대상자가 가진 현재 문제나 잠재역량 발굴을 위해 다양한 관점에서 자신을 돌아볼 수 있도록 한다. 코칭대상자 본인에게 가장 중요한 것이 무엇인지를 탐색하도록 지원하는 것이다. 현실적으로 존재하는 내가 누구인지, 무엇을 하고자 하는지, 내가 진정으로 해야 할 일이 무엇인지를 올바로 인식해야 정확한 해결방안의 탐색이 가능하다. 이를 위해 코치는 코칭대상자가 자신의 문제를 스스로 탐색하도록 분위기를 형성하고 도와준다. 코칭대상자가 진심으로 자신의 마음을 개방하고 코치와 함께 탐색해나갈 때 올바른 현실 인식이나 미래 잠재 가능성을 발견할 수 있다. 중요한 것은 코칭대상자가 자신의 생각이나 감정을 자신의 말이나 행동으로 표현하게 하는 것이다.

1) 코치의 역할

코치의 목표달성을 위한 코치의 역할은 다음과 같다.

첫째, 코칭대상자 스스로 자신을 볼 수 있도록 코치가 거울 역할을 해주어야 한다(mirroring). 대부분 사람들은 아침에 출근하기 전 거울을 통해 얼굴은 보지만, 자신의 내면세계는 깊이 들여다본 적이 거의 없을 것이다. 따라서 코칭은 자신의 내면세계에 대한 탐구의 시간이 될 수 있는 좋은 계기가 된다. 코칭은 코칭대상자의 마음의 거울이 되어 마음속의 내면을 들여다보도록 하는 것이다. 거울은 스스로 형체를 만들어낼 수 없다. 코치는 코칭대상자에게 '코칭'이라는 피사체를 통해 코칭대상자가 자신의 진정한 욕구를 직시하도록 돕는 것이다.

둘째, 코칭대상자가 스스로 인식할 수 있는 깨달음의 질문을 해야 한다(asker). 코치는 질문을 통해 코칭대상자의 진정한 욕구(needs)를 도출할 수 있도록 한다. 질문을 통해 코칭대상자 본인조차 생각해보지 못한 '생각 너머의 무의식 세계에 대한 탐구'

를 할 수 있도록 강력한 질문을 한다.

셋째, 코칭대상자의 마음을 얻을 수 있도록 경청해야 한다(listener). 코치는 코칭대상자가 하고자 하는 말에 귀를 기울여 그의 마음을 열고 생각을 확장시킬 수 있어야 한다. 상호 교감을 통해 코치가 마음을 열고 진정성을 가지고 코칭에 임하면 대상자도 진심 어린 마음으로 코칭에 임하여 코칭 효과를 극대화할 수 있다.

넷째, 코칭대상자의 강점을 찾아주는 탐색자(explorer)가 되어야 한다. 모든 인간은 약점을 지니고 있다. 하지만 코칭을 통해 약점을 찾기보다는 강점을 통해 약점을 보완할 수 있도록 해야 한다. 약점은 걸림돌이지 디딤돌이 아니다. 강점을 디딤돌화하여 변화와 성장의 원동력을 전환시킬 수 있어야 한다.

다섯째, 코칭대상자 스스로 문제를 해결할 수 있도록 도와주는 지원자(suppter)가 되어야 한다. 이를 위해 스스로 생각할 수 있는 여유 공간(space)을 만들어주어야 한다. 코칭대상자가 스스로 생각할 수 있는 여지를 만들어 기다려줄 수 있어야 한다. 생각의 공간을 통해 여유를 가지고 이제까지 생각하지 못했던 부분을 정리하고 새로움을 창조할 수 있도록 코칭해야 한다. 'impossible(불가능)'에 점 하나만 찍고 여유를 주면 'I'm possible(나는 가능하다)'이 된다.

여섯째, 올바른 피드백을 해줄 수 있어야 한다(feedbacker). 코치는 코칭대상자에게 올바른 피드백을 통해 코칭대상자의 올바른 행동을 이끌어낼 수 있어야 한다. 자기 생각이나 행동이 타인으로부터 어떠한 평가를 받고, 미래를 이끌어갈 인간으로서 성찰할 수 있는 피드백을 할 수 있어야 한다.

일곱째, 인정하고 칭찬해주어야 한다(praiser). 코칭대상자에 대한 코치의 인정과 칭찬은 너무나 중요하다. 꾸중이나 벌은 순간을 변화시킬 수 있으나 진정한 반성을 이끌어내기 어렵다. 하지만 인정과 칭찬은 코칭대상자 스스로 변화와 성장할 수 있는 계기가 될 수 있다.

코치는 코칭을 통해 코칭대상자가 지닌 현실문제나 미래 가능성을 탐색할 수 있도록 도와준다. 또한 코칭대상자가 간과하고 있거나 회피하는 것이 있다면 이를 깨닫도록 한다. 이를 통해 코칭대상자의 진정한 자아가 무엇인지, 자신의 내면에 잠재해 있는 욕구가 무엇인지를 파악하도록 도와준다. 더불어 미래 비전이나 꿈, 희망 등에 대해 생각할 여지를 만들어준다. 코치의 경청과 강력한 질문, 적절한 피드백 등은 코칭대상자에게 현존하는 문제나 자신의 강점 등을 새로운 관점에서 이해하거나 행동 변화를 촉진할 수 있게 한다. 새로운 관점 전환을 통해 대안이 탐색되면 우선순위를 정할 수 있도록 해야 한다.

2) 코치의 마음가짐

코칭대화 간에 코치가 견지해야 할 마음가짐과 태도는 진실한 마음과 긍정적 수용, 공감적 이해의 마음으로 임해야 한다. 코칭할 때 자기 생각과 감정을 솔직하고 진실하게 표현해야 한다. 코칭대상자를 위하는 마음과 그러한 진실한 마음이 전해져야 마음이 열리고 생각이 깨어날 수 있다. 코치는 인간 대 인간으로서 자기 감정과 생각을 진정성 있게 표현해야 한다. 진실한 마음은 코칭의 어떠한 기술 능력(경청이나 질문, 피드백 능력)보다 우선적으로 요구된다.

긍정적 수용은 코칭대상자가 어떠한 문제를 말하더라도 그 내용의 옳고 그름을 평가하거나 비판하지 않고 일단 있는 그대로 받아들이는 것을 의미한다. 사람은 자신의 경험, 지식, 가치관을 기준으로 타인을 판단하려는 경향이 있다. 이러한 모습은 자연스러운 대화를 방해하고, 코치의 주관적 해석으로 문제해결에 도움을 주지 못하는 경우가 많다. 따라서 코칭대상자가 호소하는 문제를 수용해줌으로써 자신이 이해받고 존중받고 있음을 느낄 수 있도록 한다. 이를 통해 코칭대상자의 솔직한 생각을 표현할 수 있도록 이끌어낼 수 있다. 특히 코칭하는 동안 코칭 장소에 있는 주변환경적 요소를 활용하여 그것이 코칭대상자에게 주는 의미를 물으면서 진행할 수도 있다.

코칭 간 있었던 사례다. 주변의 눈에 띄는 물건을 들어보라 했을 때 자신의 집무실에 있던 태극기, 책자, 자신의 취임식 날 지인들이 보내준 축하용 화분을 들었다. 이에 태극기, 책자 등에 대해 간단히 묻고 마지막에 "지인들이 보내준 축하용 화환을 받았을 때 어떤 기분이 들었나요?"라고 물었을 때 코칭대상자가 취임하기 전에 군림하지 않는 리더가 될 것을 다짐했던 초심으로 돌아가 스스로 깨닫고 반성하는 가운데 쉽게 코칭을 이끌었던 경험도 있다.

공감적 이해는 '내가 그 입장이라면'이라는 생각을 기초로 상대방의 입장이나 심정을 헤아려주는 것을 말한다. 코치의 공감적 이해는 코칭대상자에게 코치가 자기편이 되어주고 이해받고 있다는 느낌을 갖게 해준다. 코치의 이러한 태도는 코칭대상자에게 더욱 솔직하고 편안하게 자신의 생각을 표현할 수 있도록 한다. 코칭대상자가 하는 말에 귀를 기울이고 그의 말에 공감하되 코치 자신의 경험이나 조언을 삼간다. 코치의 조언에 따라 행동하기보다 코칭대상자 자신의 방식으로 정의하고 이야기할 수 있는 분위기 조성이 필요하다.

코치는 코칭대상자가 실천 가능한 대안을 다양한 관점에서 탐색할 수 있도록 태도를 유지한다. 코칭대상자가 힘들어하는데 코치가 충분히 공감하지 못하고 코치 중심의 대화를 한다면 코치를 신뢰하지 않을 수 있다. 따라서 코치는 코칭대상자의 말뿐만 아니라 언어의 톤이나 눈빛, 태도 등에 주의를 기울이며 코칭대화를 진행해야 한다. 아리스토텔레스는 "남을 따르는 법을 알지 못하는 사람은 좋은 지도자가 될 수 없다"고 했다. 훌륭한 코치가 되기 위해서는 먼저 코칭대상자의 마음을 잘 따라갈 수 있어야 한다.

3. 코칭대상자

코치는 코칭대상자가 심리적 긴장감을 해소할 수 있도록 코칭 분위기를 형성해야 한다. 코칭대상자는 코칭을 받는다는 것 자체에 심리적으로 부담을 가지는 경우가 많다. 자신이 어떻게 비칠 것인가? 자신의 조직에서 코칭을 받는다는 것만으로 어떤 결과가 발생할 것인가? 그래서 어느 수준까지 이야기해야 할지에 대해 심리적 불안감과 긴장감을 갖게 된다. 코칭 간 이러한 긴장감과 불안감 없이 현재의 문제점에 초점을 맞추는 것이 아닌 코칭대상자의 미래 잠재 가능성과 조직발전을 위한 코칭이라는 점을 분명히 인식시키면 코칭에 임하는 자세가 달라질 수 있다.

코치는 코칭대상자의 심리적 변화를 읽고자 노력해야 한다. 코칭대상자는 구체적으로 자신의 기대와 원하는 바를 적극적으로 표현하지 않거나 표현하지 못하는 경우도 많다. 피상적으로 코칭목표에 접근하고 자신의 내면에 존재하고 있으나 꺼내지 못한 것도 코치가 알아서 해결해줄 것이라는 자신만의 기대를 가질 수도 있다. 따라서 코치는 코칭대상자가 진심으로 코칭에 임하면서 진정한 니즈(needs)를 꺼내도록 해야 한다. 그래야 코칭대상자가 미처 생각지 못했던 무의식의 세계에까지 들어가 진정한 의미의 성찰과 통찰을 할 수 있도록 이끌 수 있다.

코칭에서 $360°$ 다면평가에 의한 평가가 중요하게 작용할 수 있다. 상급 관리자의 입장에서 본 $360°$ 다면평가에 의한 코칭대상자에 대한 평가를 종합해보면 다음과 같다.

① 조직에 적합한 목표설정 및 비전제시 능력 부족
② 조직에 부여된 과업에 대한 사명감 부족
③ 조직의 과업보다 개인의 사생활 우선
④ 하급자의 잘못을 보고도 개선하려는 의지 등의 부족

반대로 구성원의 입장에서 본 코칭대상자에 대한 평가는 다음과 같다.

① 일방적 지시 및 권위주의적 행동을 주로 함
② 지나친 의욕 및 솔선수범 부족
③ 책임회피 및 전문성 부족
④ 부하들의 입장을 무시하고 상급자의 지시를 일방적으로 전달하는 전달자 등

이처럼 상급자와 하급자의 입장에서 본 코칭대상자에 대한 평가를 적절히 장점으로 승화시켜준다면 코칭목표를 효과적으로 달성할 수 있다. 자신의 약점을 올바로 인식하되 여기에 머무르지 않고 장점으로 전환시킬 수 있다. 자신의 문제에 대해 가장 잘 아는 사람은 본인이다. 하지만 인간의 습성상 자신의 잘못이나 약점은 숨기려

한다. 이러한 차원에서 상급자나 하급자의 평가에 직면하게 할 경우도 때로는 장점으로 전환하여 표현할 수도 있다. 단점을 장점으로 승화시켜주는 것이야말로 코치가 개발해주어야 할 중요한 요소라고 할 수 있다.

코칭은 평소 코칭대상자와 인격적인 신뢰감이 형성되어 있다면 코칭관계 형성을 위한 노력이 단축될 수 있다. 코칭대상자가 믿고 의지할 수 있는 관계를 형성하는 것이 중요하다. 코치가 코칭대상자 앞에서 긴장하면 충분한 대화를 나눌 수 없으므로 최대한 편안하고 자연스러운 분위기를 조성해야 한다.

코칭에서 코칭대상자가 자발적으로 참여하는 경우에는 코칭의 효과가 높게 나타나지만, 비자발적일 경우 효과가 미미하게 나타날 수 있다. 따라서 코치는 코칭대상자가 비자발적인 경우, 조직구성원과의 관계가 좋지 않은 상황, 조직에 부여된 임무가 복잡한 경우 등 다양한 상황을 고려하여 코칭대상자에 적합한 코칭을 준비해야 한다. 코칭에 긍정적으로 임하는 사람의 특성은 개방적 사고와 변화 수용에 적극적이고, 과거보다는 현재와 미래지향적 측면이 강하다. 또한 업무추진에서 도전적이고 성과지향적이며, 창의적·탐구지향적 측면이 강하다. 반면 코칭에 임하는 자세가 부정적인 사람은 대체로 수동적 사고와 변화를 수용하는 자세에 둔감한 측면이 있다. 또한 과거나 현재에 안주하고 리더십 발휘에서 지시적이거나 강압적 측면이 강하게 나타나는 성향을 보인다.

코칭을 하면서 코치가 주의해야 할 요소는 무엇일까?

첫째, 코치 자신이 코칭대화를 하면서 티칭하는 경우가 있다. 코칭 간 코치가 자신의 경험이나 지식을 앞세워 가르치려는 경우가 있다. 이러한 방법은 당장에는 효과가 있다고 생각할 수 있으나 코칭대상자는 전혀 다른 생각을 할 수도 있다. 따라서 코치는 자신의 감정을 조절하여 코칭의 본질을 유지해야 한다. 코칭대상자가 정보를 받고 지식을 습득하는 것이 당장은 효과가 있다고 생각할 수 있으나, 코칭대상자 스스로 답을 찾게 하고 양방향 의사소통이 티칭의 효과보다 6배는 더 크다는 사실을 상기할 필요가 있다(2003 ICF coaching symposium 자료).

둘째, 코칭을 통해 성과가 나타나기까지 오랜 시간이 걸리기 때문에 단기적 성과를 위해 코칭 철학을 소홀히 할 수 있다. "조직에 부여된 임무는 급하고 해야 할 일이 많은데 언제 질문하고 답변을 들을 시간이 있겠는가?" 등의 말을 한다. 하지만 코칭 대상자에게 묻고 답변을 듣는 데 그리 오랜 시간이 소요되지는 않는다. 오히려 질문과 경청을 하지 않음으로써 소요되는 시간이 훨씬 더 많이 들 수 있다.

셋째, 코치의 주된 관심사는 정답을 주는 것이라고 생각할 수 있다. 하지만『탈무드』에서 "고기를 잡아주지 말고 고기를 낚는 비결을 가르쳐주어라"고 한 것처럼 코치는 지시와 문제해결 중심이 아니라 조직구성원들의 내적 동기를 이끌어내는 것이 중요하다. 구성원 스스로 성장하고 발전할 수 있도록 돕는 것이라고 인식을 전환할 때 비로소 코칭목표를 달성할 수 있다.

넷째, 코칭대화 간 코칭을 거부하는 경우가 발생하기도 한다. 자신의 의지로 참여한 코칭대상자는 거부감 없이 적극적으로 코칭에 임하지만, 강제적으로 지명되어 코칭을 받으면 비자발적으로 임하는 경우가 발생할 수 있다. 비자발적인 코칭대상자의 경우 코칭에 대한 거부감과 함께 코칭에 대해 비협조적 태도를 취할 수 있다. 따라서 효과적인 코칭을 위해서는 코칭대상자의 심리적 특성을 잘 이해해야 한다. 코칭대화 간 코칭대상자가 침묵하는 경우가 있을 수 있다. 코칭 시작 전부터 코칭에 적극적이지 않고 침묵하는 경우, 코칭하는 과정에서 침묵하는 등 여러 가지 경우가 있을 수 있다.

코칭대화 간 코칭대상자가 침묵하는 경우는 다음과 같다.

① 다음에 무슨 말을 해야 할지 몰라서
② 코칭대상자 자신의 느낌을 표현하려고 노력하는데도 잘 안 되는 경우
③ 부끄러움이나 수치심 등
④ 자신의 의도를 코치가 정확히 이해하고 있는지 확신이 가지 않거나 내용에 대해 오해하는 경우
⑤ 코치의 해석을 기대하는 경우
⑥ 방금 이야기했던 것에 대해 계속 생각하는 경우
⑦ 이전에 표현했던 감정상태에서 생긴 피로 등

침묵이 발생하는 경우는 긍정적 경우와 부정적 경우로 나눌 수 있다. 긍정적인 경우는 코칭대상자가 깊은 생각을 하는 동안 성찰이 일어날 수 있다. 이때 코치는 충분히 기다려주는 인내심을 발휘할 필요가 있다. 반면에 코칭대상자와 코치 사이에 코칭에 대한 이해가 충분히 형성되지 않아 코칭 거부가 발생할 수 있다. 따라서 코치는 코칭을 시작하기 전에 코칭대상자와 코칭에 대한 충분한 관계 형성 및 코칭을 이해시키고 코치의 진정성을 보여주어야 한다. 코치는 자신의 전문성보다 상대를 위한다는 진정성을 코칭대상자로부터 인정받아야 코칭이 가능하다.

이러한 침묵현상은 사전에 코치에 대한 신뢰감 및 관계형성에 기인한 바 크므로 특히 유념해야 한다. 코치는 침묵에 대한 불편함을 해소하기 위해 자신의 경험담을 이야기할 수 있지만, 오히려 코칭의 초점을 흐리거나 멀게 할 수 있기 때문에 조심해야 한다. 코치의 자기노출은 잘못 사용되었을 경우 코칭에 바람직하지 않은 영향을 줄 수 있다. 공감대가 형성되지 않은 상황에서 코치의 자기노출은 코칭대상자에게 자기 자랑, 잔소리 등으로 여겨질 수 있다. 코칭대상자의 침묵이 코칭에 대한 저항으로 판단된다면 스스로 마음을 열고 코칭에 임할 수 있도록 해야 한다.

코치는 코칭에 대한 거부감이나 침묵이 자주 발생하지 않도록 선입견을 배제하려고 노력해야 한다. 코칭대상자는 코칭에 대해 자신의 주관적인 해석과 선입견을 갖고 코칭에 임할 수 있다. 비자발적 코칭대상자의 경우 자신은 잘하고 있는데 구성원들이 문제이거나 조직문제로 책임을 전가하는 경우도 있다. 따라서 코치는 코칭대상자가 이러한 선입견을 가지지 않도록 코칭에 대한 근본적인 교육과 객관적인 입장을 가지도록 사전에 충분히 인식시킬 필요가 있다.

II. 코칭이란 무엇인가

4. 코칭목표

1) 관계 형성

코치와 코칭대상자의 관계형성(relationship)은 코칭목표 달성에 중요하다(Sherman & Freas, 2004). 킬버그(Kilburg, 2001)는 코칭이나 상담, 리더십의 경우 관계 형성이 매우 중요하다고 강조했다. 블루커트(Bluckert, 2005)도 교육이나 코칭의 성과에 가장 중요한 영향을 미치는 요소는 코치와 코칭대상자의 친밀한 관계가 가장 핵심이 된다고 강조했다. 상호 간에 친밀감이 형성되고 신뢰하게 되면 마음이 개방되어 효과도 높아진다(Morgan & Hunt, 1994).

코치는 코칭을 하기 전에 코칭대상자의 정보를 파악할 필요가 있다. 인적사항은 물론이고 스타일이나 진정한 욕구에 대해 질문하고 경청하는 것이 중요하다. 더불어 코칭대상자가 코칭을 통해 무엇을 얻을 수 있는지 알 수 있다면 효과적인 코칭이 진행될 수 있다. 코칭대상자가 코칭을 모른다면 충분히 이해할 수 있도록 코칭의 개념이나 방법, 철학이나 모델 및 프로세스 등을 알려줄 필요도 있다. 코칭 관련 책자나 인터넷 사이트 등을 소개해줄 수도 있다. 코칭은 코칭대상자가 스스로 문제를 해결하고 이를 통해 변화와 성장을 촉진시켜주는 활동이라는 점을 인식시킬 필요도 있다.

2) 코칭목표 설정

코칭을 하면서 코칭의 목표설정은 중요하다. 42.195km를 뛰는 마라토너에게 결승선이 중요하듯 코칭에서 주제와 목표, 결과에 대한 기대를 명확히 하는 것은 코칭을 시작하는 시점에서 매우 중요하다. 코칭의 목표는 행동이나 인식을 바람직한 방향으로 전환시켜줄 뿐만 아니라 올바른 현실인식을 위한 지침을 제공해줄 수도 있다. 더불어 코칭대상자가 지닌 잠재역량을 발굴하거나 약점을 보완하여 업무의 효율성을 증진시킬 수 있다. 코치는 코칭대상자의 동반자로서 이러한 코칭목표 달성을 지원할 것이라는 점을 각인시키고, 목표달성에 대해 책임 구분을 명확히 할 수 있어야 한다.

코치가 코칭대상자와 대화를 하면서 코칭목표를 과도하게 크게 설정하면 실천과정에서 달성 여부를 확인하기 곤란하다. 따라서 달성 가능한 목표를 구체화하여 실천 가능하고 구체적으로 수립하는 작업이 필요하다(chunk down). '코칭목표를 설정하는 데 상호 간에 얼마나 공감대 있는 대화를 통해 도출했는가?' 하는 것은 성공에 중한 역할을 한다. 코칭대상자와 파트너가 되어 합의를 이루어내고, 코칭목표 달성을 측정할 수 있는 척도 및 다루어야 할 목표를 찾기 위해 얼마나 깊이 코칭대상자와 협력할 수 있는가가 중요한 관건이다.

코칭의 목표를 명확히 하기 위해서는 코칭대상자와 함께 올바른 현실인식과 해결방안을 구체화하는 것이 중요하다. 자신이 미처 깨닫지 못한 현실적인 문제나 표현하지 못했던 미래비전, 인생목표 등에 대한 언급은 코칭에 대한 기대감을 상승시킬 수 있다. 이 과정에서 스스로 설정한 코칭목표는 코칭의 실천의지를 높이고 자발적 참여가 가능하다.

코칭의 목표는 긍정적으로 설정하는 게 좋다. 부정적인 목표설정은 부정적인 결과를 낳기 쉽다. 따라서 코칭목표를 긍정적인 방향으로 설정하는 게 좋다. 코칭의 목표는 '무엇 하기' 등 구체적인 행동방법 실천으로 수립하는 것이 좋다. 예를 들면 '훌륭한 리더가 되고 싶어요!'가 아니라 구체적으로 '하루에 세 사람에게 칭찬하고 전화하기' 등으로 쉽게 실천하고 확인 가능한 것으로 선정하는 것이 좋다.

코칭목표는 표준화된 질문으로 목표달성에 초점을 맞추어야 한다. 코칭목표를 현재 상태와 달성하고자 하는 최종 목표 등을 수치화하고 구체화하도록 하는 것이 중요하다. 현재 시점의 상태와 미래 달성하고자 하는 차이를 구체적인 수치로 질문하여 가시화시킨다. 또한 의미 있는 코칭목표 확장을 통해 정말 원하는 주제 찾기를 시도할 수 있어야 한다. 코칭 리더는 이와 같이 설정된 코칭목표를 코칭대상자가 스스로 정의하고 정리할 수 있도록 해야 한다.

II. 코칭이란 무엇인가

5. 코칭시스템

1) 코칭 분위기 조성

코치는 코칭의 목적을 달성하기 위해 코칭대상자와 코칭 분위기 조성에 심혈을 기울여야 한다. 이를 위해 코치는 다음과 같은 사항에 유념해야 한다.

첫째, 코칭대상자의 잠재된 역량을 개발할 수 있어야 한다. 코칭대상자가 직면하고 있는 현재의 문제나 단점은 얼마든지 극복하거나 장점으로 전환될 수 있다고 생각하고 이를 일깨우기 위해 노력해야 한다. 코칭대상자의 무의식에 잠재된 역량을 촉발시키거나 문제의 원인을 도출하여 이를 해결할 수 있도록 돕는 역할을 하는 것이다.

둘째, 서로의 역량을 믿고 이를 개발하기 위해 노력해야 한다. 코치는 코칭 간 자신에 대한 믿음을 가지고 코칭 자체에 몰입할 수 있어야 한다. 다음 질문을 무엇을 할 것인지 고민하지 않는 가운데 편안하게 대상자의 말을 경청하는 가운데 편안하게 이심전심으로 공감(empathy)할 수 있어야 한다. 코치는 이를 위한 자질과 역량을 갖추기 위해 노력해야 한다.

셋째, 상대를 위하는 마음으로 약점을 강점으로 승화시켜주어야 한다. 코치는 코칭대상자를 돕기 위해 최선을 다하는 사람이다. 따라서 이러한 마음자세를 코칭대상자에게 온전히 보여주어야 한다. 이를 통해 코칭대상자가 코치의 진실성을 인정하면 신뢰관계가 형성될 수 있다. 코칭에서 신뢰관계는 필수이며, 이를 통해 코칭대상자가 마음을 열고 자신의 무의식을 일깨울 수 있는 계기가 형성될 수 있다. 코칭대상자가 지닌 문제의 원인에 대한 진지함과 이를 통한 장점 발굴의 관점으로 접근해야 한다. 생각만 달리하면 대상자의 약점도 얼마든지 장점이 될 수 있다. 코칭대상자가 지닌 욱! 하는 감정조차 상황에 따라 일에 대한 열정으로 승화시킬 수 있다. 코칭대상자의 단점을 장점으로 전환하기 위해서는 대상자의 성격이나 행동을 면밀히 관찰해야 한다. 이 과정에서 선입견이나 편견을 가지지 말고 현상이나 문제를 있는 그대로 인식한다. 코칭대상자에 대한 인식을 바탕으로 코치가 집착하게 되면 자칫 코칭대상자의 변화와 성장을 이루기 위한 코칭의 목표달성이 아닌 코치 자신의 목표달성이 되기 쉽다.

넷째, 코칭은 실천이라는 자각이 중요하다. 코칭목표는 자신의 현실적인 문제나 자기인식을 통한 성찰을 반드시 실천하도록 해야 한다. 코칭대상자가 스스로 코칭목표 달성을 위한 프로세스를 통해 현실을 인식하고 대안을 선택했다면 이를 지속적으로 실천하기 위해 노력할 수 있도록 지원하고 격려해야 한다. 코칭대상자가 자각한 것을 지속적으로 행동하기 위해서는 주변의 강요가 아닌 스스로의 깨달음이 있어야 한다. 코칭의 목표달성은 코칭대상자의 열정 여부에 따라 달라질 수 있다. 따라서 스스로 깨달아 실천할 수 있는 피드백이 이루어져야 한다. 코치는 코칭대상자가 올바른 자기인식을 하도록 하기 위해 코칭의 목표를 달성하기 위한 핵심을 다룰 줄 알고 실천을 다짐해야 한다. 때로 코칭대화 간 지나치게 부정적일 경우 코치는 긍정적인 방향이나 강점을 찾기 위한 화제로 전환할 필요가 있다.

2) 코칭 시간 및 장소

코칭 세션에서 통상적인 기간은 주 단위 또는 격주 단위로 1~2시간씩 코칭하는 것이 좋다. 하지만 코칭을 함에 있어서 코칭 시간의 제한은 없다. 10분 정도 스팟(spot) 형식의 코칭을 할 수도 있고, 코칭대화 모델에 따라 2~3시간씩 할 수도 있다. 군 코칭의 경우 4박 5일간 매일 1~2시간씩 집중적으로 할 수도 있다. 기간과 시간 등은 코칭대상자의 선호도와 상황에 따라 어떤 형식이라도 좋다. 단지 코칭대상자나 코치가 편안한 시간에 할 수 있어야 한다.

장소 또한 특별한 제약은 없다. 코칭대상자의 사무실에서 할 수도 있고, 휴게실이나 커피숍에서 할 수도 있다. 그러나 코칭을 할 때 주변 사람들에 의해 코칭 분위기가 산만해지지 않는 장소가 좋다. 쾌적한 환경에서 핸드폰이나 유선전화 등을 차단한 상태로 코칭을 할 수 있는 장소를 선정해야 한다. 적당한 조명과 환기시스템, 조명 등이 어우러진 환경이 코칭에 효과적이다. 때로는 코칭대상자와 산책하면서 코칭을 할 수도 있다. 이러한 경우 특별히 주변 환경을 만끽하며 즐겁고 유쾌한 가운데

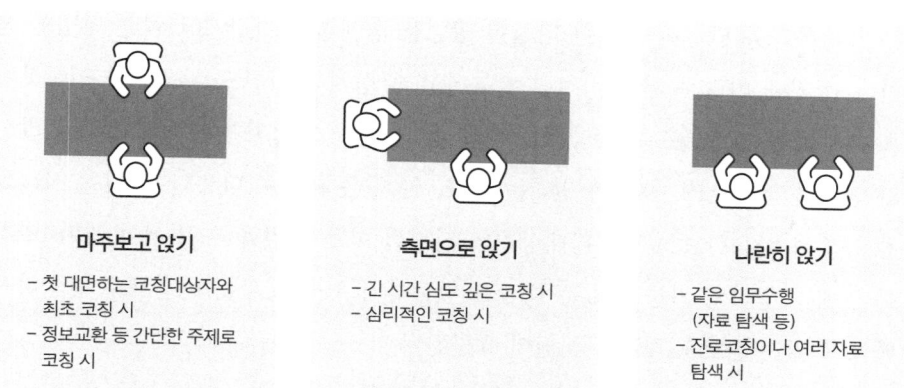

마주보고 앉기	측면으로 앉기	나란히 앉기
- 첫 대면하는 코칭대상자와 최초 코칭 시 - 정보교환 등 간단한 주제로 코칭 시	- 긴 시간 심도 깊은 코칭 시 - 심리적인 코칭 시	- 같은 임무수행 (자료 탐색 등) - 진로코칭이나 여러 자료 탐색 시

좌석 배치에 따른 코칭대화

코칭을 하기 때문에 효과적인 결과를 도출할 수 있다.

사무실에서 할 때는 아래와 같은 의자배치에 따라 코칭대화를 할 수도 있다. 첫 대면을 하거나 정보교환 등 간단한 주제로 코칭하는 경우 코칭대상자와 책상을 사이에 두고 할 수 있다. 긴 시간 동안 심도 깊거나 심리적인 코칭 주제로 할 경우 의자를 대각선 방향으로 배치하여 코칭을 할 수 있다. 자료 탐색이나 진로코칭, 여러 자료를 탐색할 때는 의자를 나란히 하여 옆에서 코칭할 수도 있다.

코칭 방법에서 직접 얼굴을 맞대고 면대면으로 하거나 전화를 이용해 텔레코칭을 할 수도 있다. 처음에는 상호 관계형성을 위해 직접 만나서 관계를 형성하는 것이 유리할 수 있다. 그러나 거리가 멀거나 시간상의 이유로 원격으로 코칭하는 경우가 점차 증가하고 있다. 전화나 화상을 이용하여 원격으로 하는 경우 주변을 신경 쓰지 않고 코칭에 몰입할 수 있어 효과적이라고 하는 경우도 있다. 그러나 직접 만남을 선호하는 코칭대상자도 있다는 점을 알고 코칭대상자와 장소와 시간, 가용 여건 등을 고려하여 함께 결정해야 한다.

코칭을 함에 있어 코칭목표를 설정하고 코칭 간 나눈 대화는 반드시 약속을 지킨다는 신뢰감을 주어야 한다. 민감하거나 새로운 영역에 대해 코칭할 때는 코칭대상자에게 양해를 구한다. 코치는 코칭 실패에 대한 두려움과 위험을 감수하고 코칭대상자의 진정한 변화와 성장을 위해 지속적으로 지원하고 격려할 수 있어야 한다. 코치는 코칭목표를 달성하기 위한 다양한 방법을 탐색하고 가장 효과적인 방법을 선택한다. 상황에 따라 유머를 적절히 활용하고, 긍정적인 마인드를 생성하도록 분위기를 조성한다. 코칭목표를 달성하기 위해 대화하면서 대상자가 자신의 장점을 말할 때와 단점을 말할 때의 표정과 말하는 속도, 톤 등은 확연히 다르다. 코치는 이러한 점을 충분히 반응함으로써 코칭대상자의 진정한 마음을 얻을 수 있어야 한다. 코칭대화 간에 다양하고 가능성 있는 대안을 창출하기 위해 새로운 관점으로 전환하여 실행할 수 있는 높고도 깊은 전문성이 요구된다.

킬버그(Kilburg, 2001)는 "코칭대상자가 코칭을 통해 변화하고자 하는 본인의 의지가 있으면 코칭의 효과는 배로 상승할 수 있다"고 주장했다. 21세기 초연결 융·복합 사회로 전환되면서 사회와 문화는 급속하게 변화하고 있다. 교육 분야에서도 효과적인 학습방법을 찾기 위해 노력하고 있다. 시카고대학의 코리니카우와 매켈로이(Robert Korinikau & Frank McElroy)는 "학습에서 청각은 20%, 시각은 30%, 시청각은 50%, 스스로 말하는 것은 70%, 행동하며 말하는 것은 90% 이상이 장기기억으로 저장되는 효과가 있다"고 한다. 밥 파이크(Bob Pike) 교수는 학생 중심의 교육체계 또는 프로그램이라고 할 수 있는 '창의적 교수법'의 중요성을 강조했다.

밥 파이크 교수의 창의적 교수법은 학습자 중심의 참여형 학습으로 코칭과 접목 시 효과적일 수 있다. 창의적 교수법의 특징은 ① '어른은 몸집이 큰 어린아이'라는 것이다. 어린아이들이 경험을 통해 배우듯 어른들도 그들의 경험을 인정해주고 칭찬해주면 아이들보다 빨리 배울 수 있다. ② 사람들은 자신이 스스로 말한 내용에 대해서는 논쟁하지 않고 실천력이 높아진다는 것이다. ③ 학습은 재미와 직접적으로 비례한다는 것이다. 학습의 참다운 즐거움은 참여에서 비롯된다. ④ 행동이 변화하지 않는 한 학습은 힘들다고 주장한다.

코칭대상자의 변화하려는 욕구, 문제해결 능력, 성찰에 대한 적극적 실천의지 등은 창의적 교수법과 궤를 같이한다. 코칭대상자에 대해 무한한 잠재능력과 문제해결 능력이 있다고 신뢰하고 충분한 실천의지가 부여되면 코칭목표를 달성할 수 있다. 코칭의 절대적인 강점은 실천이다. 영국의 철학자 루이스(C. S. Lewis)는 "경험을 토대로 이야기하는 사람은 논쟁에서 절대 지지 않는다"고 했다. 이처럼 경험을 행동화하여 관련 정보와 기술이 축적되면 코칭의 목표달성 및 그로 인한 효과는 클 것이다.

6. 코칭의 존재감

구성원들은 부여된 업무를 수행하는 과정에서 자신들의 말을 경청하고 질문하는 리더를 원한다. 이 과정에서 가장 좋은 의사소통 방식이 바로 '코칭'이다. 급격하게 변화하는 업무환경에서 개인의 성장과 조직의 발전을 위한 리더의 코칭기술은 너무나 중요하다. 이를 위해 리더는 코칭과 관련된 코칭 철학과 올바른 인성 전문적 역량을 갖추어야 한다.

코칭에 대한 철학[1]을 올바르게 이해하고 행동해야 한다. 코칭을 할 때 코치의 존재감과 코칭대상자에 대한 마음가짐이 중요하기 때문이다. 코치 스스로 자신에 대한 존재감과 코칭대상자를 어떻게 생각하는가에 따라 코칭의 성공 여부가 결정된다.

코치와 코칭대상자는 코칭의 목표달성을 위해 함께하는 존재이자 동반자다. 코치는 코칭대상자의 존재를 인정하고, 설정한 코칭목표를 달성하기 위해 노력한다. 코칭대상자의 언어, 태도, 표현 방식에서 의식이나 무의식의 내용까지도 끄집어낼 수 있도록 지지하고 격려하는 것이다. 코치는 코칭대상자가 온전히 평온하고 두려움 없이 '지금, 여기(now & here)'에 충실하여 미래를 지향하도록 돕는 존재다.

코칭의 존재감(presence)이 유지되기 위해서는 다음을 유념해야 한다.

첫째, 코치는 충분히 '개방적이고 유연하며 자존감'을 지녀야 한다. 코칭이 진행되는 동안 코치와 코칭대상자는 상호 간에 스스로 인식하고 직관에 따라 유연한 태도를 견지할 수 있어야 한다. 항상 열려있는 마음으로 모르는 것에 대해 겸허히 수용하는 자세를 유지할 수 있어야 한다.

1　코칭의 철학은 모든 사람은 창의적이며, 완전성을 추구하고자 하는 욕구를 지니고, 누구나 내면에 자신의 문제를 스스로 해결할 수 있는 자원을 가지고 있다는 것이다.

둘째, 코칭하는 매 순간마다 깨어 있고 코칭대화가 '춤추듯이 진행'될 수 있도록 해야 한다. 코칭에서 성찰은 언제든지 일어날 수 있다. 마치 산파가 산모의 순산을 돕기 위해 온 정성을 기울여 살피는 것처럼 코치는 코칭대상자의 성찰이 일어날 수 있도록 온 정성을 기울여야 한다. 성찰의 순간을 코치가 함께 공감한다면 코칭의 효과는 배가될 것이다.

셋째, 코칭스킬과 코칭 프로세스 등을 유연하게 다룰 수 있는 '전문적인 역량을 겸비'해야 한다. 이를 통해 코칭 대상자와 온전히 연결된 촉진자 관계를 유지하여 코칭의 존재감을 나타낼 수 있어야 한다. 코치의 존재는 코칭에서 매우 중요하다. 코칭 간 코치는 코칭 대상자와 함께 존재[2]해야 한다. 코칭을 하는 순간 코칭대상자에게 코치가 자신보다 더 자기를 위한다는 생각이 들도록 해야 한다. 코칭대상자가 사용하는 언어나 억양, 태도 등을 알아차려 그 속에 담긴 함의(含意)를 도출하여 진실한 마음을 알아낼 수 있어야 한다. 코치는 코칭대상자의 내면적 사고에 접근하여 지혜를 발휘하여 코칭대상자 스스로 보지 못하는 것을 볼 수 있도록 지원해주어야 한다.

사회심리학자 에이미 커디(Amy Cuddy)는 "자신의 진정한 생각이나 느낌, 잠재력 가치를 최고로 이끌어낼 수 있도록 조정된 심리상태를 존재감"이라 했다. 진정한 코칭의 파워는 다양한 코칭모델이나 스킬보다는 코칭대상자와 온전히 하나 되는 마음에서 발현된다.

공명(共鳴)은 특정 진동수에서 큰 진폭으로 진동하는 현상을 말한다. 자연의 모든 물체는 자신의 고유 진동수와 외부의 진동수가 일치하는 순간 진폭이 크게 발생한다. 이처럼 코치는 코칭대상자와 진동수가 일치하는 순간 코칭의 존재감이 증폭할 수 있다.

코치는 코칭대상자가 코칭목표에 임하는 수준에 따라 코칭모드를 결정하는데, 구체적으로는 다음과 같다.

첫째, 셀프 코칭모드(self coaching mode)다. 그네를 타다 보면 어느 일정 부분 이상

---

2 자신의 진정한 생각이나 느낌, 잠재력 가치를 최고로 이끌어낼 수 있도록 조정된 심리상태를 '존재감'이라 한다. 진정한 코칭파워는 다양한 테크닉보다 코칭대상자와 온전히 하나 되어 '있는 그대로 열린 마음으로 받아들일 수 있는 능력'에서 비롯된다.

을 발돋움하게 되면 더 이상 밀어주는 사람 없이도 스스로 창공을 향해 날아 오를 수 있는 원리와 같다. 코칭대상자가 코칭의 존재를 의식하지 않는 가운데 코칭을 받는 자체만으로 자신을 변화시키고 성장할 수 있다. 코칭은 최소의 투입으로 최대의 효과를 창출할 수 있다. 이를 위해 코치는 호기심과 흥미를 가지고 코칭대상자가 하는 말과 행동을 경청하고 탐구적으로 임한다. 코치는 코칭 간 개입을 매우 짧게 하고, 강력한 질문으로 코칭대상자의 삶을 바꿀 수 있다.

스스로 창공을 향해 날아오르는 코칭

"당신은 무엇에 묶여 있나요(誰縛汝)?"
"죽은 뒤 당신의 묘비에 뭐라 기록하고 싶으신가요?"
"당신은 누구의 인생을 살아가고 있나요?"

두 번째는 촉진 코칭모드(promotion coaching mode)다. 그네를 타는 사람이 뒤에서 지원자가 조금만 밀어주면 창공을 향해 나는 가운데 스스로 즐기는 것과 같다. 코치는 코칭대상자가 객관적이거나 분리된 관점에서 사고할 수 있도록 지원하거나 격려해줌으로써 관점을 확장시켜 스스로 성찰하게 한다. 사건이나 사물을 바라보는 시각을 달리하여 편향되거나 왜곡되지 않고 스스로 조정할 수 있도록 기회를 부여하는 것이다. 촉진 코치는 적절한 비유나 소극적 개입으로 코칭 주제를 코칭대상자의 머릿속에서만 존재하는 것이 아니라 구체화하도록 지원해주는 것이다.

"10년 후의 당신은 오늘의 당신에게 무엇이라고 말할까요?"
"높은 하늘에서 이 문제를 본다면 어떤 느낌이 들까요?"
"미래의 성공한 당신이 현재 결정하지 못하고 있는 당신에게 한마디 한다면 뭐라
할까요?"

세 번째는 동행 코칭모드(accompany coaching mode)로, 코칭대상자가 가진 문제나
개발역량을 구체화하여 해결방법을 제시하거나 목적지까지 적극적으로 갈 수 있도
록 상호 협의하는 것이다. 코칭은 코칭대상자가 인식하지 못하거나 알아차리지 못하
는 것을 일깨워 지혜의 샘물이 용솟음치도록 마중물 역할을 하는 것이다.

네 번째는 티칭 코칭모드(teaching coachong mode)로, 코칭대상자가 알지 못하는 것
을 구체화하여 가르쳐주는 것이다. 이러한 경우 코치는 때로 멘토나 선생으로서 필
요할 경우 자신이 가진 경험적 요소나 노하우 등을 가르친 이후 코칭을 할 수 있다.

7장
코칭의 심리학적 접근

1. 인간의 심리적 변화

코칭은 코칭대상자의 내면에 존재하는 부정적 사고(思考)를 긍정적 방향으로 변화시켜 성장을 촉진시키고자 한다. 코칭대화 과정에서 생각이 정리되고, 감정을 조절하고, 행동을 변화시킬 수 있다. 코칭 과정에서 미처 생각하지 못한 것을 깨달아 인생의 전환점을 찾도록 해주는 것이 코칭이다.

"세 살 버릇 여든 살까지 간다"는 속담이 있다. 한 번 형성된 사고방식이나 행동 습관은 쉽게 고쳐지지 않는다. 타인의 마음을 변화시킨다는 것은 하늘의 별 따기보다 어렵다. "열 길 물속은 알아도 한 길 사람 속은 모른다"고 하지 않는가? 물속은 들어가 보면 알 수 있지만, 사람의 마음속은 들여다볼 수 없기 때문이다. 인간은 본능적으로 자신을 보호하기 위해 방어기제를 사용한다. 타인에게 거짓된 마음이나 행동을 보이는 이유는 자신을 보호하기 위한 행동의 표현일 수 있다.

이러한 모습을 자연현상에서도 찾아볼 수 있다. 누에는 나방으로 탈바꿈하기 위해 고치를 만들어 스스로 보호한다.[1] 자신의 입에서 실을 뽑아내어 고치 속으로 들어

---

1 누에는 뽕나무 잎을 먹고 자라는데, 겨울 동안 알로 지내다가 5월 하순경 애벌레로 깨어난다. 애벌레

가 자신을 보호하는 것이다. 인간도 성장하는 과정에서 새로운 것을 받아들인다. 이 과정에서 변화와 성장을 하게 된다. 하지만 잘못된 사고나 행동은 자신만의 패턴이나 편견을 고착시키면서 문제가 발생할 수 있다. 이때 잘못 형성된 사고나 행동은 쉽게 고쳐지지 않는다.

누에가 만든 고치에서 비단실을 뽑기 위해 예리한 칼로 쾌도난마(快刀亂麻)[2]한다면 원하는 비단 명주실을 뽑아낼 수 없다. 이를 위해서는 먼저 누에고치를 100℃의 물에 30~40분 정도 담가놓아야 한다. 이처럼 적절한 환경만 갖추어주면 자신을 보호하기 위해 만들어놓았던 고치가 저절로 풀어져 누에도 꺼내고 비단을 만들 수 있는 멋진 명주실도 뽑을 수 있다.

어려서 잘못 형성된 사고인식이나 행동습관도 마찬가지다. 일방적이거나 강제적으로 수정하라고 해서 고쳐진다면 얼마나 쉬울까? 하지만 현실적으로는 쉽지 않다. 이를 위해서는 문제형성의 원인이 어디에서 비롯되었고 어떻게 고칠 것인지를 대상자와 함께 대화를 통해 스스로 인정하고 변화하고자 하는 의지를 가질 때 비로소 가능하다.

인간의 마음이 변화하기 위해서는 개인의 내면에서부터 행동이나 사고의 변화 필요성을 느끼도록 해야 한다. 변화의 필요성을 느끼게 되면 사람들은 먼저 자기 주변의 현상에 대해 주의(attention)를 기울이게 된다. 주변에서 일어나고 있는 현상에 관심을 가지고 그 일이 왜 발생하는지 관심(interest)을 갖게 된다. 이어서 변화하고자 하는 욕망(desire)을 갖게 되면서 새로운 행동을 시도하게 된다.

인간의 심리적 변화는 '거부-저항-탐색-전념'의 4단계로 변화된다. 자신의 생각과 다를 경우 처음에는 이를 거부하고 저항하려는 경향을 보인다.

로 4일 정도 밤낮없이 뽕잎을 먹고 나면 첫 번째 허물을 벗고(1령) 큰누에가 된다. 큰누에는 네 번의 허물을 벗고(5령) 며칠 지나면 고치를 만든다. 고치를 짓기 시작한 지 1주일 정도가 되면 누에는 번데기가 되고, 다시 1주일이 지나면 나방으로 탈바꿈하게 된다. 나방으로 탈바꿈하고 난 고치를 뜨거운 물에 담가놓으면 고치실이 쉽게 풀어지는데, 이는 비단실의 원료이자 비단 광택을 만드는 피브로인 섬유가 된다. 고치 하나에서 풀어낼 수 있는 섬유는 무려 1~1.5km라고 하는데, 섬유를 꼬아서 실을 만들고, 실로 천을 만들면 비단이 된다.

2 쾌도난마는 "헝클어진 삼을 잘 드는 칼로 자른다"는 뜻으로, 무질서한 상황을 명쾌하게 풀어낸다는 의미다. 중국 남북조 시대에 북제를 세운 고양의 고사에서 유래하는데, 여섯 아들에게 헝클어진 삼 타래를 풀어보라고 하자 둘째 아들 고양이 단번에 칼을 꺼내 잘랐다고 한다.

II. 코칭이란 무엇인가

첫 번째 거부 단계에서는 외부에서 주어지는 변화와 자극을 부정한다. 인간은 본능적으로 안정적인 것을 선호하고 외부의 자극이나 변화요구에 대해 거부반응을 일으킨다.[3]

두 번째는 저항하게 되는데, 저항의 형태로는 화를 내거나 분노를 표현하기도 하고 실망하거나 의욕을 상실하기도 한다.

세 번째는 탐색 단계로 이어진다. 일정 시간이 지나면 이해하고 수용하면서 문제점이 무엇인지를 파악하고 이를 타개하기 위한 새로운 대안을 모색하게 된다.

네 번째는 수용하고 전념하는 단계로 변화한다. 해결방안을 발견하여 수용하고, 이를 달성하기 위해 전념하게 된다.

조직의 단합을 유도하기 위한 방법으로 '해빙-변화-재결빙'의 3단계로 설명할 수도 있다. 먼저 해빙 단계는 한 개인의 태도, 신념, 행동에 대한 변화를 수용할 수 있는 마음을 갖게 되는 단계다. 변화 단계는 자기 주변의 정보나 상황을 긍정적으로 해석하여 태도의 변화를 보이거나 순응하는 단계이고, 재결빙 단계는 수용하는 태도나 행동과 균형을 이루어 새로운 행동이나 태도로 재탄생하게 되는 것을 말한다.

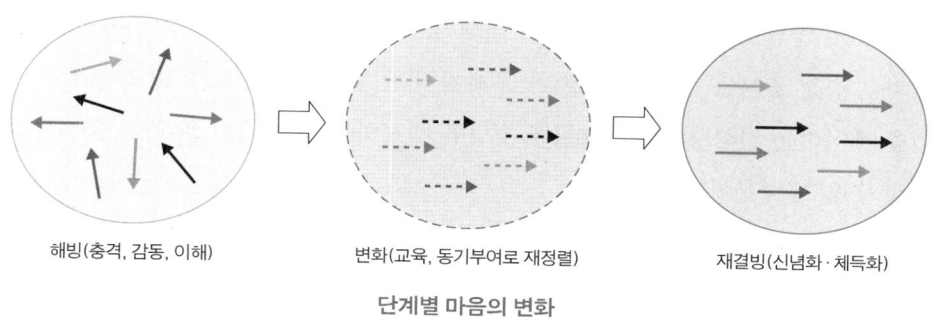

해빙(충격, 감동, 이해)　　　변화(교육, 동기부여로 재정렬)　　　재결빙(신념화·체득화)

단계별 마음의 변화

3　이를 '인지부조화 이론'이라 한다. 기존에 가지고 있던 것과 반대되는 새로운 정보를 접했을 때 개인이 받는 정신적 스트레스나 불편한 경험을 말한다. 인간은 이를 해소하기 위한 인지적 합리화 과정을 시도한다. 불일치를 겪는 개인은 심리적으로 불편하기 때문에 이런 불일치를 줄이는 행동을 하게 된다. 인지적 부조화를 겪을 때 공격적, 합리화, 퇴행, 고착, 체념 같은 증상을 보인다고 알려져 있다.

2. 코칭심리학 연구의 필요성

심리학이 20세기 초 프로이트로부터 본격적으로 연구되기 시작했다면, 코칭은 21세기 들어 비로소 연구되기 시작했다. 이처럼 코칭은 최근에 시작되어 실무 중심으로 발전하면서 학문적 토대는 미흡한 실정이다. 최근 들어 코칭이 확대되면서 현장에서는 코치와 코칭대상자가 함께 설정한 코칭목표를 달성하는 과정에서 코칭대상자의 성격 변화에 대한 필요성이 대두되고 있다. 코칭이 코칭대상자의 성격변화에 효과적이라는 연구 결과가 제시되면서(Martin, Oades & Caputi, 2014) 이에 대한 체계적 연구의 필요성이 요구되고 있다.

코칭은 심리학, 조직경영학, 스포츠과학 등 다양한 장면에서 활용되고 있다. 개인은 삶과 일의 영역에서 행복과 성장을 추구한다. 최근에는 코칭에 대한 이해를 높이고 실무역량을 증진시키기 위해 인간의 행동과 정서, 인지적 능력의 변화를 통해 성장을 추구하는 방향으로 나아가고 있다.

코칭은 심리학적 이론과 리더십 분야의 조직심리, 조직관리 기법을 적용하여 발전하고 있다. 코칭과 비슷한 영역으로 멘토링이나 컨설팅 등도 있지만, 지식의 팽창과 SNS의 발달로 인적 네트워크가 활발해진 현대사회에서는 멘토링이나 컨설팅의 효과는 점점 줄어들 수 있다. 어떠한 문제에 대한 경험을 바탕으로 충고나 조언, 정답을 제시하는 컨설팅이나 멘토링은 정답을 제시하는 순간 이미 또 다른 문제를 야기할 수 있기 때문이다.

코칭이 더욱 발전하기 위해서는 코칭이 효과가 있다는 것을 검증할 수 있는 체계적 연구가 필요하다. 실무 중심으로 발전해온 코칭의 효과성을 입증하기 위해 코칭심리학의 연구 필요성이 대두되고 있다. 코칭의 무엇이 코칭대상자의 행동 변화를 가져오게 했는지를 파악해야 한다. 이러한 측면에서 오랫동안 인간의 행동변화를 연구한 심리학의 이론과 모형, 연구 결과 등을 코칭에 적용하여 코칭대상자의 행동이나 정서, 인지적 변화 등을 파악하는 데 기여할 수 있기 때문이다.

이러한 차원에서 코칭심리학의 이론적 기반은 개인 심리학의 이론적 근거와 조직 차원의 발전한 리더십 이론을 융합할 필요가 있다. 코칭심리학이 과학에 토대를 둔 학문분야로 성장하기 위해서는 독자적인 이론과 이에 바탕을 둔 모델을 개발하고 실증적인 업무를 추진해야 한다. 코치 개개인의 전문적 경험과 실무에 의존하는 것이 아니라 객관적으로 검증된 코칭의 근거들을 확인하고 관련 연구를 진행해야 한다. 폐쇄적인 시스템에서 벗어나 심리학과 리더십의 이론적 원리에 기반을 두고 코칭에 관한 다각적인 검증과 연구를 실시해야 한다.

코칭심리는 "정상적인 사람을 대상으로 기존의 치료적 접근방법에 근거해 다양한 코칭모형을 토대로 일상생활에서 이들의 웰빙과 수행을 증진시키기 위한 것"(Grant & Palmer, 2002)으로 정의된다. 그랜트(Grant, 2007)는 코칭에 대한 심리학적 연구가 1920년대부터 본격적으로 시작되었다고 주장한다. 그리피스(Griffith)의 『코칭의 심리학』(1926)에서는 뛰어난 선수가 징크스를 극복하는 과정과 팀 내 뛰어난 선수와 평범한 선수들과의 관계에서 비롯되는 팀 내의 갈등문제 등에 대해 코칭심리학적 관점에서 다루었다.

이후 고르비(Gorby, 1937)는 조직에 부여된 과업을 달성하기 위해 경험 많은 직원들이 새로 입사하는 신입직원들에게 경험적인 기술이나 시간과 물자를 절감하는 방법에 대한 코칭 실시 결과를 다루었다. 비겔로(Bigelow, 1938)는 세일즈 매니저가 판매원들을 대상으로 코칭하는 내용을 다루었으며, 로터(Lawther, 1951)는 『코칭의 심리학』에서 스포츠 분야의 코칭을 다루었다. 게일로드(Galeroad, 1967)는 『현대 코칭 심리학』에서 "코치는 코칭대상자의 건강을 지켜주는 교사 역할을 해야 한다"고 주장하면서 코칭의 심리학적 측면을 강조했다. 그러나 이러한 연구는 단편적으로 코칭이라는 용어를 사용했을 뿐 심층적인 연구는 미흡한 측면이 있었다.

현대적 의미의 코칭심리학에 영향을 준 것은 1960년대부터 전개된 매슬로(Maslow)의 인간 중심적 접근에 뿌리를 두고 있다(Grant, 1967). 코칭심리학은 인간의 존엄성과 모든 사람이 지닌 무한한 가능성을 신뢰하는 인간존중의 심리학과 마틴 셀리그만(Martin Seligman)의 긍정심리학의 영향을 받으면서 활발히 전개되었다. 셀리그만이 미국심리학협회 회장으로 취임하면서 기존 심리학의 중점이 인간의 정신질환 치료나 개인의 부정적인 인식이나 감정행동 측면에 집중한 점을 비판하고 개인의 행복과 조직의 강점을 발굴하는 데 중점을 두었다. 이러한 관점에서 코칭은 과거가 아니라 현재와 미래의 가능성에 초점을 맞추어 긍정적인 변화와 성장을 추구한다는 점에서 긍정심리학과 일치하는 부분이 많다.

1) 코칭의 효과성 입증

코칭심리학을 과학적으로 입증하기 위해서는 철저한 이론적 근거를 기반으로 코칭이 이루어져야 한다. 코칭대상자의 인지적·정서적·행동적 변화의 근거가 무엇인지를 제대로 알아야 코치 자신뿐만 아니라 타인에게도 도움이 될 수 있다. 또한 변화의 근거가 될 수 있는 근거기반 코칭프로그램을 바탕으로 코칭을 실시할 필요가 있다. 이를 위해서는 심리학적 소양을 갖춘 코칭전문가 육성이 요구된다.

코칭의 효과성을 체계적으로 입증하기 위해서는 다음과 같은 조건이 요구된다.

첫째, '개인과 조직이 결합된 시스템적(system) 코칭'을 해야 한다. 코칭은 기존의 심리학이나 리더십, 컨설팅, 상담 등과 연계되어 발전하고 있다. 인간은 사회적 동물이므로 결코 혼자 고립되어 살 수 없다. 따라서 라이프 코칭이나 비즈니스 코칭이라 할지라도 반드시 주변 사람들과 연계될 가능성이 높다. 설사 개인의 문제일지라도 가족, 직장, 동호인 등 더불어 살아가는 집단이나 조직심리학이 결합된 체계적·과학적·시스템적 접근이 요구된다.

둘째, '근거에 기반한 코칭'을 해야 한다. 코칭은 눈에 보이지 않는 코칭과정을 이해하고 인과관계를 탐색할 수 있도록 실증적인 데이터를 기반으로 해야 한다. 코칭과정에서 코치 자신도 코칭대상자의 변화를 감지하기 어렵다. 이러한 코칭의 특성상 메타인지 능력을 중요시한다. 메타인지 능력은 코치 자신이 진행하는 코칭과정을 객관적으로 분석하고 이해하는 능력을 말한다. 코칭과정에서 발생하는 메타인지 능력은 눈에 보이지는 않으나 코칭목표에 대한 탐색과정이라 할 수 있다. 코칭 결과에 영향을 미치는 현실인식이나 대안탐색에 대한 인과관계를 논리적으로 분석하는 역량이 요구된다. 더불어 코치의 메타인지 능력은 코칭의 진행과정을 객관적으로 조망하고 분석해볼 수 있는 논리적인 분석수단이다. 이를 통해 코칭의 진행과정을 제3자의 관점에서 볼 수 있게 해주며, 코칭 간 코치의 질문이 코칭대상자의 관점을 어떻게 전환시켜주었는지를 파악할 수 있게 해준다.

셋째, '전문성을 확보한 코칭'을 해야 한다. 코치는 코칭의 전문성을 확보하기 위해 코칭 프로세스와 코칭스킬의 습득과 적용 차원을 넘어 이들의 작동원리와 기능을 이해하고 검증된 이론과 지식을 활용할 수 있어야 한다. 코칭원리에 대한 이해는 코칭에 대한 자신감을 갖게 해주고, 코칭대상자의 특성이나 상황을 이해하고 주변 여건을 개선하면서 목표했던 성과를 달성하는 데 도움이 된다. 코칭대상자의 개인적 성향과 요구에 대한 이해를 토대로 '맞춤형 코칭'을 통해 성과를 극대화할 수 있을 것이다. 코치가 전문성을 갖게 되면 코칭에 대한 전반적인 통제력을 갖추어 리더의 부정적 행동이나 사고의 원인을 분석하고 이에 대해 적절한 코칭으로 좋은 결과를 도출할 수 있다.

코칭은 경영자 훈련이나 경영 컨설팅 등의 영역에서 그 중심 기능이 개인과 조직의 변화와 개발을 촉진하기 위한 것이다(Hudson, 1999). 코칭 영역에서는 심리학적 배경을 가진 전문가가 있을 수도 있고, 실무적 차원에서 경영학적으로 접근하는 경우도 있다. 코칭심리학은 정상적이지 않은 환자를 보통의 수준으로 이끌어내는 치료적 모델과 달리, 보통 사람의 강점을 극대화하여 현재보다 더 나은 내일의 성장과 변화, 행복을 달성하도록 돕는 것이다.

코칭은 현실적으로 존재하는 약점이나 문제를 해결하기 위해 좀 더 나은 삶을 위한 장점이나 대안을 탐색하고 이를 지속적으로 실천함으로써 개인의 발전과 조직의 목표달성을 촉진하는 것이다. 코칭대상자의 생각이나 정서조절, 행동의 변화를 모색하여 새로운 삶을 추구하도록 돕는 것이다. 이들의 잘못된 행동이나 인지적 사고체계를 더 나은 방향으로 전환하기 위해서는 개인의 성장 배경이나 성격적 특성, 학습과정에서 형성된 사고의 패턴이나 선입견 등을 파악하는 것이 중요하다. 파악한 결과를 바탕으로 스스로 인지적·정서적·행동적 변화(change)를 통한 사고의 전환은 강요에 의한 것보다 더 나은 결과가 창출된다.

코칭은 코칭대상자에게 강제로 문제를 내놓게 하거나 변화하도록 요구하는 게 아니라 스스로 찾고자 하는 것을 탐색하도록 하는 것이 중요하다. 문제를 탐색하거나 자신의 강점을 발견하여 이를 강화하도록 하는 것이다. 코치는 조직구성원들이 스스로를 보호하기 위해 만든 문제를 해결할 수 있도록 환경을 조성해야 한다. 대상자 자신이 모르던 잠재능력이나 역량을 개발할 수 있도록 하는 것이다.

이를 위해 코치는 코칭대상자가 자신의 사고방식이나 정서조절, 행동의 변화 등을 파악하여 스스로 변화하고자 하는 자기인식을 갖게 하는 것이 중요하다. 대상자 스스로 변화와 성장을 추구할 수 있도록 리더의 촉진자 역할이 요구된다. 또한 코치는 '자석 같은 존재'가 되어야 한다. 마치 자석 주변에 쇠붙이들이 달라붙듯이 코칭대상자가 자발적으로 코칭에 임하도록 하는 것이다. 이를 위해 코치는 올바른 인성을 지니고, 코치다운 모습을 견지하며, 코칭대상자의 말에 귀를 기울이고 질문할 수 있어야 한다.

2) 줄탁동시

줄탁동시(啐啄同時)는 중국 송나라 때의 불서(佛書)인 『벽암록』에 나오는 고사성어로 코칭을 한마디로 대변하는 말이다. 알 속의 새끼 병아리가 깨어나기 위해 알을 쪼아대는 것을 어미 닭이 밖에서 알아차리고 그 방향에 같이 쪼아 구멍을 내서 새끼 병아리가 무사히 알에서 깨어나도록 돕는 것을 의미한다. 하지만 아직 새끼 병아리가 세상 밖으로 나올 준비가 되어 있지도 않았는데 어미 닭이 섣불리 판단하여 알을 깨뜨리면 새끼 병아리

병아리의 부화를 돕는 어미 닭

는 죽고 말 것이다. 코칭대상자가 아직 준비가 안 되었는데 코치가 알아차림을 강요한다면 이 또한 무엇이 다르겠는가? 따라서 코치는 코칭대상자가 스스로 깨어나고자 하는 마음을 알아차릴 수 있도록 경청하고 질문해야 한다.

코칭의 핵심은 대상자가 스스로 깨달아 자신의 성장을 촉진하는 것이다. 깨달음(awareness)이란 무엇일까? 코칭대상자 스스로 자신의 인지적 체계 속에서 자신만의

II. 코칭이란 무엇인가

잘못된 프레임이나 색안경을 걷어내고 새로운 신념을 갖는 것을 의미한다. 코치는 코칭대상자에게 가르치거나 강요하는 것이 아니라 마음을 열도록 그의 말에 귀를 기울이고 생각을 확대할 수 있는 질문을 통해 의식의 확장을 할 수 있다. 이러한 코칭에 대해 코칭심리학적 접근뿐만 아니라 리더십 차원에서 제대로 된 코칭에 접근하고자 한다. 코칭과정에서 문제 중심으로 너무 깊숙하게 들어가면 (+) 상태가 (−)로 오히려 더욱 무거워질 수 있다. '문제를 파고들 때의 기분이 마치 두꺼운 옷을 찬물에 담갔다가 바로 걸치는 느낌이라면, 강점을 이야기할 때의 기분은 마치 보송하고 가벼운 옷을 걸치는 듯한 기분'이라 할 수 있다.

따라서 코칭할 때 코칭대상자의 부정적 요소를 깊숙이 다루기보다는 긍정적 요소의 강점을 발굴하여 코칭대상자 스스로 실천할 수 있도록 촉진하는 것이 중요하다. 리더는 구성원들이 부여된 임무에 긍정적으로 임하고 훌륭하게 완수하기를 희망한다. 리더는 자신이 지닌 계급과 직책에 의한 영향력을 활용하거나 동기부여를 제공하여 자발적 임무수행을 통해 완수하도록 하는 것이다. 우리의 마음은 거울과 같아서 자신이 얼굴을 찌푸리면 타인도 찌푸리고, 타인에게 미소를 지으면 타인도 웃는 얼굴로 화답한다. 내가 부정적인 생각으로 타인을 대하면 타인도 나를 좋지 않은 시선으로 본다.

상담심리학과 코칭심리학의 인간관 비교

구 분		인간관	주요 접근법	주요 기법
상담 심리학	정신분석	본능에 지배당하는 인간	의식과 무의식, 자아와 초자아	자유연상, 꿈의 해석
	행동주의	환경이나 자극에 반응	자극-반응	보상과 처벌, 체계적 둔감법
	인간 중심	존중받는 인간	능동적 자아	진실, 수용, 공감
	인지행동	인지체계의 오류	인지-행동의 이해	ABCDE 기법
코칭심리학		무한한 가능성을 지닌 신뢰할 수 있는 인간	자아인식, 변화와 성장	코칭스킬과 프로세스

3. 코칭심리학 차원의 접근

1) 정신역동 코칭

달라이 라마는 "행복이 삶의 목적"이라고 했다. 동물들은 행복을 모르고 살지만, 인간은 행복한 삶을 간절히 희망한다. 마음먹기에 따라 행복과 불행이 갈라지지만, 긍정적으로 사고하기가 쉽지 않은 것이 현실이다. 마음속에 형성되는 부정적 사고를 긍정적 사고로 전환시키고자 노력하는 것이 심리학의 오랜 과제이기도 하다. 프로이트는 행복에 대해 한 가지 측면에만 기대해서는 안 된다고 하면서 어려서부터 형성된 잘못된 인식이나 감정, 행동의 원인을 분석하여 이를 제거하고자 노력했다.

프로이트는 1856년 오스트리아에서 태어났다. 중산층 유대인 가정에서 두 번째 부인의 맏아들로 태어나 궁핍한 생활에도 불구하고 아들의 교육을 최우선으로 삼은 부모 덕분에 우수한 교육을 받을 수 있었다. 프로이트는 1896년 '정신분석'이라는 용어를 공식적으로 사용하면서 정신분석학 발전의 계기를 마련했다. 그는 인간의 정신세계를 의식과 전의식, 무의식의 세계로 구분하면서 인간의 마음에 대해 과학적인 시도를 하게 되었다. 이러한 공로로 프로이트는 마르크스와 더불어 20세기 사상사의 양대 산맥으로 일컬어진다.

프로이트는 생물학과 생리학에 관심을 집중하여 브뤼케 교수의 생리학 연구실에서 근무하면서 자연과학 전반에 대한 중요한 태도를 습득했다. 이후 사르코 교수를 통해 최면술과 히스테리에 대한 지식에 접하게 되었다. 1886년 결혼과 함께 신경질환 상담자로서 의료 활동을 시작했으며, 이후 요셉 브로이어 박사와 함께 히스테리 환자를 치료하면서 '정신분석학'이라는 체계적인 학문 성과를 창출했다.

프로이트는 인간의 정신세계가 의식과 전의식, 무의식의 다층구조로 이루어져 있다고 주장하면서 인간의 의식과 행동은 깊은 내면에 숨겨져 있는 무의식에 의해 결정되며, 이러한 무의식을 체계적으로 연구하고 분석할 필요성이 있다고 강조했다.

첫 번째로 일상생활에서 느끼는 의식은 개인이 현재 자각하는 생각과 평소 자각하는 모든 경험과 감각을 의미한다. 우리가 어떤 순간에 인식하거나 느낄 수 있는 모든 경험과 감각, 즉 특정시점에 인식하는 모든 것을 말한다. 이를 '현실원칙'이라고 하며, 자아가 여기에 속한다.

두 번째로 전의식은 의식과 무의식의 연결다리 역할을 한다. 무의식 부분이나 의식과 가까이 있어 그곳의 저장된 기억을 의미한다. 지각이나 생각이 어떠한 계기에 의해 의식으로 변화될 수 있는 부분이다. 현실세계에서 조금만 주의를 기울이고 집중하면 쉽게 의식되는 경험과 기억, 인식의 표면에 있는 내용을 의미한다.

세 번째로 무의식은 자신에 대한 인식이 없는 상태로 정신세계의 대부분을 차지한다. 통상적으로 사람들의 행동을 지배하고 행동의 방향을 결정하는 부분이다. 무의식의 증거로 꿈이나 말실수, 실언 등을 들 수 있다. 부지불식간에 나타나는 무의식은 꿈의 해석이나 최면, 자유연상기법 등을 통해 파악할 수 있다. 무의식은 정신의 가장 깊은 수준에서 작동되는 것으로, 우리가 지각하지 못하는 경험과 기억으로 구성되어 본능에 의해 지배되며 행동에 큰 영향력을 발휘한다. 특히 아동기의 외상이나 부모에 대한 감추어진 적대감, 억압된 성적 욕구 등이 무의식에 속한다고 할 수 있다.

프로이트는 인간에 대해 '비합리적이고 결정론적인 존재'라고 가정했다. 인간은 본능의 지배를 받고, 삶과 죽음의 본능으로 구분되며, 비관론적 인간관을 주장했다. 인간의 삶의 본능에서 성적 본능이 가장 중요하고, 이러한 성적 본능 때문에 문제의 증상이 발생한다고 했다.[4] 또한 죽음의 본능에는 공격본능이 존재한다. 더불어 만 5세 이전의 성과 관련된 실제 경험이 한 개인의 성격을 결정짓는다고 했다. 인간의 사고 및 감정, 행동은 무의식의 강력한 본능적인 힘에 의해 결정된다.

인간은 선천적인 욕구 및 본능의 지배를 받는 존재이자 유전적 소인의 영향을 받는 존재이기에 생물학적인 충동과 본능을 만족시키는 욕망에서 동기화된다는 '유전론적 인간관'을 주장했다. 인간의 성격구조를 이드, 자아, 초자아로 구분하면서 에너

---

4 인간은 삶의 본능(에로스)과 죽음의 본능에 의해 지배를 받는다. 삶의 본능은 인간의 생존과 관련된 욕구 및 식욕, 성욕 등과 같은 생물학적인 욕구로 인간에게 쾌락을 주는 모든 행동이나 생각을 포함하며, '리비도'라 한다. 죽음의 본능(타나토스)은 사람들이 죽는 것에 대한 무의식적 두려움으로 죽음의 본능적인 구성요인인 공격성을 지닌다. 이러한 공격성이 타인에게 향할 때는 공격본능으로, 자신에게 향할 때는 자살에 이르게 되기도 한다.

지 보존법칙에 의해 인간을 움직이는 에너지가 이 세계의 성격구조에 분배되어 균형을 이룬다는 '전체론적 인간관'을 강조했다. 인간을 주관적인 느낌, 감정, 지각이나 의미 등을 중시하는 존재이자 외상이나 억압 같은 객관적인 조건에 노출되더라도 개인의 독특하고 주관적인 의미로 받아들인다는 '주관론적 인간관'을 주장했다.

프로이트는 1923년 발표한 『자아와 원초아』에서 기존 마음의 지형학적 모델을 삼원구조 이론(tripartite theory of personal)으로 발전시켰다. 인간의 성격구조를 원초아(id), 자아(ego), 초자아(super ego)로 구분했다. 인간의 성격은 원초아에서 자아와 초자아가 형성되어 각 요소 사이의 갈등이 존재한다. 이러한 삼원구조로 각자의 역할수행 간의 균형성을 강조했다.

원초아는 원초적 자아(id)로, 생리적 요소이자 쾌락의 원리로서 1차 과정이다. 원초아는 충동적 행동을 유발하는 원초적 욕구와 이를 충족시키는 심리적 과정으로 이루어진다. 인간의 정신에너지가 집결된 장소이자 인간성격의 생물학적 토대에 기초한다. 식욕이나 배설 욕구, 성적 욕구 등의 신체적 욕구로 충족동기와 관련이 깊다. 이러한 원초아는 쾌락원리에 의해 작동되어 고통은 피하고 쾌락을 추구한다.

자아(ego)는 심리적 요소로서 현실의 원리이자 2차 과정이다. 환경에 대한 현실적인 적응을 담당하는 심리적 구조와 기능을 의미한다. 인간성격의 합리적 측면을 나타내며, 원초아의 욕구를 현실상황에 맞게 충족시킬 수 있도록 작동한다.

초자아(super ego)는 사회적 요소로서 도덕의 원리이자 3차 과정이다. 어려서부터 칭찬과 처벌의 경험이 반복됨에 따라 마음속에 내면화된 사회적 규범과 부모의 가치관으로부터 많은 영향을 받는다. 초자아는 도덕적 완성을 추구하고자 한다. 원초아의 쾌락추구를 억제하면서 사회적 요구에 부합하는 측면에서 만족을 추구한다. 양심이나 개인의 자아 이상에 의해 작동된다.

프로이트는 인간의 성격구조 사이에 갈등의 결과로 불안(anxiety)이 생성된다고 했다.

먼저 '현실적 불안'으로, 실제적이고 현실적인 불안으로 자아(ego)가 현실을 지각하여 두려움을 느끼는 것을 의미한다. 실제적 위험이 있는 경우 느끼는 공포로 현재 맞닥뜨린 현실이 자신을 위협한다고 느낄 때 생성된다.

두 번째는 '신경증적 불안'으로, 본능적인 충동을 통제하지 못해 불상사가 생길 것 같은 위협에서 오는 불안이다. 자아와 원초아의 갈등으로 인해 나타나는 불안을 의미한다. 원초아(id)에 의해 충동적으로 표출된 행동이 처벌받지 않을까 하는 무의식적 두려움이다. 이는 객관적 대상이 없어 대처하기 어려우며, 원초아(id)의 본능적인 충동이다. 즉, 성적 본능이나 공격 본능이 현실에서 나타날지 모른다는 두려움으로 인해 나타나는 정서적 반응을 의미한다.

세 번째는 '도덕적 불안'으로, 원초아 대 초자아, 자기 양심에 대한 불안을 의미한다. 원초아와 초자아 간의 갈등에서 비롯된 불안이 생성되거나 도덕원리를 어김으로써 느끼는 죄책감을 말한다. 도덕적 불안은 객관적 대상이 없어 대처하기 어려우며 양심에 대한 두려움, 자아가 초자아의 양심이나 기대에 미치지 못하게 될 때 생겨나는 정서적 반응이다.

방어기제(defence mechanism)[5]는 현실 속 잠재적 불안의 위협에서 자신을 보호하기 위해 실제적인 욕망을 무의식적으로 조절하거나 왜곡하면서 마음의 평정을 이루기 위해 사용하는 심리적 메커니즘이라 할 수 있다. 프로이트는 이러한 행동이 본능에 의해 동기화되는 것처럼 불안을 피하려고 한다는 점에서 방어적이라고 생각했다.

코치는 코칭대상자의 자존감을 향상시켜 코칭대상자가 사용하는 방어기제를 유연하게 함으로써 스스로 현실검증 능력을 발휘하게 하고, 스스로 자기표현을 통해 자신에 대한 설명 등으로 올바른 초아자를 완성하도록 지원한다. 또한 코칭대상자와 긴밀한 코칭관계(coaching relationship)를 형성해 건강한 자아를 형성하고, 건전한 관계

---

5 방어기제
- 억압(repression): 스스로 의식하기에는 너무 충격적이고 고통스러운 경험들을 무의식적으로 억누르는 것
- 부인(denial): 고통스런 현실을 인식하지 않는 것으로, 사랑하는 사람의 죽음이나 배신을 인정하지 않는 것
- 투사(projection): 자신의 속성이 마치 타인에게 있는 것처럼 생각하고 행동하는 것
- 치환/전치(displacement): 전혀 다른 대상에게 자신의 욕구를 발산하는 것
- 반동형성(reaction formation): 무의식적 소망과 반대되는 방향으로 행동하는 것
- 취소(cancellation): 허용될 수 없는 상상이나 행동을 반증하거나 무르는 것
- 합리화(rationalization): 현실에 더 이상 실망을 느끼지 않으려고 그럴듯한 구실을 붙여 불쾌한 현실을 피하는 것
- 승화(sublimation): 사회적으로 용납할 수 없는 성적·공격적 충동을 사회적으로 인정되는 형태와 방법을 통해 충동과 갈등을 발산하는 것

를 통해 중립성(전이촉진), 집중적·장기적 분석, 경청과 자존감을 회복토록 지원한다.

코칭대상자가 전이(transference)를 형성하는 경우 이를 부정적으로 보기보다는 긍정적으로 인식한다. 그의 내면에 침잠해 있는 무의식의 발현이라 생각하고, 오히려 코칭대상자의 신경증상을 치유하고 해결할 수 있는 성공의 열쇠라고 함께 인식하여 이에 대한 촉진 및 탐색 통해 강점을 인식하는 계기로 전환할 수 있다. 더불어 역전이(counter-transference) 현상 또한 코치 자신의 발전뿐만 아니라 코칭대상자의 강점 발굴에 활용될 수 있다는 점을 인식하고 긍정적으로 활용할 수 있다. 정신역동 코칭은 인간의 내면 깊숙이 자리 잡고 있는 무의식을 의식화하는 것이다. 이를 위해 자유연상, 꿈 분석, 전이와 저항 분석 등과 같은 다양한 방법을 통해 코칭대상자의 무의식적 갈등과 역동 등을 자각하게 한다. 이를 통해 원초아가 있는 곳에 자아가 있게 한다.

정신역동 코칭을 효과적으로 활용하는 방법은 다음과 같다.

첫째, 자유연상 코칭(free association)을 통해 마음속에 떠오르는 것을 억누르지 않고 말하도록 한다. 과거의 생각을 기억해내고 연관된 강한 감정을 방출하도록 하는 것이다. 코칭대상자의 내면에 깊이 잠들어 있는 억압된 감정이나 욕구를 도출하여 더 나은 삶을 추구하도록 하는 것이다. 더불어 무의식 속에 침잠해 있는 꿈의 해석을 통해 코칭대상자의 무의식적 의미를 탐색하고 이해하여 새로운 통찰을 명료하게 제시할 수 있다는 점에서 아주 유용한 방법이 될 수 있다.

둘째, 편안한 코칭환경 조성으로 내러티브 코칭(narrative coaching)을 한다. 코치는 코칭대상자와 함께 충분히 시간을 가지고 신뢰를 형성한 가운데 코칭 전문가로서 코칭대상자 자신보다 더 위한다는 마음을 전해주고 비밀보장에 대한 안전감을 주어야 한다. 코칭대상자가 마음껏 이야기할 수 있도록 경청하고, 한 차원 높은 생각을 하도록 질문하면서 코칭대상자의 닫힌 마음이나 생각을 열어준다.

셋째, 자기성찰 코칭(introspection coaching)을 한다. 코칭대상자가 조용히 침잠한 가운데 자신이 함께 설정한 코칭의 진정한 목적이 무엇이고, 현재 상태는 무엇을 해야 하며, 이를 위한 해결방안을 모색하도록 돕는 것이다. 이러한 코칭과정에서 다소간 침묵이 발생한다 해도 조급하게 생각하지 말고, 침묵을 성찰의 시간으로 볼 수 있는 전문가적 여유가 있어야 한다. 이러한 침묵을 유지하며 스스로 마음을 정리하고 개방하면서 과거를 회상하는 가운데 스스로 문제를 해결하고 미래의 자신의 역할을 정리하는 코칭의 순간은 지금도 잊히지 않는 코칭의 백미였다.

넷째, 연결코칭(linking coaching)을 한다. 자신의 현재 모습이 어디로부터 기인했는지 생각하고, 앞으로 나아가야 할 방향이 어디이며, 누구로부터 조언을 받고 구체적으로 무엇을 해야 할지를 인식하도록 한다.

2) NLP 코칭

인간의 뇌는 1.4kg밖에 안 되지만, 초당 300억 비트의 정보를 받아들이고 이 중 114비트의 정보를 처리한다. 인간은 외부 자극에 대해 의식적·무의식적 감각을 통해 정보를 받아들인다.[6] 받아들인 정보에 대해 인지적·정서적 과정을 거쳐 판단하고 행동하게 된다. 인간은 생각한 대로 말하고 행동한다. 그러한 행동으로 인해 현실세계에 결과가 나타난다. 원하는 결과를 얻기 위해서는 행동을 변화시켜야 한다. NLP(Neuro Linguistic Program)는 외부로부터 정보가 들어왔을 때 내적인 과정과 사고패턴을 거쳐 의사결정, 문제해결 학습, 평가 및 결과를 도출하게 된다.

NLP는 20세기에 개발된 실용심리학의 한 분야로 인간행동의 긍정적인 변화를 이끌어내는 기법을 종합한 지식체계라 할 수 있다. 1970년대 초 심리학과 대학원생인 리처드 밴들러와 언어학 교수인 존 그린더 박사에 의해 창시되었다. 밴들러는 사람들의 인식 변화를 연구하는 과정에서 사티어의 가족치료, 프리츠 펄스의 게슈탈트 상담심리, 밀턴 에릭슨의 임상최면치료를 받아들여 NLP를 발전시켰다. 이들은 당대 유명한 심리치료사의 기법을 언어학적 관점에서 분석 및 패턴화하고 체계화하는 과정에서 1976년 이를 'NLP'라 명명하게 되었다.

NLP는 코치와 코칭대상자의 관계형성을 기본으로 감각적 인식과 성과적 사고,

6　인간의 평균 수명을 75년이라고 가정했을 때, 인간이 평생 얼마나 많은 양의 정신력을 보유할 수 있는지 실제로 측정할 수 있다. 인간의 두뇌는 1초당 대략 110비트의 정보를 처리할 수 있다. 가령 다른 사람이 자신에게 하고 있는 말을 이해하려면 40비트가 필요하다. 세 명 이상의 사람이 동시에 하는 말을 도저히 이해할 수 없는 것은 바로 이런 이유 때문일 것이다. 따라서 인간이 하루에 평균 16시간 깨어 있고, 75년을 산다면 평생 동안 경험할 수 있는 한계치는 대략 1,730억 비트의 정보라고 할 수 있다.

행동적 유연성을 바탕으로 한다. 코칭대상자가 받아들이는 시각, 청각, 촉각, 미각, 후각 등의 감각적 인식을 통해 정보를 처리하고, 이를 통해 최선의 선택과 행동을 하게 된다.

이와 같이 NLP는 세상을 이해하거나 경험한 것을 개념화하고 전달하는 과정에서 표현하는 언어와 태도 등에 관심을 두고, 뇌를 이해하는 지침서이자 성공한 사람들의 비법을 연구하여 창조적인 미래를 만들기 위한 프로그램이라 할 수 있다. 이는 코칭의 목표달성을 위한 커뮤니케이션 기법이자 두뇌를 사용하는 방법을 가르치는 기법이다.

NLP의 이론적 토대는 메타모델과 밀턴모델이다.

메타모델은 사티어의 가족치료와 펄스의 게슈탈트치료를 근간으로 한다. 사람들은 타인과의 대화에서 무의식적으로 내용을 생략하거나 왜곡할 수 있다. 메타모델은 사티어와 펄스의 대화법을 분석하여 정리한 것으로 생략과 왜곡, 일반화를 통해 사라진 정보를 복원하여 의사소통을 명확하게 하기 위함이다.

왜곡
- 그 사람은 나를 미워합니다.
- 그 사람의 어떤 행동을 통해 미워한다는 것을 알 수 있을까요?

일반화
- 제가 하는 일은 왜 모두 실패하는지 모르겠어요.
- 인생을 살아오면서 잘한 일이 왜 하나도 없을까요?

밀턴모델은 밀턴 에릭슨의 화법을 분석하여 정리한 것으로 의도적으로 생략이나 왜곡, 일반화를 통해 모호하게 표현함으로써 빠진 부분과 채워 넣는 과정에서 자신의 내면을 탐색하고 새로운 대안을 찾도록 하는 것이다.

마음 읽기
코칭대상자에 관한 구체적 근거도 없이 생각과 감정을 아는 것처럼 말함
"나는 당신의 ○○○에 대해 잘 알고 있습니다."

참조 색인의 결여
코칭대상자에게 구체적으로 누가 무엇을 하는지에 대해 밝히지 않음
"대부분 사람들은 할 수 있습니다. 당신도 할 수 있다는 것을 알지요."

현재 경험에 맞추기
코칭대상자의 검증 가능한 경험을 부정할 수 없는 방식으로 서술
" 당신은 여기에 앉아 있습니다. 그리고 현재 여기에 마음이 있고요."

NLP의 주요 개념 중 표상체계와 하위양식이 있다.

인간의 모든 생각과 경험은 오감(시각, 청각, 촉각, 미각, 후각)의 조합으로 이루어진다. 비유하자면 컴퓨터 프로그램은 0과 1의 이진법으로 구성되어 있지만, 인간의 정신작용 프로그램은 오감에 의한 오진법으로 구성되어 있다고 볼 수 있다.

과거에 경험했던 내용을 마음속에 그려내는 것을 '표상(representation)'이라고 부른다. 여기서 표상의 재료에 해당하는 오감을 '표상체계(representational systems)'라고 부른다. 시각(V), 청각(A), 촉각(K), 후각(O), 미각(G)에 내부언어(Ad)를 추가한 여섯 가지를 표상체계라 한다.

산에 올라갔을 때의 풍경을 떠올리는 것을 '표상'이라고 하며, 이러한 상상에 사용된 다양한 감각을 '표상체계'라고 한다.

시각(V) 측면에서는 산 정상에서 흩어지는 운무나 일출을 생각할 수 있다.

청각(A) 측면에서는 새가 지저귀는 소리와 계곡물 소리 같은 표상이 존재한다.

신체감각(K) 측면에서는 등산로 주변에 핀 야생화의 촉감, 산속에서 퍼져 나오는 더덕 내음(G) 등의 표상이 있을 것이다. 여기에서 표상체계란 표상을 만들어내는 데 사용된 시각, 청각, 촉각 등 오감 자체를 말한다.

오감 중 사람마다 선호하는 감각이 있다. 이를 '선호 표상체계'라고 부른다. 어떤

사람은 시각 위주로 세상을 보고, 어떤 사람은 청각적인 면에 집중한다. 어떤 사람은 신체감각에 집중하고, 요리를 좋아하는 사람은 후각에 중점을 둘 수 있다. 그렇기 때문에 VAK를 '주요 감각양식'이라고 한다. 비법을 연구하여 창조적인 미래를 만들기 위한 프로그램이라 할 수 있다.

표상체계인 시각, 청각, 촉각을 구성하고 있는 세부적인 요소들을 '하위양식'이라고 한다.

- 시각: 하위양식(모양, 크기, 색깔, 위치 등)
- 청각: 하위양식(소리 크기, 높낮이, 부드러움의 정도, 빠르기, 톤 등)
- 촉각: 하위양식(느낌, 촉감, 부드러움, 온도, 몸의 감각 등)

NLP 코칭의 주요 기법에는 탁월성의 원, 앵커링, 포지션 체인지, 긍정적 의도 찾기 등이 있다.

첫째, '탁월성의 원'은 코칭대상자가 과거의 기억을 상기하여 자신이 좋아하는 것으로 채워진 원 속에서 자원을 활용하는 방법이다. 탁월성의 원 활용은 걱정되거나 불안한 상황에서 자신감 있게 대처하고자 할 때 유용하다. 진행 절차는 다음과 같다.

① 자신이 원하는 최상의 상태를 상기하고 과거의 성공경험이나 가능한 자원을 탐색한다.
② A4 용지에 자신이 들어간다고 생각하고 원을 그리고, 원 안에 좋아하는 것을 가득 채운다.
③ 원 안으로 들어가서 그 상태를 충분히 느낀다.
    * 무엇이 보이고, 들리며, 어떤 느낌이 드는가?
④ 상태를 중단하고 원 밖으로 나온다.
⑤ 원 안과 원 밖이 어떻게 다른지 질문한다.
⑥ 다시 탁월성의 원 안으로 들어간다.
⑦ 상태 중단: 원 밖으로 나온다. 이러한 과정을 5~6회 정도 실시하면서 자신의

장점을 도출한다.

⑧ 미래에 닥칠 일에 대해 상상하고 탁월성의 원에 들어가 충분한 자원을 끌어내어 활용한다.

⑨ 탁월성의 원을 거두어 보관한다.

둘째, '앵커링'은 행동주의의 자극과 반응 이론을 활용한 것으로, 반복된 자극을 통해 행동과 반응 조건화를 형성하는 것을 의미한다. 앵커링은 이렇게 형성된 앵커를 활용하여 특정한 자극을 줄 경우 그에 해당하는 특정한 반응을 불러일으킨다. 진행 절차는 다음과 같다.

① 코칭대상자가 가장 잘했거나 강점을 잘 발휘했던 때를 상기시킨다.

② 잘했던 때를 상기하면서 그 당시의 기분, 감정을 느끼고 표현하도록 한다.

  * 코치는 표정이나 태도, 호흡, 단어나 톤 등을 유심히 관찰한다.

③ 백트래킹하면서 좋은 상태를 앵커링한다.

④ 상태를 중단한다.

⑤ 앵커 여부 확인: 앵커를 한 위치에 손을 대고 좋은 상태로 돌아갔는지 확인한다.

⑥ 상태 중단

⑦ 문제의 상태를 확인한 다음 부정적 상황이나 사건을 떠올린다.

⑧ 코칭대상자를 다시 앵커링하여 좋은 상태를 불러일으킨다.

⑨ 코칭대상자의 상태를 확인한다.

셋째, '포지션 체인지'는 상대방의 입장을 이해하고 갈등관계를 개선하기 위해 상호 객관적인 입장을 견지하여 상대방의 관점으로 현상을 보도록 하는 것이다. 타인과의 갈등관계에 있을 때 적합하다. 진행 절차는 다음과 같다.

① 코칭대상자와 갈등관계에 있는 사람이 의자에 앉아있다고 상상한다.

② 상대방에게 하고 싶은 말을 하게 한다.

③ 상대방의 위치로 간 다음 상대방 입장이 되어 자기에게 하고 싶은 말을 하게 한다.

④ 다시 자신의 위치로 돌아와 상대방의 입장에서 말하도록 한다.

⑤ 이와 같은 과정을 되풀이한다.

⑥ 갈등이 해소된 느낌을 들면 코칭대상자에게 현재의 느낌을 묻고 종료한다.

넷째, '긍정적 의도 찾기'는 어떤 행동이나 신념 뒤에 숨겨진 긍정적인 목적을 찾기 위한 방법이다. 아무리 이해하기 힘든 행동일지라도 그 사람 나름의 합리적 이유를 찾아내고 대안을 수립하기 위한 것이다. 게임, 흡연, 지각 등 하지 않고자 하는데도 계속 유지할 경우에 적합하다. 진행 절차는 다음과 같다.

① 스스로 개선하거나 끊고 싶은데 잘 안 되는 일은 무엇이 있을까요?

② 개선이 안 되거나 끊지 못함으로써 얻는 이익은 무엇일까요?

③ 방금 말한 것을 통해 얻는 이익은 궁극적으로 당신에게 어떤 결과를 가져올까요?

④ 궁극적으로 당신이 원하는 삶은 무엇인가요?

⑤ 원하는 삶을 위해 어떤 방법이 있을까요?

그 밖에 공중분리법, 영화관 기법 등이 있다.

'공중분리법'은 문제의 상황을 떠올리고, 그 사건을 겪고 있는 자신을 인식하고 충분히 인식되면 자신의 몸에서 나와 3인칭 형태로 분리한다. 그런 다음 공중으로 올라가 문제 상황을 내려다보는 식으로 경험하는 방법이다. 천장의 높이, 비행장 정도의 높이, 우주공간의 무한한 높이와 같이 점차 높여간다. 고소공포증이 있는 사람은 거리 분리 기법을 사용한다. 높이 멀어지는 것이 아닌 옆으로 멀어지는 것, 멀어져서 자신이 좋아하는 장소에 도달하는 것을 상상하면 덤으로 긍정적인 심리 상태도 얻을 수 있을 것이다.

'영화관 기법'은 문제의 상황을 오감 차원에서 경험하여 연합한 후, 영화관에서 영화를 보는 상상을 하며 3인칭으로 떨어져서 문제의 상황을 바라보면서 분리하는 기법이다. 충분히 객관적이며 감정에서 자유로워진 상태가 되었다면 영화의 장면을 자신이 원했던 상황으로 변화시켜준다.

① 극복하고 싶은 자극이나 외상적 혹은 불쾌한 기억에 대한 공포반응이 일어나는 때를 식별한다.
② 불쾌한 경험을 한 전후에 안전했다는 것을 기억한다.
③ 극장에서 작은 흑백 스크린에 나오는 자신을 지켜보는 모습을 상상한다.
④ 극장 좌석에 앉아있는 자신에게서 빠져나와 영사실로 들어가는 것을 상상한다.
⑤ 이제 영사실에서 자신을 볼 수 있는데, 좌석에 있는 자신과 영화 스크린에 있는 자신을 본다.
⑥ 필름을 매우 작은 스크린에서 흑백으로, 극복하고 싶은 기억을 경험하기 이전부터 시작해서 안전하다고 느꼈던 경험이 끝날 때까지 돌린다.

자신의 문제를 해결할 때는 눈을 감고 단순히 상상해서 몰입하면 되지만, 타인의 문제를 해결해줄 때는 말로 지시해야 한다. "눈을 감아보세요. 그때의 나 자신을 떠올려보세요. 그 상황을 자세히 느껴보세요. 자신에게서 나와 자신을 위에서 바라보세요. 얼마나 편해졌나요? 눈 뜨세요" 같이 그냥 지시하면 된다. 상대가 내 말을 안 들어주거나 대충 한다면 라포르가 덜 형성되었다는 의미이므로 코칭을 하기 전에 충분한 신뢰감을 형성해야 한다. 라포르가 형성된 상태에서 말로 상대에게 심상을 만들거나 변화시킬 것을 주문하면 된다.

3) 인지행동 코칭

고대 철학자 에픽테투스는 "인간은 일어난 현상이나 사건이 문제가 아니라 그것을 받아들이는 관점 때문에 혼란스러워한다"고 했다. 개인심리학자 아들러는 "정서적 반응과 생활양식은 개인이 지닌 기본신념이나 패턴과 관련되어 인지적으로 형성된다"

고 했다. 이를 통해 엘리스(Ellis)는 합리적 정서행동치료를, 벡(Beck)은 인지행동치료를 주장했다.

엘리스와 벡이 주창한 인지행동주의는 사람들의 인지, 정서, 행동의 변화를 통한 문제해결을 중시했다. 인간의 역기능적 사고는 생각의 오류 또는 인지체계의 잘못으로 인해 나타나며, 그것이 인간의 정서 및 행동에 영향을 미친다는 것이다. 인간의 감정이나 사고 행동에 초점을 맞추고, 어떠한 생각을 하느냐에 따라 감정이나 행동 등이 달라진다는 것이다. 어떤 사건을 자신이 지닌 비합리적인 사고로 해석하기에 정서적 문제를 경험하게 되거나 행동하게 된다는 것이다.

인지행동주의는 인지주의와 행동주의 심리학이 결합된 이론으로, 인간의 사고는 비록 비합리적이지만 변화시킬 수 있는 힘이 존재한다고 믿는다. 인간은 비합리적인 사고를 합리적인 사고로 대체할 능력이 있다. 따라서 인간이 비합리적인 사고로 인해 나타나는 문제를 해결하기 위해서는 비합리적인 사고를 합리적인 사고로 전환해야 한다고 주장한다.

엘리스(Albert Ellis, 1913~2007)는 미국의 심리학자이자 심리치료사로 정신분석학적 접근을 시도했다. 그러나 정신분석학적 접근에 한계를 인식하고 '합리적 정서행동치료(REBT: Rational Emotive Behavior Therapy)'라는 독자적인 치료방법을 개발했다. REBT는 행동치료에 속하며, 오늘날 확대 사용되는 인지치료의 개척자에 해당한다. 특히 REBT는 불안과 우울 처치에 효과성이 증명되었으며, 여러 가지 정서장애치료에 효과적인 방법으로 사용되고 있다.

벡(Aaron T. Beck)은 미국의 정신과 의사이자 심리치료사로, '인지행동치료의 아버지'로 일컬어지는 사람이다. 1942년까지 브라운대학에서 공부하고 예일대학에서 정신과 의사로 졸업했다. 그는 엘리스와 거의 동시대에 고전적 행동치료를 받아들였으며, 우울증 심리치료에 사용했던 인지적 개념들을 추가했다.

인지행동주의 심리학의 인간관은 인간은 합리적 사고와 비합리적 사고를 모두 할 수 있다는 생각을 인정한다. 따라서 인간은 일을 잘할 수도 있고 못할 수도 있음을 인정하고, 실수하는 가운데 극복하고 좀 더 평화롭게 사는 것을 배우는 온전한 인간으로서 자신을 수용하도록 돕는다.

인간의 정서적 장애는 어려서 중요한 타인에게서 받은 비합리적 신념을 학습하면서 시작된다. 이때 자기암시와 자기반복 학습과정에 의해 그것을 당연한 것으로 받아들이고, 사고와 신념으로 자리 잡게 된다. 인간은 살아가면서 다른 사람에게 인정과 사랑을 받고 싶어 하지만, 반드시 그래야 하는 것은 아니라는 점을 강조한다. 코치는 코칭대상자가 중요한 타인에게 인정받지 못하고 사랑받지 못할 때도 슬퍼하거나 노여워하지 말 것을 강조한다. 타인들에게 인정받지 못한 것에 대한 슬픔을 극복하는 방법을 찾도록 돕고, 부족한 자신을 수용하는 것을 배우도록 한다.

비합리적 신념(예)

① 나는 내 인생에서 의미 있는 모든 이에게서 사랑받거나 인정받아야 한다.
② 가치 있다고 느끼기 위해 사람은 가능한 한 모든 면에서 유능해야 한다.
③ 사람들은 자신에게 일어나는 나쁜 일들의 외부 원인에 관해서는 통제할 수 없다.
④ 나는 중요한 과제를 유능하고 완벽하게 수행해야 한다.
⑤ 인간의 문제에 대해서는 항상 완전한 해결책이 있는데, 그것을 발견하는 것은 필수다.

인지행동 코칭 방법은 먼저 코칭과정에서 강력한 인지적 방법을 사용하여 코칭대상자가 스스로에게 계속 질문하여 생각하고 행동하는 것이 무엇인지를 깨닫도록 한다. 이를 통해 자기 생각이나 행동의 한계를 인식하여 새로운 방법을 찾도록 돕는다. 이를 위한 인지적 코칭 방법은 다음과 같다.

첫째, 비합리적인 신념이 있다면 이에 대한 논박으로 'ABCDE 방법'이 있다. 비합리적 신념으로 인해 발생하는 잘못된 사고와 행동을 합리적인 방법으로 전환시키는 것이다.

① A(Activating Event)는 선행사건으로, 개인에게 인지행동적 혼란을 유발한다.
② B(Belief System)는 신념체계로, 선행사건에서 일어나는 행동이나 사건에 대한

개인의 신념이다.

③ C(Consequence)는 신념체계에 대한 정서적·인지적·행동적 결과나 반응이다.

④ D(Dispute)는 비합리적 신념을 바꾸도록 돕는 합리적 논박과정이다.

⑤ E(Effect)는 효과로, 코칭대상자가 가진 비합리적 신념을 철저하게 논박함으로써 합리적 신념으로 대체한 뒤 느끼게 되는 자기수용적인 태도와 긍정적인 감정의 결과를 의미한다.

ABCDE 모델(예)

자판기에서 음료수를 뽑기 위해 동전을 넣었으나 결과물이 나오지 않자 화가 나서 자판기를 발로 찼지만 결과는 아무런 반응이 없었다.

① 자판기에 동전을 넣었으나 음료수가 나오지 않았다(A).
② 이를 해결하기 위한 방법으로 발로 걷어찼다(B).
③ 발로 차도 아무런 반응이 없었다(C).
④ 다시 생각해보니 자판기에 관리인 전화번호가 있어 관리인에게 상황을 이야기 했다(D).
⑤ 관리인이 와서 음료수를 뽑아주었다(E).

둘째, '언어 습관을 바꾸는 것'이다. 일상적인 언어사용에서 "당연히 ~해야 한다", "~하지 않으면 안 된다"라는 말들을 "~하고 싶다, ~하겠다"로 대체하고, 이를 생각하고 행동하게 되면 그 결과가 다르다는 것을 느끼도록 한다.

셋째, '역할 바꾸기'를 통해 상대방을 이해하고자 노력하는 것이다. 코치는 코칭대상자가 상대방의 입장에서 생각하고 행동하도록 함으로써 스스로 깨닫게 한다. 일상생활 속에서 수행하지 못하거나 수행하기 곤란한 역할행동을 현실적 장면이나 극적 장면을 통해 시행함으로써 적응행동으로 바꾸는 기법이다. 특정상황의 문제 발생 원인을 정확히 말로 표현할 수 없을 때 어떤 특정 행동이 어떻게 해서 원하지 않는 반응과 결과를 불러일으키는지 확인하는 방법이다.

정서적 방법으로는 합리적 감정 갖기, 유머, 자존감 회복 등이 있다.

첫째, '합리적 감정 갖기'다. 코칭대상자들이 일상생활에서 생각하고 느끼고 행동할 때 긍정적 사고와 감정으로 활기차게 상상한다.

둘째, '유머'는 코칭대상자가 고집스럽게 유지하는 생각들이 비합리적인 것임을 보여주고 덜 진지하게 생각하도록 돕는다.

셋째, '자존감을 회복'토록 하는 것이다. 자존감이 낮다고 생각하는 코칭대상자가 있다면 스스로 수치심을 느끼는 것에 대해 타인들은 그렇게 심각하게 생각하지 않거나 그럴 필요가 없음을 인지하게 하여 자존감을 높여주는 방법이다.

행동적 기법으로는 부적 제재 및 정적 강화, 체계적 둔감법, 토큰경제, 모델링 등이 있다.

첫째, '부적 제재 및 정적 강화'는 부정적 행동은 제거하고 긍정적 행동을 강화시키는 것이다. 바람직하지 못한 행동을 소거하고 새로운 생각과 행동을 학습시키는 것이다. 정적 강화(positive reinforcement)는 행동 발생률을 향상시킬 수 있는 어떤 환경적 자극을 제공함으로써 바람직한 행동을 증가시키는 것이다. 흔히 사용되는 정적 강화로는 인정, 지지, 칭찬, 자유 시간, 돈, 승진 등이 있다. 부적 강화(negative reinforcement)는 어떤 바람직한 행동을 할 때 대상자가 싫어하는 대상물을 제거해주는 방법을 말한다. 부적 강화는 바람직한 행동을 함으로써 불쾌한 것을 피할 수 있다. 부적 강화로는 처벌, 질책, 구속 등이 있다.

둘째, '체계적 둔감법(systematic desensitization)'은 불안이나 공포가 있다면 이를 낮은 단계로부터 높은 단계 순으로 체계적으로 높여가며 제거해나감으로써 변화를 추구하는 것이다. 혐오스러운 느낌이나 불안한 자극에 대한 위계목록을 작성하여 서서히 벗어나도록 하는 방법이다. 이를 위해 낮은 단계로는 먼저 이완훈련, 불안위계표 작성, 불안위계표에 따른 이완훈련 순으로 실시한다. 이완훈련은 근육이 이완된 상태에서는 불안이 일어나지 않는다는 원리에 따라 주로 공포나 불안을 제거하는 데 사용한다. 이어서 불안위계표를 작성하는 데 공포나 불안을 일으키는 장면과 관련된 장면의 목록을 작성하고, 주관적인 불안 정도를 수치로 표시한 다음 불안과 관계된 장면이 약한 것에서부터 강한 순서로 위계를 정한다. 마지막으로 불안위계표에 따른 이완훈련을 실시한다. 공포나 불안이 낮은 장면에서부터 시작하여 점차 높은 장면으로 올라가면서 이완훈련을 통해 불안을 제거하는 것이다.

셋째, '토큰경제'는 조직구성원이 과업을 수행하면 토큰이나 점수를 얻게 된다. 조직의 과업수행에 부적합한 행동을 하면 토큰이나 점수를 잃을 수도 있다. 토큰이나 점수는 상점, 자유 시간, 포상휴가증, 외출 및 외박 등과 같이 주기적으로 교환할 수 있다.

넷째, '모델링'은 조직구성원이 배워야 할 행동 모델을 실제상황이나 비디오, 책, 영화 등을 통해 제공하는 것이다. 이런 과정을 통해 시행착오를 하지 않고도 바람직한 행동을 배울 수 있다. 모델링을 통해 새로운 반응이나 기술을 인지하고 실행하며, 새로운 과업이나 극한 상황에 대한 공포를 감소시킬 수 있고, 리더의 솔선수범적 행동을 통해 동기를 부여할 수도 있다.

인지적 변화의 대표적인 예로는 '일체유심조(一切唯心造)'가 있다. 인식의 변화에 따라 세상이 달라 보일 수 있다. 원효대사(元曉大師)가 불법(佛法)을 공부하기 위해 당(唐)나라로 유학을 가는 도중에 날이 저물어 자다가 목이 말라 어두운 밤에 어렵게 물을 찾아 마셨는데 감로수처럼 달았다. 다음날 일어나보니 그곳은 편안한 잠자리가 아닌 해골이 그득한 무덤이었고, 잠결에 마셨던 감로수는 해골바가지에 고인 물이었다. 원효대사는 간밤에 해골물을 마신 사실에 구역질이 났다. 잠자리는 포근했지만 낮에 보니 인간의 시체들로 가득 찬 무덤이었으며, 간밤에 마신 물은 실체를 보니 해골에 고인 썩은 빗물이었다. 실체는 변함이 없는데 나의 생각에 따라 인식이 달라짐을 깨달았다. 이에 원효대사는 인간이 생각하는 모든 것은 마음에서 비롯된다는 일체유심조를 주장했다.

4) 인간 중심 코칭

인간 중심 심리학은 칼 로저스(Carl Ransom Rogers, 1902~1987)가 창시한 대표적 이론이다. 칼 로저스는 미국 일리노이주에서 출생했다. 컬럼비아대학에서 심리학을 공부하고, 1931년 임상심리학으로 박사학위를 받았다. 뉴욕 로체스터의 아동지도센터와 아동학대예방협회에서 근무하면서 정신분석학과 상담을 하다가 손다이크(Edward Throndike)의 영향을 받아 행동주의 관점을 학습하게 되었다. 정신분석과 행동주의 관점을 모두 경험한 로저스는 이 둘 사이에서 갈등했지만, 결국 정신분석과 행동주의 관점을 융합하고 승화시켜 새로운 상담이론을 발전시켰다.

1942년 『상담과 심리치료(Counseling and Psychology: Newer Concepts in Practice)』라는 책에서 당시 지배적이던 정신분석과 행동주의의 지시적 상담에 반하는 비지시적 상담을 주장했다. 이러한 비지시적 상담은 1950년대에는 '내담자 중심 상담'으로, 1970년대에는 '인간 중심 상담'으로 발전했다. 인간 중심 심리학의 인간에 대한 관점은 다음과 같다.

① 인간은 선한 마음을 가지고 태어난다(낙관론적 인생관).
② 인간은 태어나면서부터 자신의 잠재력을 실현시키려는 경향성을 가지고 있다(유전론적 인생관).
③ 인간의 삶이란 어떤 힘에 의해 조종당하는 수동적인 존재가 아니라 각 개인이 자유롭고 능동적으로 선택한 결과다(자유론적 인간관).
④ 인간의 행동은 단편적인 사건이기보다는 전체적으로 기능하는 개인이다(전체론적 인간관).
⑤ 인간은 사적이며 주관적인 세계 속에서 지각하며 살아간다(주관론적 인간관).

인간은 기본적으로 현실적이고 합목적적이며, 오늘보다 나은 내일의 성장을 추구한다. 인간에 대해서는 긍정적이고 휴머니즘적인 인본주의 관점을 견지한다. 더불어 모든 인간은 신뢰할 만한 선한 존재이며 존중받아야 할 존재라고 인식한다. 인간중심주의는 기존의 결정론적 인간관에 이의를 제기하면서 '믿을 만한', '건설적인', '선량한' 등의 용어를 사용하여 인간을 설명했다. 타인의 인격과 개성을 존중하면서 그 사람의 관점을 기준으로 이해하는 데 중점을 두었다.

인간은 자신의 삶에서 결정적으로 중요한 일은 스스로 판단하고 해결할 수 있는 능력을 가지고 있다고 생각한다. 인간의 삶은 누군가에 의해 조종되는 수동적인 과정이 아니라 능동적인 과정이라는 것이다. 인간의 심리 문제는 타고난 자신의 가능성과 잠재력을 발견하지 못한 상태에서 외부에서 부여된 가치조건으로 인해 형성된 자기개념이 주변 상황을 부정하고 왜곡할 때 발생한다. 인간은 부적응 상태에서 심리적 건강상태로 변화하는 천부적인 능력과 자아실현 경향성을 가지고 있기 때문에 충분히 허용적인 분위기를 제공하면 대상자 스스로 내재적 잠재력을 발휘하여 문제를 해결해나갈 수 있다고 보았다.

인간 중심 이론의 주요 개념은 '자아'의 개념으로, 인간의 행동은 주변의 자극이나 상황에 의해서가 아니라 단지 개인이 그것을 어떻게 지각하고 경험하는가에 따라 달라진다는 것이다. 개인이 인식하는 경험의 세계에서 분화된 부분으로 자기에 대한 개념이 형성된다. 특히 어린 시절에 형성되어 성장하는 동안 다양한 사람과 상호작용하고 많은 경험을 하면서 성숙해지고 복잡해진다. 현실적 자아의 개념으로 자신을 현재 어떠한 사람으로 인식하는가와 이상적 자아의 개념으로 앞으로 자신이 어떠한 존재가 되고 싶은가로 구분한다.

모든 유기체는 자신의 능력을 성장시키고자 하며, 자율성을 향한 발달과정으로 타율성이나 외부의 통제로부터 벗어나려는 경향을 보인다. 모든 유기체는 현재 상태에서 좀 더 발전하도록 잠재력을 키워 성숙하는 데 노력을 기울이는 자아실현 경향성을 지닌다는 것이다.

세 번째는 '충분히 기능하는 인간'으로, 자신의 잠재력을 인식하고 능력과 자질을 발휘하여 자신에 대한 완벽한 이해와 경험을 풍부하게 하는 방향으로 이동해가는 사람을 의미한다. "자신의 모든 감정을 경험할 수 있고, 그중 어느 것도 두려워하지 않으며, 자신의 경험을 통해 그 안에서 자유롭게 흘러가도록 하는 사람"이다. 충분히 기능하는 사람이란 "합리적인 판단이 가능하며, 상황에 따라 적절한 행동을 할 수 있는 경험에 대해 개방적인 사람"을 의미한다. 매 순간의 경험을 중요하게 생각하면서 충실히 살아가기 때문에 모든 순간이 새롭고 이전과는 다르게 생각하며 살아가는 사람이다. 또한 자신의 유기체적 경험을 활용하여 자신이 옳다고 믿는 것을 선택하며, '나 자신의 행동과 그 결과에 책임을 지는 것은 나뿐'이라는 점을 염두에 둔다. 더불어 자신의 내재된 욕구를 충족시키면서도 창조적으로 건설적인 삶을 살아간다.

　인간 중심 코칭의 목표는 자신의 생각과 현실인식과의 불일치를 제거하고 스스로의 강점을 발굴하여 충분히 기능하도록 돕는 것이다. 코치의 진실한 마음은 코칭 간에 경험하는 감정을 그대로 솔직히 인정하고 표현하여 신뢰를 형성하고 공감적 소통을 강조한다. 코칭대상자의 감정, 사고, 행동에 대해 어떠한 판단이나 평가도 하지 않으며, 긍정적으로 받아들이는 가운데 그의 마음을 얻을 수 있다. 코치는 코칭 간 대상자의 감정에 빠져들지 않는 가운데 그의 감정을 자신의 감정인 것처럼 느낀다. 인간 중심 심리학은 현재 가지고 있는 문제들을 목표로 삼기보다는 인간 자체를 상담의 목표로 선정한다. 코칭대상자가 현재 직면하고 있는 문제를 해결하기도 하지만, 앞으로 전개될 미래를 생각하고 성장할 수 있도록 도와주고자 노력한다.

　인간 중심 코칭에서는 단순히 이론적 기법보다는 코칭의 자질이나 태도, 상호 정서적 교류가 중요하다. 코칭에 대한 1차적 책임을 코칭대상자에게 부여하고, 스스로의 힘으로 문제를 해결하고 성장하여 충분히 기능하는 인간이 되도록 지원한다. 코치는 코칭대상자의 내재적 잠재력과 가능성을 신뢰하기 때문에 코칭대상자가 충분히 기능하는 인간이 되도록 돕는다. 전반적인 코칭목표는 설정하지만, 구체적인 코칭목표는 코칭대상자 자신이 선택하여 결정하도록 지원한다.

　코칭 관련 기본 지식, 이론, 코칭기법보다는 코칭관계에서 코칭대상자에게 보이는 코치의 태도가 매우 중요하다. 코치는 자신이 코칭대상자와 인간적 관계를 어떻게 맺고 어떠한 태도로 코칭관계를 유지할 것인지에 중점을 둔다. 즉, 코치 자신이 코칭대상자의 변화를 일으키는 치료적 도구가 되는 것이다.

　코칭 간 활용되는 방법에는 진실성, 긍정적 수용, 공감적 이해 등이 있다.

　첫째, '진실성'은 코치가 코칭대상자와의 관계에서 어떠한 가식이나 왜곡되거나 거짓 없이 온전히 진실하고 솔직해야 함을 의미한다. 코치가 매 순간 경험하는 자신의 감정이나 태도를 그대로 인정하고 표현하는 태도가 요구된다.

　둘째, '긍정적 수용'은 코치가 코칭대상자가 지닌 경험의 모든 영역과 측면을 진실하게 수용하는 것이다. 코칭대상자에 대한 어떠한 가치 판단도 하지 않은 채 조건 없이 있는 그대로의 존재를 따뜻하고 긍정적인 태도로 수용하고 존중해주는 것을 의미한다.

셋째, '공감적 이해'는 코칭대상자가 생각하는 의미를 코치가 정확하게 이해하여 공감해주는 역량이 요구된다. 이러한 과정에서 때로는 침묵이 요구되기도 하고, 코칭대상자가 자신을 더 잘 이해할 수 있도록 돕기 위해 코치의 경험이나 생각, 느낌을 함께 나눌 수도 있다.

코칭 기술에서 미러링은 상대방의 보디랭귀지를 모방하는 것을 말한다. 상대가 머리를 만지면 나도 머리를 만지거나, 다른 신체 부위를 만지거나 하는 식으로 비슷하게 모방하는 것이다. 거울처럼 똑같이 모방하면 상대가 알아채거나 의심할 수 있으므로 시간차를 두고 모방하거나, 비슷한 다른 행동을 하는 식으로 모방한다. 친한 사람들 사이에서는 미러링이 자연스럽게 일어난다고 한다.

백트래킹은 상대방의 말을 모방하여 되돌려주는 것을 의미한다. 미러링과 마찬가지로 상대가 "나 ○○○했어"라는 말에 "○○○했구나"라는 방식으로 똑같이 돌려주면 상대가 의심하거나 알아챌 우려가 있다. 물론 상대가 알아차리면 오히려 기분 나빠할 수 있어 라포르 형성에 좋지 않을 수 있다. 주로 상대가 좋아할 만한 화제를 유지한다거나, 상대가 한 말의 내용이나 가치관에 부합되는 다른 말을 한다거나, 상대의 주장에 되도록이면 이의나 비판을 제기하지 않는다거나 하는 방식으로 활용한다.

4. 리더십 차원에서의 접근

리더는 구성원에게 동기를 부여하여 스스로 변화와 성장을 추구하도록 리더십을 발휘한다. 하지만 지식정보화로 촉발된 4차 산업혁명 시대에는 기존과 같이 리더의 지식이나 경험으로 구성원들에게 자신이 지닌 영향력이나 동기부여를 통한 리더십이 한계에 부딪치고 있다. 그런 측면에서 경험주의와 상대되는 구성주의가 새롭게 부각되고 있다. 구성주의는 이전의 리더 중심에서 탈피하여 구성원들의 인격, 동기부여, 목표달성 등 구성원 스스로의 능동적 구성을 중시하는 것이 가장 큰 특징이다. 구성주의에서 중요한 것은 리더의 역할에 관한 것으로, 리더는 구성원 스스로 실천을 하도록 방임하는 것이 아니라 구성을 도울 수 있는 조력자, 적절한 환경을 제공하는 안내자가 되도록 노력을 기울여야 한다는 점이다.

초연결 시대에 리더십의 패러다임은 리더 중심에서 구성원 중심으로 전환하고 있다. 즉, 리더는 구성원이 스스로 목표를 설정하고 자신에게 동기를 부여하여 실천하도록 돕는다. 리더는 구성원이 스스로 깨달을 수 있는 앎의 이론(theory of knowing)과 이에 대한 실천 의미를 부여하고(how to make meaning) 실천(how to do) 방법을 성찰하도록 한다.

리더는 구성원을 수동적인 존재가 아니라 적극적이며 자율적인 실천가로 만드는 존재다. 구성원 스스로 목표를 수립하고 자율적으로 자신감과 책임감을 겸비하는 것이 중요하다. 스스로 설정한 목표를 실천하여 변화와 성장을 지향해나갈 수 있는 역량을 지니고 있다고 신뢰하는 것이 중요하다. 리더의 역할은 구성원의 의견과 관심이 반영된 코칭목표를 수립하도록 지원해주며, 구성원들과 함께 탐구하고 배우는 자로서 동등한 위치임을 인식시키는 것이다. 이를 위한 환경조성으로 설정된 목표에 대해 공동의 해결 과정을 인도하며, 현실인식 및 대안을 탐색해가는 과정을 구성원 스스로 해나가도록 충분히 지원하여 자기결정에 따른 책임과 성취에 대한 보람을 느끼도록 하는 것이 중요하다.

20세기 이전까지의 조직문화는 한 사람의 리더에 의해 지휘되는 수직적이고 지시적인 명령체계에 의한 관료주의적 조직으로서 리더의 역할이 중요했다. 조직에서 발생하는 문제에 대한 해답은 리더가 생각하고 판단하는 방식으로 충분했다. 하지만 21세기 조직사회는 다양하고 복잡한 문제의 발생으로 한 명의 리더가 모든 것을 판단하고 결정하기에는 위험한 환경이다. 리더에게는 수평적 파트너십을 바탕으로 조직구성원의 자발성과 다양성을 인정하는 리더십을 바탕으로 한 임파워먼트(empowerment)와 지휘의 얼라인먼트(alignment)가 중요하게 되었다. 따라서 21세기의 리더상은 리더가 모든 문제의 해답을 시도하기보다는 조직구성원들이 스스로 해결하도록 경청하고 질문하는 리더십이 요구된다.

이러한 시대적 변화에 따라 훌륭한 리더는 조직을 풍요롭게 하지만, 부정적 리더는 조직을 망칠 수 있다. 따라서 리더는 조직의 문제를 정확히 파악하고 구성원들의 마음을 헤아려 자발적으로 참여토록 해야 한다. 구성원들의 마음을 헤아리고 조직을 올바른 방향으로 이끌기 위해서는 조직구성원의 심리적 측면과 조직관리의 리더십을 구사하는 투트랙(two track) 전략이 요구된다. 조직심리학자 샤인(Edgar H. Schein)은 "조직 내에서 발생하는 문제에 대한 접근방법에서 개인 중심의 접근보다는 조직 중심의 심리학으로 전환하는 것이 필요하다"고 했다. 조직에 부여된 과업을 성공적으로 이루기 위해 리더는 반드시 조직구성원의 마음을 변화시켜 자발적으로 추종하도록 리드해야 한다는 것이다.

심리학에서 인간의 마음 변화를 개인 차원에서 다루었다면, 조직구성원으로서의 심리적 변화는 무엇이 다를까? 조직심리학은 조직구성원들의 심리적 변화를 통해 조직의 효율성을 높이고자 한다. 조직화된 집단은 어떻게 하면 부여된 과업을 성공적으로 달성하는가에 중점을 두고 경영한다.

조직심리학은 1900년대 초반에 태동했다. 조직심리학의 초기 연구자로 스콧(Scott), 테일러(Taylor) 등을 들 수 있다. 스콧은 광고에 조직심리학이 적용될 수 있다고 주장하면서 1903년에 발표한 『광고의 이론』에서 조직심리학을 광고에 적용하는 데 관심을 가졌다. 이후 스콧의 이론은 제1차 세계대전 동안 군 조직의 인사업무에 조직심리학을 적용하는 데 기여했다. 테일러는 '과학적 관리법'을 주장하면서 종업원이 더 나은 임금을 받기 위해서는 작업환경을 능률적으로 설계하는 것이 중요하다고 강조했다. 미국심리학회 회장이던 여키스(Yerkes)는 조직심리학이 전쟁 수행에 도움을 주는 방안을 모색했다. 즉 신병을 모집할 때 정신적 능력이 떨어지는 사람들을 가려내고, 선발된 신병들을 군 조직 내의 적절한 직무에 배치시키는 방법 등에 활용했다.

조직심리학은 제1·2차 세계대전 기간을 전후하여 널리 전파되기 시작했다. 제1차 세계대전을 계기로 조직심리학 분야가 일반에게 알려지기 시작했는데, 조직심리학이 조직 내 실용적인 문제들을 해결하는 데 유용하다고 인식되었기 때문이다. 1924년 호손 공장에서 실시된 연구는 조직심리학의 역사에 매우 중요한 계기가 되었다. 하버드대학 교수인 엘튼 메이어(Elton Mayor)에 의해 1932년까지 실시된 실험의 결과는 조직 생산성을 결정하는 조건으로 기존 조직관리의 주류였던 테일러의 과학적 관리법을 부정하고 인간관계의 중요성을 처음으로 부각시킨 계기가 되었다.

빙햄(Bingham)은 제2차 세계대전 당시 미 육군의 요구에 따라 군 조직의 인력분류자문위원회 회장직을 수행하면서 신병의 능력과 적성에 기초하여 군 일반분류검사 등 조직심리검사를 개발했다. 제2차 세계대전 이후에는 대학원에 조직심리학 교과과정이 생겨나고 인사선발, 분류 및 배치, 훈련, 수행평가 등을 전문적으로 다루기 시작했다.

1) 조직개발 방법

리더는 조직에 부여된 과업을 성공적으로 수행하기 위해 부단히 조직개발을 해야 한다. 조직개발(organizational development)이란 "조직의 효과성과 효율성을 높이기 위해 조직수준에서 수행되는 포괄적이고 장기적이며 계획적인 차원의 조직 변화를 시도하는 것"이다. 이러한 조직개발은 체계적이고 계획적이며 포괄적인 변화가 요구된다. 더불어 단기간이 아닌 장기적으로 시스템 지원하에 이루어진다. 조직심리학자들이 주장하는 조직개발 방법은 다음과 같이 진단-해빙-변화-재결빙의 4단계로 진행된다.

① 진단 단계에서는 효과적인 조직변화를 위해 먼저 무엇을 변화시켜야 하는지를 확인하는 단계로 문제를 확인하고, 문제의 주요 원인을 탐색하며 적절하고 효과적인 해결책을 강구하는 것이다.

② 해빙 단계에서는 변화를 위한 준비로서 기존 조직구성원들의 사고에 단단하게 인식되어 있는 지각과 신념에 의문을 갖도록 한다. 이는 조직구성원들에게 새로운 정보를 제공하여 기존 경험이나 생각이 달라지거나 달라져야 할 필요성을 제기함으로써 해빙과정을 촉진시킨다.

③ 변화 단계는 변화가 실제로 일어나는 단계로 조직구성원들이 리더와 동일하

게 변화의 필요성을 인식하고 조직개발의 의미와 가치를 내면화하여 효과적
인 결과를 도출하기 위해 노력한다.

④ 재결빙 단계에서는 변화된 것을 제도화한다. 일단 변화된 것은 재동결 과정을
거쳐 안정적이고 지속적인 강화가 요구된다. 개인이나 조직에 응분의 보상을
주는 것은 변화된 상태를 재동결시키고 안정적으로 구축하는 데 매우 효과적
이다.

조직개발 기법은 개인적 수준에서는 직무상 타인들과 조화를 이루고 문제를 해
결하는 데 초점을 둔다. 개인적 수준에서의 조직개발 기법으로는 낮은 수준으로 코
칭이나 상담 등을 통해 개인들 간의 관계 문제를 해결하는 단계가 있다. 중간적인 수
준의 조직개발 기법으로는 타인에 대한 역할기대를 명확히 함으로써 상호 간 효과
적인 역할분석법(role analysis technique)이 있다. 고차원적으로는 자신에 대한 인식과 타
인에 대한 민감성을 증대시키는 데 중점을 둔 감수성훈련 등이 있다. 감수성훈련은
작업관계를 형성하고 유지하도록 도와주는 조직개발 기법이다.

2) 리더십 발휘에 필요한 요인

데이와 핼핀(David V. Day & Stanley Halpin)은 조직을 개발·운용하는 중요한 리더십
발휘 차원에서 필요한 요인에 대해 연구했다. 이들은 리더십 개발 차원에서는 자기
인식과 자기조절, 동기부여 능력 등을, 리더십 발휘 차원에서는 사회적 인식과 사회
적 기술이 필요하다고 했다.

리더십 개발 차원의 자기인식에는 정서적 인식, 자기확신, 명확한 자기 이미지가
필요하고, 자기조절에는 자기통제, 신뢰성, 개인적 책임, 적응성 등이, 동기부여 능력
에는 주도성, 혁신, 낙관성 등이 필요하다고 했다.

리더십 발휘 차원의 사회적 인식에는 타인과의 공감, 서비스 지향, 정치적 인식
이, 사회적 기술에는 유대감 형성, 팀 지향, 변화촉매, 갈등관리 등이 필요하다고 주
장했다.

한편, 개인의 조직 내 활동에는 개인 수준의 차원과 집단 수준의 조직활동 등이 있다. 개인 수준의 조직활동에는 직무관련 태도, 동기이론 등이 있다. 직무관련 태도에는 일을 시키기 전에 개인 수준에서 그 사람의 생산성을 예측하기 위해 태도를 연구하는 것으로 직무만족, 몰입, 이직성향 및 근무태만, 조직시민행동 등이 있다.

'직무만족'에는 부여된 직무에 대한 전반적 만족도, 특정 영역에 대한 만족도를 나타내는 영역별 만족도, 인지적·정서적 부분 등이 있다. '몰입'은 부여된 과업을 수행하기 위해 구성원들이 무엇인가에 몰두하는 것으로 자신이 속한 조직에 대한 애착을 갖는 조직몰입, 자신의 직업에 열의를 갖고 몰입하는 직무몰입, 자신이 쌓은 경력에 애착을 갖는 경력몰입 등이 있다. '조직시민행동'은 구성원으로서 당연히 지켜야 할 조직의 예절규범 및 성과 달성 등이 있다.

조직구성원의 자발적인 행동을 촉진시키며 지속성을 유지하는 내적인 힘을 의미하는 동기이론(motivation theory)에는 매슬로의 욕구이론과 허즈버그의 2요인 이론 등이 있다.

'동기부여'는 인간 행동의 원인이 되며, 주어진 과업에 대한 몰입도의 기준이 되기도 한다. 동기부여에는 과업에 대한 호기심이나 관심에 의해 발생하는 자연발생적인 동기부여, 조직생활에서 외부에서 제공되는 포상이나 처벌 등에 의한 외부발생적인 동기부여, 부여된 임무를 완수하는 과정에서 발생하는 목표달성을 위한 동기부여 등이 있다. 이와 같은 동기부여는 어떤 목표를 지향하여 생각하고 행동하도록 돕는다. 동기가 부여된 상황에서 부여된 목표를 분명히 하고 가시화하는 것이 중요하다. 리더십 측면에서는 조직 차원에서 자신에게 부여된 임무를 완수하거나 목표달성을 위한 동기부여 측면에서 목표설정이 특히 중요하다.

개인이나 조직에서 목표설정은 매우 중요하다. 부여된 과업을 달성함에 있어 목표설정이 얼마나 중요한지를 연구한 사례가 있다. 1953년 미국 예일대학 학생을 대상으로 '인생의 목표와 실제 삶 속에서 성공과의 연관성에 대한 연구'를 실시했다. 자기 인생의 꿈과 목표를 구체적으로 가진 사람과 그렇지 못한 졸업생의 인생성공 여부를 종단적으로 연구한 사례다.

예일대학 졸업생을 대상으로 한 조사에서 ① 인생의 구체적인 목표를 종이에 써서 갖고 있는 사람이 3% 정도 되었으며, ② 인생의 구체적 목표는 있으나 종이에 기록하지 않은 사람이 10%, ③ 나머지 87%는 졸업 후 자신의 꿈과 목표를 정립하겠다고 설문에 답변했다. 20년이 경과한 후 어느 정도의 성공을 거두었는지에 대해 조사해본 결과는 상당히 충격적이었다. 인생을 살아가면서 명확한 목표를 수립하고 이를 구체적으로 기록하며 살아간 3%의 학생은 사회에서 성공하여 상류층의 생활을 하고 있었다. 반면 인생목표는 있으나 구체적이지 않은 10%는 중산층 정도의 삶을 살고 있었다. 명확한 목표가 없던 87%는 특별한 성공을 거두지 못하고 평범한 삶이나 하류층의 생활을 하고 있는 것으로 조사되었다.

종단연구에서 놀라운 점은 상류층 3%와 중산층 10% 사이에는 학력, 재능, 지능 면에서 아무런 차이도 발견할 수 없었다는 점이다. 두 그룹 사이의 단 한 가지 차이는 상류층 3%는 그들의 목표를 글로 쓴 반면에 중산층 10%는 그렇게 하지 않았다는 것이다. 반면에 상류층 3%는 중산층 그룹보다 10배 이상의 사회적·경제적으로 풍요로운 생활을 누리고 있었다는 사실이다. 더욱 놀라운 사실은 목표를 가지고 있는 10%의 중산층 그룹과 목표가 거의 없는 87%의 서민층 그룹의 재산, 소득, 사회적인 영향력 등의 격차는 2~5배 정도에 불과하지만, 상류층 3% 그룹과 중산층 10% 그룹 사이의 격차는 10배, 20배, 30배에 달한다는 사실이었다.

3%의 상류층에 속해 있다는 것은 모든 실권과 영향력을 쥐고 사회의 핵심세력으로서 크고 작은 모든 일에 리더십을 발휘한다는 것이다. 인생에서 구체적인 목표설정의 차이가 미래에 큰 차이를 발생시킨다는 사실을 알아야 한다. 구체적인 인생목표 설계가 얼마나 중요한지는 1979년 미국 하버드대학 MBA 졸업생을 대상으로 한 '삶에 있어서 성공의 조건' 설문조사에서도 거의 유사한 결과가 나왔다.

3) 영향력 발휘

리처드 베카드(Richard Beckhard)와 루벤 해리스(Reuben T. Harris)는 조직 내 문제해결을 통한 인간의 심리적 변화 방정식을 수립했다. 심리적 변화 방정식은 변화를 추진하거나 저항하는 사람 모두에게 스스로 문제의 본질을 정확히 파악하는 데 도움을 준다. 조직 내 변화(Change)는 현재 상태에 대한 불만족 정도(Dissatisfaction)와 도달하고자 하는 바람직한 상태의 비전(Vision), 비전 달성을 위해 할 수 있는 첫 번째 확실한 조치들(First Steps), 저항(Resistance to Change)의 곱으로 나타난다.

변화 방정식

$$C = D \times V \times F > R$$

* C(Change) : 변화
* D(Dissatisfaction) : 현재 상태에 대한 불만족 정도
* V(Vision) : 도달하고자 하는 바람직한 상태의 비전
* F(First Steps) : 비전 달성을 위해 할 수 있는 첫 번째 확실한 조치들
* R(Resistance to Change) : 저항

조직 내 변화가 성공적으로 이루어지기 위해서는 D(불만족 정도), V(비전), F(첫 번째 확실한 조치들)의 곱으로 표시되는 요소들 가운데 어느 하나라도 낮으면 변화하기 어렵다. 왜냐하면 R(저항)로 표시되는 변화에 대한 저항을 완벽히 억제할 수 없기 때문이다. 조직 내 혁신이 이루어지기 위해서는 조직구성원들 사이에서 현재 상태에 대한 불만족 정도가 얼마간 존재한다. 이를 타개하기 위해서는 조직 내 비전이 뚜렷해야 하고, 확실한 조치들이 진행되어야 조직 내 혁신이 가능하다. 각자가 자신의 이해관계나 고정관념을 떠나서 어떤 행동을 취해야 조직에 도움이 되는지를 깨닫고 동참하도록 해야 한다.

리더십 관점에서는 리더에게 부여된 영향력을 활용하여 조직구성원에게 동기를 부여함으로써 인간의 마음을 변화시킬 수 있다. 조직구성원이 가진 부정적인 생각을 긍정적으로 전환시켜 자신이 하는 일에 자발적으로 참여시키는 것이다. 리더는 자신이 가진 계급과 직책을 통해 영향력을 발휘하여 변화시킬 수 있다. 영향력은 다른 사람의 행위에 영향을 미치는 권력과 권력을 발휘하는 대상과 방법을 포함한 개념으로 영향력 발휘의 원천인 힘(power)과 발휘수단 차원의 행동(action)이라는 속성을 동시에 지니고 있다. 영향력은 "타인의 행동과 사고, 태도, 가치관, 신념에 효과적인 변

화를 가져오게 하는 힘과 행동"으로 정의될 수 있다. 리더에게는 직책 영향력과 개인 영향력이 있다. 직책 영향력에는 합법적·보상적·강제적 영향력이, 개인 영향력에는 준거적·전문적 영향력 등이 있다.

직책 영향력에는 강제적·합법적·보상적 영향력 등이 있는데, 직책 영향력은 공식적인 직위에 기초하여 주어진 영향력으로 리더 개인의 노력에 의해 그 영향력 자체의 확대나 축소가 일어나지 않는다. 다만 영향력의 적절한 사용방법에 따라 효과성을 달리할 수 있다. 반면에 개인적 영향력인 준거적·전문적 영향력은 직위보다 개인의 품성이나 전문적인 능력에 기반을 둔 영향력으로 리더 개인의 노력에 의해 무한대로 확산이 가능하다.

리더는 구성원들에게 영향력을 행사하여 그들의 긍정적인 변화를 유도하고, 이를 통해 조직에 부여된 과업을 달성하고자 한다. 사람은 누군가에게 영향을 주거나 받는다. 비록 내성적인 성격으로 사람들과 접촉을 최소화한다 할지라도 사람이 살아가면서 최소 1만여 명에게 영향을 준다고 한다. 지식정보화 시대에는 SNS의 발달로 더욱더 많은 영향을 주고받는다. 미국의 자동차 판매왕 조지 지라드는 1명의 고객은 주변 사람 25명에게 영향을 준다고 했다. 리더의 영향력은 더욱 크다. 계급에 따라 지휘하는 조직구성원이 많을수록 더욱 크다는 사실을 명심하고, 직책이 높을수록 자신의 긍정적인 영향력을 확산시켜야 한다.

리더에게 최대의 투자는 긍정적 영향력을 확산시키는 것이다. 로버트 딜렌슈나이더(Robert Dilenschneider)는 『권력과 영향력(Power and Influence)』에서 "리더에게 필요한 힘의 삼각구도는 영향력과 인식, 의사소통"이라고 했다. 리더가 조직을 올바르게 리드하기 위해서는 상호 간에 인식과 의사소통을 활성화하고, 긍정적인 영향력을 극대화할 수 있어야 한다.

리더의 영향력에 대한 구성원들의 반응을 보면 리더십 발휘의 효과성을 가늠할 수 있다. 구성원들에게 긍정적 내면의 변화가 생긴다면 부여된 과업을 달성할 수 있지만, 구성원들이 스스로 따르지 않거나 반항한다면 실패할 수 있다. 스티어스(R. M. Steers)와 쥬얼(L. N. Jewell) 등은 리더십의 효과성을 파악하기 위해 '리더의 권력과 구성원의 반응'에 대해 연구했다.

리더의 '강제적 영향력'은 조직구성원의 복종을 강요할 수 있다. 하지만 과도한 사용은 저항을 불러오기도 한다. 불확실하고 변동성이 많은 오늘날에는 적절한 강제적 영향력이 행동에 자극을 줄 수 있지만, 지나친 남용은 오히려 구성원의 자발성을 떨어뜨려 효과적인 임무수행에 방해가 된다.

'보상적 영향력'은 구성원의 복종을 가져올 수 있다. 보상적 영향력은 구성원의 복종과 리더의 보상이라는 일종의 거래적 관계로 형성된다. 구성원은 리더가 원하는 보상을 제공할 수 있는 경우 리더를 따르지만, 보상받지 못하면 좀 더 높은 수준의 자발적이고 헌신적인 행동을 이끌어내기에는 한계가 있다.

'합법적 영향력'은 구성원의 강제적인 복종뿐만 아니라 내면에서 우러나오는 자발적인 행동의 변화도 가져올 수 있다. 구성원들은 합법적이며 명확한 규정에 대해서는 자발적으로 복종할 뿐만 아니라 그 규정에 부합하도록 자신의 태도를 변화하고 내면화시킨다. 그러나 리더가 합법적인 영향력에만 의존한다면 합법성이 결여된 상황이나 구성원들의 정서와 감정이 합법성을 인정하기 어려운 상황에서는 이들의 자발적이고 헌신적인 노력을 기대하기 곤란하다.

리더에 대한 존경심의 발로에서 나오는 '준거적 영향력'과 리더의 탁월한 능력과 전문지식에 대한 신뢰로 형성되는 '전문적 영향력'은 조직구성원의 가치와 신념, 행동과 사고 등에 큰 변화를 가져올 수 있다. 구성원들의 존경과 신뢰, 진정한 마음에서 우러나오는 복종을 받는 리더일수록 구성원들에게 더 많은 영향력을 행사하고

권력의 다섯 가지 원천

권력의 종류	영향력의 원천
강압적 권력(coercive power)	처벌이나 위협
합법적 권력(legitimate power)	조직 내 직위
보상적 권력(reward power)	돈, 승진 등의 보상
전문적 권력(expert power)	전문적인 지식이나 기술, 정보
준거적 권력(reference power)	개인적인 특성(카리스마, 인간미, 존경심 등)

출처: J. French & B. Raven에 의한 권력의 원천 구분.

구성원들로부터 내면적인 존경과 복종, 태도의 변화로 조직에 부여된 과업을 성공적으로 수행할 수 있다.

4) 리더십 발휘 중점

리더는 조직구성원이 자발적으로 따르도록 리드해야 한다. 이솝우화에 나오는 태양처럼 나그네가 자발적으로 옷을 벗도록 해야 한다. 리더가 강풍처럼 강제적으로 나그네의 옷을 벗기려 한다면 오히려 나그네는 더욱 움츠릴 것이다. 이러한 리더의 행동은 조직구성원들의 마음에 더욱 반항적인 마음이 일어나게 하여 부정적으로 행동할 수 있다. 하지만 태양처럼 따스한 온기로 나그네의 옷을 벗기고자 한다면 조직구성원은 리더의 행동에 자발적으로 추종하게 될 것이다. 리더는 조직구성원들의 마음에서 자발적인 동기가 일어나도록 분위기를 조성해야 한다.

리더십을 발휘할 때 다음 사항에 유념해야 한다.

첫째, 리더십의 발휘 대상을 사람 중심으로 할 것인지, 아니면 무형의 조직 중심으로 할 것인지가 중요하다.

둘째, 조직에 부여된 임무를 수행함에 있어 과업 중심으로 할 것인지, 조직구성원과의 관계 중심으로 할 것인가 하는 점이다.

셋째, 리더십 발휘 차원에서 조직구성원의 동기부여를 거래적 관점으로 볼 것인지, 아니면 변혁적 관점으로 볼 것인지가 매우 중요하다.

리더는 조직을 운영함에 있어서 사람보다 조직을 상대로 한다고 생각한다. 리더십에 대한 편견은 리더가 다수의 조직구성원을 상대로 조직을 지휘한다고 잘못 생각한다는 것이다. 리더는 다수의 조직구성원이 조직에 부여된 과업을 완수하도록 영향력을 발휘한다. 하지만 결정적인 리더십은 일부 구성원에 의해 결정된다는 점을 알아야 한다. 예를 들면 리더가 다수를 상대로 칭찬하거나 힐책하는 것은 구성원 각자에게 큰 영향을 미치지 않는다. 그러나 리더가 조직구성원 개인을 상대로 하는 것이 결정적일 수 있다. 리더가 구성원 개인을 칭찬하거나 힐책하는 경우 대상자는 결정적인 영향을 받게 된다. 따라서 리더는 10명 중 8명은 시스템에 의한 리더십을, 나머지 2명을 상대로 하는 리더십에 집중할 필요가 있다.

개인을 상대로 칭찬하는 것은 그로 하여금 춤을 추게 할 수도, 반대로 꾸중을 하거나 비난하게 되면 조직구성원의 마음에 비수를 꽂게 되고 결국 그 비수가 리더에게 돌아오게 되는 경우를 역사에서 흔히 본다. 리더들은 로마의 영웅 시저가 "브루투스 너마저도!" 하면서 아테네 신전에서 양자로 삼았던 브루투스의 칼에 죽으면서 던진 교훈을 잊지 말아야 한다.

리더는 주변에 있는 사람들이 자신을 아주 잘 이해할 것이라고 착각한다. 하지만 구성원은 리더의 입장을 절대 이해하지 못한다. 리더는 주변 사람에게 최대한의 존중과 배려를 해야 한다. 이를 소홀히 하면 결국 이에 따른 결과는 10배, 100배 이상을 감수해야 한다. 이러한 차원에서 리더는 자기 주변 관리를 잘해야 한다. 리더는 '내가 얼마나 잘해주었는데 이들이 나의 마음을 몰라준단 말인가?' 하고 원망하는 경우가 많다. 하지만 냉정하게 분석해보면 리더가 500만 원을 베풀었다 하더라도 구성원 각자가 실제로 얻는 것은 커피 한 잔 값밖에 안 될 수 있으며, 더구나 자신의 사재가 아닌 공금일 경우에는 전혀 마음에 와 닿지 않을 것이다.

'리더는 타고나는가, 아니면 개발되는가?'에 대한 논란은 있지만, 큰 의미는 없을 것이다. 닭이 먼저냐, 달걀이 먼저냐 하는 것처럼 말이다. 훌륭한 리더를 육성하는 방법은 다음과 같다.

① 선천적으로 리더십이 우수한 자질을 가지고 태어난다는 탄생론
② 사회생활 속에서 경험을 통해 습득된다는 자기개발론
③ 조직에서 우수한 리더를 선발하여 체계적인 교육을 통해 육성된다는 조직개발 육성론 등

맥그리거는 인간을 X형 인간과 Y형 인간으로 구분했다. X형 인간은 생리적이고 안전에 대한 욕구가 지배적이며, Y형 인간은 사회적이고 자존감이 지배적인 요소라고 했다. 지식정보화 산업 시대에는 인간에 대한 관점을 X형 인간보다는 Y형 인간으로 존중해야 그들의 능력을 발휘하도록 할 수 있다.

리더십을 개발한다는 것은 리더에게 미래의 변화를 예측하여 올바른 비전을 창출하고, 조직구성원들에게 스스로 참여하게 하는 역량을 개발하는 것이다. 현재 조직구성원들의 직무능력을 향상시키고 잠재역량을 개발하여 자율적이고 창의적인 셀프리더로 육성하여 조직에 부여된 목표를 달성하도록 하는 것이다.

이러한 차원에서 산업화 시대의 조직 중심 리더십과 초연결 시대의 구성원 개개인을 존중하는 인간 중심의 리더십은 서로 대비되는 개념으로 리더십 발휘 대상, 영향력의 원천, 조직구성원의 계발 모습에 이르기까지 서로 상반된 시각을 가지고 있다.

① 인간관의 관점에서 조직 중심의 리더십은 조직의 목표달성을 최우선시하여 조직의 이익을 위한 개인적 가치의 희생은 불가피하다고 생각한다. 조직 중심의 리더십에서 인간은 쉽게 대체될 수 있는 하나의 요소나 부속품이라는 기계론적 인간관이 전제되어 있다. 반면, 인간 중심의 리더십은 인간에 대한 존중과 존재가치를 인정한다.

② 수행자의 관점에서 조직 중심 리더십은 계급과 직위가 누가 더 높은가에 따라 리더십의 중심수행자가 결정되었다. 즉, 주어진 임무에 대한 전문성이나 효과성보다는 연공서열에 의한 직책과 계급이 먼저라는 관점을 가졌다. 산업화 시대의 비교적 단순하거나 표준화된 업무는 무엇보다 경험이 중요하고 필요한 기술의 변화가 적었다. 반면에 지식정보화 시대에는 업무의 전문성과 능동적인 대처가 중요시되는 시대적 추세에 따라 임무에 가장 적합한 사람을 중심으로 리더십의 수행자를 결정하는 인간 존중 리더십이 요구된다.

③ 리더십 발휘 방향 측면에서 조직 중심 리더십은 조직구성원을 대상으로 하향적·일방향적인 데 비해 인간 중심 리더십은 조직구성원, 동료, 상관을 대상으로 한 360° 전방향이 요구된다. 인간 중심 리더십은 조직구성원에게 발휘해야 할 공식적인 영향력을 중시하면서도 상관으로부터 신뢰획득과 전문적 조언, 일치된 공감대 형성 등이 요구된다.

④ 리더십 활동 중점에서 조직 중심의 리더십이 안정 지향적인 관리와 현상유지

에 두었다면, 인간 중심 리더십은 적극적인 참여와 변화의 유도를 통해 조직과 구성원을 변화시켜 새로운 환경에 능동적으로 대응할 수 있도록 하는 데 있다.

⑤ 조직 중심 리더십은 공식적인 리더만 리더십을 발휘한다. 하지만 인간 중심 리더십은 전 구성원이 리더십을 발휘한다고 본다. 즉, 공식적인 리더의 독점적 권한에만 의존하는 리더십이 아닌 조직구성원의 동기유발과 효과적인 업무수행에 필요한 권한의 위임을 통해 많은 구성원이 참여토록 유도한다. 리더십을 발휘하는 영향력의 원천이 조직 중심의 리더십의 경우 합법적 권한, 정보, 통제력 등이 주된 요인이라면, 인간 중심 리더십은 공식적인 권한에 의한 리더의 영향력을 기반으로 하되 조직구성원의 내면까지 변화시킬 수 있는 리더의 전문적인 영향력, 인격과 품성에서 나오는 준거적 영향력의 효과와 가치를 더욱 중시한다.

⑥ 조직 중심 리더십의 경우 조직구성원의 현재 능력을 활용하는 데 중점을 둔다면, 인간 중심 리더십은 조직구성원의 잠재능력을 계발하고 발휘하도록 촉진 및 확장하는 데 주안점을 둔다. 따라서 리더는 미래지향적이고 역량의 확대라는 측면에서 조직의 미래와 차세대 리더 개발을 위해 노력해야 한다.

5. 감정조절

정서조절은 스스로의 감정을 통제하는 것이다. 리더는 특히 자신의 마음을 헤아리고 타인의 감성을 고려할 수 있어야 한다. 미국의 심리학자 대니얼 골먼은 『감성지능』에서 "감성지능이란 자신과 다른 사람의 감정을 이해하고 그에 따라 의사결정을 내림으로써 더욱 발전적인 행동을 할 수 있게 하는 능력"이라고 정의하고 있다. 감성지능이 높은 사람은 스스로 동기를 부여하고, 자신감에 차 있으며, 통제 불능 상태의 감정에 휘둘리는 일이 없다고 한다. 분노조절을 효과적으로 하기 위한 방법은 다음과 같다.

첫째, '충동을 억제'해야 한다. 분노를 배출하기 위해서는 분노와 불만을 인식하고 그것들이 쌓이는 것을 막는 것이 핵심이다. 충동을 조절하기 위해서는 산책하거나 혼자만의 시간을 보내는 것이 효과적이다. 감정을 억제하기 위해서는 음악을 듣거나 차창 밖을 보면서 긴장을 완화할 수도 있다.

둘째, '유머를 활용하는 방법'이 있다. 유머는 자기를 제어하고 분위기를 반전시키는 데 매우 유용하다. "웃으면 복이 온다"는 말도 있듯이 웃음이 뇌 속에 있는 엔도르핀 분비와 연결되어 있기 때문에 웃으면 기분이 나아진다는 사실은 많은 연구 결과에서 입증되고 있다.

셋째, '감정이입 능력'을 키워야 한다. 감성지능 중 하나인 감정이입 능력은 다른 사람의 감정을 헤아리고 그들의 생각에 적극적인 관심을 표명할 줄 아는 능력을 뜻한다. 이러한 감성지능은 후천적으로 학습이 가능하다는 것이다.

기타 분노조절 방안에는 운동, 충분한 숙면, 분노일기 작성, 분노통제계획, 적극적인 분노 표현방법 연습, 정신건강 전문가와 상담하는 방법이 있다.

리더는 분노가 일어났다는 것을 깨달았다면, 분노를 온몸으로 느끼면서 숨을 깊게 들이마시고 감정의 휴식을 취해야 한다. 이때 감정을 조절하지 못하고 폭발하면 타인의 마음에 상처를 주고 조직 발전에 해악을 끼친다는 사실을 인식하고 스스로를 억제해야 한다. 분노가 잘 조절되지 않는 경우 그 자리를 회피하거나 믿을만한 친구에게 도움을 요청하는 것도 한 방편이 될 수 있다. 또한 자기의 감정을 알아차리고 화의 위험성을 생각해서 조절할 수 있어야 한다.

영어로 anger(화)에 d를 더하면 danger(위험)가 되며, '화를 카타르시스 표출이라고 생각할 수도 있지만, 진정한 의미의 카타르시스가 아니라 개인과 조직의 위험으로 부메랑'이 되어 돌아올 수 있음을 명심해야 한다. 그러면서 자신에게 긍정적인 이야기를 하는 것이 중요하다. 즐거웠던 장소를 상상하거나 화가 난 상황에서 웃기는 부분은 없는지를 생각하는 것도 좋다. 더불어 상대에 대한 기대를 낮추고 다른 해결방안을 생각해보는 것도 좋은 방법의 하나다.

틱낫한은 자신의 마음속에 일어나고 있는 화에 대해 갓난아이와 같이 여기라고

II. 코칭이란 무엇인가

했다. 갓난아이는 어른의 보살핌이 절대적으로 필요하듯이 자신의 내면에 일고 있는 화를 유심히 들여다보라고 했다. 화를 가만히 들여다보면 자기 내면의 욕구나 관계가 좌절되었을 때 발생함을 알 수 있다는 것이다. 오히려 화는 자신의 내부 감정문제를 푸는 열쇠가 될 수 있다. 내 감정 속에 무엇이 문제인지, 어떤 관계를 요구하는지 알 수 있다. 분노가 발생하면 생리학적 현상에 주목할 필요가 있다. 자기 마음속의 다른 감정들을 확인해보는 것이다. 내 마음속에 또 다른 마음이 있는지를 깊이 생각해보는 것이 중요하다. 따라서 분노를 완전히 삭이고 혼자 고민하는 것만이 좋은 방법은 아니다. 지금 일어나고 있는 분노의 감정 역시 정상적이고 건전한 생각이되, 현재 자신이 분노를 조절하지 못하고 있다는 것을 인지할 필요가 있다.

III

어떻게 코칭 리더십을
발휘할 것인가

8장
코칭 리더십의 중심적 사고

1. 코칭 리더십이란

현대적 관점에서 리더십의 목적은 조직구성원들의 자발적인 참여를 바탕으로 개인의 발전과 조직의 성과 창출에 중점을 두고 있다. 진정한 리더십의 발현은 강압과 채찍이 아닌 구성원의 자발적 동기부여에서 시작한다. 기존 리더 중심에서 구성원 중심으로 패러다임이 변화하고 있다. 리더십의 관점이 리더가 계급과 직책으로 부하에게 영향력을 발휘하기보다는 리더와 구성원이 상호 수평적인 동반자 관계에서 변화와 성장을 촉진하도록 도와줌으로써 구성원 스스로 참여하게 하는 수평적인 리더십(Manz & Sims, 1991)으로 전환되고 있다. 이러한 수평적 리더십에 코칭의 개념을 접목한 개념인 코칭 리더십은 "구성원 스스로 리더의 코칭을 통해 스스로 자신의 가능성을 인식하고 행동하여 뛰어난 성과를 달성하도록 하는 것"이다. 이때 리더는 자신의 생각대로 구성원을 리드하는 것이 아니라 구성원이 스스로 자각하도록 돕는 역할을 한다. 따라서 코칭 리더십은 "부여된 과업을 달성하기 위해 개인과 조직의 강점을 극대화할 수 있도록 변화와 성장을 촉진을 지원하는 리더십"이라고 할 수 있다

스토웰은 리더의 코칭 행동을 "상대방과의 대화를 통해 방향제시, 역량개발, 수행평가, 관계, 피드백 등의 구체적인 행동으로 나타내는 프로세스"라고 정의했다. 페

터슨은 "코치와 코칭대상자의 상호 신뢰관계에서 비롯되며, 현장에서 직면한 문제의 해결과 개인의 능력개발을 목적으로 코칭대상자에게 영향력을 미치는 것"이라고 했다. 리더의 코칭행동은 "조직구성원들이 스스로 문제를 인식하고 해결하는 과정에서 변화와 성장을 촉진시키는 결과지향적이고 체계적인 행동방식"이라고 할 수 있다.

코칭 리더십을 발휘할 때 리더는 일방적으로 자신의 의도대로 구성원들을 이끌기보다는 스스로 문제를 인식하여 변화하도록 돕는다. 이를 위해 코칭 리더에게는 신뢰를 바탕으로 부여된 임무를 스스로 완수할 수 있도록 구성원들의 역량을 키워주는 활동이 요구된다. 이때 리더는 그들을 강제적으로 리드하는 것이 아니라 비전과 목표를 제시하고 동기를 부여함으로써 스스로 하도록 한다. 산업화 시대에 중시되던 과업 중심의 리더십 스타일보다 사람 중심의 리더십을 구사해야 한다.

또한 지식정보화를 넘어 초연결·융복합 시대의 조직 환경을 이해하고 수용해야한다. 이러한 코칭 리더의 개방적 커뮤니케이션, 개인이나 팀 단위, 사람 중심의 리더십, 그리고 모호한 작업환경의 수용 등은 효과적인 코칭이 이루어질 수 있는 기반이 될 수 있다. 코칭 행동을 통해 구성원들의 자발적인 참여를 이끌어내는 코칭 리더십은 관점에 따라 코치로서의 리더 역할과 성과향상을 위한 프로세스적 접근 등이요구된다.

1) 코칭 리더십과 기존 리더십의 비교

코칭 리더가 발휘하는 코칭 리더십을 기존의 리더십 등과 비교해보면 다음과 같다.

첫째, 코칭 리더십과 기존 리더십은 공히 조직구성원과의 신뢰관계를 중요시한다는 것이다. 이는 리더와 구성원 간의 관계에서 필연적으로 발현되는 관계다. 공자와 그의 제자 자공의 문답에서도 신뢰관계에 대한 이야기가 나온다.

III. 어떻게 코칭 리더십을 발휘할 것인가

공자와 자공의 문답

자공이 공자에게 질문하기를 "스승님! 군주가 나라를 다스림에 있어 가장 중요한 것 세 가지만 꼽는다면 무엇입니까?" 이에 공자께서 말하기를, "군주가 나라를 다스림에 있어서 국방과 경제, 신뢰관계가 중요하다." 자공이 다시 묻기를 "이 중에서 하나만 꼽는다면 무엇입니까?" 하고 재차 묻자 공자께서는 "국방과 경제는 버려도 되지만, 어떠한 경우에도 군주는 백성으로부터 신뢰관계를 놓아서는 안 된다"고 말했다. 이처럼 리더와 조직구성원 간에 신뢰관계는 결코 소홀히 해서는 안 되는 것이다.

둘째, 비전제시를 통해 구성원에게 방향을 제시한다. 구성원들에게 비전을 제시하고 이를 달성하기 위한 최적의 팀워크를 발휘하여 조직의 성과를 창출한다는 것이다. 비전은 조직이 장기적으로 지향하는 목표, 가치관, 이념 등을 포함한다. 비전은 조직이 앞으로 어떻게 되어야 하는지에 대한 이상적인 모습을 보여주기에 리더는 비전제시를 통해 조직과 구성원들을 동일한 방향으로 리드할 수 있다.

셋째, 지적 자극을 통해 구성원의 성장에 영향을 미친다는 점이다. 리더는 인적자원인 구성원들에게 지적인 자극을 통해 동기를 부여함으로써 목표를 달성할 수 있다. 강제적인 지시보다는 스스로의 자발적 임무수행의 의지를 불러일으킬 수 있다.

코칭 리더십과 기존 리더십의 차이점은 다음과 같다.

첫째, '리더와 조직구성원의 동일시'를 강조하지 않는다. 구성원들은 스스로 무한한 잠재역량을 가지고 있는 완전체라고 신뢰한다는 점이다. 따라서 리더의 조언이나 조력 없이도 스스로 문제를 해결할 수 있다고 믿고 기다려주어야 한다. 기존의 리더십은 과업수행의 주체가 리더였다. 따라서 리더의 행위가 조직성패의 결정적 요소라고 생각했다. 하지만 코칭 리더십은 구성원이 스스로 할 수 있다고 신뢰하며, 그들의 잠재역량을 발휘할 수 있는 여건을 조성하고 함께 부여된 과업을 달성하도록 노력하는 것을 중시한다. 따라서 구성원을 조직의 일부가 아닌 존중받아야 할 인격체로 대우해야 한다. 이들은 조직의 부여된 목표를 향하여 함께 달려가는 각각의 소중한 존재라는 점이다.

둘째, '리더와 구성원 간에 신뢰관계 속에서 수평적·동반자적 관계'를 강조한다. 기존 리더십은 구성원과의 '조직적이고 수직적인 관계'를 강조하고 있으나, 코칭 리더십은 일방적으로 지시하고 복종하는 것보다 함께 해결해나가는 수평적인 파트너 관계를 중요시한다. 리더가 일방적으로 주도하기보다는 상호 동등한 관계 속에서 서로의 인격과 전문성을 침해하지 않는다. 이러한 가운데 조직의 목표달성을 위해 상호 자유로운 의사소통을 통해 최상의 대안을 도출하고 성과를 달성한다.

셋째, '코칭목표를 달성하기 위한 구체적인 코칭모델과 프로세스'가 있다. 기존 리더십은 어떻게 하라는 구체적인 코칭 프로세스나 스킬이 없다. 단지 동기부여나 영향력 발휘 등을 강조할 뿐이다. 리더가 구성원에게 지시하는 과정에서 동기를 부여하고 각종 영향력 행사를 통해 조직에 부여된 과업을 달성한다. 부여된 지시나 과업을 수행함에 있어 스스로 행동하지 않는 구성원을 자발적으로 따르게 할 수 있는 구체적인 방법과 스킬이 부족하다. 하지만 코칭 리더십은 구성원들이 자발적으로 따르도록 할 수 있는 구체적인 코칭모델과 프로세스가 있다. 리더가 구성원들을 존중하고 배려하는 마음을 보여주는 경청과 자신의 생각을 열게 하는 질문, 그들의 자발적인 행동을 이끌어내는 피드백 기술 등은 기존의 리더십에서 찾아보기 힘든 장점이다.

이러한 차원에서 골먼은 코칭 리더십을 리더십 중에서 가장 효과적인 리더십이라고 주장한다. 코칭 리더십은 코칭을 기반으로 하는 리더십이다. 즉, 코칭 리더십은 "리더가 조직에 부여된 과업을 성공적으로 수행하기 위해 코칭 프로세스와 코칭스킬의 역량을 지니고 조직구성원 스스로 성찰하여 잠재역량을 개발하고 변화와 성장을 통해 자신에게 부여된 임무를 해결해나갈 수 있도록 도와주는 행동"이라고 정의할 수 있다.

2) 코칭 리더십의 필요성

인솔해서 가면 천당도 가기 싫다고 한다. 공부를 하려 했다가 엄마가 공부하라고 잔소리하면 공부하려던 마음이 멀리 도망가는 학생의 마음과 같다. 빨간 날짜를 기다리면 종업원이고, 검은 날짜를 기다리면 경영자이듯이 조직사회에서도 마찬가지다. 따라서 현대사회에서 존경받는 리더가 되기 위해서는 구성원들이 자발적으로 따르도록 하는 것이 중요하다. 리더에게는 구성원의 말에 귀를 기울여 그들의 마음을 이해하고 존중해주는 자세가 요구된다. 이를 통해 리더는 구성원들의 잠재능력을 이끌어내면서 몰입하게 만든다.

리더에게 주어진 현실은 조직에 부여된 성과에 대한 압박으로 경청할 여유가 부족하다고 한다. 하지만 이러한 생각은 실천해보지 않았거나 질문이나 경청 피드백 등 코칭을 통한 효과를 보지 못했기 때문이라고 생각한다. 현실인식이나 직면한 문제를 해결하기 위해 코칭이라는 짧은 대화로 조직이나 개인에게 주어진 문제를 미래지향적으로 해결할 수 있다. 이를 효과적으로 지원해줄 수 있는 것이 코칭대화다.

초연결·융복합 사회에서는 실증주의나 경험주의적 관점보다 구성주의적 관점이 더욱 중시되고 있다. 리더가 과거 자신의 경험을 바탕으로 "나 때는 말이야" 하는 순간 꼰대가 되고 만다. 리더가 알고 있는 과거의 지식은 인터넷이나 조직구성원의 활발한 집단지성으로 언제든지 창출 가능하다. 오히려 리더의 과거 지식보다 훌륭한 대안을 창출할 수 있다. 조직구성원들은 활발한 의사표현을 하는 세대로 자신의 의사표현이 제한을 받을 때는 온라인이나 오프라인을 통해 조직에 위협이 되는 행위를 하거나 리더에게 결정적인 영향을 미칠 수 있다. 따라서 리더의 부정적 리더십으로 조직구성원의 극단적인 행위를 사전에 차단하기 위해서라도 코칭 리더십이 절실히 요구된다.

조직 내에서 코칭이 활성화되기 위해서는 무엇보다 리더 자신의 역할과 책임을 지시와 문제해결 중심에서 조직구성원들의 내적 동기를 이끌어내고 조직구성원 스스로 성장하고 발전할 수 있도록 돕는 것이라는 인식의 전환이 필요하다(Miller, 2009). 코칭 리더십은 리더가 조직구성원의 성장과 발전을 돕고 촉진하기 위한 구체적인 사고와 행동의 변화를 필요로 한다. 코칭을 하는 리더나 조직구성원이 개방적이지 않거나 지적 수용력이 부족한 경우 건전하고 생산적인 코칭 결과를 기대하기 어렵다.

리더가 코칭 리더십을 제대로 발휘하기 위해서는 조직구성원에 대해 가지는 믿음과 태도의 변화가 요구된다.

첫째, 리더는 조직구성원을 지시와 명령에 복종하고 따르는 수동적인 존재가 아니라 '문제해결 능력 및 성장 가능성을 지닌 긍정적인 존재로 신뢰'해야 한다. 리더는 조직구성원을 지시와 명령에 복종하고 따르는 피동적인 존재가 아니라 성장 가능성을 지닌 유기체적인 존재로 믿고 지원하고 격려해주어야 한다. 리더는 구성원에 대한 인식을 지시하고 통제하는 대상자가 아니라 그들 스스로 변화하고 성장할 수 있으며 자신을 지원하는 조력자라는 마음자세의 변화가 요구된다.

둘째, 리더는 수직적으로 지시하거나 통제하는 감독자가 아닌 '조직구성원의 잠재능력을 이끌어주는 촉진자'라는 인식의 변화가 필요하다. 현장에서 코칭이 활성화되기 위해서는 리더의 역할과 책임에 대한 인식을 전환해야 한다. 리더는 지시하고 문제를 해결하는 해결해주는 해결사(terminator)라는 인식을 버려야 한다. 리더의 문제해결은 구성원들의 또 다른 문제를 야기할 수도 있기 때문이다.

셋째, '조직구성원의 성장과 발전을 돕고 촉진하기 위한 구체적인 행동과 기술의 변화'를 필요로 한다. 리더는 조직구성원의 잠재능력을 이끌어내주고 변화와 성장을 위해 리더 스스로 코칭 프로세스를 충분히 이해하고 실천할 수 있는 능력을 지녀야 한다. 효과적인 코칭대화를 통해 조직구성원들의 마음을 열고, 생각을 이끌어내며, 행동을 변화시킬 수 있어야 한다. 코칭 리더가 코칭대화 간 효과적인 경청과 질문, 피드백 등을 통한 지지 및 격려, 칭찬 등은 코칭대상자 스스로 성찰하게 한다.

코칭 리더십은 조직구성원들의 직무만족과 직무성과, 학습, 조직몰입, 이직 의도에 강한 영향을 미치게 된다. 코칭은 리더에 의해 공식·비공식으로 적용될 수 있으며, 과업을 통해 일상생활에서 구현될 수 있다. 따라서 리더는 다양한 코칭 기회가 주어지면 효율적인 코칭행동을 유연하게 적용하여 조직목표를 달성할 수 있도록 해야 한다. 코칭 리더십의 많은 장점이 리더십 현장에서 실증 연구를 통해 입증되고 있다.

3) 글로벌 기업의 코칭 도입

　전 세계 글로벌 기업들은 대부분 코칭을 도입하고 있다. 이처럼 많은 기업들이 인재개발 차원에서 코칭시스템을 도입하는 이유는 무엇일까? 그것은 기업의 경영자들이 4차 산업혁명 시대에 기존의 방식으로 대응하기에는 한계가 있음을 잘 알게 되었기 때문이다. 세상은 너무나 빠르고 광범위하게 변화하는데 리더 혼자서 결심하고 대응하기에는 너무나 역부족이라는 점을 인식하게 되었다. 따라서 조직구성원들의 자발적 참여가 절실해지고 이에 가장 효과적인 수단이 코칭이라는 점을 간파한 것이다.

　닷리치와 카이로의 주장에 따르면 미국 내 기업들의 목표 달성률은 50%에도 못 미치고 있다. 이러한 낮은 목표 달성률은 경영자의 능력이나 테크닉보다 리더십 부재에 원인을 두고 있다고 한다. 오늘날 리더십은 최고 CEO뿐만 아니라 중간관리자, 조직구성원에 이르기까지 조직 전 부문에서 요구된다. 새로이 생성되는 지식을 효율적으로 습득하고 리더십 부재 문제를 해결하기 위한 방법으로 기업을 중심으로 코칭이 급속하게 확산하고 있다.

　코칭의 효과성은 기존의 다른 어떠한 교육수단보다 효과가 있다고 한다. 2003년 국제코칭포럼의 발표에 의하면, 교육의 효과는 385%이지만 코칭의 효과는 1,825%라고 했다. 국제코치연맹에서 발표한 글로벌 코칭 연구(Global Coaching Study)에서는 향후 코칭 산업의 기회로는 코칭 효과의 확신(36%), ROI(투자 대비 효과)에 대한 신뢰성 있는 데이터 제시(28%), 코칭에 대한 긍정적 인식 변화(14%), 코칭 수요 증가(11%), 대중매체에서 코칭에 대한 긍정적인 언급(8%) 등으로 나타나고 있다.

　최근 전 세계적으로 코칭 산업이 급격하게 발전하고 있다. 특히 2008년 글로벌 금융위기로 전 세계적인 경제 침체에도 불구하고 코칭 산업은 지속적으로 성장하고 있다. 국제코치연맹에서 발표한 2012년 보고서에 의하면 시장 규모는 수십억 달러에 이르고 있다. 비즈니스 업계에서 활약하는 코치 수도 전 세계적으로 5만 명 이상이다. 코치의 소득을 살펴보면, 대략 평균 5만 달러 정도이며 기업 내에서뿐만 아니라 기업 밖에서도 활동하고 있다. 코치를 필요로 하는 고객은 일반 개인에서 기업의 최고경영자까지 다양한 계층이 있다. 코치에게 지불하는 코칭비용은 시간이나 고객의 형태에 따라 다양하다.

이처럼 코칭이 확산하는 이유는 기존의 티칭이나 컨설팅, 멘토링 등 다른 어떠한 방법보다 효과가 있기 때문이다. 물을 1℃에서 100℃로 올리는 데 각 구간에 1kcal의 열량이 필요하다. 따라서 총 100kcal가 필요하다. 하지만 100℃ 액체상태에서 기체 상태로 변화시키는 데는 539kcal가 필요하다. 이처럼 액체에서 기체로 변화시키는 데 엄청난 에너지가 필요하듯이 마음을 변화시키기 위해서는 구성원의 자발적이고도 적극적인 노력이 필요하다.

지식이 빠르고 복잡하게 변화하는 비즈니스 환경에서 기업들은 전문 코치나 코칭 리더의 도움을 받아 새로운 지식을 흡수하고, 역동하는 시장 환경에서 창조적인 아이디어를 창출할 수 있다. 기업 경영자들은 경영기법이나 기술적 노하우도 중요하지만 인간관계, 리더십 향상 등 소프트웨어적인 기술이 오히려 기업의 경영에 매우 중요하다는 것을 인식하고 있다(Sherman and Freas, 2004).

OECD 보고서에 의하면, 2050년이 되면 현재 있는 지식의 1%만이 유효한 지식이 될 것이라고 예측하고 있다. 이러한 현실에서 국내 기업들의 코칭 도입 현황에서도 이처럼 빠른 속도로 증가하는 지식을 어떻게 잘 수용하여 조직의 목표달성에 기여하게 하느냐가 오늘날 경쟁 우위를 지향하는 기업들에서 중요한 관건이다. 지식의 획득뿐만 아니라 조직구성원에게 스스로의 인식 변화와 성장 촉진 등을 통해 조직의 목표를 달성하게 할 수 있는 코칭이 확산되고 있다. 조직은 다음과 같은 필요에 의해 코칭을 인력개발에 활용한다.

① 새로이 선발된 신입사원이 자신들의 조직문화에 잘 적응하도록 하기 위해
② CEO나 임원, 중간관리자들의 리더십 능력을 향상시키고자 할 때
③ 시스템을 변혁하거나 새로운 프로젝트를 하고자 할 때
④ 구성원의 마인드 전환이나 조직문화를 개선시키고자 할 때
⑤ 저성과자들의 부정적 리더십을 치유하고 긍정의 리더십을 배양하고자 할 때

2. 코칭 리더십 철학

1) 코칭 리더십 철학 정립의 중요성

철학은 사람의 행동과 판단을 무의식적으로 지배하고 있는 암묵적인 전제를 의식적으로 비판하거나 태도와 관점의 전환을 제공해준다. 옳고 그름에 대한 규범적인 판단의 기준을 제공해줄 수 있는 것이 철학이다. 요즘과 같이 변화의 속도가 빠른 시기에 삶의 지표이자 방향성을 제시해주는 철학의 중요성이 증가하고 있다. 철학이란 "우리 각자가 자신의 고유한 물음에 부딪혀 그것에 답하는 과정이고, 그러한 의미에서 철학은 스스로 실천하는 과정"이다. '철학'이 고정된 지식을 습득하는 데 그친다면, 철학을 행한다는 것은 스스로 질문하고 그에 대한 답을 구하는 사고 과정의 방식을 체득하고, 이를 삶에서 실천하는 것이다.

인간과 삶에 대한 근본원리와 삶의 본질 등을 연구하는 철학은 그리스어 philosophia에서 유래했다. 'philo'는 '사랑하다', '좋아하다'라는 의미이며, 'sophia'는 '지혜'라는 뜻이다. 즉, 철학(Philosophy)은 지혜(智慧)를 사랑하는 학문이다. 우리가 일상적으로 사용하는 용어나 관념에 대해 비판하고 분석하여 그 진의와 본질을 규명해주는 작용을 한다. 철학은 지금 눈앞에서 일어나고 있는 현상에 대해 깊은 성찰과 행동의 기준을 제공한다. 이처럼 철학은 실제(reality)와 지식(knowledge), 핵심 가치(core value) 등의 문제를 탐구하는 학문이다.

인간은 기본적으로 생존의 욕구나 가치실현에 이르는 다양한 욕구를 가지고 있다. 자신이 지닌 다양한 욕구를 해결하기 위해 자신에게 이로운 방향으로 생각하고 행동하는 경향이 있다. 이러한 상황에서 코칭 리더와 구성원들이 상호 견해의 차이가 발생했을 때 이를 슬기롭게 해결하는 데 코칭 리더의 중심적 사상이 아주 중요한 역할을 한다. 이처럼 코칭 리더십 철학은 "코칭 리더들의 신념의 원천이자 올바르게 행동하는 데 기준이 되는 가치들로 구성된 중심사상이자 원칙"이라 할 수 있다. 코칭 리더십 현장에서 올바르고 유능하게 행동할 수 있는 이상적인 리더상과 코칭행동의 기준을 제공할 수 있다. 따라서 리더십 환경이 신속·복잡하게 변화되는 상황에서 군 코칭철학은 코칭 리더의 가치관이 흔들리지 않고 올바른 리더십을 발휘하는 데 지침이 될 수 있다.

플라톤은 『크라튈로스』 대화편에서 '안트로포스'라는 이름을 가진 인간은 다른 짐승과 달리 자신이 본 것에 대해 자세히 관찰하는 특징을 가지고 있다고 했다. 인간은 스스로 자신이 생각하고 행한 일에 대해 성찰한다는 것이다. 동물들은 스스로를 볼 수 없지만 사람은 스스로를 돌아보고 반성하여 성장을 추구한다. 스스로 볼 수 없는 부분은 구성원들 상호 간 대화를 통해 좀 더 나은 수준의 자신을 만들어나간다.

리더십은 글자 그대로 배가 목적지로 방향을 잡고 나아가도록 조정하는 사람(leader+ship)이다. 코칭 리더십 철학이 제대로 정립되지 않은 가운데 리더십을 발휘하는 것은 배가 항해할 때 나침반과 지도 없이 출항하는 것과 같다. 일반적인 코칭철학은 코칭대상자를 "스스로(wholistic) 답(resourceful)을 가지고 창조(creative)하는 존재"라고 정의한다. 직간접적으로 많은 조직구성원들과 접촉하는 코칭 리더들은 현장에서 코칭을 하는 데 올바른 철학이나 가치관이 매우 중요하다. 조직구성원들이 스스로 자립하고 변화와 성장을 촉진하여 조직의 높은 성과를 이루는 데 기여할 수 있기 때문이다. 이처럼 코칭 리더십 철학은 다음과 같은 효과가 있다.

첫째, '올바른 리더십 발휘의 방향설정'이 가능하게 해준다. 미래는 누구도 예측 불가능한 불확실성의 연속이다. 끊임없이 예측하고 준비하기 위해서는 리더와 조직구성원이 같은 방향으로 노를 저어야 한다. 『철학은 우리의 삶에 어떻게 무기가 되는가?』의 작가 야마구치 슈는 자신의 책에서 "철학은 눈앞에서 일어나는 일이 왜 일어나고, 앞으로 어떻게 전개될 것인지를 다양하게 예측하여 어젠다(agenda)를 선정하여 한 방향으로 추진할 수 있게 추진 동력을 제공한다"고 했다.

둘째, '비판적 사고를 통한 올바른 현실인식'을 할 수 있다. 철학은 지금까지 세상에서 상식이라고 여겨졌던 일에 대해 다시 한번 생각하여 분석하고 새로운 대안을 창출할 수 있게 해준다. 고정된 지식을 습득하는 데 그치는 것이 아니라 스스로 질문을 던지고 그에 대한 답을 구하는 사고 과정을 통해 성찰하고 실천하는 것이다. 우리가 철학을 하는 근본적인 이유는 지식의 암기에 있지 않고, '철학함'의 과정을 삶에 실천하는 데 있기 때문이다.

셋째, '진정한 문제해결 과정에 도달'하도록 지원해준다. 장자는 소통을 통한 문제해결 과정을 인지, 실천, 변화의 3단계로 설명하고 있다. 1단계로 상대방과의 차이를 '인지'하는 것이다. 상대방이 나와 의견이 충돌한다고 해서 틀린 것(wrong)이 아니라 다름(difference)을 인정하는 것이다. 2단계로, '지속적인 실천'을 통해 새로운 미래를 창조하게 해준다. 올바른 철학의 정립을 통한 실천은 과거의 잘못을 되풀이하지 않도록 도와준다. 과거의 잘못을 시정하고 새로운 미래로 나아갈 수 있는 이정표를 제공해준다. 3단계로, 상대방과의 차이를 인정한 후에는 그에 적합한 소통을 실천해야 한다. 단순히 상대방에 대한 차이를 인식하는 것을 넘어 상대의 욕구를 고려한 맞춤형 소통방식을 모색하는 것이다. 즉, 소통을 통해 변화하고 성장시키는 것이다. 궁극적으로 철학적 사고를 통해 인지하고 실천하고 변화를 통한 패러다임의 변화를 시도하는 것이다.

2) 코칭 리더십 철학 정립 과정

코칭 리더십의 철학은 무엇일까? 과연 기존 전문코치들이 사용하는 일반적인 코칭철학을 코칭 리더십 현장에서 그대로 사용해도 될 것인지 연구해볼 필요는 있을 것이다. 이에 대한 접근방법으로 미시적 관점과 거시적 방법을 사용할 수 있다.

먼저 미시적이자 현재적인 관점으로 기존 코칭업계에서 통용되는 코칭의 중심적인 사상과 세계 각 나라 군대조직의 특성 및 리더십 철학, 리더 개발목표 등을 고려했다. 거시적·미래적 관점으로는 4차 산업혁명 시대에 요구되는 리더십의 패러다임 변화와 조직구성원들의 인식 변화에 따라 강요가 아닌 스스로 행동할 수 있도록 하는 관점에서 접근했다.

첫째, 전문적인 코치들에게 통용되는 코칭의 중심적인 사고를 고려했다.

① 인간은 무한한 잠재력을 지닌 존재(wholistic)라는 점이다. 인간은 기본적으로 성장하고자 하는 욕구를 지니고 있다. 리더는 이러한 조직구성원의 성장 욕구를 충족시켜주어야 한다. 조직구성원은 리더가 신뢰하는 것 이상으로 성장할 수

있다. 따라서 성장하고자 하는 조직구성원에 대한 신뢰와 존중을 바탕으로 무한한 잠재역량을 개발하는 방향으로 코칭이 이루어져야 한다.

② 문제의 해답은 코칭대상자의 내부에 있다는 점(resourceul)이다. 코칭대상자에게 벌어지는 모든 문제는 대상자의 마음속에서 일어난다. 따라서 문제의 원인은 누군가보다 코칭대상자 스스로 가장 잘 알고 있다는 점을 인식해야 한다. 단지 코칭 리더는 코칭대상자 스스로 인식하지 못하는 부분을 일깨워주는 촉진자 역할을 하는 것이다.

③ 코칭대상자는 창조적(creative)이라는 점이다. 코칭대상자는 자신에게 주어진 문제를 누군가에게 의존하지 않고 충분히 해결할 수 있는 창조적 존재라는 점을 강조한다.

둘째, 세계 각 나라 리더 개발의 중심사상을 알아보자. 세계 각 나라의 군대는 국가의 존망이 리더에게 걸려 있기에 리더십 개발에 많은 비중을 두고 있다. 특히 미군은 월남전에서 패배하고 이를 극복하기 위해 리더십 개발에 많은 노력을 기울였다. 미 육군은 다재다능한 리더(pentathlete)를 리더십 개발 목표로 제시하고 있다.

미군은 리더십 철학으로 "Be-Know-Do"를 리더로서 지녀야 할 자질과 역량의 관점으로 강조한다. Be의 관점에서 리더로서 지녀야 할 자질적 측면, Know의 관점에서 전문적인 역량, Do의 관점에서 실천적 역량을 강조하고 있다. 미군은 "Be-Know-Do" 철학의 관점에서 올바르고 유능한 리더를 개발하고 실천하고자 리더십 개발모형(Leadership Requirements Model)을 강조하고 이를 위한 핵심역량과 행동지표, 구체적 행동 등을 제시하고 있다. 결과적으로 미군은 걸프전과 이라크전에서 승리하여 오늘날 세계 최고의 군대로 인정받고 있다.

독일군은 군복을 입은 민주시민(Citizens in Uniform), 캐나다군은 명예로운 의무(Duty with Honour), 이스라엘군은 이스라엘군 정신구현(The Spirit of the IDF) 등을 강조하고 있다. 우리 군에서도 '유능하고 올바르고 헌신적인 리더상 구현'을 제시하고 있다(리더십 교범, 2017). 미군을 비롯한 독일군, 캐나다군, 이스라엘군 등 세계 최정상 군대에서의 리더십 개발에서 핵심적인 사상은 인간존중의 철학을 바탕으로 하고 있다. 리더는 팔로워 개개인을 한 사람의 인격체로서 존중받아야 하고 소중한 국민임을 강조하고 있다. 리더는 조직에 부여된 임무를 완수할 수 있도록 조직구성원 스스로 성찰(省察)을 통한 변화와 성장을 촉진할 수 있도록 돕는 활동을 해야 한다.

셋째, 지식정보화 등의 영향으로 인해 조직에 요구되는 변화 등을 고려했다. 인간이 만든 컴퓨터와 바둑천재의 대결에서 인간이 패배하고, 로봇이 사람들의 일자리를 대체하게 되었다. 더구나 인공지능이 인간의 마음까지도 헤아리기 시작하자 사람들은 미래에 대해 더욱 관심을 가지게 되었다. 미래의 변화되는 사회에 어떻게 적응해야 할까? 그러면서 인간은 '4차 산업혁명'에 관심을 갖게 되었으며, 이는 리더십에도 많은 영향을 미치고 있다.

컴퓨터로 생성된 가상의 공간과 인간의 현실세계를 실시간대로 초연결하여 조직 내의 안전한 영역에서 안주하던 리더들도 언제든지 조직 밖으로 노출되는 세상으로 변화했다. 리더의 부정적인 말이나 행동으로 조직을 순식간에 패망하게 할 수도 있는 사회로 변화했다. 과거의 리더는 지시하거나 답을 주는 사람, 아무런 견제장치 없이 자기 멋대로 해도 되는 사람이었다. 하지만 현재 이런 리더는 필요가 없어졌다. 과거의 리더는 외부환경적 변화가 없었기에 구성원의 의견을 묻지 않고 혼자 결정해도 조직의 운명에 전혀 문제가 되지 않았다. 하지만 21세기에는 변화의 속도가 빨라 리더가 답을 주는 동안에 이미 그 데이터는 과거의 기록이거나 잘못된 지시일 수도 있다. 따라서 리더가 알고 있는 지식의 양은 한계가 있고, 그 변화를 따라가기에는 턱없이 속도가 늦다. 미래에는 질문을 통해 구성원 스스로 답을 찾도록 촉진하는 리더가 절실히 요구되는 사회로 변화하고 있다.

조직 내 수직적·권위주의적 문화는 수평적·동반자적 조직문화로, 리더 중심에서 조직구성원 중심으로의 전환이 불가피하게 되었다. 외부환경의 변화에 적절히 대응하고 위험을 최소화할 수 있는 조직구조로의 전환만이 생존의 지름길이 되고 있다. 조직도 새로운 도전에 즉각적으로 적응할 수 있는 TF(Task Force) 형태의 애자일(agile) 조직이 요구되는 현실이다. 변화되는 세상에 바로 적응하고 리더 혼자 결정하는 것이 아닌 조직구성원의 집단사고를 최대한 활용하는 리더가 요구된다. 둔중한 조직형태가 아닌 기민하고 민첩한 형태의 조직으로의 전환이 요구되는 시대적 상황

등을 고려해야 한다.

넷째, 조직구성원들의 인식 변화를 고려해야 한다. 조직 내 구성원들의 세대 비율은 최고책임자 집단인 X세대(기성세대), 중간관리자급인 Y세대, 조직 내 신입사원으로 다수를 이루는 Z세대로 구성되어 있다. 기성세대인 X세대는 최고관리자나 기존 중간관리자급 이상의 위치에서 중요한 결정을 하고 시행을 감독하는 세대라 할 수 있다. 이들은 이제 기성세대로 진입하여 젊은 세대에게 '꼰대'로 낙인찍히는 세대로 전락하는 상황에 직면하고 있다. M세대는 1980~1990년대 이후 해외여행 자유화 등 다양한 경험을 한 세대로 기존의 가치나 관습을 거부하고 개인주의 성향으로 개성을 중시하는 세대다.

Z세대는 '밀레니얼 키즈'라 불리며, 곧 조직의 다수를 구성할 세대를 말한다. 2000년대 이후 출생한 세대로 스마트폰을 능수능란하게 다루며 본인의 개성과 취향이 소비의 기준인 세대다. 연예인보다 유튜버 등의 영향을 많이 받으며, 2020년대 이후 본격적으로 사회에 진출할 예비세대다. 이들은 'Carpe Diem(현재를 즐겨라)'을 중시하며, 대부분 'VIB(Very Important Baby)'로 키워진 세대다. 실제로 경험하고 SNS로 공유할 수 있는 것을 선호하고, 인터넷 검색 결과보다 신뢰할 수 있는 사람을 팔로우인(follow in)한다. 따라서 기존의 지시나 강압적인 명령만으로 지휘하는 리더보다는 자신을 인정하고 지지하는 리더를 원한다는 사실이다.

3. 코칭 리더십 철학 정립

훌륭한 리더는 주변 환경에 휘둘리지 않는 확고한 생각과 실천적 역량을 구비해야 한다. 리더가 확고한 신념과 올바른 행동기준이 정립되어 있지 않다면 너무 많은 시행착오로 자신뿐만 아니라 조직에도 해가 될 것이다. 리더십 현장에서 코칭 리더의 철학은 조직의 요구와 조직구성원에게 혼란과 갈등을 방지하고 방향성을 제시해 줄 수 있다. 이러한 차원에서 리더의 철학적 사고(philosophical thinking)의 정립이 요구된다.

코칭 리더십 철학을 정립하기 위해 기존 코칭철학과 세계 각국의 리더십 관련 중심적 사고와 리더 개발목표, 한국군의 지휘철학인 임무형 지휘 등을 살펴보았다. 더불어 학교현장에서 리더십을 강의하고 있는 전문가들과 코칭 리더십에 대해 의견을 수렴하기도 했다. 직접 리더십 현장에서 구성원을 지휘하고 있는 지휘관과 조직 관리자 등을 대상으로 설문과 인터뷰를 통해 리더십의 애로사항과 발전방향 등을 수렴했다. 리더십 코칭을 실시하고 있는 리더십 코칭 전문팀과 리더십·인성·상담 전문교관들을 델파이 전문가로 선정해 코칭 리더십 발휘에 필요한 요소들을 정립했다.

최종 정립된 리더십 코칭 철학

① 성장 욕구를 지닌 인격체(growther)
② 긍정적 사고를 지닌 신뢰할 수 있는 존재(positiver)
③ 문제해결 역량 구비(solutioner)
④ 리더는 이를 도와주는 촉진자(facilitator)

1) 성장욕구를 지닌 인격체(growther)

코칭 리더는 구성원을 '무한한 성장 가능성이 있는 존재(growther)'라고 인식해야 한다. 따라서 강압적·권위적으로 지시하는 것보다 구성원 스스로 행동하고 판단하도록 지원해야 한다. 조직의 주류를 구성하는 이들 세대는 기존에 주어지던 보상에 만족하지 않는다. 이들은 경제적 보상뿐만 아니라 자신을 성장시키는 코치형 리더를 원한다.

미국의 심리학자 칼 로저스(Carl Ransom Rogers, 1902~1987)는 "인간은 선천적으로 성장지향적이고 믿고 신뢰할 수 있는 존재"라고 했다. 칼 로저스는 심리치료 경험과 매슬로의 욕구론을 활용하여 "인간은 자기조절력과 잠재역량을 실현할 수 있는 주체적 존재"라는 점을 강조했다. 인간은 생리적 안전의 욕구와 더불어 스스로 성장하고자 하는 자기실현 욕구(self-actualization)가 존재하며, 온전히 기능하는 인격체(fully-functioning person)로 존중받고자 하는 마음을 가지고 있다. 따라서 리더는 구성원들이 자신의 역량을 온전히 발현하고 스스로 삶의 의미와 가치를 찾도록 이끌어줄 수 있어야 한다.

실제로 코칭현장에서 리더가 조직구성원에게 "너는 왜 그것밖에 못하냐?"라고 힐책하는 경우가 있다. 이처럼 나무라기보다는 구성원 스스로 깨닫도록 하는 것이 좋다. "나쁜 리더는 있어도 나쁜 조직은 없다(There are no bad troops, There are only bad leaders)"라는 말이 있다. 미 해군 특수부대 출신인 조코 윌링크와 레이프 바빈의 『네이비씰 승리의 기술』에서 어떤 리더십이 좋은 성과를 내는지 소개하고 있다. 좋은 리더십이란 리더십을 극대화하는 것이라고 했다. "자신의 임무뿐만 아니라 조직의 임무완수에 영향을 미치는 모든 것을 자기 책임이라고 생각"하는 것이다. 리더는 "어떤 경우에도 조직구성원을 비난하지 말아야" 한다. 리더는 하급자가 할 일을 제대로 하지 않아도 질책하기 전에 먼저 자신을 돌아보고, 설사 자신의 잘못은 없다 해도 하급자를 잘 관리하지 못한 자신의 책임을 인정해야 한다고 기술하고 있다.

'코이'라는 물고기는 어떤 성장환경에 놓이느냐에 따라 크기가 달라진다. 같은 어미로부터 동일한 DNA를 가지고 태어난 새끼도 어항 속에서 성장하면 5~8cm밖에 크지 못한다. 하지만 연못 속에서 성장하면 20~25cm로 성장한다. 큰 강에서 자유롭게 성장하면 120cm까지 성장한다. 따라서 리더는 조직구성원을 성장욕구를 지닌 완전한 인격체라는 것을 인식하고 이들이 마음껏 성장할 수 있도록 최대한 지원해야 한다. 자신의 성장환경이나 조직활동 간 제한되는 사항이 있다면 이를 해결해주고자 노력해야 한다.

아인슈타인의 어머니는 훌륭한 코치라고 할 수 있다. 어느 날 담임선생님이 그에게 편지를 건네면서 절대로 보지 말고 어머니에게 갖다 드리라고 했다. 편지를 받아본 어머니는 아인슈타인에게 편지를 읽어주었다. "이 아이는 너무나 머리가 좋아 더 이상은 우리 학교에서 수용할 수 없으니 어머니께서 직접 가르치는 것이 좋을 것 같다"고 했다. 어머니는 아인슈타인에게 "넌 남다른 특별함을 갖고 있단다. 반드시 훌륭한 사람이 될 거야"라며 자신감과 용기를 북돋워주고 꿈을 잃지 않게 했다. 하지만 선생님이 써준 내용은 아인슈타인의 어머니가 읽은 내용과는 정반대의 내용이었다. "이 아이는 더 이상 우리 학교에서 교육을 할 수 없을 정도로 저능한 아이입니다" 라는 내용이었다. 이와 같이 훌륭한 코치의 가르침 하에 성장한 아인슈타인은 『타임』지가 선정한 '금세기 최고의 인물'이 되었다.

2) 긍정적 사고를 지닌 신뢰할 수 있는 존재(positiver)

4차 산업혁명 시대가 요구하는 리더십의 핵심은 리더의 진실성, 조직구성원과 하나 되는 공감적 이해, 변화하는 외부환경 및 조직구성원의 인식 변화에 대한 수용력 등이다. 리더는 조직구성원을 지시와 명령에 순종하고 따르는 수동적인 존재가 아니라 긍정적 사고를 지닌 신뢰할 수 있는 존재(positiver)로 인식해야 한다. 코칭 리더는 진실성, 공감적 이해, 긍정적 수용 태도를 지니고 조직구성원을 대해야 한다.

'진실성'은 리더가 매 순간 경험하는 자신의 감정이나 태도를 '있는 그대로' 인정하고 개방하는 것을 의미한다. 리더의 진실한 태도는 조직구성원에게 마음을 열고 개방적 자기탐색을 촉진하여 '지금-여기(now & here)'에서 경험하는 감정을 자각하도록 돕는다.

'공감적 이해'는 리더가 조직구성원들의 마음과 하나가 되어 감정을 공유하는 것이다. '공감(empathy)'이라는 단어는 라틴어에서 파생되었는데, em(entro)은 조직구성원의 '마음속으로' 들어간다는 뜻이다. pathy는 '고통' 또는 '연민'이라는 의미로, 고통이나 연민의 마음으로 조직구성원의 마음속으로 들어간다는 것이다. 이를 위해 조직구성원이 마음의 문을 열 때까지 기다려야 하며, 조직구성원이 열고 있는 마음의 크기에 적합하게 리더 자신의 크기를 조절하는 것이다.

'긍정적 수용(positive accept)'은 리더가 조직구성원에 대해 어떠한 선입견이나 편견을 버리고 그대로 수용하는 것이다. 옳고 그름을 평가하거나 비판하지 않고 있는 그대로 받아들이는 것을 말한다. 인간은 자신의 경험, 지식, 가치관을 기준으로 타인을 판단하려는 경향이 있다. 이는 자연스러운 코칭대화를 방해하고, 리더의 주관적 해석으로 코칭목표 달성에 도움을 주지 못한다. 긍정적 수용은 조직구성원에게 자신이 이해와 존중을 받고 있음을 느끼도록 하여 자신의 생각과 감정을 자유롭게 표현하고 존재감을 갖게 한다.

코칭 리더는 조직구성원을 긍정적 사고를 지닌 인격체로서 스스로 자신의 존재감을 찾도록 함으로써 그들의 성장을 촉진할 수 있다. 조직구성원들이 부여된 임무를 성공적으로 수행하기 위해서는 '3P 공식', 즉 긍정문으로(Positive), 현재시제로(Present), 1인칭으로(Personal) 목표를 적고 간절한 소망과 목표의 최종기한을 구체적으로 설정하여 실천할 것을 권장해야 한다.

3) 문제해결 역량 구비(solutioner)

리더는 조직구성원이 스스로 문제를 충분히 해결할 수 있을 것이라고 믿어야 한다. 조직구성원의 문제는 본인이 스스로 만든 것인 만큼 자신이 가장 잘 안다. 해결방안도 누구보다 스스로 잘 알고 있다. 따라서 리더의 역할과 책임은 지시하고 문제를 해결해주는 해결사가 아니라 구성원 스스로 자신들의 문제를 해결하고 내적 동기를 발휘하여 성장하고 발전할 수 있도록 돕는 것이다. 이를 위해 코칭 리더는 조직구성원들이 문제해결이나 올바른 현실인식 역량을 가지고 해결(solution)할 수 있다고 믿어주는 것이다.

문제가 없는 사람은 없다. 단지 회복탄력성을 얼마나 가지고 있느냐에 달려 있을 뿐이다. 이러한 문제해결능력을 키워주는 것이 리더의 역할이자 몫이다. 따라서 리더의 역할은 구성원 내부에 해답이 있다는 점을 인식하고, 그들이 가진 독특하고 창의적인 역량이 발현되도록 지원하고 기다려주는 것이다. 리더는 문제의 해답을 찾아가는 동반자라는 생각을 항시 명심하고 행동해야 한다.

4) 촉진자(facilitator)

리더는 조직구성원들 사이의 상호작용이 효과적으로 이루어지도록 '촉진자(facilitator)' 역할을 인식해야 한다. 조직구성원에게 동기를 부여하고, 긍정적 태도를 유지하며, 활발한 커뮤니케이션을 통해 조직에 부여된 임무를 달성할 수 있도록 촉진하는 것이다. 그들 스스로 자신의 문제를 해결하거나 내재된 잠재능력을 발현하도록 촉진(facilitating) 역할을 하는 것이다. 구성원들이 복잡한 문제를 단순화하고 문제점을 찾기보다는 장점을 보고 해결지향점을 찾을 수 있도록 돕는 역할을 해야 한다. 리더는 코칭모델에 의한 프로세스를 충분히 이해하고, 이들의 마음을 열고 생각을 이끌어 행동을 변화시킬 수 있는 경청과 질문, 피드백의 코칭스킬 능력을 겸비하며 조직구성원들이 지속적으로 코칭목표를 실천할 수 있도록(follow up) 인정하고 지지해야 한다.

수덕사에는 '천사불여일행(千思不如一行)'이라는 글귀가 새겨져 있다고 한다. 아무리 훌륭한 생각도 행하지 않으면 의미가 없다는 말이다. 코칭은 실천이다. 인식했으면 반드시 실천하고 이를 통해 변화와 성장해야 한다는 의미다. 아인슈타인은 "나는 천재가 아니다. 단지 그 문제를 다른 사람보다 좀 더 오래 다르게 고민하고 실천했을 뿐이다"라고 말했다.

미국 컬럼비아대학 심리학자 토리 하긴스는 20여 년간 목표달성과 동기부여에 대해 연구했다. '자기조절초점 이론'으로 유명한 하긴스는 성취지향형과 안정지향형인 사람에 대한 피드백이 달라야 함을 강조했다. 즉, 성취지향형인 사람은 업무를 추진하면서 더 나은 결과를 추구하기 위해 노력하며, 이기는 게임을 원한다. 하지만 안정지향형인 사람은 (-) 상태에서 '0' 상태를 갈망한다. 따라서 성취지향형인 사람에게 피드백을 할 때는 "잘하고 있어! 이번 일이 성공하면 승진할 수 있을 거야"라고 말해주는 것이 중요하다. 반면, 안정지향형은 지지 않는 게임을 선호한다. 보상보다 실패의 위험을 피하기 위해 노력하는 타입이다. 이들에게 칭찬을 해줄 때도 과하지 않은 가운데 현재에 행위의 대한 수준이 적절하다.

4. 목표지향적인 리더

　인간은 기본적으로 자신의 욕구(wants)나 필요(needs)를 충족하기 위해 노력한다. 자신이 원하는 것이 생기면 이를 달성하기 위한 목표를 설정하게 된다. 목표란 "획득하기를 바라는 상태로 개인이나 조직이 장래의 어떤 시점에서 도달하고자 하는 상태"를 말한다. 이러한 목표의 기능은 인간이 하고자 하는 욕구가 되고, 특정한 방향으로 행동을 이끈다. 목표는 부여된 과업에 얼마나 많은 노력을 기울여야 하는지를 결정하기 위한 지침을 제공하기도 한다. 스스로 설정한 목표는 조직구성원의 행동이나 동기부여에 영향을 미치게 된다.

　목표설정 이론을 주창한 로크(Edwin A. Locke)는 "인간은 합리적으로 행동한다는 기본 전제하에 개인이 의식적으로 설정한 목표가 동기와 행동에 영향을 미친다"고 했다. 목표달성 관련 이론들은 1950년대에 미국에서 연구가 제기되었던 목표관리(MBO: Management By Objectives) 이론을 기반으로 하고 있다. 1960년대에 목표관리와 목표설정에 관한 논의가 학문적인 인기를 끌면서 로크는 1960년대 중반에 목표 설정 이론을 전개하기 시작했다. 로크는 목표설정 이론을 발전시켜나가면서 분명하게 정의된 목표(clearly identified goals)와 행동(performance)의 긍정적인 측면을 주장했다.

　조직구성원은 자신이나 조직이 설정한 목표를 달성하기 위해 행동하고 노력에 대한 결과로 보상을 받는다. 이러한 목표설정 이론은 현재까지 연구된 동기부여 이론 중 많은 학자들의 연구에서 활용되고 있으며, 가장 타당성 있는 것으로 밝혀지고 있다. 개인이 설정한 목표는 스스로 이를 이루기 위해 노력을 기울여야 하는 정도와 방향성을 갖게 된다. 또한 목표를 달성하기 위한 노력을 지속하게 함으로써 자신의 행동을 조절하게 한다. 목표는 조직이나 개인의 업적을 평가하는 기준이 되며, 더 어려운 목표를 달성했을 때 더 높은 평가를 받게 된다. 이처럼 자발적으로 개인이 설정한 목표는 이를 달성하기 위한 적절한 전략을 강구하고 실행할 수 있도록 돕는다.

　스티어스(R. M. Steers)는 스스로 설정한 목표는 행동이나 방향 설정, 자원 활용 근거, 의사소통이나 지위의 배정, 조직의 효율성 등에 영향을 미친다고 설명한다.

　첫째, 개인이 설정한 목표는 행동이나 방향을 결정하는 데 중요한 역할을 한다.

목표는 조직이 나아감에 있어서 GPS 역할을 하거나 개인의 실적을 평가하는 기준이 될 수 있다.

둘째, 목표는 개인이나 조직의 활동과 이에 소요되는 자원을 활용할 근거를 제공해준다. 목표가 수립되면 이를 달성하기 위한 시간이나 인적·물적 자원 등이 필요하다. 목표는 조직의 과업을 달성하는 데 이와 같은 소요되는 자원을 청구할 수 있는 합법적 토대를 마련해준다.

셋째, 목표는 의사소통의 형태, 권위나 권력관계, 지위의 배정 등에 직접적인 영향을 미칠 수 있다. 목표를 연구함으로써 다른 방법으로는 알 수 없었던 조직구성원이나 조직의 감추어진 동기, 성격 및 행동 등에 대한 통찰력을 얻을 수 있다.

넷째, 목표는 개인의 과제 수행이나 조직의 효율성을 다룰 때 중요한 문제가 되고 있다. 참여적 의사결정이나 직무설계와 더불어 이를 구체화시켜 조직에서 활용하기 위한 특수한 프로그램(목표관리, MBO: Management By Objectives)을 개발하고 수행하는 데 중요한 요소가 되고 있다. 『성공하는 사람들의 7가지 습관』의 저자 스티븐 코비 박사는 목표수립 시 'SMART'해야 한다고 강조한다. 성공적인 목표수립 방법은 구체적이고(Specific), 측정 가능하며(Measurable), 성취 가능(Achievable)하며, 합리적(Reasonable)이고, 정해진 시간 범위 내(Timed)에 이룰 수 있다.

남극정복에는 실패했지만 원정대원의 구조에 성공한 영국의 탐험가 어니스트 섀클턴(1874~1922)의 리더십은 비록 목표달성에는 실패했지만 명확한 목표가 있었기에 성공한 리더십이라 평가를 받는다. 섀클턴은 1914년 남극 탐험대원 56명이 승선한 인내호를 이끌고 남극을 향해 출발했다. 이듬해 1월 남미 남단 웨들해 빙판에서 좌초되어 남극의 빙하에 갇혀 꼼짝달싹 못하게 되었다. 식량이 바닥나자 섀클턴은 치료를 요하는 대원 5명을 구명보트에 태워 1,280km를 항해하여 영국 북부 오크니섬에 도착했다. 그리고 선장으로서 남극에 갇혀 있는 대원들을 구출하기 위해 세 번이나 항해를 시도했으나 실패했다. 그러나 굴복하지 않고 네 번째 항해에서 칠레 정부의 도움으로 생존자 전원을 구출하는 리더십을 발휘했다.

최악의 상황이 닥쳐와도 끝까지 할 수 있었던 것은 남극의 얼음 속에 갇혀 있는 대원을 반드시 구해야 한다는 목표를 잊지 않고 리더가 솔선수범하며 반드시 구출할 수 있다는 긍정적인 생각과 자기확신을 가졌기 때문에 가능했다. 자신의 실수에 자책하지 않고 스스로를 돌아보며 대원들 간의 팀워크를 강화하고, 불필요한 일에 힘을 낭비하지 않으며, 반드시 구출된다는 긍정성을 강화시켜 대원들을 모두 남극의 빙하로부터 무사히 구출할 수 있었다.

목표설정의 마력

추장이 세 아들과 함께 사냥을 가다가 나뭇가지에 앉은 독수리를 보고 세 아들에게 무엇이 보이느냐고 물었다.

첫째 아들 왈: 파란 하늘과 나무가 보입니다.
둘째 아들 왈: 거대한 나무와 큰 독수리가 보입니다.
셋째 아들 왈: 독수리의 두 날개와 날개 사이의 가슴이 보입니다.

추장은 막내아들에게 추장 자리를 물려주었다. 왜냐하면 막내아들만이 사냥의 목적과 목표를 정확하게 인식하고 있음을 알고 있다고 판단했기 때문이다.

5. 긍정형 리더

"열 길 물속은 알아도 한 길 사람 속은 모른다"고 한다. 그러나 정신분석에 대한 연구가 시작되면서 서서히 인간의 마음도 의식과 무의식세계로 구분되기 시작하고, 종교나 신의 영역이 아니라 사람과 과학의 영역 속에서 연구되기 시작했다. 인간의 마음에 대한 연구는 20세기 초반 지그문트 프로이트에 의해 본격적으로 연구되기 시작했다. 그러나 프로이트에 의한 정신분석(psychoanalysis)은 지나치게 인간 심리의 부정적인 면에만 몰입한 측면이 있다는 비판이 제기되었다.

이후 등장한 행동주의는 정신역동(psychodynamics)을 비판하며 심리학에 대한 과학적 접근방법을 시도했다. 행동주의에서는 프로이트의 정신분석과 달리 철저하게 과학적인 접근을 시도하고자 했다. 행동주의 심리학의 과학적 접근은 눈으로 관찰 가능한 인간의 행동만을 심리학의 연구대상으로 한정하고 이를 통해 인간의 마음과 행동을 알아보고자 했다. 고전적 행동주의 심리학의 대표적인 실험으로 파블로프(Ivan Petrovich Pavlov, 1847~1936)의 개 실험을 알고 있을 것이다. 행동주의 심리학은 러시아의 생리학자 파블로프가 개를 대상으로 한 실험에서 비롯되었다. 개에게 먹이를 줄 때마다 종을 쳤다. 종을 치면서 먹이를 주자 나중에는 먹이를 주지 않고 종만 쳐도 침을 흘리는 현상을 보고 파블로프는 이를 체계적 이론으로 정립했다.

20세기 중반을 주름잡던 행동주의는 당시 대부분의 사회과학자들이 그랬듯이 경험적이고 실증적인 과학연구에 큰 자부심을 갖고 있었다. 그들은 심리학이 추상적이고 논리적·이상적으로 흘러가는 것을 경계했다. 무의식처럼 관찰될 수 없는 것은 연구의 주제도 될 수 없다고 보았다. 이후에 연구하기 시작한 심리학자들도 인지·정서·행동에 대한 문제의 원인에 집착하다 보니 부정적인 사고와 행동, 감정 등을 강조하게 되었다. 인간심리의 부정적 측면에 집중하다 보니 이를 치유하는 과정에서 긍정적인 측면을 통한 장점을 강화하기보다는 부정적 측면에 의한 약점의 부각으로 오히려 부작용이 속출하게 되었다.

이에 따라 긍정심리학은 인간의 행복과 복지, 강점에 중점을 두는 인본주의 운동을 더욱 발전시켜 긍정적인 심리학으로 알려진 토대를 마련하게 되었다. 이러한 인간의 강점과 긍정적인 면을 규명해서 북돋우려는 심리학의 새로운 분야가 바로 긍정심리학이다. 긍정심리학은 셀리그만에 의해 주창된 심리학으로 제2차 세계대전 이후에 형성된 병리적인 사람들을 치유하는 심리학의 관점을 새롭게 정립했다.

긍정심리학은 보통 사람들이 정신적으로 더 건강하고 긍정적 사고를 지녀 그들의 삶을 더 풍요롭고 행복하게 만드는 데 기여하는 심리학이 필요하다고 강조했다. 이를 위해 개인이 가지고 있는 다양한 강점을 파악해서 어떻게 증진시킬 것인지에 대해 심리학적인 연구를 강조했다. 긍정심리학(positive psychology)은 인간의 잠재능력을 실현시키기 위해 노력하는 것을 목표로 했다.

긍정심리학은 평범한 인간이 올바르게 행동하며 자신의 삶을 풍요롭고 행복하게 하는 것이 무엇인지를 찾고자 했다. 이들은 사람들의 잠재능력을 발굴하고 무엇이 하고자 하는 동기를 촉발시키는 것인지, 어떠한 상황과 여건에서 무엇이 그들로 하여금 더욱 열린 마음으로 받아들이는지를 찾고자 했다. 연구 결과 긍정적 정서(positive emotion)를 바탕으로 강점과 가치 찾기(strengths and virtues), 긍정적 태도(positive institutions) 등이 코칭대상자의 인지적·행동적 변화를 가져오는 데 중요한 역할을 하는 것이 밝혀졌다.

데시와 라이언(Deci & Ryan, 2000)도 "인간은 최적의 기능을 지향하도록 내재적으로 동기화되는 존재"라고 했다. 인간은 자신 자신에게 무엇이 중요한지 알고 있으며, 자신의 문제는 자신이 가장 잘 알고 있다는 유기체적 평가과정을 통해 자신의 욕구를 있는 그대로 실현하고자 한다는 개념이다. 이는 로저스의 "실현 경향성과 모든 인간은 자기 자신의 문제에 대한 해결능력을 지니고 있다"는 코칭철학과 동일한 개념으로 이해할 수 있다. 긍정심리학은 기존의 심리학 이론이 견지하고 있는 인간에 대한 다소 부정적인 견해에 비해 인간이 스스로를 가장 잘 알고 신뢰할 수 있다고 본다는 점에서 가히 혁신적이었지만, 지나치게 낙관적이라는 비판도 없지 않다.

인간은 안정되고 자아실현 욕구를 충족할 심리적 조건이 형성되면 삶의 의미를 찾고, 자신과 타인을 소중히 여기며, 자신의 잠재능력을 최대한 발휘할 수 있도록 노력한다. 자신을 실현하기 위한 동기를 가진 존재라고 믿는 인간 중심 심리학은 조직구성원들에게 지시적이거나 권위적인 태도, 문제에 대한 해답을 제시하는 것이 아니라 조직구성원 스스로 변화하고 발전하도록 돕거나 촉진하도록 하는 리더의 근본적인 태도변화를 필요로 한다. 다시 말해 리더는 변화의 강요자가 아니라 촉진자가 되어 모든 결정과 판단의 권리를 조직구성원의 의지에 맡겨야 한다는 것이다.

6. 해결 중심의 리더

해결 중심 코칭은 1978년 스티브 드 세이저(Steve de Shazer)와 김인수(Insoo Kim Berg)가 중심이 되어 개발한 이론이다. 해결 중심 코칭은 "조직구성원이 스스로 해결하고자 하는 문제가 무엇인지를 파악하여 코칭 리더가 이를 해결하도록 조력하는 것"이다. 따라서 현실적으로 대두되는 문제의 해답은 조직구성원이 스스로 어떻게 풀어나가야 하는지를 알고 있다는 전제하에 진행된다. 문제해결에서 조직구성원의 현실 인식을 바탕으로 부정적인 상황에 초점을 맞추기보다는 긍정적인 강점에 초점을 맞추는 것이다. 이를 통해 코칭대상자의 인지적·정서적·행동적 변화를 올바른 방향으로 이끌고자 한다.

해결 중심 코칭은 형식과 절차를 중요시하지 않는 탈이론적이고 비규범적인 것이 특징이다. 코칭대상자의 견해를 존중하고 수용하며, 대상자를 사정하거나 평가하지 않는다. 리더는 대상자가 표현하는 견해와 불평 등을 수용하고 각각의 개별성을 존중한다. 이 과정에서 리더는 그의 문제를 해결해주기보다 스스로 가용자원을 활용하고 성찰을 이끌어내어 변화와 성장을 촉진하도록 돕는다.

코칭대상자의 실패했던 경험이나 부정적인 면보다는 성공했던 경험과 강점에 초점을 맞춘다. 코칭대상자의 강점, 자원, 건강한 특성을 발견하여 치료에 활용한다. 그들이 지닌 자원, 기술, 지식, 사회관계망, 개인적인 특성 등을 활용할 수 있도록 돕는다. 이를 위해 코칭대상자가 현실적으로 달성 가능한 일을 코칭목표로 세울 수 있도록 상호 협력한다. 이 과정에서 코칭대상자가 해결해야 할 문제를 회피하거나 우회하는 것보다는 스스로 부딪쳐서 풀어나가도록 조력한다. 일상생활에서 문제는 항상 발생할 수 있으며, 이에 대한 해결방법도 반드시 존재한다. 코칭대상자에게 문제해결을 통한 변화가 더 큰 성과를 창출하도록 일깨워준다. 성찰을 통한 점진적인 변화로 미래성장을 돕는 것이다.

리더는 조직구성원이 무엇을 원하고 삶에서 어떤 변화가 일어나기 바라는지를 가장 잘 알고 있는 전문가(expert)라는 점을 인식해야 한다. 따라서 문제해결은 코칭대상자가 원하는 방향으로 이루어져야 한다. 코칭대상자의 잠재적인 변화 욕구를 인정하고 중요시하며, 리더의 역할은 코칭대상자가 문제해결을 위한 열쇠를 활용하도록 돕는 데 있다. 리더는 코칭대상자를 변화시키는 촉진자이자 전문가가 되어야 한다. 이를 위해 리더와 코칭대상자는 코칭대화 간 상호존중하고 문제에 대해 탐구하고 확인하는 과정을 거친다. 상호 자율적인 협력을 중요시하며, 코칭대상자와 함께 해결방안을 발견하고 구축하는 과정이 중요하다.

코칭 리더는 조직구성원의 삶이 더 나은 방향으로 변화하기를 희망한다. 코칭 간 발생하는 작은 변화가 더욱 큰 변화로 연결되면서 문제해결뿐만 아니라 자신의 강점 발굴로 이어져 인생에 성공할 수 있기를 희망한다. 조직구성원의 삶에서 발견되는 예외상황이 더 자주 일어나도록 격려하는 것은 스스로 문제를 통제할 수 있다는 자신감과 해결책에 대한 가능성을 깨닫도록 한다. 해결 중심 코칭은 과거보다는 현재와 미래지향적으로 코칭을 실시한다. 코칭 간 조직구성원이 가능하다고 판단되면 굳이 고치려 하지 않으며, 일단 효과가 있으면 그것을 사용한다. 효과가 없다면 두 번 다시 그 방법을 사용하지 않고 다른 방법을 사용한다.

이러한 관점에서 해결 중심 코칭은 조직구성원의 성공적 경험을 발견하고 이로부터 다양한 능력을 통해 성공적인 삶을 이어가도록 한다. 이를 위해 코칭하면서 문제에 대한 원인을 파악하고자 하는 노력을 지양해야 한다. 상담의 경우와 같이 문제의 탐색이나 발생 원인에 집착하다 보면 문제 자체에 함몰되기 쉽다. 해결 중심 코칭은 올바른 현실인식을 바탕으로 문제해결과 미래의 변화된 모습에 집중한다. 따라서 문제에 집착하기보다는 문제해결을 위한 다양한 방법을 강구하는 것이 필요하다. 이를 위해 코칭 리더의 코칭 프로세스 진행과 코칭스킬 능력 배양이 요구된다.

해결 중심 코칭대화

코칭대상자: 코치님, 저는 조직의 수장으로 세 가지 어려운 점이 있어서 찾아왔습니다.

코치: ○○님께서 가지고 계신 문제는 무엇입니까?

코칭대상자: 예! 저희 조직 내 리더들이 리더로서 자질과 역량이 부족하고 이를 위한 노력이 부족한 것 같습니다. 더불어 자신이 교관으로서 담당하고 있는 과목에 대한 연구가 부족한 것 같습니다. 그래서 저는 그들을 신뢰할 수 없습니다.

코치: ○○님의 고민에 공감이 가는군요. 고객님께서는 조직 내 리더들이 리더로서 리더십을 제대로 발휘하기를 원하고, 교관으로서 충분한 연구를 바탕으로 훌륭한 교관이 되길 바라는데 아닌 것 같아 실망이 크시군요. 그리고 ○○님께서 그들을 신뢰하지 않고 문제가 있다고 생각하시는데…, 역으로 ○○님의 부하들은 조직에 얼마나 만족하면서 생활할까요?

코칭대상자: (한참 생각한 후) 아! 그렇군요. 제가 그들에게 잘한다고 칭찬해주고 신뢰해주면 그들은 저절로 교관으로서 과목 연구를 충분히 할 것이고, 그럼 부하들로부터 신뢰를 받는 리더가 될 것으로 알았는데, 정작 실천은 반대로 했군요. 제가 그들을 신뢰하지 않는데 그들이 흥이 나서 하기도 어렵겠군요. 제가 잘못 생각했어요. 제 관점에서만 보고 있네요.

코치: 새로운 관점으로 조직발전을 위한 코칭의 구체적인 목표를 설정해볼까요?

코칭대상자: 그럼 제가 그들을 신뢰하고 있다는 생각을 먼저 갖도록 하는 방법을 찾아보고 싶어요.

코치: ○○님께서 말하는 신뢰란 무엇인가요?

9장
코칭 리더의 역량

1. 코칭 리더에게 필요한 역량은?

1) 역량 개념

피터 드러커는 "사람의 목표달성에 있어서 그의 지능이나 지식수준과는 그다지 상관관계가 없다. 지능이나 지식이 성과를 내는 데 필수적인 요소이기는 하지만, 그 것을 충족시키기 위해서는 목표달성 능력이 필요하다. 지능이나 지식 자체는 성과의 한계를 설정할 따름"이라고 강조했다. 즉, 머리가 좋거나 아는 것이 많다고 해서 반 드시 조직목표를 달성할 수 있는 것은 아니라는 것이다.

이러한 차원에서 '역량(competency)'[1]이라는 개념이 등장했다. 역량 개념은 1973년 하버드대학 심리학과 교수인 맥클리랜드가 처음 사용했다. 그는 국무성의 의뢰로 '해외 주재원 선발에 관한 연구'를 수행하면서 이제까지 전통적인 능력[2] 평가 수단이 던 지능검사보다는 현장에서 수행하고 있는 직무분야에서 실제로 성과를 나타내는

---

1 맥클리랜드가 「지능검사에 대한 역량검사의 우위성(Testing for competence rather than intelli- gence)」이라는 연구보고서에서 사용하면서 제시된 개념이다.

2 과거의 업무경험이나 지식, 스킬 같은 직무수행을 위한 기본 자격요건

역량 연구의 시대별 흐름

구 분	주요 내용
1970년대	역량 개념의 도입, 모범적인 수행자의 역량을 실증하는 직무역량을 최초로 정의
1980년대	– 역량모델의 계획, 구성, 통합과 인적자원관리의 전반적 증진 모색 – 인적자원개발 적용을 위한 역량의 목록화
1990년대	– 역량모델 개발 조직의 인적자원관리 및 인적자원개발 전반에 역량모델의 구체적인 묘사 – 개인역량에서 조직역량으로의 종합적인 변화와 확장

출처: 주인중·김덕기·정종태·김호현·최선아(2010), 「기업체에서 역량모델 개발과 활용실태 분석」.

역량에 관한 평가가 더 의미 있고 예측력이 있다고 주장했다. 역량이란 "성과목표를 달성하는 데 가장 큰 영향을 미치는 바람직한 행동특성으로, 어떤 일을 해낼 수 있는 힘이나 능력"을 의미한다. 즉 직무수행에 필요한 지식이나 전문성, 특정한 스킬을 포함하는 말로 개인이나 기업 경쟁력의 원천이라 할 수 있다.

맥클리랜드는 역량을 "조직이 추구하는 비전이나 가치 목표 등을 성공적으로 달성할 수 있도록 과업을 수행해낼 수 있는 조직구성원의 행동특성"으로 정의했다. 조직에서 지적능력 중심으로 인재를 선발하던 방식에서 벗어나 실제적인 데이터를 기반으로 훌륭한 직무수행자와 평범한 직무수행자를 구분하는 변별적 행동특성 중심으로 전환했다. 목표달성 여부는 구성원들의 역량에 달려 있다고 할 수 있다. 따라서 조직에서 요구하는 직무역량을 규명하는 것은 조직이 추구하는 경쟁력을 갖추기 위해 중요한 사항이다. 특히, 오늘날처럼 급속하게 변화하는 경영환경에서 조직이 경쟁적 우위를 확보하기 위해서는 조직구성원이 가진 역량이 중요하기 때문에 이를 규명하고 개발하는 것은 기업의 생존을 위해 필수불가결한 요소다.

2) 역량 요소

코칭 역량에 대해 연구한 학자로는 스토웰(Stowell, 1986), 엘링거, 엘링거와 켈러 (Ellinger, Ellinger & Keller, 2003), 오토와 스턴(Otto & Stern, 2005), 헤슬린, 반데발레와 래섬 (Heslin, Vandewalle & Latham, 2006) 등이 대표적이다. 스토웰은 리더의 48가지 코칭 역량

군을 제시하고, 이를 바탕으로 코칭을 구성하는 효과적인 역량으로 방향제시, 역량개발, 수행평가, 관계의 네 가지를 제시했다. 방향제시는 "조직구성원의 업무나 과제가 어떤 목적이나 목표를 가지고 있는지에 대해 방향을 설정하는 것", 역량개발은 "상대방의 재능이나 역량, 그리고 기술 등을 향상시켜 더 높은 성과를 올릴 수 있도록 도와주는 것"으로 정의했다. 수행평가는 "코칭대상자가 수행한 업무 결과에 대해 공정성 있게 피드백하는 것"을 의미하며, 관계는 조직구성원과 개방적이고 신뢰적인 인간관계를 형성해야 조직성과에 영향을 미친다고 보았다.

엘링거와 켈러(Ellinger & Keller, 2003)는 효과적인 의사전달, 학습촉진, 피드백 제공 요청, 정보제공, 질문제시, 목표설정 대화, 역할연기 시연 등을 코칭 역량으로 제시했다. 관리자의 코칭 행동과 관리자가 인식하고 있는 코칭 행동을 통해 직무만족과 조직몰입에 관련된 연구를 했다. 이들은 과거에 연구된 문헌들에서 조직관리자들이 조직구성원에게 제공하는 코칭 활동에 대해 비즈니스에 적절한 코칭 행동을 주제별로 분류했다.

오토와 스턴(Otto & Stern, 2005)은 조직 내에서 코칭을 받는 CEO들과 임원 코치의 핵심역량을 지식과 기술, 그리고 태도의 세 가지 범주로 총 20가지 역량을 도출했으며, 기본적으로 갖춰야 할 수준의 코칭 역량 등을 제안했다. 또한 맥린(McLean, 2005)은 코칭 역량 요소로 열린 대화, 팀 차원 접근, 인간적 배려, 모호함의 수용 등을 포함시켰다.

한편, 국내 코칭 역량 연구 결과 상급자의 코칭행위는 조직구성원의 업무와 직무만족, 관계 등에 영향을 미치는 것으로 보고되었다. 반면, 코칭을 실시하지 않는 조직에서 상급자의 행위는 오직 인간적인 관계만이 직무만족에 영향이 있는 것으로 나타났다. 따라서 인간적으로 잘해주는 리더의 행위는 직무만족으로 연결되지만, 인간적인 유대감 없이 직무만 강조하는 리더는 조직성과에 부정적인 영향을 미치는 것으로 연구되었다. 따라서 상급자의 코칭행위는 조직구성원들의 인지적 유연성과 조직성과 달성에 많은 영향을 미친다. 조직구성원의 마음을 헤아리는 리더의 코칭 행위는 계획수립, 성과달성 활동, 피드백, 리뷰와 평가, 보상 등에서 긍정적인 영향을 미치는 것으로 나타났다.

따라서 리더의 코칭 행위는 자기효능감을 매개로 조직구성원의 직무만족도와 조직몰입도에 영향을 주어 직무관련 태도에 긍정적인 상관관계가 있는 것으로 나타났다. 따라서 리더는 조직구성원이 자신에게 부여된 과업에 헌신할 수 있도록 코칭 리더십을 발휘할 수 있어야 한다. 이와 같이 리더의 코칭 리더십 역량은 조직구성원들에게 직무만족과 조직몰입을 높일 뿐만 아니라 구성원들을 긍정적인 방향으로 이끌어 효과적으로 조직성과를 향상시킬 수 있는 방법이라고 제시하고 있다. 또한 이러한 역량은 직무관련 역량과 인간관계 역량으로 구분하여 제시되기도 한다. 연구자마다 직무관련 요소가 강조되거나 인간관계 중심 요소를 더욱 강조하는 등 차이가 있음을 알 수 있다.

실제로 리더십 코칭을 실시하면서 나타난 결과를 분석해보면, 업무 중심의 리더십을 발휘한 코칭대상자에 대한 조직구성원의 리더십 진단평가는 리커트(Likert) 척도 5점 만점 기준으로 4.0 수준이었다. 반면에 관계 중심의 리더는 4.25점 수준의 평가를 받았다. 업무와 관계를 동시에 조화롭게 수행한 리더의 리더십 진단점수는 4.5점 수준으로 나타났다.

이러한 리더들의 코칭 역량군을 연구해본 결과, 리더의 인성이나 품격, 리더십, 리더다운 행동이나 태도, 조직개발이나 관리, 임무완수, 코칭스킬 등이 영향을 미치는 것으로 조사되었다. 리더의 인성 역량군에 대해 스페리와 카이저(Sperry & Kaiser, 2005), 호간 등(Hogan et al., 1994)은 "특성이론에서 리더가 성과를 창출하기 위해서는 리더들의 다양한 성격특성을 이해해야 한다"고 하면서 정직성, 신뢰, 창조성, 배려 등 리더로서 지녀야 할 인성요소에 대해 강조했다.

리더십 역량군에 대해 카펜버그(Kappenberg, 2008)는 "리더는 조직구성원을 지휘함에 있어서 소프트스킬, 즉 리더십의 결여로 많은 비효율성과 조직에 손실을 초래하므로 리더십을 개발하는 것이 중요하다"고 강조했다. 리더다운 행동이나 태도에 대해 존스와 그리핀(Jones & Griffin, 2006)은 "조직의 리더는 어떠한 스트레스나 압박감 속에서도 목표를 견지하고, 관계를 유지하며, 리더다운 면모를 유지해야 한다"고 강조했다. 펠티에(Peltier, 2010)는 인지행동 이론에 입각하여 "리더는 개인의 내면에서 일어나는 생각이나 감정, 판단 등을 다루며 리더로서 지녀야 할 행동"을 강조했다.

조직관리 역량군에 대해 퀵과 페리, 카펜버그는 코칭 역량군으로 조직구성원 개발이나 긍정적 기풍조성 등을 강조하고 있다. 임무완수 역량군에 대해 스토웰은 "리더는 어떠한 상황에서도 부여된 임무를 구성원들과 함께 달성해나가는 능력이 필요하다"고 강조했다. 코칭스킬 역량군에 대해 패스모어는 "코칭은 인간 중심의 리더를 개발하기 위한 방법으로 개인의 욕구(needs)를 찾아내고 개인의 잠재력을 극대화시키도록 돕는 것에 초점이 맞추어져 있다"고 강조했다. 베르만은 코칭의 핵심적인 스킬로 경청, 질문, 피드백, 목표도출, 지도 및 평가 등을 제시했다.

첨단 과학기술의 발달과 인간 존중의 가치 확산, 조직구성원의 다양한 의식구조와 행동양식 변화 등으로 조직은 이전과 다른 새로운 환경에 직면하고 있다. 특히 인터넷이나 인공지능을 이용한 광범위한 지식의 생성과 확산, SNS 등을 통한 조직구성원의 자유로운 의사표현 등은 새로운 리더십의 패러다임(paradigm)을 요구하고 있다. 다양한 인터넷 사이트에서 제공되는 지식이나 정보는 리더가 조직을 효율적으로 이끌어가는 데 많은 도움을 주기도 하지만, 때로는 부작용이 속출하기도 한다. 신속하고 다양한 정보는 조직구성원에게 새로운 동기부여와 목표추구를 자극하지만, 때로는 리더와 조직에 대한 불만족의 원인이 되기도 한다. 이처럼 외부환경의 변화 및 조직구성원의 다양한 욕구는 조직의 운명이 걸린 생존 차원에서 리더에게 새로운 리더십을 요구하고 있다.

리더십의 중심이 리더 중심(leader-centered)에서 구성원 중심(follower-centered)으로 전환되는 시점에 상하 수직적·위계적 관계가 아닌 수평적·동반자적 관계로 조직구성원에게 문제해결을 지원할 수 있는 촉진자적 리더십이 필요하다(폴정, 2012). 세상이 급격하게 변화하고 리더 혼자서 모든 것을 다 할 수 없을 때는 조직구성원들과 충분한 의사소통을 통해 적절한 결심과 최선의 행동을 할 수 있도록 지원해주는 리더십이 필요하다. 이에 대한 대안이 바로 코칭 리더십이다.

코칭 리더십은 리더로 하여금 급변하는 상황과 여건에 대처하고, 조직구성원의 다양한 욕구충족을 통한 변화와 성장을 촉진시킬 수 있는 코칭 프로세스와 코칭스킬 등이 존재하기 때문이다. 코칭 리더십은 구성원이 리더의 적절한 도움을 받아 스스로 자신의 문제를 인식하고 통찰하여 변화와 성장을 촉진할 수 있다. 코칭 리더는 구성원이나 조직의 문제를 효율적으로 해결할 수 있는 코칭스킬, 즉 조직구성원들의 말에 귀를 기울이는 경청과 결과에 대한 질문을 통해 스스로 깨달아 실천할 수 있도록 하는 피드백 등을 활용할 수 있다. 또한 문제해결이나 잠재능력을 촉진할 수 있는 코칭 프로세스(coaching process)를 활용한 대화를 통해 이들의 자발적인 변화를 촉진시킬 수 있어야 한다.

조직 내 리더들이 조직구성원들에게 코칭 리더십을 발휘하도록 하는 노력과 함께 이를 실행하기 위해 관리자의 코칭 역량과 행동에 대한 연구들이 지속해서 진행되고 있다. 군이나 기업에서도 조직구성원의 리더십 개발을 위해 코칭 리더십을 연구·활용하고 있다.

2. 코칭 리더십 역량 연구설계

1) 코칭 리더십 역량 연구설계

4차 산업혁명 시대에 코칭 리더로서 갖추어야 할 코칭 리더십 역량은 무엇일까?

먼저 1단계로 기존의 코칭 관련 선행연구 문헌을 참고했다. 리더십 코칭(leadership coaching) 현장에서 지휘관들을 대상으로 한 경험과 축적된 자료 등을 기초로 코칭 리더십 역량모델을 제작했다. 자료수집 단계에서는 선행연구 문헌 및 개방형 설문과 포커스그룹 인터뷰(FGI: Focus Group Interview)를 실시하여 자료 간 삼각검증(data-triangulation)을 통해 코칭 역량을 도출하고, 도출된 역량에 대한 개념 등을 정립했다.

2단계로, 코칭 리더십 역량모델의 내용타당화 단계는 리더십 코칭을 실시한 리더십 코칭팀 및 리더십 전문교관, 비즈니스 코칭 전문가 및 리더십 코칭 교수 등을 델파이 전문가로 선정하여 코칭 리더십 역량들을 수정·보완하고 내용타당도를 검정했다. 도출된 코칭 역량을 바탕으로 코칭 리더십 역량모델 질문지를 개발하여 최종적으로 확정했다. 이 단계에서는 총 3회의 델파이조사를 통해 코칭 역량모델의 구조와 각 역량의 정의들이 타당한지를 검사했다. 이러한 과정을 통해 코칭 역량에 대한 전문가들의 의견을 수집하고, 역량의 구조와 개념들을 재정의하는 과정을 반복하면서 정립했다. 전문가들의 의견을 종합하여 작성된 코칭 역량모델의 타당성 검토는 영관급 장교들에게 설문을 배포하고 이를 회수했다. 코칭 역량모델에 대한 탐색적·확인적 요인분석을 통해 타당도를 확인한 후 코칭 역량모델을 확정했다.

3단계로, 개발된 군 코칭 역량모델을 t 검정과 보리치(Borich) 요구도, 우선순위 요구도 분석모델을 통해 코칭 역량 중 가장 우선적으로 개발해야 할 역량 요소를 산출하고자 했다. 이를 통해 도출된 코칭 역량을 t 검정을 통해 유의함을 알아보고, 다시 보리치 요구도를 통해 역량의 우선순위를 도출하고, The Locus for Focus 모델과 상호 비교하여 가장 우선적으로 요구되는 코칭 역량을 도출했다.

이러한 연구 결과 4차 산업혁명 시대에 적합한 코칭 리더십 역량모델은 다음과 같다. 리더가 겸비해야 할 인성 역량으로는 자기통제력, 공정성, 책임감 등이 요구된다. 유튜브나 SNS뿐만 아니라 외적인 부분을 강조하는 밀레니얼 세대는 리더의 외적 자세조차 요구한다. 리더의 외적 태도로는 강건한 모습, 주도적 행동, 유연한 행동, 솔선수범 등이 요구된다. 조직관리 측면으로는 통찰력, 방향제시, 자기계발, 조직구성원 계발 등이 요구된다. 통솔력 측면으로는 비전제시, 임파워먼트, 문제해결, 동기부여 등이 요구되었고, 코칭스킬로는 경청, 질문, 피드백, 진단 및 평가 등이 요구되었다.

2) 코칭 리더십 개발

코칭 리더십을 개발하기 위해서는 다음과 같은 내용에 유념해야 한다.

첫째, 코칭 관련 교육훈련 프로그램을 개발하는 것이다. 코칭 리더를 양성하기 위한 코칭 리더십 역량 개발 프로그램이 요구된다. 코칭에 대한 철학이나 코칭모델 등을 제대로 구사할 수 있는 자질과 역량 등이 요구된다. 코칭 리더십 교육훈련 프로그램은 코칭교육에 필요한 환경, 학습자의 수준, 교육목적 등을 세밀히 분석하고 학습목표설정, 교육훈련 프로그램 설계 등을 계획해야 한다.

둘째, 코칭 리더가 지녀야 할 핵심역량 프로그램은 인공지능이나 빅데이터, 클라우드 컴퓨팅 등과 연결되어야 한다. 4차 산업혁명과 연계된 융복합 시대에 코칭 리더에게 요구되는 역량이 무엇인지를 탐구하거나 타 조직을 벤치마킹하는 것이다. 즉, 인공지능과 더불어 다양하게 연계된 프로그램들을 주의 깊게 관찰하여 결합하는 것이 필요하다.

셋째, 리더십 파이프라인식 교육을 통한 단계별 코칭 리더십 역량을 개발하는 것이다. 하급 리더로부터 최고의 리더에 이르기까지 파이프라인으로 연결하여 단계적으로 코칭 리더로서의 직무수행 경험과 코칭 역량을 배양하는 것이다. 조직생활의 초반기에 경험한 리더십의 기회는 후반기 리더십에 큰 영향을 미친다(Murphy & Johnson, 2011). 조직에서 리더십 개발은 오랜 조직생활을 경험한 관리자들을 대상으로 하는 것보다 조직에 입문하는 초기부터 체계적인 리더십을 개발할 필요가 있다.

넷째, 코칭 리더십을 배양하기 위해서는 액션러닝(action learning)이나 딥러닝(deep learning)을 활용할 수도 있다. 액션러닝의 철학은 인간존중과 실사구시로 코칭 철학과 유사하다. 영국의 레그 레반스(Reg Revans) 교수가 1945년 영국 국가석탄위원회(National Coal Board)의 초대 교육훈련 담당관으로서 광부들을 대상으로 처음 시도한 액션러닝은 교육 참가자들이 소집단을 구성해 자신들에게 부여된 문제를 러닝코치(learning coach)와 함께 과제 해결을 위한 프로세스를 익히고 해결하면서 성찰을 통해 학습하는 과정이다. 이후 1960년대에는 벨기에, 1970년대에는 미국, 독일, 프랑스 등으로 확산되었다. 1988년 제너럴일렉트릭사(General Electric)가 핵심인재 양성 프로그램으로 채택하고, 1990년대부터 많은 글로벌 기업들이 활용하기 시작했다.

코칭 리더들이 조직현장에서 직면하는 문제의 해결과정을 집단토의나 워크숍 등을 통해 배양할 수 있는 좋은 프로그램이라 할 수 있다. 팀코칭이나 그룹코칭 등 조직 내 문제해결 과정에서 활용할 수도 있다. 개인적 능력이 탁월한 리더가 반드시 훌륭한 리더라고 할 수 없다. 리더 본인의 개인적 능력이 아무리 우수하다 해도 현장에서 리더십이 발휘되지 않는다면 아무런 의미가 없다.

능력은 훌륭한데 리더십이 제대로 발휘되지 않는다면, 왜 그런지 원인을 파악하고 치유할 수 있어야 한다. 초연결·융복합 시대에 요구되는 리더십이 바로 코칭 리더십이다. 왜냐하면 코칭 리더십은 일방적 강요가 아닌 스스로 행동하게 하는 실천이 동반되기 때문이다. 따라서 이론적으로 습득한 리더십이 조직현장에서 발휘될 수 있도록 코칭 리더로서의 자질과 역량을 개발해야 한다.

3) 코칭 리더십과 리더십 코칭

코칭 리더십과 유사한 것으로 리더십 코칭이 있다. 코칭 리더십은 리더가 부하를 대상으로 발휘하는 반면, 리더십 코칭은 리더십 개발을 전문으로 하는 부서나 전문 코치가 조직 내 리더를 대상으로 리더십을 개발하기 위한 코칭을 말한다. 따라서 코칭 리더십은 수직적 상하관계라는 이중적 관계가 존재하지만, 리더십 코칭은 수평적·객관적 관계가 존재한다.

코칭 리더십은 업무현장에서 수시로 이루어질 수 있다. 코칭의 주제는 정해질 수도 있지만, 상황에 따라 임의로 정해질 수 있으며 피드백도 수시로 할 수 있다. 반면

코칭 리더십과 리더십 코칭의 비교

구 분	코칭 리더십	리더십 코칭
코치	리더	리더십 코치
피코치	리더의 조직구성원, 조직구성원	조직 내 구성원(임직원)
관계	수직적, 주관적, 상하관계	수평적, 객관적, 계약관계
코칭 시기	필요에 따라, 이슈가 발생할 때마다 즉각 코칭 가능	상호 협의하에 정해진 날짜에 코칭을 실시함 (계약 초기에 결정됨)
코칭 주제	업무현장에서 발생할 수 있는 다양한 문제. 개인과 조직이 이해관계가 얽혀 있을 경우 조직에 무게중심을 두는 경향	의사소통, 관계형성 등 리더십 역량의 향상과 관련된 주제. 개인적인(사적인) 주제도 가능하지만, 조직이 비용을 지원하므로 조직이슈와 관련된 주제가 중심
관찰과 피드백	조직 내에서 언제든지 관찰이 가능하며, 관찰한 내용을 토대로 직접적인 피드백 가능	필요에 따라 직접 관찰하기도 하지만, 주로 피코치의 보고에 의존
강제성	코치의 말과 행동에 권위와 강제성 부여. 코치로서 리더의 솔선수범이 중요한 요인	코치의 말과 행동에 강제성이 없음. 피코치의 자발성이 중요한 요소

에 리더십 코칭이 정해진 시간에 이루어지면 주제는 상호 합의하에 이루어지며, 관찰과 피드백은 정해진 일정에 따라 진행된다.

3. 코칭 리더가 지녀야 할 역량

1) 인성을 갖춘 리더

(1) 코칭 리더에게 인성은 모든 것이다

인성은 학문의 영역에 따라 다양하게 불린다. 철학이나 교육학 분야에서는 '인성'으로, 심리학 분야에서는 '성격'으로 지칭된다. 인성은 그 사람의 성질과 품격을 포함한다. 성질은 마음의 바탕이자 기본이며, 품격은 사람 됨됨이를 의미한다. 인성은 과거에도 중요했고, 미래사회에서도 중요한 덕목이 될 것이다. 더구나 리더의 인성은 조직구성원을 존중하고 배려하며 함께 관계를 구축하는 역량으로 중요하게 여겨지는 덕목 중의 하나다. 리더는 훌륭한 성품과 더불어 조직구성원에게 진심어린 마음과 자기조절력, 공명정대함과 책임감을 소유해야 한다.

아이젠하워는 "리더에게 인성은 모든 것"이라 했다. 베넷은 "훌륭한 인격자는 진실하고 담대하며 공정하게 행동해야 한다"고 하면서 리더의 인성을 강조했다.

케네디는 "세상에 변하지 않는 것이 없다는 진리 외에는 모든 것이 변화한다는 사실을 명심해야 한다"고 했다. 대중매체가 발달하기 전만 해도 리더는 조직구성원들과 직접 접촉할 기회가 적었다. 따라서 리더가 조직구성원으로부터 옳고 그름을 판단 받을 일이 적었다. 설사 노출된다 할지라도 항상 신비스럽고 권위주의적인 환경이 조성된 상태에서 보여졌다. 따라서 리더의 권위는 신성불가침의 영역으로 절대적이었다. 또한 항상 경외감으로 가득 찬 존재였다. 하지만 대중매체나 인터넷의 발달로 리더도 조직구성원들과 자주 접촉하게 되었다. 접촉하면 할수록 신비스러움과 권위는 떨어진다. 과거에는 리더가 정보를 독점하여 많은 영향력을 미쳤지만, 현재는 SNS의 발달로 조직구성원들도 중요한 정보들을 쉽게 접할 수 있기 때문에 리더의 권위는 그만큼 줄어들었다. 이처럼 세상은 많이 변하고 있다.

리더의 윤리의식도 강조된다. 미국의 KRW 인터내셔널 리더십컨설팅회사가 '리더의 윤리의식이 조직성과에 미치는 상관관계'에 대해 발표했다. 도덕성이 높은 CEO가 있는 기업의 조직성과가 그렇지 않은 기업의 조직성과보다 5배 더 높게 나타났다는 연구 결과를 발표했다. 반대로 가장 낮은 점수를 받은 CEO들은 진실을 왜곡하고, 남을 탓하며, 자기의 이익만 챙기는 사람으로 조사되었다. 이는 리더의 윤리의식이 조직의 성과에 얼마나 크게 기여하는지를 보여준다.

영국 런던대학 샬럿 교수는 피노키오 효과[3]를 언급하면서 "평시 사소한 거짓말일지라도 경각심을 갖고 주의하라"고 경고했다. 인간은 처음 거짓말을 할 때는 편도체 활동이 증가하여 양심의 가책을 느끼지만, 거짓말을 지속적으로 하게 되면 편도체 활동이 감소하여 양심이 무뎌진다. 결국 거짓말을 하면 할수록 죄의식을 느끼지 못해 더 큰 거짓말로 연결된다고 했다.

리더는 자신을 '어항 속의 금붕어'라는 생각으로 항상 신독(愼獨)[4]의 자세를 견지해야 한다. 조직구성원들이 항상 자신을 지켜보고 있다고 생각하고 언행에 조심하라는 뜻이다. 안중근 의사도 "아무도 보지 않는 곳에서 근신한다(戒愼乎其所不睹)"라 하며 큰 뜻을 이루려는 자는 보이지 않고 들리지 않는 곳에서도 소홀함이 있어서는 안 된다고 강조했다. 리더는 혼자 있을 때도 도리에 어그러짐이 없도록 몸가짐을 바로 하고 언행을 삼가야 한다.

---

3 하버드대학 디팩 맬호트라(Deepak Malhotra) 교수는 사람은 거짓말을 할 때 진실을 말할 때보다 평균적으로 더 많은 단어를 쓰며, 3인칭 대명사를 훨씬 더 많이 사용한다는 사실을 발견했다. 자기 자신과 거짓말 사이에 거리를 두기 위해 '나'보다는 '그, 그녀, 그것, 어떤 사람, 그들' 같은 대명사를 많이 사용한다. 연구자들은 이런 현상을 '피노키오 효과(Pinocchio Effect)'라고 명명했다. 마치 피노키오의 코처럼 거짓말과 함께 사용하는 단어 수가 늘어나기 때문이다.

4 남들이 보지 않는 곳에서도 스스로 삼간다는 뜻으로, 『중용(中庸)』에 "군자는 보지 않는 곳에서 삼가고(戒愼乎 其所不睹), 들리지 않는 곳에서 스스로 두려워한다(恐懼乎 其所不聞)"고 강조하고 있다.

(2) 자기조절력을 갖추어라

자기조절력이란 "자신의 감정을 인식하고 통제하는 능력"을 말한다. 리더는 과도한 업무량 및 중압감을 이겨내며 자기감정을 조절하여 중심을 유지해야 한다. 어려움에 닥쳤을 때는 부정적 감정 대신 긍정적인 감정과 건전한 도전의식으로 난관을 극복할 수 있어야 한다. 기분에 휩쓸리는 충동적인 행동을 억제하며, 어떠한 상황에서도 자신감을 가지고 행동할 필요가 있다. 이처럼 리더는 일관성 있고, 명확한 기준과 한계를 설정하여 흔들림 없이 임무를 수행하도록 부단히 노력해야 한다.

타인을 대할 때는 따뜻한 봄바람처럼 하되, 자신에게는 차가운 가을바람처럼 추상같아야 한다(對人春風, 持基秋霜). 그러나 리더십 현장에서 리더들은 반대로 행동하는 경우가 많다. 자신에게는 한없이 관대하되 조직구성원들에게는 엄격하게 행동하는 리더가 있다. 자신에게 관대하되 타인에게 엄격한 리더의 표리부동한 행동은 조직구성원들의 마음을 떠나게 하고, 결국은 조직의 목표달성이나 리더십에 치명적인 위협을 가하게 된다.

1970년대 베트남전에서 리더의 자기조절력이 얼마나 중요한지 미군의 프래깅[5]을 통해 여실히 증명되었다. 부하들이 리더의 비인격적인 행동으로 적에게 향해야 할 총부리를 자신의 상관에게 겨눈 것이다. 베트남전쟁에서는 공식적으로 230명이 부대원에게 살해당했다고 알려지고 있다. 비공식적인 데이터로 1,400여 명이나 되는 리더들의 비전투 사망이 발생했는데, 이 중 일부는 부하들의 프래깅이라고 의심되고 있다. 전쟁사를 통해 수많이 기록된 상관 살해사건은 리더가 자기의 감정을 조절하지 못하고 지위와 계급에 취해 부하들을 함부로 대함으로써 조직의 전투력뿐만 아니라 리더 개인에게 불명예스러운 현상이 일어날 수 있다.

리더는 자신의 사고, 행동 및 감정 등을 조절하는 과정을 거쳐 자신이 정한 목표에 도달하기 위한 개인적 차원에서의 마음이나 감정, 행동을 통제해야 한다.[6] 본능

---

5 '프래깅(fragging)'은 수류탄을 의미하는데, 부하들이 상관을 살해하기 위한 목적으로 수류탄을 던졌다는 데서 유래한다. 베트남전에서 유행한 상관 살해행위를 말하는 미군의 속어로, 자신의 상관이나 구성원을 죽이거나 죽게 되는 상황으로 몰아넣는 행위를 말한다.

6 정조가 신하들에게 "세상에서 하기는 쉬운데 참기 힘든 것이 무엇"인지 묻자 아무도 답하지 못했다.

적 충동에 의한 말이나 행동을 통제하고, 자기조절능력을 발휘할 수 있어야 한다. 자기조절능력은 인간 내부의 동물적 성질을 문화적이고 인격적인 모습으로 바꾸는 데 필수적인 역할을 한다. 자기조절은 말 그대로 자신의 심리적 상태를 조절하는 것이다. 자신에게 내재되어 있는 감정을 표현하여 타인을 변화시키려는 의지의 발산이라 할 수 있다. 하지만 자신을 변화시키기는 쉬워도 타인을 변화시키기는 어렵다.

세계 최대의 제국을 건설한 칭기즈칸은 '자기절제'라는 리더십의 핵심을 보여주었다. 그 어려운 시기에 자기 자신을 이겨내면서 자기조절을 억제한 결과 원대한 목표를 달성할 수 있었다. 자기조절이 맹수의 왕 사자를 이기는 것보다 어려우며, 자신

칭기즈칸의 자기절제를 통한 목표달성

집안이 나쁘다고 탓하지 말라.
나는 아홉 살 때 아버지를 잃고 마을에서 쫓겨났다.
가난하다고 말하지 말라.
나는 들쥐를 잡아먹으며 연명했고,
목숨을 건 전쟁이 내 직업이고 내 일이었다.
작은 나라에서 태어났다고 말하지 말라.
그림자 말고는 친구도 없고, 병사로만 10만.
백성은 어린애, 노인까지 합쳐 200만도 되지 않았다.
배운 게 없다고, 힘이 없다고 탓하지 말라.
나는 내 이름도 쓸 줄 몰랐으나 남의 말에 귀 기울이면서 현명해지는 법을 배웠다.
너무 막막하다고, 그래서 포기해야겠다고 말하지 말라.
나는 목에 칼을 쓰고도 탈출했고, 뺨에 화살을 맞고 죽었다 살아나기도 했다.
적은 밖에 있는 게 아니라 내 안에 있었다.
나는 내게 거추장스러운 것은 깡그리 쓸어버렸다.
나를 극복하는 그 순간 나는 칭기즈칸이 되었다.

이에 정조는 '화를 참는 것'이라 했다.

의 분노를 이기는 것이 힘센 씨름꾼을 이기는 것보다 어렵다고 한다.

특히 사회가 개방되고 정보가 공유되는 상황에서 리더의 말과 행동은 순식간에 일파만파가 되어 퍼진다. 한번 전파된 리더의 언행은 이제 과거처럼 수습되거나 없앨 수 있는 상황이 아니다. 사람이 살아가면서 소통하는 주된 수단은 말이다. 말은 행복을 여는 중요한 열쇠이자 불행의 씨앗이 될 수 있다. 말(口)이 3개 모이면 인격(品)이 된다. 사람의 품격은 입에서 나온다. 입은 하나지만 귀는 2개인 이유가 여기에 있다.

역사적으로 자신이 처한 역경에 굴하지 않고 위대한 업적을 이룬 대표적 위인으로 사마천을 꼽을 수 있다. 사마천은 궁형(宮刑)[7]에 처해졌으면서도 "이 치욕과 수모를 생각할 때마다 창자가 아홉 번이나 뒤틀리고, 등골에 흐르는 땀이 옷을 적시지 않은 적이 없었다"고 하면서 "그래도 산 이유는 오직 하나, 하늘과 인간의 도리를 탐구하여 고금의 변화를 관통하는 한 편의 학술을 완성하겠다는 한 줄기 집념 때문이었다"고 술회하며 역사적인 『사기』를 저술했다. 중국 속담에도 "자기 자신에게 엄격하라. 그러나 타인에게는 항상 겸손하라. 그때 당신에게 적이 없어질 것이다"라고 했다. 장자도 "인내의 힘으로 성사되는 일을 본 적은 있지만, 화를 냄으로써 이루어진 일을 본 적은 없다"고 하며 자기조절을 강조했다.

1960년대 미국 스탠퍼드대학 심리학자 월터 미쉘(Walter Mischel)은 유치원 어린이를 대상으로 자기조절력을 실험했다. 선생님이 아이들에게 마시멜로를 주면서 먹지 않고 15분을 참고 있으면 선생님이 돌아와서 2개를 더 주겠다고 했다. 이에 일부 아이들은 참고 기다렸지만, 나머지 아이들은 참지 못하고 먹어버렸다. 아이들이 성장한 뒤 미국 수학능력시험(SAT) 성적이나 대인관계 등을 추적한 결과, 인내심을 발휘했던 아이들은 성장해서도 성공적인 삶을 살게 되었고 그렇지 못한 아이들은 주위의 유혹에 쉽게 흔들려 약물중독이나 사회 부적응 어른으로 성장했다는 결과를 도출했다. 이처럼 자기조절력은 인생의 성공에 중요한 요소가 된다. 자기조절력을 키우기 위한 방법으로는 편안한 일상생활을 영위하기 위해 자신의 조절력을 인식하는

---

7 고대 중국의 오형 중 하나로 죄인의 성기를 도려내는 형벌을 의미한다.

것, 자기 자신의 사고나 행동에 주의를 기울이며 스스로를 관찰하는 것, 흥분한 감정이 올라올 때는 물을 한 잔 마시고 호흡을 가다듬는 방법, 잘 먹고 잘 자는 것 등이 중요하다.

리더는 자기조절을 위해 회복탄력성도 갖추어야 한다. 회복탄력성이란 "시련이나 고난에 직면했을 때 이를 극복해내는 긍정적인 힘"을 말한다. '회복탄력성(resilience)'이라는 단어는 미국 하와이주 카우아이섬에서 비롯된 연구에서 시작되었다. 1954년 심리학자 에이미 워너 교수 일행은 열악한 환경이 인간의 생활에 미치는 영향을 종단적으로 연구했다. 1955년 카우아이섬에서 태어난 833명의 아이 중에서 231명에 대해 집중적으로 연구했다. 231명의 부모들은 대부분 섹스나 마약중독, 알코올중독 등으로 매우 가난하고 열악한 환경에서 태어난 아이들이 대부분이었다.

학자들은 불행의 요소들이 인간의 삶에 어떤 영향을 미치는지를 종단적으로 연구하고자 이들의 삶을 집중적으로 연구하기 시작했다. 그런데 그중 72명의 아이들은 열악한 환경에서도 건전하고 훌륭한 청년으로 성장하는 현상을 보였다. 이에 연구자들은 '이들에게 불행한 환경요인들이 많은데, 무엇이 이들을 올바른 청년으로 성장하게 하는가?'를 연구하기 시작했다. 최초에는 불행한 환경이 인간에게 미치는 영향을 연구하다가 나중에는 불행한 가운데 올바른 청년으로 성장시키는 요소가 무엇인지를 찾기 위한 연구로 전환했다. 연구 결과는 의외로 단순했다. 이들 72명 모두에게는 한결같이 지지해주고 격려해주는 누군가가 있다는 것이었다. 이에 연구자들은 어려운 가운데 이를 훌륭하게 극복할 수 있는 요소를 '회복탄력성'[8]이라 명명했다.

리더의 회복탄력성은 위기 시 다양한 상황에서 필수적으로 요구된다. 이러한 회복탄력성은 스스로의 감정과 충동을 잘 통제할 수 있는 자기조절력과 긍정적 정서

---

8 1954년 심리학자 에이미 워너 교수는 카우아이섬에서 역사에 남을 만한 조사에 착수했다. 섬에서 1955년에 태어난 모든 신생아 833명을 대상으로 엄마 배 속에 있을 때부터 30세 이상 성인이 될 때까지 궤적을 추적한 것이다. 그중에서도 특히 열악한 환경에서 자란 201명을 추려 성장 과정을 분석했다. 그리고 놀라운 사실을 발견했다. '고위험군'이라고 불린 아이들 중 3분의 1인 72명이 밝고 건강한 청년으로 문제없이 성장한 것이다. '대부분 사회 부적응자가 됐을 것'이라는 가설이 깨지는 순간이었다. 가설을 뒤엎은 비밀을 조사한 결과, 워너 교수는 72명에게서 하나의 공통된 속성을 발견했다. 바로 역경을 이겨내는 힘이었다. 워너 교수는 그것을 '회복탄력성'이라고 이름 붙였다.

를 통해 배양할 수 있다. 회복탄력성을 갖기 위해서는 인식의 전환이 필요하다. 어떤 현상이나 문제에 직면했을 때 '현상'이나 '문제'가 아니라 이러한 '상황에 대한 나의 인식체계'가 문제라는 생각으로 접근해야 한다. 최악의 상황에 직면해도 '생각'을 긍정적으로 바꾸면 결과는 달라진다. 긍정적 사고란 "자신이 처한 환경에 만족하며 자신을 긍정적으로 바라보는 것"을 말한다. 자신에게 주어진 상황이 점점 좋아지리라는 믿음과 자신이 하고 있는 일을 통해 즐거움과 성취감을 느끼는 것이다. 자신과 타인에 대한 감사, 감사할 거리 찾기 등을 통해 긍정성을 확장할 수 있다.

(3) 공정하게 대우하라

공정하고 투명한 사회일수록 리더에게는 공정성이 절대적으로 요구된다. 조직구성원들을 대우하거나 보상함에 있어서 어느 한쪽에 치우침 없이 공정하고 올바르게 직무를 수행하는 것을 의미한다. 공정의 사전적 의미는 '공명정대(公明正大)'의 준말로, 공평하고 올바름을 의미한다. 현재 우리 사회의 많은 이슈도 공정성에서 비롯된다. 리더는 자신의 계급과 직책으로 과업을 수행함에 있어 공정을 유지해야 한다. 리더가 공정하게 직무를 수행하기 위해서는 객관적이고 명확한 기준에 따라 일관성 있게 처리해야 한다. 사사로운 정(情)에 이끌려 판단기준이 흔들리거나 예외를 인정해서는 안 된다. 리더가 공정한 직무수행을 위해서는 합리적인 사고와 행동, 공평한 대인관계, 공정한 인사, 명확한 공사 구분 등을 실천해야 한다. 어느 한쪽에 치우치지 않고 바르며, 공평하고 올바르게 대하는 마음과 자세로서 스스로 규정과 방침을 지키고, 조직구성원들을 차별 없이 대하며, 처벌과 포상을 공정하게 해야 한다.

아리스토텔레스는 『니코마코스 윤리학』에서 분배정의의 원칙을 제시했다. 조직구성원들은 두 사람에게 주어지는 사회적 보상이 기여한 바에 비례하여 분배되었을 경우, 보상이 공정했다고 인정한다. 사람들은 배고픈 것은 참을 수 있어도 배 아픈 것은 참을 수 없다. 이러한 공정성에는 분배적 공정성과 절차적 공정성이 상호작용한다. 분배적 공정성은 조직 내의 공과에 따라 조직구성원에게 얼마나 공평하게 분배했는지를 말하며, 절차적 공정성은 분배과정의 공정성을 의미한다. 이러한 절차적 공정성은 조직구성원 상호 간에 신뢰가 있어야 하며, 분배를 결정하는 시스템이 공정하게 작동되고 있다는 것을 구성원들이 모두 인정해야 한다.

미국의 『뉴욕타임스』지는 지난 천 년간 역사상 가장 위대한 인물로 '칭기즈칸'을 꼽았다. 칭기즈칸은 인류 역사상 777만 km²의 가장 큰 제국을 건설했다. 인구 200만을 넘지 않은 몽골부족이 동서양에 걸쳐 2억 명의 인구를 무려 150년이나 다스리는 강대한 제국을 만들 수 있었던 배경에 대해 많은 역사학자들이 의문을 가지고 연구했다. 소수민족이 강대한 제국을 만들 수 있었던 배경으로 칭기즈칸 군대의 기동력, 정복민의 활용, 기술 수용력, 공정성 등을 꼽았다. 그중에서도 가장 중요한 요소 중의 하나는 칭기즈칸 군대의 '공정성'이라는 결론을 도출했다. 칭기즈칸 이전 대부분 유목국가의 군대는 적국을 정복한 뒤 약탈하기에 바빴다. 약탈 결과로 챙긴 전리품을 휴대함으로써 부대의 진격속도가 느려지고, 휴대물품이 많아지니 전투에 소홀해지게 되었다. 더욱이 약탈을 당한 사람들로부터 복수를 당하기도 했다.

이에 칭기즈칸은 전투에서 승리한 이후에도 약탈을 하거나 전리품을 챙기지 못하도록 엄명을 내렸다. 칭기즈칸 군대는 전투가 끝나면 전투 공헌도에 따라 전리품을 공정하게 분배했다. 전투에서 세운 공에 따라 전리품을 공평하게 나눴을 뿐만 아니라 전사자의 가족들에게도 배분했다. 그러면서 전투에서 숨진 전사자의 유족들은 배분에서 특별히 우대했다. 후방 지원이나 병참에 나선 사람들에게도 전리품을 나누어주었다. 칭기즈칸의 군대는 승리한 이후에도 약탈하지 않고 오직 전투에만 집중함으로써 부대의 진격속도를 빨리하여 더 많은 나라를 정복할 수 있었다. 리더의 공정한 행동이 칭기즈칸의 군대를 세계 최대 제국으로 만들었다.

공정성의 대표적인 사례로 제갈공명의 '읍참마속(泣斬馬謖)'을 들 수 있다. 제갈공명은 위나라를 공격하기 위해 아끼던 장수 마속을 불러 구체적으로 작전을 설명해주었다. 그러나 산 아래에 진을 치라는 제갈공명의 명령을 어기고 임의대로 행동하는 바람에 마속은 전투에서 패하고 돌아왔다. 제갈공명은 마속을 무척 아꼈지만, 주변의 적극적인 만류에도 불구하고 군율을 바로 세우기 위해 마속을 칼로 베어냄으로써 읍참마속의 공정함을 내세울 수 있었다.

리더는 구성원을 대할 때 자질과 역량, 성과를 객관적으로 평가하고 결과에 대한 상벌 또한 공평하게 처리해야 한다. 특정한 구성원이나 집단을 편애하거나 사사로운 감정에 흔들려서는 안 된다. 공정한 인사를 한다는 것은 인사를 올바르고 공평하게 시행하는 것을 말한다. 리더는 인사를 시행하기 전, 모든 구성원이 사전에 관련 규정이나 법규를 인지하도록 미리 교육해야 한다. 학연·혈연·지연·근무 인연 등에 따라 차별하지 않고 보직관리, 근무평가 등을 공정하게 처리해야 한다.

평가는 단편적으로 내리지 않으며 근무 전(全) 기간, 직무수행 능력, 업무성과 등 모든 역량과 자질을 종합적으로 판단하여 공정하게 해야 한다. 공사(公私) 구분을 명확히 한다는 것은 공공의 일과 사사로운 일을 구분하여 치우침 없이 공평하게 직무를 수행하는 것을 말한다. 특히 리더는 직무상 권한을 사적(私的) 이익이나 사사로운 감정에 개입하여 공적(公的)인 업무를 그르쳐서는 안 된다. 또한 직무수행에서 선공후사(先公後私) 정신으로 처리해야 한다.

(4) 책임감을 지녀라

책임감이란 "어떤 일을 맡아서 해야 할 임무, 그 결과에 대해 지는 의무나 부담"을 말한다. 책임(責任)이란 맡은 역할과 임무를 완수하겠다는 마음가짐과 행위다. 리더의 책임은 결과에 대해 도덕적·법률적 불이익도 기꺼이 감수하는 것이다. 자신이 알아서 해야 할 역할과 의무에 대한 인식과 과업에 대한 헌신을 말한다.

리더에게는 역할책임과 연대책임이 존재한다. 역할책임은 자신의 지위와 직분에서 요구되는 역할을 실천하는 것으로, 자신이 속한 조직에서 주어진 임무를 정확히 알고 있어야 한다. 또한 자기의 일을 미루지 않고 남들이 알아주지 않더라도 묵묵히 최선을 다하며, 높은 수준의 도덕성을 가지고 자신의 임무를 충실히 수행한다.

연대책임은 가장 기본적인 책임으로, 자신에게 주어진 과업을 수행하고 그 행위 결과에 대해 법적이고 도덕적인 책임을 다하는 것이다. 자신의 잘못에 대해 변명하지 않고 솔직하게 인정하며, 용서를 구하고 자신의 잘못에 대해 실제적인 보상과 책임을 지는 것이다.

리더로서의 헌신은 자신과 조직구성원이 맡아서 해야 할 임무나 의무를 중요하게 여기는 것을 말한다. 자신의 일보다 구성원의 업무나 관심사에 더욱 중요성을 부여해야 한다. 조직의 목표를 수립하고 조직공동체 안에서 자신의 역할에 최선을 다하도록 모범적으로 헌신하고, 결과에 대해 법적·도덕적 책임을 지는 것이 리더의 몫이다.

톨스토이는 "오늘의 책임은 회피할 수 있지만 내일의 책임은 회피할 수 없다"고 했다. 인생을 살다 보면 두 가지 선택권이 주어진다. 현재 존재하는 상황을 그대로 받아들이거나 아니면 그 상황을 변화시켜 책임을 지는 것이다. 그러나 리더는 이에 대한 책임을 모두 져야 한다. 책임감의 종류에는 소극적인 책임감, 적극적인 책임감, 능동적인 책임감이 있다. 소극적인 책임감은 자기의 일은 자기가 알아서 스스로 하는 것을 말하며, 적극적인 책임감은 나의 일과 조직구성원의 일이 조직 및 사회에 미치는 영향을 고려하여 책임을 지는 것을 말한다. 능동적인 책임감은 상대에 대한 배려와 양보를 바탕으로 자신의 일을 더욱 변화시켜 이전보다 더 나은 상태를 만들려고 노력하는 책임감을 말한다.

훌륭한 리더는 자신의 몫보다 더 큰 책임을 지고, 자신의 몫보다 더 작은 대가를 요구한다. 모든 일에는 결과가 있고, 결과에 따른 책임과 보상이 주어진다. 리더라면 자신이 수행한 업무보다 더 작은 보상을 요구하고, 책임은 더 크게 져야 한다. 부하에게는 더 많은 보상을 주어야 구성원들이 따를 것이다. 모든 권리에는 책임이, 기회에는 의무가, 소유에는 그에 상응하는 책임이 따른다.

하지만 부정적 리더십을 발휘하는 리더는 이와 같은 권리와 기회, 소유에 따른 책임을 망각하고 리더 자신의 판단과 결심이 최선이라고 착각하는 경우가 많다. '책임'이라는 뜻의 영어단어 responsibility는 response(반응)+ability(능력), 즉 '반응하는 능력'이라 할 수 있다. 책임이란 "어떠한 상황에 대해 반응을 결정할 수 있음"을 말한다. 스스로 무언가를 결정했다는 것은 그 결과에 대한 책임을 자신이 져야 하는 것이다.

트루먼 대통령은 어떠한 경우에도 "최종 책임은 내가 진다(The Buck stop Here)"는 점을 강조했다. 1953년 1월 대통령 이임 연설에서 "대통령은 그가 누구든지 결정을 해야 하며, 누구에게도 책임을 전가할 수 없다. 그 밖의 누구도 대통령을 대신해서 결정할 수 없다. 책임을 질 수 없으면 책임을 맡지 말아야 한다"고 강조했다.

넬슨 제독은 1805년 트라팔가해전에서 프랑스 저격병의 총탄에 맞아 어깨와 가슴에 관통상을 입어 죽음에 이르러서도 부하들이 적선 15척을 나포했다고 보고하자, "나는 20척을 나포하기를 기대했다"고 말하면서 총사령관으로서의 책임을 잊지 않았다. 이순신 장군이 노량해전에서 적의 총탄에 맞아 쓰러지는 그 순간에도 병사들의 사기를 고려하여 "나의 죽음을 적에게 알리지 말라"고 한 것은 리더는 마지막 순간까지도 자신에게 부여된 임무의 막중함과 책임을 잊지 말아야 함을 생각하게 한다.

산업정보화 시대 리더의 책임감은 장기판식으로 각자 정해진 룰에 의해 주어진 영역에서 책임을 다하는 것이다. 하지만 지식정보화 시대를 넘어서 초연결 시대인 4차 산업혁명 시기에는 장기판식의 책임감보다는 바둑판식으로 지휘해야 한다. 각자의 영역과 역할을 인정하면서 바둑판 전체의 판세를 읽고 파악하는 역량을 지녀야 한다. 따라서 리더는 바둑돌 하나가 전체의 판세를 바꿀 수 있음을 알고, 각자의 역량을 신뢰하고 과감한 권한위임과 그에 따른 책임을 지고자 하는 자세가 중요하다. 또한 리더는 위임된 권한의 실패에 대해서도 과감한 책임을 지며 두려워하지 말아야 한다. 리더는 항상 성공하는 것만이 중요한 게 아니라 실패에도 아랑곳하지 않고 오히려 한걸음 더 나아가는 데 있다. 이러한 차원에서 골드스미스는 "나에게 있어 최대 영광은 한 번도 실패하지 않는 것이 아니라 넘어질 때마다 일어나는 것"임을 강조하고 있다.

2) 리더다움을 견지하라

마키아벨리는 『군주론』에서 "내면의 나뿐 아니라 보여지는 나도 철저히 관리해야 한다"고 했다. 부하들은 리더의 외적 모습과 행동에 의해 쉽게 감동받기 때문이다. '리더다움'이란 리더로서 단정함과 기개(氣槪)를 보이며, 훌륭하게 임무를 완수할 수 있다는 믿음을 보여주는 외적 태도와 품격 있는 언행이 요구된다. 다양한 의견을 수렴하되 결정된 사항에 대해서는 두려움 없이 불굴의 투지와 강한 추진력으로 도전해야 한다. 리더는 어떠한 사항에 잘못 결정할 수도, 잘못된 행동을 할 수도 있다. 리더는 비굴하지 않고 당당하게 잘못을 시인하고 인정하는 태도를 견지해야 한다.

리더의 이러한 모습은 오히려 구성원들에게 믿음을 주고 따르게 하는 요소가 될 수 있다. 더불어 리더는 자신의 조직구성원들이 항상 당당하고 소신 있게 행동하도록 분위기를 만들어야 한다.

제너럴일렉트릭사를 세계 최고의 기업으로 만든 잭 웰치는 회사의 임원을 면접할 때 골프를 함께 쳤다고 한다. 골프 실력을 보는 게 아니라 약속 시간을 준수하는지, 복장은 제대로 갖추었는지, 골프를 치면서 얼마나 성실하게 임하는지, 주변 사람들에게 어떠한 배려를 하는지 등을 관찰한 것이다. 즉, 골프를 함께 치면서 그가 세계적인 대기업을 이끌어갈 인재인지 아닌지를 판단했다.

공자도 『논어』에서 사람을 평가할 때 엄격함, 따뜻함, 논리성 등 다양한 기준이 있지만 어느 한 요소가 중요한 게 아니라 상황에 따라 요구되는 것이 다르다고 강조했다. 이를 '군자삼변(君子三變)'이라 했다. 일변(一變)은 멀리서 바라보면 위엄이 있는 사람(望之儼然), 이변(二變)은 가까이에서 보면 따뜻함이 느껴지는 사람(卽之也溫), 삼변(三變)은 그 사람의 말을 들어보면 정확한 논리가 서있는 사람(聽其言也厲)이어야 한다고 강조했다. 이처럼 리더는 군자삼변의 요소를 지니고 있어야 한다.

또한 리더는 노블레스 오블리주(noblesse oblige)를 갖추어야 한다. 노블레스 오블리주는 영국의 지배를 받던 프랑스 해안도시 칼레의 부호 생피에르와 그의 의견에 동참한 사람들의 솔선수범적인 책임에서 비롯되었다. 1374년 프랑스 해안도시 칼레는 영국의 공격에 1년간 저항하다가 결국 항복했다. 영국 왕 에드워드 3세는 자신에게 저항한 칼레 시민 모두를 죽이겠다고 위협했으나 신하들의 만류에 마음을 바꾸었다. 그 대신 칼레 시민 6명이 나와 영국 왕에게 용서를 청하고 칼레시민을 위해 대신 죽는다면 나머지 칼레 시민을 모두 살려주겠다고 했다.

이에 사람들은 처음에는 안도했으

칼레의 시민

Ⅲ. 어떻게 코칭 리더십을 발휘할 것인가

나 과연 6인의 의인을 누구로 할 것인지 고민에 빠졌다. 이때 칼레시에서 가장 돈이 많은 외스타슈 드 생피에르가 자원했다. 생피에르가 교수형을 자원하자 칼레시의 법률가, 상류층 5인이 스스로 나서서 이에 동참했다. 다행히 이들은 영국 왕 에드워드 3세의 부인인 왕비의 간청으로 죽음을 면하고 사면되었다. 이 일은 상류층이 누리던 기득권에 부합하는 의무를 다하는 '노블레스 오블리주'의 상징이 되었다. 이처럼 리더는 노블레스 오블리주의 모범을 보여야 한다.

(1) 솔선수범

솔선수범은 남보다 앞장서서 행동하여 몸소 다른 사람의 본보기가 되는 것이다. 리더가 모범적인 행동으로 조직구성원들과 동고동락함으로써 그들의 자발적 참여를 이끌어내는 행동을 말한다. 임무를 수행하면서 조직구성원들이 알아서 하기를 기대하기보다는 먼저 어떻게 해야 하는가를 알려주고 행동으로 보여주어야 한다. 구성원들은 리더의 이러한 모습을 보고 임무수행에 대한 자신감을 가지고 따르게 된다. 리더의 솔선수범은 조직이 위기에 처하거나 어려운 임무를 수행할 때, 구성원들이 힘들고 지쳐 있을 때 더욱 강력한 효과가 나타난다. 따라서 리더는 먼저 모범적인 행동으로 자발적 참여를 유도하고 동고동락하면서 조직과 구성원을 이끌어야 한다.

간디의 솔선수범에 관한 일화다. 어느 날 한 소년의 어머니가 사탕을 좋아하는 아이의 버릇을 고쳐달라고 간디를 찾아왔다. 이에 간디는 어머니에게 보름 후에 오라고 말했다. 보름이 경과한 후 어머니가 아들의 손을 잡고 간디에게 왔다. 그러자 간디는 소년의 눈높이에 맞추어서 무릎을 꿇고 사탕을 먹지 말라고 했다. 이에 간디의 행동에 의아해진 아이의 어머니가 "왜 보름 전에 바로 말하지 않았느냐?"고 물었다. 이에 간디는 "보름 전에는 나도 사탕을 좋아했다"고 말하면서 나 자신도 실천하지 못하면서 남에게 강요하는 것은 옳지 않다고 했다. 이와 같이 솔선(率先)은 남보다 앞장서는 것이며, 수범(垂範)은 모범을 보인다는 것이다. 솔선수범은 말이 아니라 몸으로 실천하는 것이며, 리더는 구성원을 위해 수고를 아끼지 말아야 한다.

리더의 가장 강력한 명령은 솔선수범이다. 제2차 세계대전 당시 '사막의 여우' 롬멜은 최전선에서 부하들과 같이 행동하는 것을 리더십의 최우선으로 삼았다. 롬멜의 이러한 행동만으로 부하들과 소통하고 그들로부터 공감을 받았으며, 어려운 상황을 돌파하는 원동력이 되었다. 이와 비슷한 예로 미국의 아이젠하워 대통령이 기자들에게 보여준 일화가 있다. 아이젠하워는 책상 위에 실을 놓고 기자들에게 밀어보라고 했다. 기자들 중 그 누구도 힘없는 실을 밀지 못하자 아이젠하워는 이번에는 당겨보라고 했다. 이에 기자들이 실을 당기자 "리더십이란 리더가 앞장서서 솔선수범하고 희생적인 봉사에서 나온다"고 말했다.

모범적인 행동이란 구성원들에게 좋은 본보기가 되도록 리더가 먼저 실천하는 것이다. 리더는 어렵고 위험한 일에 앞장서고, 평소 규정과 방침을 잘 지키며, 언행이 일치된 모습을 보임으로써 구성원들의 귀감이 되어야 한다. 리더의 모범적 행동은 지식과 경험이 부족한 구성원들에게 임무수행에 대한 자신감과 적극적·능동적 참여를 이끌어낸다. 서부영화를 보면 항상 맨 앞에서 말을 타고 질주하는 사람을 본다. 바로 인디언 추장이다. 맨 앞에서 질주할 수 있는 것은 '추장의 특권'이라 한다. 추장은 전쟁이 일어났을 때 가장 앞에 서는 것을 자신의 권리라고 주장하며 솔선수범한다.

고전 병서인 『육도삼략(六韜三略)』에는 장수의 솔선수범을 다음과 같이 강조하고 있다.

첫째, 장수는 겨울에 털옷을 입지 않고 여름에 부채를 잡지 않으며 비가 내려도 덮개를 덮지 않는다고 한다. 군인들이 비가 와도 우산을 쓰지 않는 이유는 바로 『육도삼략』의 솔선수범에서 유래했다고 볼 수 있다.

둘째, 좁고 막히는 험로와 진창길을 지날 때는 장수가 먼저 내려가 걷는다. 어렵고 험난한 길을 장수가 나란히 걸으며 부하들의 어려움을 함께할 때 그들의 고충을 이해할 수 있다.

셋째, 군대가 머무를 장소를 정하고 나서 장수가 숙소에 들며, 병사들이 밥을 먹는 것을 보고 장수가 식사를 한다. 부하들이 배불리 먹고 편안하게 잠잘 수 있을 때 전투력을 발휘할 수 있기 때문이다.

넷째, 군대가 불을 켜지 않으면 장수 역시 켜지 않는다고 강조한다. 구성원들은 어렵고 힘든 일이나 낯설고 처음 도전하는 일에 직면하면 선뜻 나서지 않는다.

이러한 상황에서 리더가 앞에서 용감하게 헤쳐나가면 구성원들은 용기를 얻어 따르게 된다. 리더는 구성원들에게 명확한 목표제시, 효율적인 업무분장, 성과에 대한 기대 등을 미리 알려주어 공감대를 형성하고, 동기유발과 참여의지를 끌어내는 것이 매우 중요하다. 또한 리더는 탁상공론보다 항상 현장에서 앞장서서 이끌면서 문제를 해결함으로써 구성원들의 적극적인 참여를 유도해야 한다.

(2) 주도성

주도성(proactivity)이란 "업무수행과 인간관계에서 선제적이고 주도적인 입장을 견지하면서 의도를 관철하려는 태도와 능력"을 말한다. 리더는 구성원이 자발적으로 할 수 있는 동기부여 요인을 이해하고, 이를 제공하기 위해 노력해야 한다. 즉, 조직구성원이 신바람이 일어나도록 분위기를 조성하여 주도적으로 과업을 수행토록 하는 것이다. 리더는 조직구성원들이 자신의 의지대로 자발적으로 행동하게 하되 결과에 대한 책임을 지는 사람이다.

미국의 컨설팅업체인 Rath & Strong사는 제조업 및 서비스업 관리자 2천 명을 대상으로 주도적 업무수행이 조직성과에 미치는 영향에 대해 설문조사를 실시했다. 연구 결과 조직구성원의 30%만이 자신의 업무에 주도적으로 임한다고 했다. 업무에 주도성이 높은 사람들의 특징으로는 성취욕구와 성장욕구가 높다. 이들은 주어진 업무에 대해 열정을 가지고 모르는 문제가 있으면 상사나 동료에게 물어보고 학습하기를 게을리하지 않는 스타일이다. 업무에 대한 계획수립을 해서 세부적으로 준비하는 특성을 보이기도 한다.

조직구성원들에게 주도적인 업무수행을 권장하기 위해서는 부여된 업무의 내용을 측정 가능한 형태로 명료화하고, 달성 가능한 정도를 확인·점검하는 시스템을 갖추어야 한다. 조직구성원뿐만 아니라 상급자, 주변 동료에 의한 360° 다면평가를 실시하고 이에 대한 피드백을 받을 수 있어야 한다. 조직 내에서 구성원들이 위험을 감수하며 과감히 시도하고, 결과에 대한 실수를 용인하는 분위기를 형성하는 것도 중요하다.

3M사의 윌리엄 맥나이트(William L. McKnight)는 "아무 일도 하지 않는 것보다 무엇

이든 하고 실패하는 것이 더 낫다"고 하면서 실패를 허용하지 않고 실패에 대해 파괴적인 비판을 하는 조직 분위기를 경계했다. '맥나이트 원칙'으로 알려진 3M사의 혁신과 연구 정신을 중요시하는 창의적인 기업문화는 1949년부터 1966년까지 회장으로 재직한 맥나이트에 의해 시작되었다. 사람은 자신이 하고 싶은 일을 할 때 업무의 효율성이 극대화된다고 믿었기 때문이다. 3M사의 직원들은 근무 시간의 15% 정도는 나름대로 원하는 프로젝트를 진행할 수 있다. 창의적인 연구활동 내용은 상사의 허락을 받지 않아도 된다. 3M의 대표 상품인 '포스트잇(Post-it)'도 회사의 기획상품이 아니라 15% 원칙을 통해 이루어진 자유로운 연구 활동에서 개발된 혁신제품이다.

리더에게는 조직구성원에게 명확한 목표를 제시하여 임무수행에 대한 노력을 한 방향으로 집중시키는 목표 지향적 임무수행이 요구된다. 목표가 불확실하면 지향점이 없어 노력이 분산되고, 성과달성이 어려워진다. 목표는 임무수행과정에서 좌표 역할을 하므로 구체적이고 실현 가능하도록 선정해야 한다. 목표가 설정되면 구성원들에게 각자의 역할을 구체적으로 부여해야 한다.

리더는 조직구성원들에게 부여된 과업에 스스로 해야 할 일이 무엇인지를 파악하고 주도적으로 업무를 수행하도록 위임할 수 있어야 한다. 능동적 사고, 목표 지향적 임무수행, 대인관계 주도 등을 통해 구성원들의 적극적인 참여를 이끌어내기 위해 무엇을 할 것인지 고민해야 한다. 이를 위해 자신이 수행해야 할 임무를 명확히 식별하고, 우선순위를 고려하여 지원해주어야 한다. 한번 맡겼으면 의심하지 말고 최대한 믿고 기다릴 수 있어야 한다. 리더는 이 과정에서 발생하는 제반 장애요소를 사전에 면밀히 파악하고 해결해줄 뿐 간섭해서는 안 된다.

(3) 결단력

결단력이란 "조직에 부여된 임무를 충실히 하고, 결정적인 순간에 망설이지 않고 올바른 판단을 하며 강단 있게 추진할 수 있는 능력"을 말한다. 리더에게 가장 중요하게 요구되는 것 중의 하나가 결단력이다. 4차 산업혁명으로 주변 환경의 변화속도가 빠르고 기업현장에서의 파급효과가 커짐에 따라 리더의 결단력은 더욱더 중요해지고 있다. 리더의 결단력은 결정적인 판단을 내릴 수 있는 능력이다. 리더의 빠른 결단력은 조직을 상황에 대응하게 하지만, 느린 결단력은 조직을 위기에 처하게 한다. 먼저 행동하면 반드시 이긴다는 사실이 좀 더 명확해지는 시기다.

사마천은 "망설이는 호랑이는 벌보다 못하다"고 하면서 결단력을 강조했다. 데카르트는 "결단을 내리지 않는 것이야말로 최대의 해악"이라고 했다. 그러한 측면에서 콜린 파월 전 미 국방장관은 "무능한 리더는 공식적인 허락을 받지 못했으니 그 일을 할 수 없다고 생각하지만, 훌륭한 리더는 공식적으로 하지 말라는 지시가 없었으니까 할 수 있어"라고 생각한다고 했다. 전 펩시콜라 회장 로저 엔리코는 "어떤 결정을 내려야 할 때 가장 좋은 것은 올바른 결정이고, 다음으로 좋은 것은 잘못된 결정이며, 가장 나쁜 것은 아무 결정도 하지 않는 것이다. 의사결정에 가장 중요한 것은 타이밍이다. 잘못된 판단을 하는 것보다 타이밍을 놓치는 것이 훨씬 나쁜 결과를 초래한다"고 하면서 리더의 결단력을 강조했다.

선점 효과(first mover advantage)가 더욱 극대화되고 있다. 애플의 아이폰이 선도자(first mover)로서 모바일 시장을 주도하고 있고, 삼성의 갤럭시는 '빠른 추격자(first follower)'로 이 간격을 메우기 위해 최선을 다하고 있다. 앞으로는 선도주자의 역할이 후발주자들의 추격을 더욱 어렵게 만들 것이다. 2005년 구글(Google)은 인터넷 검색이라는 최고의 IT기업에 안주하지 않고, 5천만 달러의 헐값에 안드로이드를 인수함으로써 애플 등 IT 경쟁자들과 세계 모바일 시장의 운영체제를 주도적으로 선도하고 있다.

이러한 결단을 하는 순간에 리더가 후회하지 않는 결정을 하기 위한 방법은 다음과 같다.

① 의사결정을 위한 목적(why)이 분명해야 한다는 점이다. 이러한 결정의 분명한 목적은 결정 및 행동의 정당성을 확보하고, 나중에 불분명한 상황에서 리더와 조직구성원의 혼란을 방지할 수 있다.

② 의사결정의 의미에 대해 구성원들과 충분히 공감(sympathy)해야 한다. 상황이 모호할수록 리더 단독으로 의사결정을 하기보다는 구성원들과 집단지성을 통한 의사결정이 더욱 요구된다.

③ 리더는 이 분야의 최고결정자라면 어떻게 할 것인가를 고민하고 결정해야
　　한다.

④ 의사결정의 분명한 시기나 방법, 대상이 빠르고 명확해야 한다.

⑤ 결정과정에서 추가로 생각할 것은 없는가?

『좋은 기업을 넘어 위대한 기업으로(_Good to Great_)』의 저자 짐 콜린스는 "리더가 실패한 결정 10개 중 8개는 판단을 잘못해서가 아니라 제때 결정을 못 내렸기 때문이다"라고 했다. 완벽한 계획보다 타이밍에 맞는 실행이 중요하다. 우유부단하게 결정적인 시간을 놓치는 태도는 리더로서 바람직하지 않다. 결단은 리더의 가장 중요한 기질이며, 평소 어려운 문제에 대해 결단하고 행동하는 것을 생활화함으로써 습득된다.

(4) 유연성

유연성이란 "리더가 자신의 행동이나 습관을 고집하지 않고 상황에 맞추어 유연하게 바꾸는 태도"를 말한다. 리더는 항시 마음의 문을 활짝 열고 편견 없이 세상을 바라보아야 한다. 어려운 상황에서도 불행과 슬픔에 빠지기보다는 희망과 즐거움을 찾아내어 이러한 조직 분위기 형성에 노력해야 한다. 세계경제인연합회(WEF) 회장인 슈밥은 4차 산업혁명 시대에 가장 중요한 것으로 혁신과 창의성, 유연성, 가치와 비전을 꼽았다. 슈밥은 특히 한국의 리더에게 유연성과 다양성이 부족하다고 조언하면서 리더는 나침반을 가지고 구성원들의 말에 귀를 기울이고 어디로 가야 할지 유연성을 가지고 지적 수용력이 있어야 한다고 말했다.

리더가 사고의 유연성을 기르는 방법은 다음과 같다.

첫째, 자신의 생각에 집착하지 말고 다른 사람의 의견을 받아들여라. 나 자신만의 틀에 빠져 세상을 올바로 보지 못하는 우를 범해서는 안 된다. 경주마의 눈가리개를 차고 달리는 인생을 살아서는 안 된다. 경주마는 경기하는 동안 좌우 옆 말을 보지 못하도록 눈가리개를 한다. 무조건 앞만 보고 달리는 것이다. 리더는 주변의 새로운 환경이나 두려움에 과감히 맞서는 삶의 자세를 갖춰야 세상을 넓게 멀리 볼 수 있다.

둘째, 매사를 즐기는 것이다. 어떠한 현상의 부정적 측면을 보기보다는 긍정적 측면과 성공 가능성을 먼저 생각해보는 것이다. 긍정의 눈으로 세상을 보면 긍정의 세상이 보이고, 부정의 눈으로 세상을 보면 부정적인 측면만 보인다.

셋째, 나의 입장보다는 상대방의 입장에서 역지사지로 생각해보는 것이다. '이 일을 왜 시켰지?', '어떠한 결과를 원하고 지시했지?'를 생각해보면 의외로 쉽게 답이 보일 수 있다.

넷째, 의견이 다른 타인의 말을 경청하고 상대 의견 속에서 동의할 수 있는 부분을 찾아내어 해결방법을 모색하는 것이다. 서로 다른 의견을 찾아서 새로운 대안을 찾고, 대안을 찾기 위한 자기점검 질문을 하는 것이다.

사고의 유연성은 지적 수용력, 융통성, 융복합, 연결 등을 통해 이루어질 수 있다. 월트 디즈니는 창고에서 낮잠을 자다가 생쥐들이 먹이를 찾기 위해 활동하는 모습을 보면서 자유와 평화의 상징인 미키 마우스를 탄생시켰다. 이처럼 기존의 프레임에서 벗어나 자신이 쓰고 있는 안경을 벗고 역발상으로 유연한 사고를 하는 것이 창의성 발휘의 원천이 된다.

'벤치마킹(benchmarking)'이라는 용어는 경쟁자에게서 배우는 경영혁신 기법으로, 단순한 모방이 아닌 자기 것으로 업그레이드하는 것이다. 벤치마킹은 원래 토목 분야에서 강물 등의 높낮이를 측정하기 위해 기준점인 벤치마크(benchmark)를 표시하는 행위를 말한다. 여기서 벤치마크란 '측정의 기준점'을 말한다. 기업 경영 분야에서 벤치마킹 기법은 미국의 제록스(Xerox)사가 일본 경쟁 기업들의 경영 노하우를 알아내기 위해 직접 일본에 건너가 조사 활동을 벌이고, 그 결과를 경영 전략에 활용하여 다시 기업 경쟁력을 회복한 데서 비롯되었다.

3) 통솔력을 지닌 리더

리더는 오케스트라의 지휘자와 같다. 오케스트라의 지휘자는 모든 준비가 완료된 상태에서 지휘봉 하나만으로 단원들을 이끌며 아무 말도 하지 않고 청중에게 감동을 선사해야 한다. 리더는 통솔력을 발휘하여 조직에 부여된 임무를 완수해야 한다. 리더가 발휘하는 통솔력이란 조직구성원들이 임무를 자발적으로 달성할 수 있도록 동기부여를 하고 영향력을 행사하는 것을 말한다. 리더에게는 지휘와 통솔이라는 두 가지 통제수단이 있다.

지휘는 손가락으로 방향을 가리키며(指) 주어진 수단을 사용(揮)하는 것이고, 통솔은 실로 묶어서 하나로 합치는 통(統)과 무리를 거느리는 솔(率)로 이루어진다. 지휘는 리더에게 주어진 합법적 범위 안에서 행사하는 직책 영향력(정당한 명령, 법규 등)과 개인적 영향력이 있다. 직책 영향력에는 보상적 영향력(진급, 휴가, 칭찬 등)과 강제적 영향력(처벌)이 있다. 개인적 영향력에는 준거적 영향력(개인적 인격, 매력 등)과 전문적 영향력(지식, 경험)이 있다.

통솔은 직책 영향력보다는 개인 영향력을 통해 발휘된다. 리더가 통솔력을 제대로 발휘하기 위해서는 평시 관리 측면에서 부단한 노력을 통해 이루어진다. 부단한 노력은 사전에 리더의 충분한 지식과 경험을 바탕으로 한 계획에서 비롯된다. METT+TC[9]를 상정하고 최종 상태(end state)를 고려하여 구성원들의 역량을 최대한 도출해낼 수 있는 리더의 계획이 요구된다. 이를 위해서는 리더의 끊임없는 자기계발과 노력이 요구된다.

계획이 완성되면 이를 위한 부단한 노력이 필요하다. 구성원들의 풍부한 경험과 노하우, 상대방에 대한 장점과 특성, 장비의 특성 등을 사전에 충분히 조율한 상태에서 눈빛만 보고도 상호 간에 무엇을 말하는지, 무엇을 하고자 하는지 알 수 있어야 한다. 이를 통해 리더는 구성원의 마음을 얻어야 한다. 리더는 이들의 마음을 얻을 때 한 번 지시로 부족하다는 생각을 가져야 한다. 한 번 말했다고 이루어지리라는 생각은 버려야 한다. 최소한 열 번의 말을 해야 온전히 구성원들의 마음속에 입력된다는 생각을 갖고 기다릴 줄 알아야 한다.

구성원의 마음을 얻었으면 이들에게 실천 부분은 위임(empowering)해야 한다. 이들에게는 지시가 아닌 역할을 맡기는 것이다. 그래야만 주인의식을 갖고 책임감 있

---

9 METT+TC: Mission(임무), Enemy(적), Terrain and Weather(지형 및 기상), Troops available(가용부대), Time available(가용시간), Civil Considerations(민간요소)

III. 어떻게 코칭 리더십을 발휘할 것인가

게 행동하게 된다. 구성원들을 충분히 신뢰해야 한다. 신뢰하지 못하면 맡기지 말고, 맡겼으면 신뢰해주고, 전폭적으로 지지해주어야 한다. 오케스트라의 연주자나 전장에서는 누구도 구성원들의 역할을 대신해줄 수 없다. 하지만 마치 전장에서 리더가 다 할 수 있다는 듯이 평시 연습장에서 사사건건 지시하는 리더는 조직에 해를 끼치는 부정적 리더이므로 반성해야 한다.

리더의 통솔은 상선약수(上善若水)처럼 자연스러워야 한다. 물은 거슬러 올라가지 않는다. 위에서 아래로 흐르고, 장애물이 있으면 자연스럽게 옆으로 흐르면서 내려간다. 하지만 소량의 물이 합쳐져 거대한 물줄기를 형성하면 엄청난 힘을 발휘하면서 전진하는 데 걸림돌이 되는 모든 장애물을 제거해나간다. 리더의 통솔력은 이처럼 사소한 부분은 위임하되 일단 계획한 부분은 조금의 흔들림 없이 과감히 신속하게 조직의 목표달성을 위해 노력하는 것이다.

리더가 부하의 마음을 변화시키려면 자신의 관점이 아닌 타인의 관점으로 볼 수 있어야 한다. 이를 위해서는 먼저 스스로를 개방하고, 상대방 중심으로 생각하며, 여유와 기다림의 관점으로 완급을 조절해야 한다. 따라서 무조건 가는 것이 아니라 때로는 정지하여 여유를 가지고 지켜볼 수 있어야 한다. 정지가 힘이다(Pause is force). 리더는 때로 기다려줄 수 있는 여유를 지녀야 한다. 리더는 스스로의 감정을 조절할 수 있어야 한다. 이를 위해서는 먼저 상대에 대한 기대를 낮추고 해결방안을 미리 생각하면서 자신의 감정을 알아차리며, 부정적인 생각을 버리고 긍정적인 생각으로 바꾸는 자세가 필요하다.

구성원의 진정한 마음을 알기 위해서는 진정한 질문이 필요하다. 질문을 통해 그의 말에 경청하며 공감하는 가운데 그의 생각을 알 수 있다. 구성원이 무슨 생각을 하는지 모르는 가운데 그의 적극적인 참여를 유도하기는 어렵다. 리더는 그의 말을 경청하면서 상호 간 의견 대립이 있다면 부정적인 관점이 아닌 긍정적인 관점으로 전환해야 한다.

(1) 비전제시

비전이란 "조직이 나아가야 할 방향을 제시하고 조직구성원들이 자발적으로 수용할 수 있도록 하는 능력"을 말한다. 또한 조직의 바람직한 미래상을 표현한 것으로, 조직구성원의 소망이나 달성해야 할 모습(what)을 표현한 것이다. 비전은 조직이 꿈꾸는 미래를 형상화한 청사진(방향성과 목표, 기간이 있어야 함)이라 할 수 있다. 비전은 조직이 추구할 가치와 방향을 제시하고, 조직이 지향하거나 활동하고자 하는 출발점이자 지향점이며 미래 청사진이다.

비전을 지닌 사람은 자신의 삶에서 의미를 탐색한다. 즉, 자신의 삶에 대해 주인의식을 갖고 능동적으로 자신의 꿈과 목표를 실현하고자 노력하게 된다. 비전이 있는 사람은 자율성(autonomy)을 갖고 자신의 삶에서 능동적으로 의미를 발견하고 끊임없이 자기개발을 한다. 또한 타인의 요구나 기대를 충족시켜 그들로부터 인정받으려 하기보다는 스스로 부여하는 의미와 만족을 중요하게 생각한다.

인생을 살아가면서 비전을 갖고 살아간다는 것은 다음과 같은 의미가 있다.

먼저, 삶의 의미를 발견한다. 비전이 있는 삶은 그저 시간을 흘려 보내는 것이 아니라 오는 세월을 자신의 인생 계획에 넣어두고 준비하며, '낭비되는 시간'이 아닌 '준비하는 시간'으로 만드는 것이다. "군대를 꿈터로!" 이것이 항상 필자가 강조하던 군 생활 모토였다. 군 생활 18개월이 결코 인생의 낭비가 아닌 군대에서 꿈과 희망을 비전으로 삼아 인생성공의 비결을 군대라는 조직에서 배워나가는 것이다.

두 번째는 자기 삶에서 장기목표와 단기목표를 설정할 수 있다. 인생의 목표를 갖고 생활하는 사람에게 군 생활 18개월은 장기목표를 달성하기 위해 많은 경험과 삶의 지식을 제공해주는 곳이다. "군대(軍隊)는 인생성공의 비결을 배우는 인생성공 대학(大學)이다." 삶을 살아가면서 필요한 타인과의 관계, 때로는 내가 하고 싶지 않은 일도 조직의 목적을 위해 해야 한다는 것을 배우는 곳이다. 이등병, 일병 때는 팔로워십(followership)이 무엇인지를 배우고, 상병일 때는 동료애(partnership)를 알고, 병장일 때는 10여 명의 분대원을 지휘하면서 리더십(leadership)도 발휘하게 된다.

세 번째는 내 삶에 주인의식을 갖는다. 비전이 있는 사람의 삶은 인생의 큰 그림을 갖고 있기 때문에 작은 실수나 비난에 연연하지 않는다. 타인의 평가나 외부의 평판에 흔들림 없이 자신의 내면의 목소리에 귀 기울이며 자기정진을 하게 되는 것이다. 비전에는 결코 계급이 없다. 내 삶이 중요한 만큼 타인의 가치관이나 존재를 배려해야 한다. 누구에게나 공평하게 주어진 한 번의 삶을 통해 실현하고자 하는 가치는 소중한 것이다.

네 번째는 성실하게 자기의 삶을 살기 위한 자기개발을 하는 것이다. 심리학자 아들러는『가상적 최종 목적론』에서 "인간은 과거의 경험에 얽매이지 않고 현재를 바탕으로 미래지향적인 목적을 향해 노력하는 존재"라고 했다. 가상의 목표나 이상이 현재의 욕구나 동기보다 현재를 더욱 효과적으로 움직인다고 해석할 수 있다. 비전을 가진 사람은 최종 목적을 달성하기까지 단 한순간도 결코 현실과 분리되어 있지 않다. 어제, 오늘, 내일의 삶은 모두 자신의 비전을 달성하기 위한 실현과정의 연결선상에 존재한다.

소프트뱅크 손정의 사장은 30년, 300년 후를 지향하는 비전이 필요하다고 했다. 일을 하다가 미래가 잘 안 보일 때는 더 멀고 높은 곳을 보라고 하면서 3년이 아닌 30년, 300년 후를 보면 문제해결의 폭과 범위를 더욱 확대하여 쉽게 해결할 수도 있다. 꿈과 관련하여 1995년 미국의『워싱턴포스트』지는 지난 천 년간 인류 역사에 가장 큰 영향력을 끼친 인물로 칭기즈칸을 선정했다. 칭기즈칸이 그 척박한 몽골부족의 몰락해가는 리더였지만 성공할 수 있었던 비결은 내 꿈과 네 꿈을 구분하지 않고 모두 함께 꾸는 꿈을 갖도록 했다는 점이다. 조직구성원 모두가 개인과 조직의 꿈을 갖고 실천하도록 하는 것이야말로 21세기가 요구하는 리더의 삶이다.

미션은 조직의 존재 이유와 목적이고, 비전은 조직이 추구하는 미래 모습이며, 조직목표는 조직이 바라는 미래의 결과이고, 전략은 비전과 목표를 달성하기 위한 최적의 계획과 방법을 말한다. 비전과 관련해 미션이란 조직의 존재이유이자 목적 또는 본질이다. 미션은 조직의 임무를 수행하기 위한 역할(why)이 된다. 미션은 조직의 이념이자 목적 과업의 본질이 된다. 미션은 조직의 존재이유와 목적이 무엇인지를 명확히 찾고 규정하는 가운데 명확해진다. 리더는 성과로 말한다. 조직의 성과창출은 직무전문성, 경영마인드, 글로벌마인드, 리더십 등으로 만들어진다. 조직의 핵심가치는 조직원의 신념, 행동 등 조직의 원칙(how) 등이 포함되며, 조직의 주춧돌이 된다.

이러한 핵심가치는 자신뿐만 아니라 조직, 더 나아가 국민을 흥분시키고 단합되게 한다. 미국의 케네디 대통령은 1960년대에 10년 내 인간을 달에 보낸다는 비전으로 달 착륙 프로젝트를 추진하여 결실을 보았다. 월마트는 서민에게도 부자와 같이 경제력 규모에 구애됨 없이 무엇이든 본인이 원하면 구매할 기회를 제공한다는 핵심가치를 추진하여 세계적인 기업으로 성장할 수 있었다. 일본이나 중국, 한국 등 동북아에서 자라는 '모죽(母竹)'이라는 대나무는 5년 동안 자라지 않다가 5년이 지나면 하루에 70cm씩 성장하여 6주 만에 30m가 넘게 자란다. 이처럼 스스로의 비전과 가치를 지니고 권토중래(捲土重來: 실패해도 다시 일어나 성공에 이른다는 뜻)하며 성장할 수 있는 잠재력을 키워주는 것이 리더의 책무라 할 수 있다.

가슴 뛰게 하는 비전을 제시하라!

필자가 2007년도 대대장 시절, 부하들 중에는 휴가를 가도 반겨줄 사람도, 갈 집도 없을 정도로 현실이 열악한 친구들이 있었다. 이러한 구성원들에게 사고치지 말고 군 생활 열심히 하라고 하는 것은 뜬구름 잡는 이야기가 될 것 같다는 생각이 들었다. 그래서 필자는 이들에게 "See you at the Top in 2027"을 제시했다. 현재의 열악한 현실을 보지 말고 20년 후의 나를 떠올리면서 이를 위해 오늘 내가 무엇을 할 것인지를 계획하고 실천해보라고 했다. 고등학교도 졸업하지 못하고 제대 후 암담한 현실만 생각하던 친구들이 20년 후의 꿈을 그려보니 내가 오늘 군대에서 할 일은 야간에 밤을 새워서라도 검정고시를 준비하는 것이라는 생각이 든다고 했다. 이에 필자가 검정고시 책자를 사서 주변의 대학에 다니다 온 친구들 중에 영어, 수학, 과학, 국어 등을 잘하는 친구들을 멘토로 연결해주니 '환상의 검정고시조'가 탄생했다. 결국 이 친구는 검정고시를 통과하고 수능 공부도 하면서 대학진학을 목표로 공부하다가 제대했다. 이러한 분위기는 검정고시를 공부하는 본인도 좋지만, 멘토로 임명된 친구들은 자신의 능력을 지휘관이나 주변 사람들로부터 인정받고 자신도 공부하는 계기가 되었다고 말했다. 이러한 분위기는 조직 전체로 확대되어 목표 있는 삶, 재미있는 군대생활로 이어지고 조직문화가 개선되는 계기가 되기도 했다.

(2) 임파워먼트

임파워먼트는 중요한 업무를 조직구성원에게 할당하고, 결정에 대한 책임을 위임하며, 업무수행에서의 범위와 판단의 자율성을 증대시키고, 리더의 승인 없이 행동할 수 있는 권한을 부여하는 조직관리 방법이다. 리더가 구성원에게 권한을 부여하여 스스로 임무를 수행하도록 하는 것이다. 이 과정에서 리더는 자신에게 주어진 권한을 구성원들에게 적절히 임무를 수행할 수 있도록 위임한다. 임무수행에 필요한 각종 자원과 수단을 지원하고, 여건을 보장하되 임무수행 방법과 재량권은 위임해야 한다.

또한 구성원들은 위임된 권한을 바탕으로 창의적으로 문제를 해결하고 임무를 완수할 수 있도록 한다. 명확한 역할과 책임부여는 리더가 구성원들에게 임무를 부여하면서 각자의 역할과 책임을 명확하게 알려주는 것을 말한다. 이때 리더는 제반 요소를 고려하여 각각의 노력이 통합되어 시너지 효과를 내도록 역할을 분담해야 한다. 또한 예하부대와 구성원들 간에 맡은 역할과 책임에 대해 상호 협의하고 필요한 의견을 나누게 함으로써 불필요한 노력과 시간 낭비를 최소화해야 한다.

empower는 아랫사람에게 권한을 준다는 의미다. em은 '아래로'라는 의미이며, power는 '권한을 부여하는 것'이다. 임파워먼트를 수행하기 위한 조건은 다음과 같다.

① 신뢰구축
② 명확한 비전과 원칙 제시
③ 리더십과 팔로워십의 조화
④ 실패에 대한 지지와 격려
⑤ 인적자원을 중시하는 조직문화 구축 등

리더가 임파워먼트를 적절히 구사한다면 조직구성원에게 위임된 자율성을 통해 성과를 향상시킬 수 있다. 이러한 자율적 조직은 평상시가 아니라 결정적 순간에 빛을 발휘한다. 권한위임의 자율적 조직을 만들기 위해서는 때로 조직구성원에게 조언을 구하거나 적절한 동기부여로 자극하고, 대상에 따라 수준이 높은 구성원에게는 포괄적이거나 추상적인 목표를 부여하되, 수준이 낮거나 동기부여가 미약한 구성원에게는 구체적으로 달성 가능한 목표를 제시한다. 따라서 이러한 권한위임의 효과는 조직구성원의 자기효능감과 내적 동기를 고양하고 자율성 발휘를 극대화할 수 있다.

(3) 문제해결 능력을 갖추어라

문제해결 능력은 임무수행에 이용 가능한 정보와 사실, 대안을 분석하여 현실적으로 실행 가능한 방안을 선택하여 효과적으로 해결하는 역량을 말한다. 문제해결을 위한 가장 기본적인 내용은 상호 간 의사소통이 활성화되어야 한다. 이를 '궁즉통(窮則通)'이라 했다.

상호 간의 의사소통은 문제해결의 가장 효과적인 방법 중의 하나일 수 있다. 두 사람 이상의 상호작용이라는 점을 감안할 때, 리더와 구성원 모두 원활한 의사소통에 필요한 언어적 의사소통 능력과 비언어적 의사소통 능력을 배양해야 한다. 의사소통이란 "가지고 있는 생각이나 뜻이 서로 잘 통하는 것으로 다양한 정보교류, 의사표현, 감정 등을 효과적으로 교환하여 상대방을 이해하고 소통하는 것"을 말한다. 조직 내에서 원활한 의사소통의 핵심 기능은 정보와 지식을 효과적이고 효율적으로 전달함으로써 조직의 공통 목표를 달성하게 하는 것이다. 원활한 의사소통은 동기부여 효과와 구성원들 간에 상호작용을 갖도록 하여 정서적 만족감을 높이고 정보 및 지식 공유를 원활하게 한다. 문제해결을 위한 방법은 다음과 같다.

① 문제의 정의를 올바르게 하는 것이다.

문제의 본질을 제대로 파악하고 정의한다. 문제를 어떻게 정의하느냐에 따라 문제해결 방법이 달라진다. 주어진 문제를 지나치게 좁거나 또는 넓게 정의하면 문제를 해결할 때 실수가 발생할 수 있다.

② 현실인식을 통한 현주소 파악이 필요하다.

현재 자신이 처한 상태와 미래에 원하는 상태와의 차이를 파악한다. 이러한 문제는 인지하는 형태에 따라 외부에 노출된 문제, 외부로 드러나지 않은 내부에 잠재된 문제, 미래에 예상되는 잠재적인 문제, 문제에 대한 규정과 인식이 명확하지 않아 발생하는 논리적 문제 등이 있다.

③ 해결책을 마련한다.

최적의 대안을 창출하기 위한 창조적 사고를 개발하도록 지원·격려한다. 해결방안을 도출하고 이를 구체화하도록 한다. 이러한 과정에서 미래질문이나 강력한 질문 등을 통해 현재 시점뿐만 아니라 미래 시점, 긍정적인 관점에서 높게 멀리 내다보는 시야를 갖게 한다.

④ 지속적인 실천이 중요하다.

실행계획을 수립하고 수행과정을 지원하여 이를 함께 모니터링한다. 코칭은 결국 실천해야 이루어진다. 실천하지 않는 코칭은 탁상공론일 뿐이다. 코치는 이를 지속적으로 실천해 습관이 되고, 성공의 원천이 되도록 지원하는 것이다.

문제해결을 위해 조직구성원들의 의견에 대한 수용과 공감이 절대적으로 필요하다. 리더와 구성원 간의 다름과 차이를 인식하고 서로의 입장을 이해하는 것이 원활한 의사소통을 위한 전제조건이 된다. 구성원들은 직책과 계급, 성장환경, 경험요소 등이 각기 달라 서로 다른 성향과 가치관을 가지고 있다. 리더는 이러한 다양성을 이해하고 받아들여 서로 원활한 소통이 이루어지도록 해야 한다. 특히, 리더와 구성원들 간에는 이러한 다양성으로 인한 소통 방식에 차이가 있어 갈등과 오해를 불러일으키는데, 이를 이해하기 위한 노력을 부단히 해야 한다.

칭기즈칸은 중국대륙을 점령하고 중동과 유럽으로 정복전쟁을 벌이면서 생겨나는 많은 포로들을 어떻게 처리할 것인지 고민하게 되었다. 원래 거란인이던 참모 야율초재의 건의에 따라 전쟁포로를 처형하는 대신 기술자만 추려 무기를 만들고, 용맹한 자는 전사로 탈바꿈시켜 몽골군의 최대 약점인 공성전을 훌륭하게 수행할 수 있는 원동력이 되었다. 또한 몽골의 뛰어난 기병 중에는 전쟁 중에 항복한 유럽의 기사들도 있었다. 부하의 어떠한 의견도 목적에 부합되면 과감히 받아들이는 칭기즈칸의 수용과 공감능력이 작용한 것이다.

조직의 특성과 상황에 맞는 다양한 채널을 적극적으로 활용하여 문제해결 능력을 키워야 한다. 조직은 공식적 및 비공식적, 수평적 및 수직적, 상향적 및 하향적, 언어적 및 비언어적 등의 방법으로 다양하게 의사소통이 이루어진다. 리더는 이러한 다양한 소통형태가 조직에서 원활하게 이루어지도록 해야 한다. 리더는 상향식 일일결산, 계급별 간담회, 마음의 편지, 면담, 집단상담, 정보통신 기기 활용 등 다양한 의사소통 기법을 적절히 활용한다. 특히, 오늘날 정보통신 환경의 변화는 시간과 장소에 구애받지 않고 이메일과 메신저 등을 통해 손쉽게 소통할 수 있는 길이 열려 있다. 리더는 규정과 방침 범위 내에서 원활한 의사소통을 위해 이를 효율적으로 활용할 수 있어야 한다.

소통의 걸림돌 제거란 조직 내 원활한 소통을 위한 장애요소가 없는지 살피고 관리하는 리더의 역할을 말한다. 리더와 구성원, 구성원 상호 간에 의사소통을 방해하는 요인을 적극적으로 찾아내고 이를 제거함으로써 원활한 의사소통이 이루어지도록 해야 한다. 리더는 상명하복의 위계질서 문화, 개인 및 부서 간 이기주의, 구성원들 사이의 무관심과 이해부족, 과중한 업무량, 소통에 대한 관심부족, 경직된 조직 분위기, 복잡한 소통채널, 보고체계 등 다양한 소통의 걸림돌을 이해하고 이를 적극 해소하도록 노력해야 한다. 특히, 리더는 업무지시를 명확히 하고 보고를 받을 때는 구성원의 의견을 적극적으로 경청하며 이에 대한 적절한 피드백을 제공해야 한다. 또한 토의나 간담회 시 일방적인 진행을 지양하여 구성원들의 다양한 의견을 받아들이고, 구성원이 필요로 하는 양질의 정보를 제공함으로써 소속감과 참여 동기를 불러일으키도록 해야 한다.

(4) 동기부여

동기부여[10]란 "리더가 구성원들에게 목표달성을 위해 의욕(意欲)과 열정(熱情)을 불러일으키게 하는 것"이다. 조직목표를 달성하기 위해 조직구성원들에게 자발적

---

10   동기부여의 개념과 중요성, 종류 등은 제1장 제1절 리더십 정의, 3항에 구체적으로 제시했다.

으로 임무수행에 동참하도록 한다. 동기는 어떤 일을 하고자 하는 의욕이며, 동기가 조직의 성과로 연결되려면 목표를 달성할 수 있는 능력은 물론 자율성이 있어야 한다. 결국, 동기부여는 목표달성을 위해 구성원들의 행동을 자극하여 의욕과 열정을 불러일으키고, 의욕과 열정이 조직의 목표와 일치되도록 하며, 목표가 달성될 때까지 지속성을 유지하도록 하는 일련의 역동적인 과정이다.

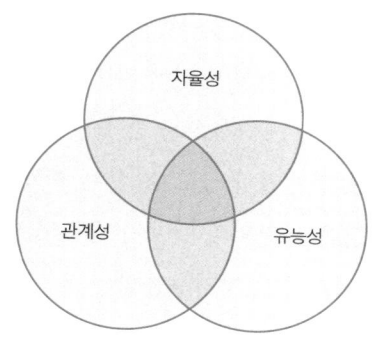

데시와 라이언의 자기결정성 이론

　동기부여의 중요성은 아무리 강조해도 지나침이 없다. 하버드대학의 윌리엄 제임스(William James) 교수는 "사람들이 일할 때 평소에는 자기 능력의 20~30%만을 발휘하지만, 강력한 동기가 부여되면 자기 능력의 80~90%를 발휘한다"고 했다. 동기부여가 조직의 목표달성과 연결되려면 일회성이 아닌 지속성을 유지하는 것이 중요하다. 동기부여의 지속성 유지는 다양한 형태의 여건보장 노력을 통해 이루어진다. 리더는 동기부여의 이론[11]적 내용을 토대로 동기를 부여할 수 있는 방법을 배우고 익히기 위해 부단히 노력해야 한다. 그래야만 높은 수준의 조직성과를 달성할 수 있다.

　이러한 동기부여 방법에는 목표를 시각화하여 명확하게 제시하는 것이 중요하다. 또한 구성원들이 리더에 대해 우호적으로 생각하고, 부여된 일에 긍정적 마인드로 접근하도록 하며, 부여된 결과에 대한 칭찬을 아끼지 말아야 한다. 동기에는 회피성 동기와 지향성 동기가 있다. 예를 들면 어린아이가 장난감을 사달라고 조르는 경우 회피성 동기는 "안 돼!" 하며 조르는 아이를 때려 매가 무서워 아이의 동기를 포기하게 하는 것이다. 반면에 지향성 동기는 "네가 책을 한 권씩 읽거나 착한 일을 하면 사준다"고 하면서 미래에 대한 기대감으로 꿈과 비전에 가슴 설레게 하여 자발적

　11　학자들은 동기부여를 '무엇이', '어떤 과정'을 통해 동기가 부여되는지를 기준으로 내용이론과 과정이론으로 구분하고 있다. 내용이론은 '무엇이' 동기부여를 일으키는 요인인가에 대한 이론이다. 인간의 내부에 존재하는 욕구와 본능을 충족시키는 과정에서 동기가 부여된다고 보았다. 과정이론은 '어떤 과정'을 통해 인간이 동기화되는가에 대한 이론이다. 여기에서는 행동과 보상이 어떻게 연결될 것인가에 대한 개인의 지각, 공헌에 대한 공정한 보상 유지, 목표를 달성하려는 의도, 내재적 동기유발 등을 강조하고 있다.

으로 동기를 부여하는 것이다.

데시와 라이언에 의하여 주창된 자기결정성 이론에 의하면 동기부여에 성공하기 위해서는 자율성과 관계성, 자기유능성을 겸비해야 한다고 말한다. 자율성은 자기에게 선택권이 있고, 자신의 의지로 행동한다고 믿는다면 동기는 쉽게 부여된다. 관계성은 리더와의 관계가 좋거나 타인의 관심이 집중된다고 느끼면 하고자 하는 동기가 커진다. 자기유능성은 작은 성취를 반복하면서 자신이 성장하고 발전한다고 느끼면 더욱 노력하게 된다.

매슬로(Maslow)는 "인간의 욕구는 단계에 따라 일어나며, 동기부여란 결핍된 욕구를 충족해주는 활동"이라 했다. 즉, 결핍된 욕구를 충족하는 방향으로 동기가 유발된다. 따라서 구성원들의 욕구를 파악하여 결핍된 욕구를 알고 이를 만족시켜주어야 한다. 반면에 충족의 원칙은 이미 충족된 욕구는 더 이상 동기부여 요인이 되지 않는다. 따라서 이들에게는 자신의 존재와 가치를 인정받을 수 있도록 새로운 차원의 동기가 부여되어야 한다.

매슬로는 이를 욕구단계로 설명했다. 매슬로의 욕구 5단계는 ① 생리적 욕구(식욕, 잠, 성욕 등) → ② 안전 욕구(안전과 안정 확보) → ③ 애정 욕구(사랑, 소속감, 타인과 좋은 관계) → ④ 자존 욕구(존경, 명예, 인정받음) → ⑤ 자아실현 욕구(자신의 가치 추구)로 이루어진다.

영향력의 종류에는 직책 영향력과 개인 영향력이 있다.

직책 영향력은 조직에서 부여한 계급과 직책 등 공식적인 지위에 근거한 영향력으로 합법적 영향력, 보상적 영향력, 강제적 영향력이 있다. 개인 영향력은 리더 개인의 인격, 매력, 전문성 등에 근거한 영향력으로 준거적 영향력, 전문적 영향력이 있다.

직책 영향력은 리더의 계급과 직위, 역할에 따라 달라지지만, 개인 영향력은 리더 개인의 역량에 따라 다르게 나타난다. 따라서 직책 영향력과 개인 영향력이 서로 결합되었을 때 시너지 효과가 나타난다.

영향력 발휘 방법은 리더와 구성원의 특성과 상황에 따라 달라진다. 따라서 리더는 어떤 상황에서 어떠한 방법들이 효과적인가를 충분히 고려해야 한다. 예를 들어, 보상을 통해 구성원을 움직이고자 할 때 리더가 보상할 능력을 가지고 있고, 구성원도 보상을 원하면 영향력이 발휘될 수 있다. 반면, 리더가 보상할 능력을 가지고 있음에도 구성원이 보상을 필요로 하지 않거나, 리더가 보상 약속을 지키지 않을 것이라고 생각한다면 영향력은 발휘되지 않는다. 영향력의 발휘 대상이 다양한 만큼 대상별 특성을 고려하여 맞춤형으로 영향력을 발휘하는 것도 매우 중요하다. 영향력 발휘의 효과는 영향을 받은 구성원이 어떠한 반응을 보이고, 어떠한 성과를 달성했으며, 어떻게 변화되었는가 여부로 판단할 수 있다.

4) 조직을 관리하라

조직관리란 조직에 부여된 목표를 달성할 수 있도록 체계적이고 지속적으로 관리하는 능력을 말한다. 코칭 리더에게 필요한 조직관리 역량에는 통찰력과 방향제시, 자기개발 및 조직개발 역량이 요구된다. 리더가 조직을 미래지향적으로 관리하기 위해서는 상황을 대관세찰(大觀細察)하여 전체 속에서 내가 할 일과 조직 속에서 나에게 요구되는 사항을 구분하고 가장 합리적인 방안을 찾아내는 것이다.

더불어 조직이 나아가야 할 방향을 제시할 수 있어야 한다. 올바른 방향을 제시하는 것이야말로 21세기 지식정보화 사회에 가장 요구되는 사항이다. 리더가 올바른 방향을 설정하지 못하고 구성원들이 우물쭈물하는 사이 경쟁조직이 이미 멀리 앞서간다면 초스피드로 변화하는 현대사회에서의 도태는 필연적이다. 이를 위해 리더뿐만 아니라 조직구성원들도 끊임없는 자기개발을 해야 한다. 자기개발을 위한 시간은 1만 시간의 법칙이 적용된다. 하루 3시간씩 자신의 일에 투자하면 한 달에 100시간, 1년에 1,200시간, 10년이면 1만 시간이 된다는 법칙이다. 1천 시간을 집중하면 무언가가 보이고, 3천 시간을 투자하면 뭔가를 알게 되고, 1만 시간을 투자하면 해당 분야에 대한 전문가가 된다는 것이다.

코칭 리더는 조직개발을 위해 부단히 노력해야 한다. 조직개발을 소홀히 하거나 방치하는 리더는 조직에 암(癌)적인 존재라는 사실을 역사를 통해 잘 알 수 있다. 『초한지』를 보면, 항우는 어려서부터 좋은 가문에서 태어나 조기교육을 받고 머리도 좋아서 따르는 이가 많았다. 부모로부터 물려받은 재산도 많고 역발산기개세로 힘도

장사로 전투마다 승리하다 보니 조직개발을 소홀히 하여 결국은 유방에게 패배하고 자살로 생을 마감했다.

반면, 유방은 어려서부터 가난하여 제대로 된 교육을 받지 못하고 물려받은 재산도 없어 따르는 이도 적었지만, 항상 배우는 자세로 구성원들의 말에 귀를 기울이고 조직개발에 노력했다. 어려운 일이 생기면 조직구성원들에게 묻고 경청하며 최선의 대안을 찾고자 노력했다. 항우는 무슨 일이 생기면 자신의 주장대로 '하여(何如)', 즉 지시 위주로 조직구성원들의 말에 귀를 기울이지 않으니 많은 신하들이 그의 곁을 떠나갔다. 하지만 유방은 항상 '여하(如何)', 즉 '어떻게 할 것인가?'를 물으니 많은 조직구성원들이 그의 휘하에서 함께 일하기 원해 결국 한(漢)나라를 건국할 수 있었다.

노벨 평화상을 수상한 넬슨 만델라가 강조하면서 널리 알려진 '우분투(Ubuntu)'라는 말이 있다. '네가 있기에 내가 있고, 우리가 있기에 내가 있다'는 뜻을 가진 아프리카 반투족의 말이다. 아프리카인의 정신적 기초이기도 한 우분투는 사람이 사람인 것을 성찰하게 하고, 다른 사람을 통해 자기 자신을 올바로 인식할 수 있다. 우리가 빨리 가기 위해서는 혼자 가지만, 멀리 가기 위해서는 같이 가야 한다. 인성교육은 지식으로 이루어지는 교육이 아니다. 인성교육은 스스로 겸손과 공정, 타인과 더불어 살아가는 지혜를 실천할 수 있도록 도와주는 것이다. 공자는 인성을 말하면서 "군자는 말에는 더디고 실천에는 민첩해야 한다"고 강조했다.

(1) 통찰력

통찰력이란 "조직의 상황을 적절히 파악하고 대응방안을 수립 및 수행할 수 있는 역량"이다. 리더가 상황을 올바르게 인식·평가하는 사고(思考)의 능력을 말한다. 통찰력은 예리한 관찰력으로 꿰뚫고 살피는 것이다. 영어로 insight는 in＋sight, '안으로 보다'라는 의미다.

리더의 통찰력은 현상의 겉만 보고도 내용을 파악해내는 능력이다. 빠르고 많은 양의 정보를 제대로 파악하기 위해서는 본질을 파악하는 것이 중요하다. 내용을 파악하기 위해 평소에 제목만 보고 내용을 유추하는 연습을 하는 것이다. 이를 위해서는 다양한 각도에서 바라보고, 이미 알고 있는 사항을 그림으로 표현해보는 것이다.

간단하게 부분을 그려나가다 보면 자연스럽게 전체 그림이 퍼즐 맞추듯 꿰지는 것이다. 또한 이를 다른 사람에게 설명해주는 것이다. 자기가 알고 있는 것을 타인에게 설명하는 과정에서 본인이 알고 있는 것을 더욱 잘 알게 되고, 또한 알았다고 생각했지만 모른다는 사실을 깨닫게 된다.

통찰력을 갖기 위해서는 선입견을 배제해야 한다. 사람은 자기중심의 사고를 함으로써 자기만의 프레임에 갇히는 오류를 쉽게 범한다. 이러한 오류에 빠지지 않기 위해서는 관심영역(domain)을 확장해야 한다. 자기 마음의 한계를 버리고 관심의 영역을 다각화하는 것이다. 사람은 원래 복잡한 것을 싫어하고 단순한 것을 좋아한다. 새로운 것에 대해서는 배척하고, 익숙한 것에 대해서는 쉽게 받아들인다. 근원적인 이유가 무엇인지 곰곰이 생각해보고 이를 잘 기록해야 한다. 논리적 사고와 직관적 사고가 떠오르는 것을 중요시하고 이를 잊어버리지 않도록 메모하는 것이다. 또한 친숙한 것도 다른 관점으로, 낯선 것도 친숙하게 받아들이는 습관을 형성한다. 서양 속담에 "신은 인간에게 숨기고자 하는 것을 인간 곁에 둔다"고 하지 않는가?

리더가 통찰력을 얻기 위해서는 먼저 자유로운 마음을 가지고 세심하게 관찰하는 습관을 길러야 한다. 1992년 인지심리학자인 로버트 와이어는 "인간의 정보처리에 관한 지난 70년간의 결과 분석을 통해 통찰이 발생하는 순간은 이전에 만나지 않았던 두 개의 개념이 새롭게 만나는 순간(New Meets of 2 Concepts)에 발생한다"고 했다. A라는 정보와 B라는 정보가 서로 만나서 새로운 정보 C를 만드는 과정에서 번뜩이는 아이디어가 샘솟는 통찰이 일어날 수 있다.

(2) 방향제시

방향제시 능력이란 "조직의 목적달성을 위해 개인과 조직이 목표한 방향으로 움직이도록 인도하는 역량"을 말한다. 임무를 달성하기 위해 조직과 구성원이 나아가야 할 바를 제시하는 것으로, '나침반' 같은 역할을 한다. 리더는 과업의 우선순위와 절차를 결정하고 그에 대한 지침을 제공함으로써 구성원들의 노력을 한 방향으로 일치시켜야 한다. 여기에는 명확한 방향설정과 함께 원칙과 표준의 적용, 효율적인 임무수행 방안, 자원 제공 등이 포함되어야 한다.

리더는 조직구성원에게 올바른 방향을 제시하고 목표를 달성하도록 한다. 이때 리더는 구성원들에게 정확한 의도 제시, 명확한 역할과 책임부여, 권한위임 등을 해야 한다. 정확한 의도 제시란 임무수행의 이유와 임무가 완수되었을 때의 최종상태를 명확하고 간결하게 제시하는 것을 말한다. 리더는 자신이 구상한 의도를 구현하기 위해 구성원들이 무엇을 왜 해야 하는지를 구체적으로 설명해주어야 한다. 정확한 의도 제시는 METT + TC를 고려하여 임무수행 방향을 제시하는 것이다.

리더는 구성원들이 정확하게 이해했는지 반드시 확인해야 한다. 임무수행에 필요한 자원과 수단, 여건을 제공하고 어떻게 할 것인가에 대한 방법을 주도적·창의적으로 도출하여 임무를 완수하도록 여건을 만들어주어야 한다. 방향제시는 목적과 목표를 명확히 선정해야 한다. 목표관리는 조직의 목표를 달성하기 위해 조직구성원들에게 개별적인 목표를 부여하고, 각 목표의 유기적 관리를 통해 조직 전체의 효율성을 높이는 조직관리 전략을 말한다. 목적은 어떤 일을 실현하려는 상태, 나아가려는 방향, 직무에 대한 역할과 책임 등을 말한다.

목표는 어떤 목적을 실현하려고 하는 실제적 상태를 말한다. 리더가 목표를 달성하기 위해서는 코칭대상자를 인정하고 지지·격려하는 피드백을 유용하게 사용해야 한다. 이러한 방법에는 코칭대상자의 강점에 초점을 맞추어 지지하고, 재능을 칭찬하고 결과보다는 과정을 인정해주어야 한다. 또한 칭찬이나 인정은 적시에 구체적으로 해야 효과가 크다.

(3) 자기개발

코칭 리더는 구성원들이 새로운 지식과 학습의지를 가지고 자신의 능력개발 향상을 위해 노력하는 자세를 갖도록 구성원들의 자기개발[12] 욕구를 자극해야 한다. 자기개발이란 "현재 및 장차 역할을 수행하는 데 필요한 능력을 스스로 개발하고 향상시켜 새로운 그 무엇을 만들어내는 것"을 말한다. 리더는 구성원의 잠재되어 있는

---

12 계발(啓發): 잠재되어 있는 자신의 슬기나 재능, 사상 따위를 일깨워줌.
　　 개발(開發): 지식이나 재능 따위를 발달하게 함.

재능이나 역량 등을 일깨워주어야 한다. 리더는 임무완수의 주체로서 자신의 계급과 직책에 따른 역할과 책임을 다하기 위해 자신의 능력을 지속적으로 키워나가야 한다. 따라서 리더는 우선 냉철한 자기진단 및 자기인식을 통해 부족한 자질과 역량을 개발하기 위해 자기개발 계획을 수립하고, 평생학습 개념으로 이를 개발해야 한다.

자기진단 및 자기인식이란 리더가 냉철한 자기진단을 통해 자신의 장단점을 파악하여 자신의 역량을 정확히 인식하는 것을 말한다. 이를 위해 리더는 리더십 진단, 상급자의 평가와 피드백, 자신에 대한 성찰, 조언, 상담 등을 통해 스스로를 객관적이고 종합적으로 평가해야 한다. 자신에 대한 정확한 평가는 자신을 성장시키고 발전시켜가는 데 소중한 밑거름이 되어 자기개발 계획을 수립하는 데 기초가 된다.

자질 및 역량 개발이란 리더가 정확한 자기진단을 통해 부족한 자질과 역량을 파악하고, 현재 및 미래 임무수행에 필요한 능력을 키우도록 노력하는 활동을 말한다. 리더는 자신의 부족한 자질과 역량을 개발하고 보완하기 위해 구체적으로 달성 가능한 계획을 세워 꾸준히 실천해나가야 한다. 또한 자기개발 계획은 도전정신을 가지고 목표에 대한 높은 기대를 가지고 설정하여 반드시 목표를 달성하겠다는 의지와 신념을 가지고 실천해야 한다.

자기개발은 측정 가능한 목표를 설정하여 단계별 성과를 지속적으로 평가하고 피드백함으로써 성취동기를 불어넣어야 한다. 또한 자기개발에 동참할 동료와 팀을 만들어 함께함으로써 성취동기를 높이는 것도 효과적이다. 리더는 자기개발 과정 간 객관적인 단계별 평가를 통해 미흡한 분야가 도출되면 환류시켜 다음 단계 계획과 실행과정에 반영해야 한다.

리더나 조직구성원이 자기개발을 하는 이유는 인생에서 나 자신을 책임져줄 사람은 바로 나 자신이며, 스스로의 인생을 바꿀 수 있다고 믿기 때문이다. 또한 이러한 자기개발이 결과적으로 조직에 도움이 되기도 한다. 자기개발을 위해서는 각자 구체적인 목표를 수립하고, 자신을 바로 알기 위해 자기성찰의 시간을 갖는 것이 중요하다. 변화와 성장을 추구하기 위해 지속적으로 꾸준히 자기개발을 하며, 스스로 자신만의 스타일과 방법을 개발하여 즐겁고 행복하게 한다.

(4) 조직개발

조직개발이란 "조직구성원이 현재 및 차후 직책에서 임무를 수행하는 데 필요한 능력을 개발하는 것"을 말한다. 조직구성원의 업무능력 함양을 위해 조직 내 환경을 조성하여 조직구성원의 역량을 강화시키려는 노력이다. 리더는 조직구성원들이 자신의 임무와 역할을 성공적으로 수행하고, 지속적으로 성장하도록 지도해야 할 책임이 있다. 이를 위해 리더는 조직구성원의 수준을 정확히 파악하여 능력개발을 지도하고, 자기개발 여건을 보장해야 한다.

구성원의 수준 파악이란 리더가 구성원에 대한 진단, 상담, 직무수행능력 평가를 통해 그들의 장단점을 정확히 파악하고 수준에 맞는 역량 개발을 계획하는 활동을 말한다. 이때 리더는 구성원의 전문적 경력관리, 자기발전에 대한 비전을 공유하며 상담과 조언함으로써 성취동기를 높이도록 해야 한다. 따라서 그들에 대한 정확한 수준파악은 달성 가능한 목표와 실천 가능한 계획수립에 기초가 된다. 그러므로 리더는 신중하고 냉철하게 구성원의 수준을 파악해야 한다.

널뛰기에서 내가 높이 뛰려면 상대방을 높이 띄워야 한다. 리더는 구성원이 상상의 날개를 펴고 높이 비상할 수 있는 상황과 여건을 조성하는 것이 중요하다. 그런데 어떤 리더는 자신의 위치를 높이기 위해 조직구성원을 평가절하한다. 구성원을 경쟁자로 생각하여 상대를 낮춰 자신의 권위와 파워를 키우려 한다. 하지만 그것은 착각이다. 상대방을 높이는 탄력으로 나도 함께 높아지는 것이 진정한 리더십이다.

구성원의 능력개발 계획은 현재와 차후 직책수행에 필요한 능력을 구분하여 우선순위를 고려하여 단계별로 배양되도록 해야 한다. 능력개발은 다양한 교육과 부대활동을 통해 성과 위주로 실시해야 한다. 리더는 구성원들의 능력개발을 위해 코칭, 멘토링, 직무경험 등을 통해 성장할 수 있도록 지도해야 한다. 또한 과도한 목표에 대한 조정, 조기달성 및 고성과에 대한 칭찬과 격려로 성취동기가 지속되도록 해야 한다.

리더는 구성원의 자기개발 여건을 조성하고 충분한 지원을 보장해야 한다. 자기개발 활동이 자신뿐 아니라 부대 역량을 키워 조직의 임무수행에 기여한다는 긍정적 사고를 해야 한다. 자기개발에 필요한 학습활동 장소, 기자재, 정보기술 기기를 아낌없이 제공하며, 인터넷을 활용한 원격교육에 참여토록 지원하고, 학습 시간을 보장해주고 학습 환경에 장애가 되는 요소를 적극적으로 제거해주어야 한다.

4. 코칭 리더의 코칭스킬

1) 경청

(1) 경청은 상대의 마음을 얻는 것

경청(傾聽)은 "마음을 여는 기술"이다. 상대방의 입장에서 느끼고 생각함으로써 언어적·비언어적 표현을 통해 욕구를 파악하고, 생각과 느낌을 자유롭게 표현할 수 있도록 돕는 기술을 말한다. 상대방의 말에 귀를 기울여 그의 마음을 얻는 것이다. 이를 '이청득심(以聽得心)'이라 한다.

경청이라는 한자의 구조를 풀어보면 경(傾)은 사람이 몸을 앞으로 기울인다는 의미다. 청(聽)[13]은 상대방을 임금(王)처럼 귀하게 여기며 10개의 마음의 눈(目)을 동원하여 말하지 않는 이면의 말까지 들으려 노력하는 것이다. 나의 관점에서 듣는 것이 아니라 상대방의 말에 오직 하나의 마음으로 온전히 하여 귀를 기울이는 것이다.

『탈무드』에서도 신이 인간을 창조할 때 입은 하나이지만 귀를 두 개로 만든 이유를 설명한다. 경청은 최고의 리더십이자 문제의 악화를 막고 조직의 발전을 위한 밑거름이 될 수 있다. 더구나 구성원이 많고 세상

귀로 듣고
눈으로 보고
마음으로 공감하라
경청의 방법

---

13 '귀 이(耳)' 자와 '임금 왕(王)' 자는 '듣는 것이 왕'이라는 뜻으로 듣는 것이 가장 중요하다는 것을 의미한다. '열 십(十)' 자와 '눈 목(目)' 자는 '열 개의 눈으로 듣다'라는 뜻으로 비언어적인 요소를 읽어내는 일이 중요하다는 의미다. 끝으로 '한 일(一)' 자와 '마음 심(心)' 자는 '한 마음으로 듣다'라는 뜻이다.

이 급속히 변화하는 환경에서 리더의 경청 자세는 더욱 중요해진다. 리더는 질문을 통해 구성원의 말문을 열고 경청함으로써 마음을 얻을 수 있다. 그가 진정으로 원하는 것이 무엇인지를 묻고, 도와줄 수 있는 일이 무엇인지를 파악한다. 구성원이 말을 시작하면 리더는 훈계하거나 가르치는 일체의 마음을 버리고 그의 마음을 알아준다는 공감과 교감의 마음으로 들어주는 것이다.

역사적으로 뛰어난 리더의 공통점은 구성원들의 말에 귀를 기울이는 리더였다. 말 잘하는 사람을 뛰어난 리더라고 하는 경우는 없다. 이들은 단지 말을 잘하는 연설가, 즉 기능인이라고 할 수 있다. 리더 스스로 자신이 말 잘하는 기능인이 아닌지 점검할 필요가 있다. 경청하는 리더는 최소한 무능함을 감출 수도 있다. 하지만 무능한 리더가 말이 많으면 반드시 조직을 망하게 한다. 말이 많아서 문제가 될 수는 있어도 말이 없어 무능하다는 말은 고금의 역사를 통해 들어본 적이 없다. 따라서 리더는 구성원들의 말에 귀를 기울여야 한다. 구성원의 말에 귀를 기울이면 문제가 무엇인지를 알게 되고, 그에 따른 처방도 자연스럽게 내릴 수 있다.

고든 베튠이 1994년 콘티넨탈항공사에 CEO로 취임할 당시 이 회사는 미 연방 교통부가 평가한 품질관리지표에서 미국 최악의 항공사로 평가받고 있었다. 거의 혼수상태에 빠진 콘티넨탈항공사를 살리기 위해 베튠이 취한 조치는 사장실을 개방한 것부터 시작했다. 사장실 문을 열었지만 20층에 올라오는 직원들이 없자 오픈하우스 행사를 했다. 직원들과 사장실에서 커피와 다과를 함께하면서 옷장을 열고 전임자의 흔적이 없음을 강조했다. 직원들과의 열린 대화(뉴스레터, 게시판, 이메일, 음성메일), 상하관계 개선, 팀워크 고취 등은 구성원들의 조직 내 인화 분위기를 다졌다. 고객을 위해서는 정시 운항, 승객의 짐 분실사고 예방 등 고객 편의에 초점을 맞추어 시행했다. 그 결과 1996년 콘티넨탈항공사는 500마일 이상의 여행객을 대상으로 한 고객만족도 조사에서 최고 기업으로 선정되어 J. D. Power Award를 수상했다. 특히 베튠은 "조직을 운영하다가 방향을 상실하면 사장실 방문을 발로 걷어차고 들어올 수 있는 직원을 만들라"고 강조했다. 이는 당장은 기분 상할 수 있지만 조직을 더 큰 수렁에 빠지게 하는 위험을 예방할 수 있다. 리더는 평소 자신의 말에 반대할 수 있는 시스템을 구축해야 한다. 예를 들어 레드팀(Red Team)이나 열 번째 사람(Tenth Man) 제도[14]를 운용한다.

성공적 지휘를 위한 계급과 연륜의 조화

대대장 시절, 주임원사에게 레드팀이 되어줄 것을 강조했다. 작전과장이나 예하 지휘관들은 자신의 생각을 쉽게 말하지 못하거나 하더라도 단편적인 부분만 보고 판단하는 경우가 있을 수 있다. 하지만 주임원사는 오랜 군 생활 경험과 장교들과 부사관, 병들의 세계까지 아우르는 상태에서 판단하는 관점에서 적격이라고 생각했다. 그러다 보니 조직 내 2인자조차 볼멘소리로 "대대장님! 우리 조직에 대대장이 두 명 있다는 사실을 아십니까?"라고 하기도 했다. 하지만 이러한 레드팀 운영은 일방적·강압적 지시를 최소화하고, 리더가 보지 못하는 면이나 편견, 독단을 예방할 수 있는 좋은 제도적 장치로 작동했다.

마키아벨리는 『군주론』에서 인간은 다음과 같이 세 부류가 있다고 했다.

① 혼자 생각할 수 있는 인간
② 남의 생각을 이해하는 인간
③ 혼자 생각하지도 못하고 남의 생각을 이해하지도 못하는 인간

여러분은 어떠한 부류의 인간인가? 남의 생각을 이해할 수 있어야 훌륭한 리더가 될 수 있다. 리더로서 구성원을 이끌려면 먼저 상대방을 이해하기 위한 경청이 필수다.

리더십에는 '친밀의 법칙'이라는 것이 있다. 훌륭한 리더는 구성원들의 손을 잡기

---

14   이스라엘의 의사결정 시스템으로, 중대 사안을 결정하는 10인 기구에서 설령 9명이 찬성하더라도 마지막 열 번째 사람은 의무적으로 다른 의견을 제시하도록 규정화된 제도

에 앞서 그의 마음을 감동시킨다는 것이다. 리더가 조직구성원에게 줄 수 있는 최고의 선물은 관심과 경청이다. 이라크전의 영웅 노먼 슈워츠코프 장군은 유능한 리더와 위대한 리더를 이렇게 구분했다. 유능한 리더는 조직구성원 모두를 전체로 보지만, 훌륭한 리더는 구성원 모두를 개별적 존재로 본다. 4차 산업혁명 시대 리더십은 조직 전체를 대상으로 하는 것이 아닌 구성원 개인을 지향하는 리더만이 생존할 수 있을 것이다.

(2) 경청의 요령

경청의 요령은 먼저 상대에게 몸을 기울여(lean posture) 관심을 보여주는 것이다. 상대방의 눈을 보면서 호기심이 가득한 눈으로 듣는 것(eye contact)이다. 이때 표정은 자연스럽게 편안한 분위기를 연출하도록 한다. 상대방의 말에 귀를 기울이면서 몸짓이나 태도 등으로 상대의 표현에 공감을 표하면서 음조를 맞추고(pacing), 내용을 요약하면서 반응(backtracking)을 보여준다. 경청의 요령은 상대의 말과 표현하는 언어의 맥락을 통째로 들어야 한다. 이를 위해 코칭대상자가 말하는 언어를 사용하고, 키워

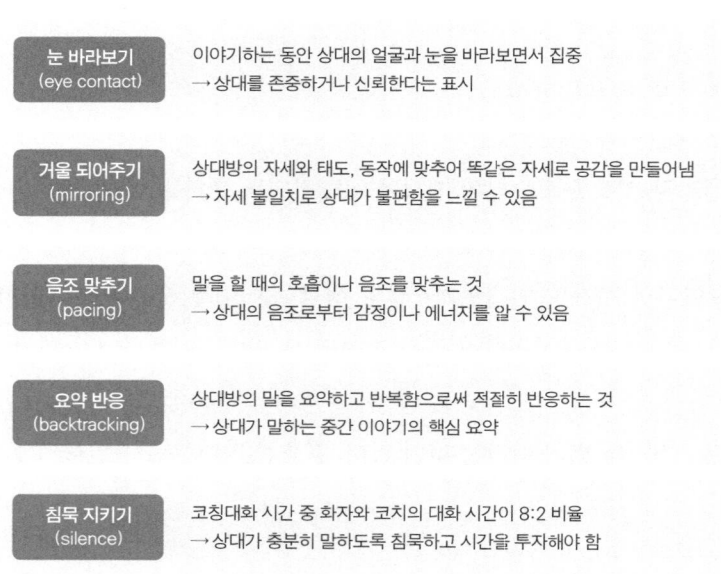

눈 바라보기 (eye contact)	이야기하는 동안 상대의 얼굴과 눈을 바라보면서 집중 → 상대를 존중하거나 신뢰한다는 표시
거울 되어주기 (mirroring)	상대방의 자세와 태도, 동작에 맞추어 똑같은 자세로 공감을 만들어냄 → 자세 불일치로 상대가 불편함을 느낄 수 있음
음조 맞추기 (pacing)	말을 할 때의 호흡이나 음조를 맞추는 것 → 상대의 음조로부터 감정이나 에너지를 알 수 있음
요약 반응 (backtracking)	상대방의 말을 요약하고 반복함으로써 적절히 반응하는 것 → 상대가 말하는 중간 이야기의 핵심 요약
침묵 지키기 (silence)	코칭대화 시간 중 화자와 코치의 대화 시간이 8:2 비율 → 상대가 충분히 말하도록 침묵하고 시간을 투자해야 함

경청의 요령

드를 기억해 적절히 사용하여 상대가 자신의 말을 잘 경청해준다는 인식을 갖도록 하는 것이다. 더불어 대상자가 지닌 가치관과 의미표현을 기억하여 단어를 골라 듣지 않고 있는 그대로 들어야 한다. 또한 반복하는 언어의 맥락을 듣는 것이 중요하다.

경청은 귀로만 하는 것이 아니다. 오감, 즉 귀로도 듣지만 눈으로 상대방을 보고 입으로 "아하~ 그랬군요!" 하며 호응하는 것이다. 태도는 상대를 향하여 앞으로 몸을 약간 기울인 자세를 취하고, 진실한 마음으로 듣는다. 그러면서 상대가 말하는 것을 단순하게 듣는 게 아니라 왜 그런 말을 하는지 전체적인 맥락 속에서 경청한다. 판소리에서는 고수의 역할을 통해 명창이 판소리 완창을 할 수 있다. 4시간 동안 고수가 장단을 맞추어 흥을 돋워줌으로써 명창은 지치지 않고 끝까지 할 수 있다.

코칭에서도 마찬가지다. 코칭 간 코칭대상자가 자신의 코칭목표를 수립하고 현실인식, 대안탐색을 거쳐 코칭의 목표를 지속적으로 실천할 수 있도록 코치의 성원이 필요하다. 코칭대상자의 말에 공감하면서 "아하~ 예, 그랬군요!" 하는 추임새를 적절히 사용하며 구성원의 말에 귀를 기울이면 상대는 스스로 리더의 행동에 동화되어 마음을 열게 된다. 요령은 입으로 장단을 맞추고, 몸으로 고객의 이야기에 반응하며, 고객의 에너지 흐름에 반 박자 늦게 따라가며 흐름을 맞춘다.

코칭은 상호 간의 관계형성으로부터 시작된다. 코칭대상자와 충분한 관계를 바탕으로 신뢰관계를 형성한다. 코칭대상자가 진정으로 원하는 것이 무엇인지 공감하고자 노력하면 자신의 마음을 열기 시작한다. 마음의 문을 열면 코칭 간 설정한 목표의 절반 이상은 해결된다고 볼 수도 있다. 따라서 코칭대상자를 리드하기 전에 경청을 통해 먼저 그들을 이해하고 마음을 움직여야 한다. 경청은 코칭대상자로 하여금 언어적 혹은 비언어적 표현을 통해 자신의 생각이나 느낌을 자유롭게 표현할 수 있도록 적극적이고 능동적으로 도와주는 기술이다.

코칭대화 간 코칭대상자가 반복해서 사용하는 단어가 있다면 상대가 말하는 의미를 확인할 수 있어야 한다. 또한 비유하는 것을 잘 듣고 기억해야 한다. 비유로 표현하는 대상자의 말에는 무의식의 진실한 마음이 담겨 있음을 알아야 한다. 상대가 말하는 것뿐만 아니라 말하지 않는 것에도 완전히 몰입하여 상대가 자신을 잘 표현하도록 도와야 한다. 리더는 조직구성원의 관심사, 목표, 가치, 비전, 성취하고자 하

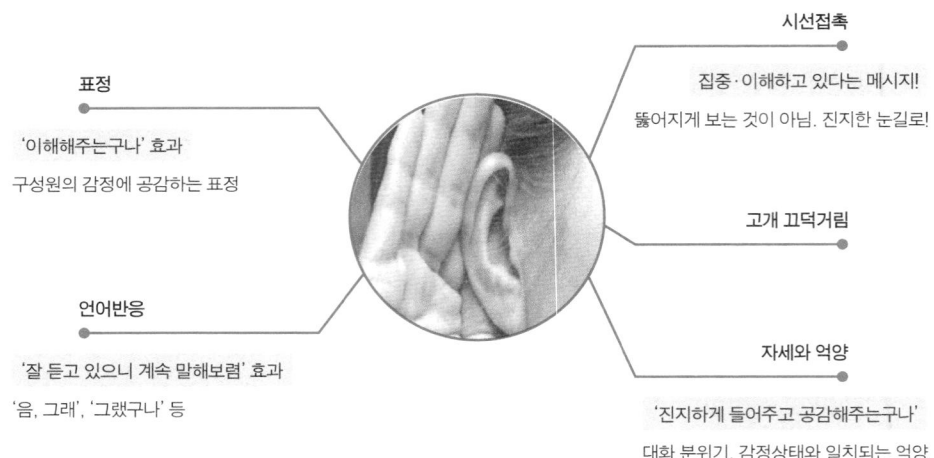

<table>
<tr><td>표정</td><td></td><td>시선접촉</td></tr>
</table>

표정
'이해해주는구나' 효과
구성원의 감정에 공감하는 표정

시선접촉
집중·이해하고 있다는 메시지!
뚫어지게 보는 것이 아님. 진지한 눈길로!

고개 끄덕거림

언어반응
'잘 듣고 있으니 계속 말해보렴' 효과
'음, 그래', '그랬구나' 등

자세와 억양
'진지하게 들어주고 공감해주는구나'
대화 분위기, 감정상태와 일치되는 억양

효과적 코칭을 위한 적극적 반응

는 것에 대해 믿음을 가지고 임한다. 그러면서 자신이 조직구성원에게 설정한 의제가 아닌, 자신과 조직구성원이 공동으로 설정한 의제에 집중한다.

코칭 리더십에서 진정한 리더는 구성원이 스스로 문제를 해결할 수 있도록 문제해결의 장을 만들어주는 것이다. 마치 춤꾼이 춤사위를 신명나게 추면서 스트레스를 해소하듯이 리더는 구성원이 코칭 현장에서 문제해결이나 현실인식 속에서 신명나게 놀면서 해결방안을 찾을 수 있도록 코칭의 판을 깔아주는 것이다. 경청을 통해 상대의 말을 듣고, 이에 담긴 진정한 욕구나 감정, 의미와 가치 등을 듣고자 노력해야 한다. 이를 위해 코칭 리더는 코칭대상자와 하나가 되어야 한다. 코칭대상자가 하는 말에서 생명의 진동을 느끼며 듣거나 코칭대상자가 감정의 늪에서 헤매고 있다면 감정의 늪에서 구할 수 있는 코칭대화를 할 수 있어야 한다.

미국 UCLA 심리학과 교수인 앨버트 메라비언(Albert Mehrabian)은 1971년 『침묵의 메시지(Silent Messages)』에서 "상대방으로부터 받아들이는 이미지는 언어적 요소가 7%에 불과하고, 억양이나 음성 톤 등에 의한 청각적인 요소는 38%, 태도나 몸짓 등 비언어적 요소가 55% 정도에 해당한다"고 주장했다. 이는 실제로 이루어지는 말의 효과는 지극히 미미하며, 코치는 코칭대상자가 말하지 않는 이면의 내용을 들을 수 있어야 한다는 뜻이다.

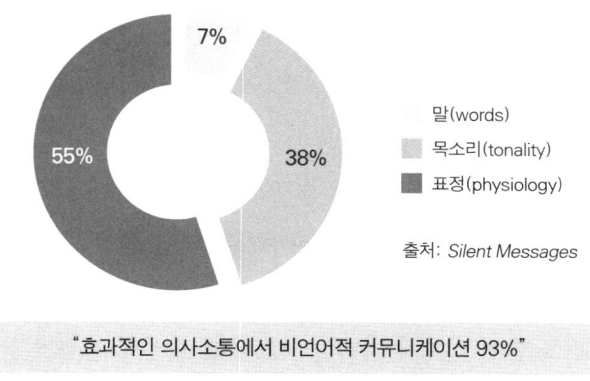

"효과적인 의사소통에서 비언어적 커뮤니케이션 93%"

메라비언 법칙

특히 코칭을 하면서 코칭 리더가 구성원에게 더욱 귀 기울여 관심을 가져야 하는 순간이 있다. 구성원이 갑자기 말이 없어지거나 표정이 바뀔 때, 특정한 사람의 이야기를 피하거나 말하다가 종종 멍한 모습을 보일 때, 빈정대거나 비꼬는 말투로 말할 때, 행동이나 말이 느려지거나 빨라질 때, 질문과 답변이 서로 어긋날 때는 구성원의 말에 귀를 기울여야 한다.

코칭대화를 할 때 리더는 구성원과 적당한 거리와 자리배치를 고려해야 한다. 커뮤니케이션 전문가인 홀(E. T. Hall)은 "가족이나 연인 같은 친밀한 관계는 15~46cm의 친밀한 거리를 유지하고, 친구 간에는 46cm~1.2m, 사회적 거리로서 낯선 사람

수용하고 공감하는 대화 내용 분석

코칭대상자: 대대장이 아직 적응도 안 된 상태에서 자꾸 새로운 일을 만들어 참모로서 수행하기가 매우 힘들어요. 자꾸 상급부대로부터 질책도 받고, 와이프나 애들 얼굴도 못 보면서 내가 이러려고 군인이 되었나 하는 회의감도 들어요.

코치: 대대장이 아직 적응도 안 된 상태에서 자꾸 새로운 일을 만들기 때문에(수용) 참모로서 업무수행이 무척 힘드시군요(감정). 이런 이유로 내가 왜 군인이 되었나(내용) 하는 회의감(감정)도 들고요.

간에는 1.2~3.7m, 강의나 연설 등 공공적 거리는 3.7~7.6m의 거리 유지가 필요하다"고 말했다.

(3) 경청 간 유의할 사항

경청 간 유의할 사항은 리더가 자기 위주의 생각을 피하라는 것이다. 리더는 구성원의 말을 잠깐 듣고 문제의 해결책이나 자신의 경험을 제시하고 싶다는 생각을 버려야 한다. 코칭을 함에 있어서 리더는 코칭목표 달성에 관한 일은 구성원이 가장 많이 안다는 사실을 결코 잊어서는 안 된다.

두 번째는 불필요한 행동을 하지 말아야 한다. 코칭대화 간 시계를 보거나 다른 곳을 쳐다보는 행동을 하지 말아야 한다. 대화 도중에 자신의 말에 귀를 기울이지 않거나 다른 곳에 관심 있는 것으로 보이는 경우 구성원은 마음을 닫을 수 있다. 리더는 코칭 순간에 구성원 자신보다 더 위한다는 진정성을 보여주어야 한다.

세 번째는 상황에 맞지 않는 언어반응을 피해야 한다. 구성원이 표현한 내용이나 감정과 어울리지 않는 표정을 짓지 말고, 상황에 적절하지 못한 어조나 언어적 반응은 삼가야 한다. 경청 간에 자신의 호기심 해소를 위해 물어보려는 생각을 하지 말아야 한다. 호기심 해소를 위한 질문이나 구성원의 감정을 상하게 하면 코칭의 본질에서 벗어나기 쉽다.

코칭대화 간 구성원이 침묵하는 경우가 있을 수 있다. 코칭과정에서 침묵하는 경우는 코칭대상자가 자기 자신을 음미해보거나 머릿속으로 생각을 간추리는 과정이므로 이때의 침묵은 코칭의 유익한 과정이 될 수 있다. 따라서 코칭 리더는 조용한 관찰자의 태도로 구성원의 침묵을 섣불리 깨뜨리려 하지 말고 침묵의 의미를 이해한 후 말을 꺼내는 것이 바람직하다. 반면, 코칭관계가 잘 이루어지지 않거나 리더에 대한 저항으로 침묵이 발생하는 경우가 있다. 이럴 경우 침묵의 원인과 코칭대상자의 감정을 인식하고 조절해야 한다.

리더십 코칭 간에 나온 일화다. 코칭교육을 하다가 코칭대상자에게 참모가 어디 있냐고 질문했다. 이에 대상자가 큰 목소리로 교관을 향하여 "작전과장 없이 업무한 지 6개월이 넘었습니다" 하고 볼멘소리로 코치에게 항의하듯 대답했다. 조용히 분석해보니 코칭대상자는 이 말을 코치에게 한 게 아니라 뒤에 있는 지휘관이나 참모들에게 하는 것임을 알았다. 이 사례에서처럼 리더는 은유나 비유로 말하는 것이나 정황상의 표현 등을 잘 읽을 수 있어야 한다.

현실에서 경청을 잘하려면 3개의 폴더를 잘 활용할 줄 알아야 한다.

첫째, 팩트 체크를 하고 수용할 수 있어야 한다. "아! 작전과장이 없군요." "아, 작전과장 없이 6개월 동안 대대장 업무를 수행하셨군요."

둘째, 상대방의 감정을 수용해주어야 한다. "500여 명을 관리하는 대대장 입장에서 대대의 핵심적인 업무를 수행하는 작전과장이 없는 가운데 업무를 수행하느라 고생이 많았겠군요. 대대장님께서 훨훨 날 수 있을 텐데!" 하는 아쉬운 감정을 수용하고 코칭대상자의 말에 공감하고 수용할 수 있어야 한다. 대대장으로서 좀 더 잘해서 대대원들과 함께 신뢰를 쌓고 부대 전투력 발전도 향상시키고 싶어 하는 욕구를 읽어주어야 한다.

셋째, 욕구를 충족시켜주어야 한다. 빨리 작전과장을 충원하기 위한 방법, 즉 욕구를 해결하기 위한 방법에 대해 코칭을 하는 것이다.

코칭 리더가 구성원으로 하여금 의식의 공간을 만들어놓고 상대의 말을 어떻게 듣고 있는지 스스로 알아차리면서 경청하는 스페이스 경청을 잘하려면 의식이 항상 깨어 있어야 한다. 올바른 경청은 상대방의 욕구를 알 수 있게 한다. 즉 상대방이 말한 사실(fact, 경험+행동)을 통해 코치의 감정(emotion)을 헤아릴 수 있고, 그 감정을 이해

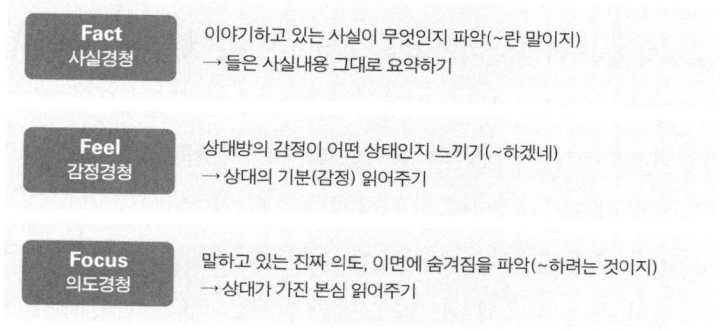

경청을 잘하기 위한 3가지 방법

함으로써 상대의 욕구(want)를 파악할 수 있다.

구성원 스스로 표현하는 감정은 매우 중요하다. 코칭 리더는 감정이나 단어를 수용하여 그가 말한 내용을 그대로 반복하거나 요약하여 정리하는 패러프레이징이나 거울에 비추어주는 반영의 코칭기술 등을 활용할 줄 알아야 한다. 경청을 통해 코칭대상자의 마음에 공감하는 것이다. 공감(empathy)은 코치가 코칭대상자의 고통 속으로 들어감을 의미한다. 이때 코치가 주의해야 할 것은 구성원의 마음속으로 들어가기 위해서는 그가 마음의 문을 열었을 때, 그 사이즈에 맞게 자신을 만들어 들어가야 상대방에게 거부감이 없다. 이게 바로 줄탁동시다.

2) 질문

(1) 질문은 코칭의 예술

질문은 구성원의 "생각을 열게 하는 기술"이다. 혹자는 질문을 "코칭의 꽃"이라 표현하기도 한다. 이처럼 질문은 구성원의 생각을 열게 하여 사고와 행동을 촉진시키고, 문제해결을 위한 답을 찾아주는 수단을 제공하기도 한다. 더불어 질문을 받은 사람은 답하기 위해 생각을 정리하는 과정에서 변화와 성장을 촉진하게 되고, 자신의 문제를 더 깊게 탐색할 기회를 갖게 된다. 이처럼 코칭에서의 질문은 코칭대상자의 생각을 여는 문제해결의 열쇠이자 강점을 더욱 살려주는 활력소가 된다.

인간의 본성은 물과 같아서 동쪽으로 터주면 동쪽으로 흘러가고, 서쪽으로 터주면 서쪽으로 흘러간다고 했다. 코칭 간 코치의 질문에 따라 구성원의 사고 흐름도 바뀔 수 있다. 코칭의 질문 여하에 따라 좋은 질문에는 좋은 답이 나오고, 나쁜 질문에는 나쁜 결과가 나올 수 있다. 코치의 질문 수준에 따라 구성원의 사고가 정해지기도 한다. 이스라엘의 히브리대학 심리학 교수인 대니얼 카너먼 교수와 트버스키 교수 (1974)는 학생들에게 아프리카 국가들이 UN에서 차지하는 의석이 몇 % 정도 되는지 추측해보라고 했다. 이에 처음에 10%라고 대답했던 학생에게 다시 생각하라고 했을 때 25%라고 대답한 반면, 처음에 65%라고 답한 학생은 45%를 추정했다. 이들은 처음에 말한 내용에서 크게 벗어나지 않는다는 현상을 보면서 이를 '앵커링 효과'라 명명했다. 이는 심리학에서 최초로 추측하는 선에서 크게 벗어나지 않으려는 심리적 현상이 있음을 강조한 것이다.

이처럼 질문자의 질문 수준에 따라 대답의 수준이 정해진다. 따라서 하수의 질문에는 하수의 대답이, 고수의 질문에는 고수의 대답이 나온다.

하수의 질문은 자신이 아는 것을 확인하기 위해 결과를 질문하거나 정해진 답을 찾기 위해 같은 차원에서 질문한다. 때로는 상대를 하수로 보고 질문하거나 자신을 과시하기 위해 질문하기도 한다.

중수의 질문은 자신이 모르는 것을 확인하거나 배우고자 질문한다. 상대방의 입장을 이해하고 공감하기 위해 과정을 질문하며, 올바른 문제를 확인하고자 한다.

고수의 질문은 코칭대상자의 성찰을 끌어내기 위한 질문을 한다. 상대를 존중하고 배려하기 위해 의도를 질문한다. 인과관계를 파악하고 상대가 한 차원 높은 곳에서 생각할 수 있도록 상대 안에 있는 가능성을 신뢰한다. 고수의 질문은 올바른 사람과 관계를 맺기 위해 노력한다.

코칭에서 수준 높은 질문은 구성원의 생각 너머의 사고를 일깨울 수 있도록 묻는 것이다. 이를 위해 생각을 구체화시키는 질문을 해야 한다. 코칭대상자는 자신의 문제에 깊이 몰입되어 자신이 느끼는 감정과 사건을 구체적으로 설명하는 데 어려움을 느끼는 경우가 있다. 지나치게 일반화된 사건을 좀 더 객관적이고 분명히 이해하기 위해 구체화 질문을 사용하면 문제의 본질을 더욱 정확하게 탐색할 수 있다.

질문이 중요한 이유는 무엇일까? 질문을 받게 되면 인간의 뇌는 질문에 답변하기 위해 생각을 하게 된다. 질문에 답변하기 위해 사고를 정리하는 과정에서 인지의 확장과 통찰을 얻게 된다. 인지의 확장과 통찰은 답변자의 변화와 성장을 촉진시킨다. 코칭은 이러한 질문과 답변 과정에 처음부터 코칭의 목표 달성이라는 명확한 합의하에 프로세스와 역량을 가지고 이루어지기 때문에 효과적이라 할 수 있다.

코치는 구성원이 자신의 문제에 대해 스스로 해결방법을 찾도록 효과적으로 질문하는 능력을 갖추어야 한다. 이를 위해서는 먼저 그의 마음이 최우선임을 알고 존중해야 한다. 존중이란 '높여서 귀하게 대한다'는 뜻으로 구성원의 존재를 인정하는 것이다. 질문할 때 코치는 간단하고 쉬운 언어를 사용하고 전문용어는 사용하지 말아야 한다. 상황을 이끌어가는 질문만 계속 하는 것을 피하고, 상대방이 말한 내용을 판단하는 질문도 삼가야 한다.

　코칭 리더는 코칭대화 간 질문을 통해 구성원이 표현한 말을 잘 요약하여 되돌려 줄 필요가 있다. 요약은 구성원이 표현한 주요 주제를 코칭 리더가 정리해서 말로 나타내는 것으로, 그의 생각과 감정을 정리하는 것이다. 요약의 기본은 코칭대화의 내용과 감정들의 요체, 그리고 일반적인 줄거리를 잡아내는 것이다.

　구성원의 생각과 감정을 요약함으로써 코칭의 진행방향과 현 상황을 인식하도록 하여 코칭의 효과를 증진시킬 수 있다. 이처럼 요약의 목적은 구성원이 미처 스스로 인식하지 못한 면을 알려주고 탐색하도록 돕는 것이다. 코칭 리더가 자신의 말을 경청하고 있다는 것을 인식시켜 코칭을 자연스럽게 진행하며, 생각을 정리하고 새로운 해결책을 스스로 강구하게 한다. 또한 요약을 통해 구성원이 한 말의 전체적인 면을 코치가 올바르게 받아들이고 있는지를 검토해볼 수 있다. 이런 과정을 통해 코칭에서 탐색된 주요 문제점, 현실인식, 진행 정도 및 다음 단계에 대한 계획을 파악하는 데 도움이 된다.

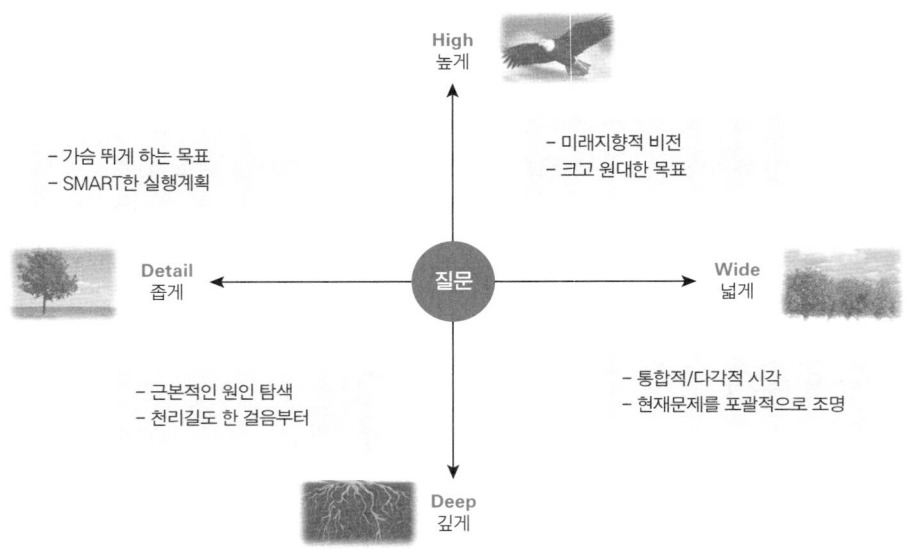

High & Deep / Wide & Detail 질문 방법

(2) 질문의 종류

개방형 질문

개방형 질문은 주로 코칭 리더가 '어떻게 할 것인가?', '무엇을 할 것인가?', '언제 할 것인가?' 같은 의문사를 사용하는 질문으로 구성원의 창의적이고 폭넓은 대답을 요구하는 질문이다. 훌륭한 대답은 개방형 질문과 열린 사고에서 찾을 수 있다. 개방형 질문은 6하 원칙에 기준한 질문이다. 정해진 답이 아니라 코칭대상자의 사고 폭을 최대한 확장하여 독특하고 창의적인 대답을 발견할 수 있다. 이에 반해 폐쇄형 질문은 폭이 좁거나 특정한 답, '예' 또는 '아니오'를 요구하는 질문이다. 코칭 중에 '예'나 '아니오'의 대답이나 단순한 단답형의 대답을 요구하는 폐쇄형 질문보다 코칭대상자의 생각의 영역을 확장하는 개방형 질문을 사용할 때, 코칭대상자가 더 많은 이야기를 할 수 있는 기회를 제공하여 부가적인 정보를 얻을 수 있도록 돕는다.

코칭 리더가 열린 질문을 통해 구성원의 생각을 자극하는 퍼실리테이터(facilitator) 역할도 할 수 있어야 한다.

① 코칭의 목적을 달성하기 위해 무엇을 준비할 생각이세요?
② 코칭의 목적은 당신에게 어떤 의미가 있습니까?
③ 당신은 지금 어디로 가시려는 겁니까?(꿈, 비전)
④ 무엇이 당신을 그렇게 생각하도록 만들었습니까?

폐쇄형 질문과 개방형 질문

구 분	폐쇄형 질문	개방형 질문
장점	– 시간절약 – 가부에 대한 명확한 정보 획득에 유리	– 창의적이고 폭넓은 대답 유도 – 부가적 탐색 및 정보 획득 유리
단점	– 제한된 대화진행 – 코칭대상자의 창의성 제한	상대적으로 많은 시간 소요

미래형 질문

미래형 질문은 현재 구성원이 직면한 문제에서 벗어나 미래에 대한 희망과 열정을 가지고 코칭목표를 달성하기 위해 전진할 수 있도록 묻는 것이다. 현재나 과거의 문제에 직면하면 답답하거나 해결방안이 도출되지 않는다. 과거에 집착하게 하는 질문은 오히려 무기력함과 후회만 양산하여 코칭목표 달성에 아무런 도움을 주지 못할 것이다. 따라서 코칭은 상담이나 멘토링, 기타 다른 교육방법처럼 과거에 치중하기보다는 올바른 현실인식을 바탕으로 미래에 초점을 둔 코칭대화를 해야 한다.

① 만약 이 문제가 해결된다면 무엇을 하시겠습니까?
② 이 문제를 해결하기 위해 무엇을 하시겠습니까?
③ 당신은 최종적으로 어떤 결과를 원하십니까?
④ 5년 후에 당신은 조직구성원들과 다시 만날 때 이 문제에 대해 무슨 말을 하시겠습니까?
⑤ 10년 후 당신은 어떤 모습이면 좋겠습니까?

긍정 질문

긍정 질문은 구성원의 장점이나 긍정적 측면, 문제가 해결되었을 때의 상황 등에 초점을 맞추어 질문하는 것이다. 코칭 리더는 조직이나 구성원에게 어떤 문제나 단점이 발견되었을 때 스스로의 장점이나 해결되었을 때의 밝은 측면을 볼 수 있도록 해야 한다. 코칭대화를 하다가 대상자의 얼굴이 어둡거나 심리상태가 불안한 경우 반드시 이유가 존재한다. 때로는 코칭대화 자체를 거부하거나 오랫동안 침묵하는 경우도 있다. 이러한 경우 긍정적 질문을 통해 분위기를 전환시킬 수도 있다. 부정적 질문은 부정적 사고나 구성원의 단점 등을 도출하게 되고, 이러한 질문은 구성원의 사고를 부정적인 면에 머물게 하고 좁고 어두운 프레임에 가두는 결과를 낳게 된다. 특히 부정적 단어나 질문에 대한 답변을 할 때 코칭대상자의 언행을 유심히 관찰해 보면 이러한 현상 등이 자주 관찰된다.

열정 질문

열정을 불러일으키는 질문이란 구성원들이 진정으로 원하는 것을 찾고 말하게 하는 것이다. 또한 진정으로 가치 있게 생각하는 것이 무엇인지를 찾아내고, 가장 의미 있게 생각하거나 소중한 것을 선택하게 하는 것이다.

① 당신에게 기적이 일어난다면 그것은 무엇일까요?
② 그것이 당신에게 중요한 이유가 무엇인가요?
③ 이 상황에서 기적이 일어난다면 그것은 무엇인가요?

간접 질문

직접 질문은 의문문으로 끝나는 질문으로 문장의 마지막에 물음표가 나타나는 질문이고, 간접 질문은 물음표가 없으나 의미상 의문문인 것을 말한다. 직접 질문은 직선적으로 물어보는 질문으로 간접 질문보다 강한 어감을 줄 수 있는 반면, 간접 질문은 물음표가 없음에도 코칭대상자의 답변을 요구하는 부드러운 형태의 질문이다. 간접 질문은 구성원에게 질문을 받는다는 부담을 덜어줄 수 있기 때문에 비자발적 코칭인 경우 간접 질문 기술이 유용할 수 있다.

척도 질문

척도 질문은 구성원 자신의 문제와 우선순위, 변화에 대한 의지, 감정, 문제가 해결된 정도를 수치로 나타내는 질문이다. 이러한 질문은 변화에 대한 동기를 강화하고 다음 단계로 나아가기 위한 탐색 질문이 될 수 있다. 가령 1~10점 척도의 질문에서 1점은 문제가 가장 심각했던 최악의 상태를 나타내는 점수, 10점은 코칭대상자가 원하는 상태가 되었을 때 나타내는 점수라고 가정해보자.

① 현재 당신의 상태는 몇 점쯤 되는 것 같습니까?
② 당신이 원하는 점수는 몇 점 정도 되나요?
③ 1점을 올리기 위해서는 무엇을 해야 할까요?

의식 확대 질문

의식 확대 질문은 코칭 리더가 구성원이 가진 강점이나 역량을 스스로 탐구할 수 있도록 하는 질문이다. 구성원이 현재 가지고 있는 편협된 시각에서 벗어나 미래의 시점이나 확장된 사고의 영역 속에서 해답을 찾도록 질문하는 것이다. 나무를 보는 것이 아니라 숲 전체를 관망하는 통찰력과 독수리 같은 날카로운 시각을 통해 새로운 관점을 갖도록 하는 것이다.

① 당신의 상급리더는 이 문제를 어떻게 생각할까요?
② 10년 뒤 현재 이렇게 판단한 당신을 뭐라고 말할까요?
③ 상대방은 어떤 관점으로 이 문제를 취급할까요?
④ 당신은 조직구성원들에게 어떤 사람으로 기억되고 싶나요?
⑤ 당신의 핵심가치는 무엇인가요?
⑥ 당신은 어떤 삶을 살기 원합니까?

(3) 코칭 단계별 질문

관계형성

① 코치 소개 및 관계형성을 위한 대화
  - 코치 소개 / 긍정적이거나 칭찬을 통한 분위기 형성
② 코칭대상자 정보
  - 코치님을 알 필요가 있어서 그러는데, 코치님에 대해 말해주시겠습니까?
  - 말씀을 듣다 보니 코치님께서는 이러한 탁월함이 있으신 것 같은데, 어떻게 생각하세요?
③ 코칭 소개
  - 코칭은 교사처럼 지식을 알려드리는 것이 아니고, 컨설팅처럼 조사하거나 분석해드리는 일을 하는 것도 아니고, 심리상담처럼 정신적 치유를 하는 것도 아닙니다. 코칭은 당신이 가진 잠재력을 개발하여 일과 삶의 목표를 이루

도록 옆에서 질문하고 경청하며 파트너로서 지원할 것입니다.

④ 코칭윤리 규정 및 비밀의무 규정 준수 약속

- 저는 코칭윤리를 성실하게 지킬 것이며, 당신과 나누는 이야기에 대해 허락 없이 절대로 다른 사람에게 말하지 않을 것을 약속합니다. 그러니 염려 마시고 솔직하게 이야기를 나누셔도 좋습니다.

⑤ 코칭 간 방해요소 파악

- 혹시 코칭을 하는 데 방해가 되거나 제가 특별히 유념해야 할 사항이 있다면 무엇이 있을까요?

목표설정

① 요즘 주로 어떤 생각을 하며 지내고 계시나요?

- 현재의 이 좋은 기분을 가지고 코칭을 시작하도록 하겠습니다.
- 혹 안 좋은 생각이 있더라도 기분을 전환하여 변화와 성장을 촉진하는 코칭

② 오늘 어떤 주제로 대화를 나누어볼까요?

③ 그것을 생각하게 된 특별한 계기(의미)가 있나요?

④ 다른 주제를 다룬다면 무엇을 할 수 있을까요? / 그것은 코치님께 어떤 의미가 있나요?

⑤ 위에서 나눈 두 가지 중 하나만 선택한다면 어느 것으로 선택하실 건가요?

⑥ 코칭 주제를 이루기 위해 목표를 잡는다면 어떤 것이 될까요?

⑦ 코칭목표를 이루기 위해 코치님은 어떤 행동을 해야 할까요?

⑧ 방금 말씀하신 사항을 한 줄로 요약해 정리한다면 어떻게 말할 수 있을까요?

⑨ 그 목표를 달성하면 무엇이 좋을까요?

⑩ 목표를 달성하고 난 5년 이후 당신의 모습을 보고 스스로 칭찬해준다면 뭐라고 할까요?

⑪ 오늘 세션에서 설정한 코칭목표에 대해 어디까지 진행되면 만족하시겠습니까?

⑫ 오늘 목표가 이루어진 상태가 10점이라면 현재 점수는 몇 점 정도가 되나요?

⑬ 오늘 코칭이 끝났을 때 몇 점 정도 되면 만족하시겠습니까?

현실인식

① 코치님께서 처한 현실 속에서 관심을 가져야 할 사항은 무엇일까요?

   – 코치님께서 처한 현실 속에서 제한사항이 있다면 무엇일까요?

   – 그 제한사항을 무시하거나 잘못되면 어떤 결과가 발생할 수 있을까요?

   – 코칭목표를 달성하는 데 도움이 될 수 있는 강점은 무엇일까요?

② 코치님께 가장 힘이 나는 것은 어떤 상황인가요?

③ 코치님께서 이제까지 가장 좋았던 순간은 언제인가요?

④ 코치님과 대화하면서 ○○○라는 가치를 소중히 여기시는 것 같은데 어떠신 가요?

⑤ 아! 정말 많이 힘들었겠는데 잘 참으셨네요. 역지사지의 입장에서 생각해보면 어떨까요?

⑥ 코칭과정에서 혹시 제가 다 이해하지 못한 부분에 대해 언제든지 말해주시겠 어요?

대안탐색

① 코칭의 목표를 이룰 수 있는 방법은 무엇일까요?

② 생각은 있는데 한 번도 시행해보지 않은 것이 있다면 무엇일까요?

③ 한 번도 시행해보지 않은 혁신적인 방법을 시행해보면 어떨까요?

④ 이 문제를 상사의 입장에서 보면 뭐라고 할까요?

⑤ 이 문제를 10년 뒤의 관점에서 본다면 스스로에게 뭐라고 말할까요?

⑥ 나무를 보지 않고 높은 하늘에서 숲 전체를 조망해본다면 뭐라고 말할까요?

⑦ 이 문제에 대해 누구의 도움을 받으면 최선일까요?

⑧ 지금 상황에서 멘토가 있다면 당신에게 무엇이라고 조언해줄까요?

⑨ 이것을 가장 잘 아는 사람은 어떻게 할까요?

지속 실천

① 먼저 쉽게 집중해서 할 수 있는 일은 무엇일까요?

② 처음 시도해야 할 것은 무엇인가요?

③ 처음에 어떻게 시작하시겠습니까?

④ 코치인 제가 알 수 있는 최상의 방법은 무엇인가요?

⑤ 코치인 제가 어떻게 알 수 있을까요?

⑥ 그것을 위한 구체적인 첫 번째 행동은 어떤 것이 있을까요?

⑦ 그 계획을 방해할 이유가 생긴다면 그것은 무엇일까요?

⑧ 그것을 달성하면 누가 가장 좋아할까요?

⑨ 그것을 실행하고 나면 어떤 기분이 들까요?

⑩ 그 목표를 이룬 코치님께 스스로 칭찬한다면 뭐라 할 수 있을까요?

⑪ 실행을 위한 다짐의 말을 해보신다면 뭐라 할 수 있을까요?

⑫ 코치님께서 실행하는 것을 제가 어떻게 확인할 수 있을까요?

⑬ 이번 코칭에서 좋으셨거나 새롭게 깨달은 점이 있다면 무엇이 있을까요?

코칭 시 피해야 할 질문은 특정한 방향의 응답을 하도록 유도하는 것이다. 코칭대상자가 질문의 방향을 명확히 인지하지 못하거나 받아들이지 못하는 모호한 질문은 피해야 한다. 또한 코칭대상자에게 한 번에 두 가지 이상의 내용을 질문해서는 안 된다. 좋은 질문은 한 번에 한 개의 질문을 하는 것이다. 더불어 코칭대상자를 추궁하거나 힐책하는 질문이 되어서는 안 된다. 코칭과정에서 대상자의 행동 혹은 감정의 원인이나 배경을 살펴야 할 때 '왜'라는 질문형태를 사용할 수 있다. 그러나 '왜'라는 질문은 코칭대상자를 추궁하거나 취조하는 듯한 위협적인 어감을 줄 수 있으므로 '왜'라는 표현을 제외한 대안적인 질문을 활용하는 것이 좋다. 그 일을 하게 된 배경이나 의미, 동기 등을 묻는 것이 코칭대상자의 마음을 여는 데 도움이 된다.

3) 분석 및 평가

분석 및 평가란 코칭대상자의 욕구와 필요를 진단하고 코칭성과를 정확하게 분석하고 평가하는 것을 말한다. 임무수행과정에서 구성원들의 능력을 분석 및 평가하는 단계는 문제점은 보완하고 장점은 더욱 극대화하기 위한 과정이다. 리더는 임무수행의 각 단계에 대한 분석 및 평가를 실시하고, 문제점이나 부족한 부분에 대해 보완 및 발전방향을 제시한다. 리더는 변화하는 상황이 임무수행에 미치는 영향을 지속적으로 파악하고 이를 분석·평가·판단하여 실시간 적절한 결심으로 대응하게 하는 활동을 해야 한다. 지도할 때 유용한 방법 중의 하나는 핀포인팅 방법을 사용하는 것이다. 핀포인팅은 리더가 원하는 것을 정확하게 정의하고 구체적인 행동을 콕 집어서 자세하게 표현하는 것으로, 구성원의 행동을 변화시키는 데 가장 중요한 스킬이다.

임무수행과정에서 지속적으로 분석·평가하는 것은 리더와 구성원들이 공동으로 상황을 이해할 수 있게 하고, 지침과 대응개념 설정의 기초가 되며, 적시적인 결심을 지원한다. 이때 리더는 수행해야 할 임무와 관련된 모든 정보를 기초로 METT+TC 요소를 종합적으로 고려하여 상황을 분석하고 평가해야 한다. 보완 및 발전방향 제시란 리더가 임무수행 전 과정을 지속적으로 평가하여 보완하고 발전시켜야 할 사항을 도출하는 것을 말다. 이를 통해 리더는 상황변화가 임무수행에 어떤 영향을 주는지를 판단하고 보완요소를 도출해야 한다. 또한 자신이 구상하고 결심한 대로 진행되고 있는지 실시간 종합적으로 판단하여 효과적으로 임무수행을 해야 한다. 리더는 구성원들과 함께 구체적인 방법을 도출하여 우선순위를 정해서 보완하되, 구성원들의 능력과 특성에 맞추어 코칭이나 멘토링 등의 방식을 적용하여 지도하면 효과를 더욱 높일 수 있다.

부정적 리더십을 발휘하는 리더들은 흔히 "나는 소통을 잘하려고 노력하고 있다. 하지만 구성원들이 말을 하지 않는다"고 말한다. 이때 적절한 고사성어가 바로 구맹주산(狗猛酒酸)이다. 즉, 사나운 개가 주막 앞에 버티고 있어 손님들이 술을 마시러 가고 싶어도 무서워서 가지 못하는 것이다. 조직구성원들도 '말하고 싶은데 리더에게 말해봐야 사나운 개가 된 리더에게 무슨 말을 하랴'라고 생각한다면 그 조직은 더 이상 말할 필요가 없다.

구맹주산(狗猛酒酸)

필자가 코칭하는 과정에서 있었던 일이다. 모 지휘관이 추운 겨울에도 문을 열어놓고 근무를 했다. 추운데 왜 문을 닫지 않느냐고 물었더니 "부하들이 언제든지 와서 상담을 받을 수 있도록 문을 개방하고 있다"는 것이었다. 그래서 지난 1주간 몇 명이나 왔느냐고 물었더니 한 명도 오지 않았다고 했다. 왜 그런지는 코칭하는 과정에서 알 수 있었다. 부하들은 어렵게 지휘관을 찾아왔지만 찾아온 대상자에게 너무 쉽게 "왜! 왔느냐?"고 퉁명스럽게 물으니 코칭은 하지도 못하고 업무적인 대화에 그친다는 것을 알게 되었다. 그래서 코칭 간 입장을 바꿔보는 코칭대화를 통해 스스로 성찰하여 실천하기로 했다.

자크 워드는 "어떠한 칭찬에도 동요하지 않는 사람일지라도 자신의 이야기를 경청하는 상대에게는 마음이 흔들린다"고 했다. 사람들은 일상생활 속에서 남의 말을 경청한다. 하지만 실제로는 상대방의 말을 10분의 1도 듣지 않는다고 한다. 남과의 대화 속에서 상대방의 말을 절반만 듣고(1/2), 듣는 것의 절반만 이해하고(1/4), 이해한 내용의 절반만 기억(1/8)한다고 한다. 결국 말한 내용의 8분의 1만 기억한다고 볼 수 있다. 하지만 리더들은 자신이 한 말을 구성원들이 100% 이해했다고 생각하는 오류를 범하기 쉽다. 따라서 GE의 잭 웰치는 "내가 열 번 말하기 전에는 한 번도 말하지 않았다고 생각해야 한다"고 강조했다.

타인을 설득하고자 할 경우에는 단순하고 쉽게 말해야 한다. 단순하게 도와달라고 하는 것보다는 단돈 100원이라도 좋으니 도와달라고 하면 사람들은 쉽게 응한다는 것이다. 이를 위해서는 사람들과의 스킨십이나 단순한 선물, 함께하는 것, 상대방이 생각하지 못했던 의외성이나 구체적인 사례 등이 구성원들의 마음을 변화시키기 쉽다. 때로는 솔직함이 상대의 마음을 열 수 있다. 모르면 모른다고 말하고, 잘못했으면 잘못했다고 인정하는 자세도 중요하다.

4) 피드백

(1) 피드백의 효과

피드백은 어떤 행동의 결과가 처음 목적에 부합되는 것인지 확인하여 적절하도록 수정하는 것이다. 리더가 조직구성원의 행동이나 태도, 과업의 결과에 대해 올바르고 객관적인 방향에서 명확한 의견을 전달하는 것이다. 리더는 코칭대상자가 스스로 자기인식을 통해 성찰하고 미래를 지향할 수 있는 피드백을 해주어야 한다. 이를 위해 코칭대상자와 사전에 진실한 관계를 형성해야 한다. 코치는 대상자의 말에 경청함으로써 그의 마음을 열고, 질문을 통해 생각을 일깨우고, 피드백을 통해 행동을 촉발시킬 수 있어야 한다.

코칭에서 코칭대상자들에게 더 나은 삶이나 훌륭한 성과달성을 위해 끊임없는 피드백이 필요하다. 대상자들의 행동에 대한 긍정적이고 미래지향적인 반응을 함으로써 구체적으로 동기를 부여하는 것이다. 피드백은 구체적인 반응 기술로 이를 통해 코칭대상자가 행동하게 되는 것이다. 따라서 훌륭한 코치가 되기 위해서는 피드백의 내용을 이해하고 적용하기 위한 교육이 필요하다. 피드백이 중요한 이유는 코치와 코칭대상자 간에 신뢰관계가 형성될 수 있으며, 정확한 자기인식을 통한 관점의 전환을 가져올 수 있다. 더불어 스스로를 돌아보아 강화와 억제를 통해 코칭대상자의 가능성을 확장해줄 수 있다.

구성원들은 자신의 행동이나 과업의 결과에 대해 리더의 피드백을 원한다. 대화하는 가운데에도 상대방이 반응하면 신이 나서 말하는 것과 같다. 피드백은 통상적으로 인정, 교정, 칭찬 등의 방법으로 이루어진다. 이처럼 피드백은 코칭대상자의 행동에 대해 긍정적이고 미래지향적인 반응을 함으로써 구체적으로 동기부여를 하는 것이다. 피드백의 종류에는 잘하고 있는 행동에 대해 칭찬과 격려를 해주는 지지적 피드백과 수정되기를 바라는 행동에 대해 지도와 조언하는 교정적 피드백, 강제로 행동변화를 요구하는 리더의 감정적인 질책이 동반되는 학대적 피드백, 의미가 없고 지적만 하는 무의미한 피드백 등이 있다.

피드백이 없으면 직원들은 무능해지고 리더는 독재자가 될 수 있다.

바둑기사 조훈현은 승리한 대국의 복기는 이기는 습관을 만들어주고, 패배한 대국의 복기는 이기는 준비를 한다고 말했다. 리더의 핵심적인 피드백 스킬은 스스로의 관찰과 기록으로 배양될 수 있다. 국가대표 선수 코치인 노민상 감독은 10년 이상 1천 장이 넘는 훈련일지를 작성했다고 한다. 무소유 정신을 널리 알린 법정 스님도 엄청난 메모광이었다.

리더십 학자인 켄 블랜차드는 1,400여 명의 리더를 대상으로 리더들 스스로 고백한 가장 큰 실수는 무엇인가를 조사했다. 조사 결과, 리더들은 "칭찬이나 일의 진행상황에 대한 피드백을 제대로 하지 못했다"는 것이 가장 많았다. 이어 "구성원들의 말에 귀를 기울이지 못했으며, 그들의 특성이나 업무성격 등에 적합한 리더십을 발휘하지 못했다", 그리고 "조직의 목표를 제대로 설정하지 못하고 이를 구성원에게 이야기하지 못했거나 조직육성이나 훈련시키지 못했다"고 얘기하고 있다. 구성원을 제대로 개발하기 위해서는 그들이 잘하는 업무를 하도록 돕고, 경력개발을 위한 멘토를 지정하고 강점을 키우는 다양한 기회를 제공하는 것이다. 조직구성원의 능력을 개발하기 위해서는 경청하고 격려·칭찬하고, 도와주며 믿고 맡기는 것이다.

리더가 구성원을 칭찬할 때는 진정성을 가지고 사실에 입각해서 적시적으로 해야 한다. 또한 겉모양이나 결과만 가지고 하기보다는 내면적인 요소, 즉 성품이나 자세, 강점 등을 중심으로 칭찬하는 것이 바람직하며 효과적이다. 칭찬 피드백을 하기 위해서는 평소에 구성원에게 관심을 가지고 그의 장점, 특징, 성격 등을 관찰하고 기억할 필요가 있다. 또한 사실에 근거하지 않거나 구체적이지 않은 칭찬은 무의미하거나 오히려 부정적 결과를 초래할 수도 있다. 따라서 리더는 진정성을 가지고 코칭 대상자의 구체적 행동이나 과업의 결과를 바탕으로 피드백해야 한다.

피드백을 효과적으로 하기 위해서는 코칭대상자가 정확하게 어떤 행동을 어떻게 바꾸어야 하는지 알 수 있도록 기본 정보를 구체적으로 제공해야 한다. 더불어 코칭 대상자가 통제 가능한 정보를 제공하고, 즉각적이고 수시로 피드백을 제공하며, 상황에 적합하게 개별적 또는 집단적인 피드백을 실시해야 한다. 피드백을 제공할 때는 잘못된 것보다는 좀 더 잘할 수 있는 향상에 초점을 두고, 쉽게 이해할 수 있도록 그래프나 수치로 피드백을 제공하면 효과적일 수 있다. 유의할 점은 성품, 태도, 성격이 아니라 행동에 초점을 두고 진실한 마음으로 구체적이며 현실적인 피드백을 제공한다.

실패하지 않고 성공적으로 피드백을 하기 위해서는 적당한 시점에 피드백을 하되, 교정적 피드백과 아울러 지원·격려해주는 피드백을 해야 한다. 더불어 필요 시 자기 경험을 공유할 수도 있다. 리더가 임의로 추측하지 말고 코칭대상자에게 만족스러운 결과가 나오면 즉시 피드백한다. 사실적인 상황만 평가하고 부정적인 감정은 자제하며, 반드시 리더와 코칭대상자의 양방향 커뮤니케이션을 실천해야 한다.

(2) 피드백의 종류

긍정적 피드백은 바람직한 행동이나 결과에 긍정적 반응을 통한 강점을 더욱 발굴할 수 있다. 이러한 긍정적 피드백에는 코칭대상자의 동기와 행동을 강화시키는 칭찬 피드백과 수용과 공감을 촉발하는 인정 피드백, 행동변화를 촉구하는 피드백 등이 있다. 칭찬은 고래도 춤추게 한다고 했듯이 인간은 누구나 칭찬을 받으면 하고자 하는 욕구와 행동을 강화시키게 된다.

미래 경영학자 톰 피터스는 "웃음이 없는 곳에서는 일하지 말라"고 했다. 긍정적 피드백을 할 때는 잘한 행동에 대한 언급과 행동한 사람의 동기, 노력 및 능력, 인정과 사람에 대한 감사를 표현한다. 사람 자체가 아닌 구체적인 행동을 지적(action, 행동)하고, 행동이 미치는 영향을 표현(impact, 영향)하며, 앞으로 바라는 행동에 대해 구체적으로 표현(desired outcome, 바람직한 결과)한다.

교정 피드백은 조직구성원의 언행을 변화시키거나 일의 과정이나 결과에 대한 교정이 필요할 때, 더 큰 도전이 필요할 때 효과적이다. 특히 잘못된 언행을 수정해야 할 때 올바른 방향을 잡을 수 있도록 피드백한다. 이때 주의할 점은 교정해야 할 경우에는 샌드위치 피드백을 사용하는 것이 좋다. 코칭대상자의 바람직하지 않은 행동이나 잘못된 결과에 대해 스스로 인식하여 변화와 성장을 촉진할 수 있도록 한다.

이때 감정에 치우치거나 일방적인 피드백을 해서는 안 된다. 만약 코칭대상자가 방어적이거나 진행을 방해할 경우, 왜 그런지 이유를 찾아서 긍정적인 태도를 취하도록 한다. 교정할 때 통상적으로 원인을 추궁하거나 질책하기 쉽고, 지시나 충고 등을 하기 쉽다. 그러나 이러한 피드백은 올바른 교정적 피드백이 아니다. 객관적이고 중립적인 언어로 코칭대상자의 기분을 상하게 하지 않는 가운데 목표했던 결과를 이룰 수 있도록 피드백해야 한다. 피드백의 요령은 적시적으로 행동이나 결과에 대해 정확하게 적절한 규모에 맞게 실시해야 한다.

이러한 피드백을 할 때는 긍정적인 피드백과 교정적인 피드백이 상호 적절하게 균형을 이루어야 한다. 먼저 긍정적인 면을 강조하여 코칭대상자가 스스로 받아들일 수 있도록 환경을 조성하고 난 이후 개인의 발전이나 업무의 향상을 위해 부족한 부분에 대해 언급하는 것이다. 샌드위치 피드백을 실시하는 데 긍정적 피드백과 교정적 피드백을 2 : 1의 비율로 한다. 긍정의 피드백으로 시작하고 교정의 피드백을 한 다음 마지막에 칭찬과 인정의 피드백으로 종결한다.

리더는 피드백을 위한 자신의 감정과 분위기에 적합한 장소를 선정해야 한다. 감정에 휘말리지 말고 차분하게 말할 수 있어야 한다. 코칭대상자가 편안하게 이야기를 나눌 수 있는 시간과 장소를 선택한다. 판단이나 비판, 지시, 충고 형태의 말은 피하고 "하지 말라"는 부정적인 표현이 아니라 "하면 좋겠다"는 긍정 표현을 사용한다. 중립적이고 부드러운 언어를 신중하게 선택한다. 피드백의 마지막은 반드시 상대의 강점이나 노력, 성품, 과거의 성공사례를 들어 칭찬하고 마친다.

(3) 피드백 기술

코칭 리더가 원하는 방향으로 조직구성원들을 이끌기 위해서는 제대로 된 피드백을 할 수 있어야 한다. 이를 위해 코칭 리더는 코칭대상자와 효과적인 의사소통을 통해 조직구성원에게 명확하고 솔직한 피드백을 제공할 수 있어야 한다. 피드백은 시기적절(timely)하게, 짧고(short) 간결하게(simple), 일관성(maintainable)이 있어야 한다. 더불어 코칭대상자가 공감(agreeable)할 수 있으며, 긍정적으로 변화(reformative)할 수 있도록 피드백한다.

코칭 리더가 올바른 피드백을 하기 위해서는 다음과 같은 사항에 유의해야 한다.

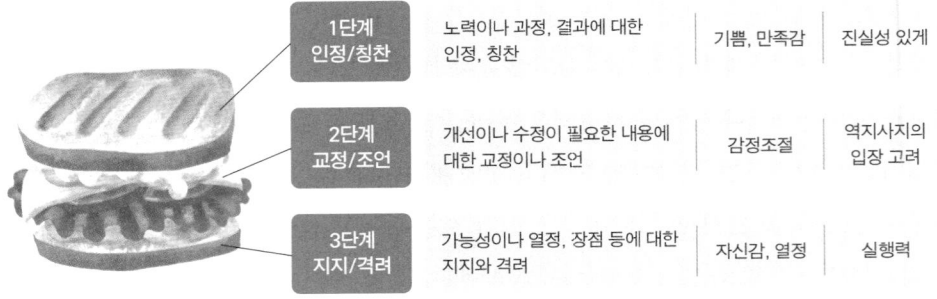

1단계 인정/칭찬	노력이나 과정, 결과에 대한 인정, 칭찬	기쁨, 만족감	진실성 있게
2단계 교정/조언	개선이나 수정이 필요한 내용에 대한 교정이나 조언	감정조절	역지사지의 입장 고려
3단계 지지/격려	가능성이나 열정, 장점 등에 대한 지지와 격려	자신감, 열정	실행력

피드백 지침 ① 성장의 계기 ② 구체적이며 유연성 ③ 행동 자체에 초점 ④ 즉각적인 피드백
⑤ 긍정적인 것과 부정적인 것 모두 전달 * 피드백은 비난하는 것이 아니다.

샌드위치 피드백

① 인내심을 가지고 구성원의 말을 끝까지 들을 수 있어야 한다.
② 피드백할 때 지도나 조언은 가급적 짧게, 개선해야 할 사항에 대해서는 명확하게 설명해준다.
③ 코칭대상자가 잘못된 점이나 개선해야 할 사항을 정확히 이해했는지 백브리핑(backbriefing)을 통해 확인하고, 지속적인 신뢰와 기대를 표현한다.
④ 코칭대상자에게 존중과 배려의 언어를 사용한다.
⑤ 교정적 피드백을 할 때 비유적으로 설명하기 위해 은유와 비교를 사용한다.

AAR(After Action Review)은 미 육군에서 성과를 점검하고 전략을 세우기 위해 개발된 피드백 방법이다. 목표를 실행하고 난 이후 리뷰하는 과정을 거치며 성과를 피드백한다. 이 과정에서 성공한 원리를 파악하고, 당면한 문제를 돌파할 전략을 세운다. AAR 피드백 방법의 강점은 학습이다. 성취하고자 한 것을 어떻게 달성했는지 검토하고, 실패했다면 무엇 때문에 실패했고, 문제를 분석해보고 해야 할 일과 하지 말아야 할 일을 점검하는 것이다. 목표달성에 대한 문제 원인을 분석하고 이를 해결하기 위한 논리적인 사고과정을 통해 목표를 달성하기 위한 통찰력을 제공한다. AAR 피드백은 다음과 같은 다섯 가지 질문으로 이루어진다.

① 무엇을 얻고자 했는가?

　- 개인이나 팀이 계획한 목표를 점검하고 결과를 확인한다.

② 실제로 얻은 것은 무엇인가?

　- 목표달성의 결과를 적는다. 달성한 결과를 객관적인 형태로 나타낸다.

③ 그 차이와 원인은 무엇인가?

　- 목표를 이루기 위해 했던 행동들을 분석한다. 올바른 분석을 하기 위해서는 목표를 이루기 위해 실천했던 행동들을 피드백한다.

　- 어떤 행동 패턴이 목표를 달성하게 만들었는가? 또는 반대로, 목표를 달성하지 못한 근본적 행동원인은 무엇인지 점검한다.

　- 피드백은 사건에 대한 행동적 관점을 중심으로 이뤄져야 한다.

　- 외부적인 요인이 있다면 어떻게 행동하여 그 문제를 극복할 수 있을지를 생각한다.

④ 전혀 예기치 못한 성공과 실패는 무엇인가?

⑤ 계속 해야 할 일과 버려야 할 것은 무엇인가?

10장
코칭대화 모델

1. 코칭대화는 목적달성을 위한 구조화된 대화

코칭대화는 일상생활에서의 대화와 달리 '목적이 있는 구조화된 대화'를 지향한다. 대화의 목적과 목표를 명확히 하기 위한 구조화된 프로세스를 가지고 진행된다. 즉, 코치와 코칭대상자가 상호 합의하에 코칭의 목표를 수립하고 이를 달성하기 위한 구조화된 대화를 실시한다. 상호 신뢰관계 속에서 효과적인 코칭목표를 달성할 수 있는 변화와 성장의 대화를 도모하는 것이다.

여기서 '구조화'라는 개념은 코칭목표를 달성하기 위한 과정으로, 배가 항해 시 목적지까지 방향을 잃지 않도록 안내해주는 GPS(Global Positioning System) 역할을 한다. 즉 '코칭의 목표를 달성하기 위해 미지의 목적지까지 안내하는 기능을 수행하는 내비게이션' 역할을 하는 것이다. 따라서 코칭대화 모델은 코칭의 목적을 달성하기 위한 역량과 프로세스를 지니고 함께 설정한 코칭의 목표를 달성하기 위해 항로 역할을 한다고 볼 수 있다. 이러한 코칭의 구조화된 모델은 현재 하나로 통일된 것이 없으며, 학자들과 연구기관에 따라 다양하게 제작·활용되고 있다.

코칭대화 모델은 코칭 프로세스 중심과 코칭 역량 중심으로 구분할 수 있다.

'프로세스 중심의 코칭모델'은 일반적인 코칭을 위한 단계로 ① 관계 형성 → ② 주제/목표 선정 → ③ 현실인식 → ④ 방안 탐색 → ⑤ 실행 단계로 이루어진다.

코칭 프로세스 중심의 모델은 'GROW 모델', 코치 U의 5단계 'Gap Bridging 모델', 'ACHIEVE 모델', '8 Steps 코칭모델', '5R 모델', 'GRROW 모델', 'OSCAR 모델' 등이 있다.

'역량 중심'의 코칭모델은 국제코칭연맹에서 요구하는 코칭 역량들, 즉 관계형성, 경청, 질문, 통찰력 등 코칭을 위한 커뮤니케이션 역량이 공통적으로 제시되고 있다. 코칭 역량 중심의 모델은 '코액티브 모델'과 'Who-What-How 모델', 코칭경영원의 '경영자 코칭모델' 등이 있다.

2. 프로세스 중심의 코칭모델

1) GROW 모델

코칭 프로세스의 가장 대표적인 모델이다. '자라다', '재배하다'라는 뜻의 grow는 목표설정이나 문제해결을 위한 대화모델로, 복잡하지 않아 누구나 쉽게 이해하고 빠른 시간 내에 습득이 가능하다. GROW 모델은 앨런 파인(Alan Fine)과 그레이엄 알렉산더(Graham Alexander), 존 휘트모어(John Whitmore)가 공동으로 개발했다. GROW 모델의 각 단계를 구체적으로 살펴보면 다음과 같다.

1단계는 코칭의 주제나 목표(goal)를 수립하는 단계다.

- 이번 코칭대화에서 꼭 이루고 싶은 코칭 주제가 있다면 무엇입니까?
- 코칭 주제를 이루기 위해 당신은 어떤 행동을 해야 하나요?,
- 그 주제를 이루기 위해 목표를 잡는다면 어떤 것이 될 수 있을까요?
- 그것이 이루어진 이상적인 상태는 어떤 것인가요? / 성공한 모습은 어떤 것인가요?
- 그 이상적인 상태를 10점으로 한다면 현재는 몇 점인 상태라고 할 수 있나요?

– 이번 코칭이 끝났을 때 몇 점까지 올라가기를 바라나요?

2단계는 현실(reality)을 파악하는 단계다. 코칭목표를 달성하기 위해 현실적인 장애물과 코칭대상자의 현재 상황을 파악하는 단계다.

– 현재 당신이 처한 현실은 어떻습니까?
– 당신이 달성하고자 하는 코칭목표와 현실과의 차이는 무엇인가요?
– 당신은 그것을 달성하기 위해 지금까지 어떤 노력을 해보셨나요?
– 지금의 상황이 앞으로 지속된다면 어떤 일이 일어날까요?
– 앞으로 이것을 추진하기 위해 해결해야 할 일은 무엇인가요?

3단계는 가능한 대안탐색(option) 및 다른 전략이나 행동계획을 수립하는 단계다. 코칭대상자의 문제점이나 현실인식을 바탕으로 더 나은 변화와 성장을 위해 가능한 대안을 모색한다.

– 당신이 선택할 수 있는 방법은 무엇이 있을까요?
– 생각은 있는데 실행해보지 않은 것이 있다면 무엇일까요?
– 한 번도 시도해본 적 없는 혁신적인 방법은 무엇일까요?
– 코칭목표를 달성하는 데 누구의 도움을 받을 수 있을까요?
– 멘토가 있다면 지금 상황에서 당신에게 무엇이라고 조언해줄까요?

4단계는 실행의지(will)를 확인하여 행동의 변화를 가져오게 하는 단계로 구성되어 있다.

– 그 방법을 어떻게 지속적으로 실천하시겠습니까?
– 목표를 이룬 자신에게 칭찬을 한마디 한다면?
– 실행에 대해 누가 점검하면 좋을까요?

- 이번 코칭에서 좋았거나 새롭게 깨달은 점이 있나요?

GROW 모델은 코칭목표를 명확히 설정하고 문제를 정의하며, 원인을 파악하여 해결방안을 모색한 다음 실천으로 이어진다. 이 모델은 일반적인 문제해결을 위해 코칭대상자의 행동에 초점을 두고 코칭의 목표달성을 돕는 데 유용한 도구로, 단순하고 쉽게 적용할 수 있는 장점이 있다. GROW 모델이 가장 일반적으로 통용되는 이유는 코칭의 목표설정과 실천의지라는 두 가지 기본요소가 잘 결합되어 있기 때문이다. 쉽고 간결한 구조로 이루어져 초보단계에서도 쉽게 적용하고 다소 복잡한 코칭목표를 달성하는 과정에서도 쉽게 적용이 가능하기 때문이다.

2) Gap Bridging 모델

5단계 코칭대화 모델인 Gap Bridging 모델은 토머스 레너드(Thomas J. Leornard)를 중심으로 미국의 전문코치양성기관인 '코치 U(CCU: Corporate Coach University)'에서 개발하여 활용되고 있다. 이 코칭모델은 전문적으로 훈련받은 코치에 의해 개인이나 조직의 특성에 적합하도록 최적화하여 조직과 개인의 성과를 창출하는 데 중점을 두었다. Gap Bridging 모델은 학교나 기업, 가정 등 모든 사회영역에 적용되어 활용되고 있다.

Gap Bridging 모델 단계는 ① 초점 맞추기 → ② 가능성 발견하기 → ③ 실행계획 수립 → ④ 장애요소 제거 → ⑤ 마무리로 구성되어 있다.

1단계는 초점 맞추기다. 코치는 코칭대상자가 해결하거나 발굴하고자 하는 잠재역량을 탐색하는 과정에서 대상자의 눈높이를 맞추면서 기대하는 것, 해결하고자 하는 문제 등의 코칭 주제나 목표를 맞추는 단계다.

- 오늘 코칭 주제를 무엇으로 할까요?
- 오늘 해결하고자 하는 문제가 있다면 무엇일까요?
- 이번에 해결하고자 하는 코칭 주제의 원인은 무엇입니까?

- 당신은 오늘 코칭대화가 끝났을 때 어떤 결과를 얻고 싶습니까?
- 당신은 이번 코칭을 통해 무엇을 변화시키고 싶습니까?

2단계는 가능성 발견하기다. 코칭대화 속에서 고객의 가치관이나 행동패턴 등을 통해 개인이나 조직에서 원하는 코칭목표 달성에 적합한 대안을 찾는 단계다.

- 이번 코칭목표를 달성하기 위해 당신은 무엇을 할 수 있습니까?
- 다른 방법을 찾아본다면 무엇이 있습니까?
- 이전에는 그 방법을 어떻게 해보았습니까?
- 그 방법이 이루어졌을 때 당신에게 어떤 변화가 있을까요?
- 그것이 성공한다면 또 다른 무엇을 해보겠습니까?

3단계는 구체적인 실행계획 세우기다. 고객의 눈높이에 맞추어 코칭목표를 설정하고, 이에 적합하도록 변화의 필요성을 느끼고 행동변화를 위해 구체적인 실행계획을 수립하는 단계다.

- 그것을 위해 당신은 무엇을 하시겠습니까?
- 처음에는 코칭목표 달성을 위해 어떻게 하시겠습니까?
- 그것을 이루기 위한 중간 목표는 무엇이 있을까요?
- 코칭목표가 의도한 바대로 진행되고 있는지 여부를 어떻게 알 수 있을까요?
- 어떻게 하면 당신의 실천력을 높일 수 있겠습니까?

4단계는 장애요소 제거하기다. 코칭목표를 달성함에 장애가 되거나 제한되는 사항이 있다면 이를 제거하거나 극복하기 위한 대안을 모색한다.

- 코칭목표를 달성하는 데 예상되는 장애물이 있다면 무엇입니까?
- 또 다른 장애물이 있다면 무엇입니까?

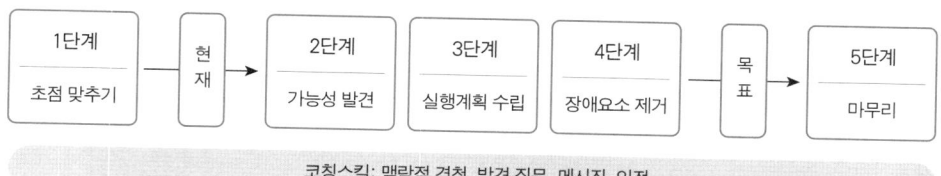

코칭스킬: 맥락적 경청, 발견 질문, 메시징, 인정

코칭대화 모델

- 당신이 그것을 이루기 위해 누구의 협조를 받을 수 있을까요?
- 코치인 제가 도와드릴 수 있는 것은 무엇입니까?
- 문제가 해결되었다는 것을 코치인 제가 어떻게 알 수 있습니까?

5단계는 마무리하는 단계다. 고객이 주도적으로 이야기하고 마무리하도록 하며, 실행계획을 확인할 수 있도록 조치하며, 코칭목표가 지속적으로 실천될 수 있도록 노력해야 한다.

- 오늘 코칭대화는 당신에게 어떤 의미가 있었나요?
- 이번 코칭대화를 통해 무엇을 실천하기로 했는지 요약해주시기 바랍니다.
- 이번 코칭대화가 당신의 인생에 어떤 도움이 될까요?
- 오늘 코칭대화 중에 무엇이 당신의 마음을 가장 변화시켰다고 보십니까?
- 다음 코칭대화는 언제 할 수 있을까요?

3) ACHIEVE 모델

ACHIEVE 모델은 뎀프코프스키와 엘드리지(Dembkowski & Eldridge)가 제작했다. GROW 모델을 좀 더 세분화하여 7단계로 구성하여 다소 복잡하고 시간이 걸릴 수 있기는 하다. 하지만 코칭목표를 달성하기 위해 심도 있게 접근하여 해결하고자 노력하면 좋은 결과를 도출할 수 있다.

① 현재 상황 평가하기 → ② 창의적 대안 도출을 위한 브레인스토밍 → ③ 목표

설정하기 → ④ 대안 제안하기 → ⑤ 대안 평가 → ⑥ 유효한 활동 계획하기 → ⑦ 변화 기세 촉진

1단계는 현재 상황 평가하기(A: Access current situation)다. 코치는 코칭대상자의 이야기를 경청하며 고객의 말뿐만 아니라 태도, 몸짓, 반복되는 단어 등을 활용하여 그가 현재 처해있는 환경과 상황을 평가한다. 코칭대상자의 본질적인 문제나 해결하고자 하는 진정한 욕구를 파악한다.

- 코칭대상자 자신에 대해 말씀해주시겠어요?
- 코칭대상자님께는 탁월함(강점, 성품)이 있으신 것 같은데, 어떻게 생각하세요?
- 코칭과정에서 혹시 제가 다 이해하지 못한 부분에 대해 이야기해주시겠어요?
- 코칭대상자님께 가장 힘이 나는 것은 어떤 상황에서인가요?
- 이야기를 듣고 보니 ○○○의 가치를 소중히 여기시는 것 같은데, 어떻게 생각하세요?

2단계는 창의적 대안 도출을 위한 브레인스토밍(C: Creative brainstorming of alternatives to current situation)이다. 코치와 코칭대상자는 상호 공감대를 형성하고, 설정된 다양한 각도에서 문제에 접근하여 창의적으로 해결할 수 있도록 대안을 도출한다.

- 이번 코칭목표를 달성하기 위해 무엇을 할 수 있습니까?
- 다른 방법을 찾아본다면 무엇이 있겠습니까?
- 멘토가 있다면 당신에게 뭐라고 조언할까요?
- 이 방법을 5km 상공에서 내려다본다면 어떻게 보일까요?
- 이것을 현미경으로 확대해서 본다면 얼마나 크게 보일까요?

3단계는 목표 설정하기(H: Hone goals)다. 코칭대상자가 원하는 문제나 코칭목표를 구체적으로 실천 가능하게 하는 단계다.

Ⅲ. 어떻게 코칭 리더십을 발휘할 것인가

- 이번 코칭대화에서 이루고 싶은 목표가 있다면 무엇입니까?
- 코칭목표를 구체화해본다면 어떻게 할 수 있을까요?
- 코칭목표를 실천하게 된다면 어떤 기분이 들까요?
- 코칭목표를 이룬 당신의 모습을 상상한다면 어떨까요?
- 그런 이상적인 상태를 10점으로 한다면, 현재는 몇 점인 상태라고 할 수 있나요?

4단계는 대안을 제안(I: Initiate options)하는 단계다. 코칭목표 달성을 위해 폭넓고 깊이 있게 지원하는 단계로, 코칭대상자의 말에 경청하고 스스로 성찰하도록 인식의 공간을 제공한다.

- 고객님께서 선택할 수 있는 방법은 무엇이 있을까요?
- 생각만 해보고 실행해보지 않은 것이 있다면 무엇일까요?
- 한 번도 시도해본 적 없는 혁신적인 방법이 있다면 무엇일까요?
- 고객님께서 누구의 도움을 받으면 그것을 이룰 수 있을까요?

5단계는 대안 평가하기(E: Evaluate options)다. 설정된 대안에 대해 코칭대상자가 인식하고 변화하고 성장할 수 있는 대안을 평가한다. 대안 설정 시 코칭대상자가 새로운 시각으로 생각할 여유를 주며, 코치는 대안을 포괄적으로 통합하여 서두르거나 재촉하지 않고 인내심으로 지켜볼 수 있어야 한다.

- 이번 코칭목표를 달성하기 위한 고객님의 대안은 몇 점 정도라고 생각하십니까?
- 고객님께서 설정한 대안의 문제점은 무엇이라고 생각하시나요?
- 코칭목표를 달성하는 데 예상하지 못한 문제점이 있다면 무엇이 있을까요?
- 그 문제가 해결되면 코칭목표 달성에 어떤 도움을 줄까요?

6단계는 유효한 활동 계획하기(V: Valid action program design)다. 코칭대상자와 함께 실행계획을 수립하는 단계로, 성공적인 대안을 결정하는 중요한 단계다.

- 코칭목표 달성을 위해 무엇을 하시겠습니까?
- 코칭목표 달성을 위해 구체적으로 언제부터 하시겠습니까?
- 코칭목표 달성을 이루기 위한 중간/최종목표는 무엇이 있을까요?
- 코칭목표가 의도한 바대로 진행되지 않을 경우 어떻게 하시겠습니까?
- 고객님의 실천력을 높이기 위해 어떻게 하시겠습니까?

7단계는 변화 기세 촉진하기(E: Encourage momentum)다. 단계별 행동을 잘 유지할 수 있도록 지원과 칭찬을 하며, 변화를 위한 지속적인 유대관계를 가진다.

- 코칭목표를 지속적으로 추진하기 위해 할 수 있는 일은 무엇일까요?
- 이번 코칭목표가 이루어진다면 당신에게 어떤 유익이 있을까요?
- 코칭목표가 이루어지면 고객님의 가족들은 어떤 반응을 보일까요?
- 이 목표를 지속적으로 추진하면 고객님의 주변 사람들은 어떤 칭찬을 해줄까요?

4) 8 steps 코칭모델

8 steps 코칭모델은 CMOE(Center for Management & Organization Effectiveness)에서 제작한 것이다. 360° 진단으로 자신의 코칭 역량을 더욱 객관적으로 파악하여 본인과 타인이 생각하는 인식의 차를 확인하고 변화의 동기를 강화할 수 있는 것이 장점이다.

① 지지하기 → ② 주제와 요구사항 확인 → ③ 파급효과 알게 하기 → ④ 계획 수립 → ⑤ 실천 약속 → ⑥ 변명과 저항에 대처하기 → ⑦ 결과를 명확히 하되 질책하지 않기 → ⑧ 포기하지 않기

첫 번째는 지지하기로 코칭대상자가 원하는 것을 수용하는 단계다. 코칭대상자가 편안하게 코칭에 임하도록 한다. 코칭에 임하기 전에 불필요한 감정은 배제하고, 대상자의 말에 경청하면서 객관성을 유지하되, 때로는 냉정한 판단으로 문제를 보는 통찰력도 필요하다.

- 이번 코칭에서 ○○님께서 제게 바라시는 점이 있다면 말씀해주시겠어요?
- 미래에 이루고 싶은 꿈이 있다면 무엇이 있을까요?

두 번째는 주제와 요구사항을 확인하는 단계다. 코칭대화 간 진심으로 원하는 주제가 무엇인지 분명하게 찾아내고, 지금 당장 이루어야 할 일과 장기적으로 이룰 일 등을 확인하는 단계다.

- 코칭대상자님께서 지금 반드시 해야 할 일이 있다면 무엇이 있을까요?
- 도전하고 싶은 일이 있다면 무엇이 있을까요?

세 번째는 파급효과를 알게 하는 단계다. 코칭대상자의 편견과 프레임 속에서 제3자적 관점으로 볼 수 있도록 변화의 노력을 기울이도록 한다.

- 당신의 멘토라면 현재 이 문제를 어떻게 생각할까요?
- 당신이 생각하는 문제를 상대방도 이처럼 바라볼까요?

네 번째는 계획을 수립하는 단계다. 코칭을 통해 자신감을 가질 수 있도록 목표를 설정하고, 실행할 수 있도록 도와주는 단계다.

- 현재 이 계획이 이루어지면 누가 가장 기뻐할까요?
- 이 계획이 이루어지면 10년 후 당신은 오늘 당신에게 뭐라고 칭찬할까요?

다섯 번째는 실천 약속을 받는 단계다. 미래에 발생 가능한 일에 대해 코칭대상자와 함께 상상하며 생각하는 단계다.

- 당신은 이 계획을 어떻게 실천하시겠습니까?
- 이 계획이 이루어지면 무엇이 좋을까요?

여섯 번째는 변명과 저항에 대비하는 단계다. 코칭대상자 스스로 코칭목표를 수립하고 계획을 세웠지만, 미래에 발생하지 않을 일에도 두려움과 초조함이 있을 수 있음을 감지하고 이를 헤아려 도와준다.

- 당신이 하고자 하는 일에 장애물이 있다면 무엇이 있을까요?
- 장애물이 발생하면 누구의 도움을 받을 수 있을까요?

일곱 번째는 결과를 명확히 하되 질책하지 않는 단계다. 누구나 계획한 대로 이루어지지 않을 수 있고, 목표한 대로 결과가 발생하지 않을 수 있다. 따라서 이에 불안해하거나 스스로 자책하지 않도록 격려해주어야 한다.

- 이 계획에서 부족했던 점은 무엇이었을까요?
- 추가로 시도해볼 수 있는 일은 무엇일까요?

여덟 번째는 포기하지 않도록 지지하는 단계다. 마지막 단계로 여기까지 오게 된 것을 축하하고 격려해주며, 앞으로 어려움이나 두려운 일이 있다 할지라도 결코 포기하지 말고 도전하는 의식을 다진다.

- 이번 코칭대화에서 원하는 것을 얻었나요?
- 생각대로 되지 않았을 때 포기하지 않고 지속적으로 추진할 수 있는 방법은 무엇일까요?

5) 5R 모델

5R 코칭모델은 국제코치협회가 인증한 코칭기술을 토대로 완성된 모델로, 코칭 프로세스가 쉽고 단순하여 코칭을 처음 접하는 사람이라도 쉽게 활용할 수 있다.

1단계는 라포르(Rapport)를 형성하는 것이다. 고객과의 관계형성은 코칭의 출발이자 마지막이라 할 수 있다.

- 최근에는 주로 어떤 생각을 주로 하며 지내셨나요?
- 오늘 컨디션은 어때요?
- 지난 한 주간 즐거웠던 일은 무엇입니까?
- 최근 한 달간 성취한 일은 무엇입니까?

2단계는 코칭의 목표설정(Refocus)으로, 코치는 코칭대상자와 함께 짧은 시간 동안 명확한 목표를 찾는 것이 좋다.

- 오늘 어떤 주제로 대화하면 좋을까요?
- 이번 코칭을 통해 얻고자 하는 것은 무엇입니까?
- 이루고 싶은 목표가 있다면 어떤 것이 있습니까?
- 코칭목표가 당신에게 어떤 의미(가치, 중요도)가 있나요?

3단계는 현실(Reality)인식으로, 현재 코칭대상자가 처한 현실을 직시하여 장애물을 찾거나 변화를 시도해보는 단계다.

- 현재 상태는 어떤가요?
- 목표와 현실의 갭은 얼마나 된다고 보시나요?
- 코칭목표를 달성하기 위해 바꾸어야 할 것은 무엇인가요?
- 지금 현실에서 100% 최선을 다하고 있다고 생각하시나요?

4단계는 가용자원(Resources)을 탐색하는 것이다. 문제를 해결하기 위한 가용자원을 찾고 전략을 수립한다. 전략이란 '목표를 설정하고 무엇을 할 것인가? 어떻게 할 것인가?'를 파악하는 것으로, 추상적인 전략보다는 실현 가능한 구체적 전략을 수립해야 목표를 이룰 수 있다.

- 여러 가지 제한사항이 있지만, 그래도 목표를 이룰 수 있는 방법은 무엇이 있을 까요?
- 코칭대상자님이 활용 가능한 자원은 무엇이 있을까요?
- 코칭 목표달성을 위해 당신의 강점을 어떻게 활용할 수 있나요?
- 한번도 시도해보지 않은 혁신적인 방법은 무엇이 있을까요?

5단계는 실행의 책임(Responsibility)을 제시한다. 코칭대상자가 스스로 자신의 생각을 정리하고 마무리하는 단계다. 코칭대상자가 스스로 실천할 수 있도록 지원하고 격려해주는 시스템적인 상황을 조성하는 것이 중요하다.

- 우리가 나눈 여러 가지 방법 중 가장 먼저 시도해볼 수 있는 것은 무엇일까요?
- 이 목표는 언제 시도해보시겠습니까?
- 그것을 실행했다는 것을 제가 어떻게 알 수 있을까요?
- 제가 코칭대상자님이 실행하는 것을 어떻게 지원해드리면 더욱 힘이 나실까요?
- 오늘 코칭대화에서 유익한 것이 무엇인가요?

6) GRROW 모델

GRROW(Goal, Reality, Recognition, Option, Will) 모델(2005)은 5단계 과정으로 설계되어 있는 것으로, 코칭기법의 필수요소를 익혀서 업무현장에서 즉시 적용할 수 있도록 했다.

1단계는 코칭목표 정하기, 2단계는 현실 파악하기와 핵심니즈 인식하기, 3단계는 대안 탐색하기, 4단계는 실현의지 확인하기로 코칭과정이 구성되어 있다. GRROW 모델은 앞서 제시한 GROW 모델과 거의 유사하다. 다만 GRROW 모델이 핵심니즈를 인식하는 단계를 추가해서 현실 상황을 좀 더 이해하려고 노력한다는 점에서 차이가 있을 뿐 나머지 단계는 모두 동일하다.

7) OSKAR 모델

OSKAR 모델(Jackson & McKergow)은 해결 중심 코칭모델로, 5단계로 구성되어 있다. OSKAR 모델은 해결 중심 상담의 영향을 받아 문제의 원인규명이 아닌 해결방법에 중점을 두고 코칭을 실시한다.

① 1단계인 Outcome(결과): 코칭 결과 선택
② 2단계인 Scale(척도): 결과를 측정하는 기준 제작
③ 3단계인 Know-How와 Resources(방법과 자원): 문제해결을 위한 방법과 자원 탐색
④ 4단계인 Affirm과 Action(재확인과 행동): 문제해결을 위해 할 일 확인
⑤ 5단계인 Review(검토): 더 나은 결과를 위한 검토

3. 역량 중심의 코칭모델

Co-ACTIVE 코칭모델(Rora Whitworth & Henry Kimsey-House)은 상호협력적 코칭모델로, 코칭에 임하는 사고방식은 '고객은 원래 완전한 존재이고, 스스로 답을 낼 수 있는 힘을 가지고 있다'는 것이다. 코칭 주제는 고객의 인생 전체를 다루며, 고객이 주제를 결정한다. 이를 위해 코치는 고객과 의도적인 협동관계를 맺는다. 코치가 지녀야 할 다섯 가지 자질과 역량은 '경청'(내적 경청, 집중적 경청, 전방위적 경청)과 코칭대화 간 설명하거나 증명하지 아니하고 사실(fact)을 곧바로 느껴 아는 '직감', 고객이 가진 장점 및 인생의 전환을 가져올 수 있는 변화에 대한 '호기심', '행동과 학습', 코치 자신의 '자기관리'를 강조한다.

Co-ACTIVE 코칭모델의 진행 단계는 다음과 같다.

① 1단계: 마음 맞추기(Adjust) / 라포르 형성 단계

② 2단계: 주제 정하기(Concept) / 현재 상태에서 원하는 목표를 명료화하는 단계

③ 3단계: 강점 높이기(Talent) / 강점을 찾아 변화 가능성을 찾아가는 단계

④ 4단계: 목표 정하기(Initiative) / 명확한 목표를 수립하고 실행계획을 세우는 단계

⑤ 5단계: 목표 다지기(Verify) / 목표와 계획을 구체화하여 점검하는 단계

⑥ 6단계: 힘 북돋우기(Encourage) / 고객을 격려하고 지지하는 단계

이 외에도 크레인(Crane, 1998)이 제시한 변혁적(Transformational) 모델이 있다. 총 3단계로 이루어지며 1단계인 기반을 조성하는 신뢰구축단계에서는 기대치 설정, 관찰하기, 준비하기가 포함되며, 2단계인 학습단계에서는 긍정적 의도로 말하기 및 공유하기, 학습 질문하기, 경청하기가 포함되며, 3단계에서는 행동촉진으로 대안 탐색하기, 변화 요청하기, 성과향상 다짐 받기, 실천약속과 후속계획 확정하기, 격려와 칭찬하기가 포함된다. 이와 같이 변혁적 모델은 시작과 신뢰구축, 실행과 행동촉진까지 진행별 개념이 뚜렷하고 명확하며 자세한 것이 장점이지만, 초보자가 사용하기에는 어렵고 적용하려면 상당한 노력이 필요하다.

11장
코칭 단계별 대화

1. 코칭 준비

1) 관계형성을 위한 마음가짐

코칭대상자와의 관계형성은 코칭목표를 달성하는 데 중요한 요소 중의 하나다. 코치는 코칭대상자 본인이 직면한 현실을 충분히 인식하고 받아들일 마음의 준비를 갖도록 도와주어야 한다. 이러한 관계형성을 위해 코치는 코칭대상자와 충분한 공감대를 형성해야 한다. 이를 위해서는 코치의 진심이 코칭대상자의 주파수와 일치하고 그의 마음속에 공명의 진동이 일어난다면 코칭의 효과를 높일 수 있다.

이러한 관계형성을 위해 코치가 지녀야 할 마음가짐은 다음과 같다.

첫째, 코칭대상자를 '개별적인 인격체(individual respect)로 존중'해야 한다. 코치는 코칭대상자의 개인적인 특성을 알고 이해하며 각각의 성격과 행동유형에 적합하게 코칭을 실시해야 한다. 이때 코치 자신의 일방적인 해석이나 비현실적인 보장, 지나친 해석은 지양해야 한다. 자신이 지닌 편견과 선입관을 배제하고 객관적이고 중립적인 입장에서 코칭대상자가 자신의 사고와 감정을 자유롭게 표현하도록 돕는다. 자유로운 사고와 감정표현의 원리는 코칭대상자의 긍정적인 감정만이 아니라 부정적인 감정까지도 자유롭게 표현할 수 있는 분위기가 형성되어야 한다. 이를 위해 코치는 그의 말에 경청하고 필요 시 건전한 자극을 줄 수도 있다.

둘째, '코칭대상자 자신보다 더 위한다는 마음'이 들도록 코칭을 해야 한다. 코치는 어떠한 경우에도 코칭대상자를 진심으로 위하고 현재의 문제나 미래의 발전 가능성을 같이 탐색하겠다는 진실한 마음을 보여주어야 한다. 코칭대상자보다 더 많이 생각하여 해결하고자 노력하는 모습을 보여주는 것이 코칭의 기술적 역량보다 큰 효과가 발생할 수 있다.

셋째, 코칭대상자가 '모든 의사결정과정에서 스스로 선택하고 자기결정(self deter-mination)'을 하도록 해야 한다. 자신의 삶에 대해 스스로 선택하고 결정을 내리고자하는 인간의 욕구와 권리에 기반을 두고 있다. 코칭대상자의 자기결정 권리는 적극적이고 건설적인 결정을 내릴 수 있는 자기 자신의 선택과 권리로, 자신의 생활을 영위할 권리와 자유를 원하고 있다는 것이다.

넷째, 코칭대상자에게 '비밀 보장'을 통한 믿음을 주어야 한다. 코칭대화에서 나누는 정보를 누설하지 않는 것은 성공적인 코칭 관계를 위해 매우 중요한 기본원칙이며, 코치의 윤리적 의무이기도 하다.

코치는 코칭을 행하기에 앞서 코칭대상자가 코칭에 대해 올바르게 이해할 수 있도록 해야 한다. "코칭은 교사처럼 지식을 알려주거나, 컨설팅처럼 조사하거나 분석하여 답을 제시해주거나, 심리상담처럼 문제해결이나 정신적 치유를 하는 것이 아님"을 인식시키는 것이다. 코칭은 코칭대상자가 지닌 잠재역량을 개발하여 자신의 삶이나 과업의 목표를 향상시킬 수 있도록 돕는 일이라는 것을 명확히 인식하도록 해야 한다. 이를 위해 코치는 파트너로서 함께한다는 신뢰감을 주어야 한다. 코치는 코칭대상자 자신보다 더욱 그를 위한다는 믿음을 주어야 한다.

『손자병법』에 '병형상수(兵形常水)'라는 말이 있다. 장수는 군대를 지휘함에 있어 지형이나 기상 등을 거스르지 않고 물 흐르듯이 자연스러워야 한다는 말이다. 코칭의 과정도 코칭대상자의 마음이 자연스럽게 현실인식과 해결방안, 실천의지를 가지도록 자연스럽게 스며들도록 하는 것이다. 본인의 직관에 따라 생각이 열려 스스로 성찰하여 행동하도록 도와주는 것이다. 이를 위해 코치는 대화과정에서 솔직하고 열

III. 어떻게 코칭 리더십을 발휘할 것인가

린 마음으로 접근할 수 있는 수용력을 겸비해야 한다. 때로는 적절히 유머를 사용하여 유쾌하고 긍정적인 에너지가 넘치도록 하는 과정에서 강점을 찾을 수 있는 코칭 분위기 조성이 필요하다.

2) 코칭 준비

코치는 코칭 전에 파악한 정보를 분석하여 코칭을 효율적으로 하기 위한 개략적인 코칭계획을 구상한다. 이를 통해 코칭대상자의 상황을 이해하고, 코칭 간 직면할 수 있는 여러 사항에 대해 더욱 유연하게 대처할 수 있어야 한다. 코칭 시간과 장소는 상황과 여건에 맞추어 자연스럽게 이루어지도록 조정한다. 코치의 안정적인 상태가 코칭대상자와의 코칭관계 형성에 의미 있는 영향을 미칠 수 있다. 코치는 최대한 편안하고 안정된 상태에서 코칭에 임할 수 있도록 해야 한다. 코치가 개인적인 어려움과 고민사항이 있을 경우에는 코칭대상자의 문제해결을 도와주기는커녕 자신의 불편한 심기로 인해 문제를 오히려 악화시킬 수 있다.

코칭대상자가 코칭 간 긴장하면 마음속 이야기를 충분히 할 수 없으므로 최대한 편안하고 자연스러운 분위기를 조성해주어야 한다. 코치의 행동이나 말 한마디가 코칭 분위기를 조성하는 데 큰 영향을 미칠 수 있다.

코치는 코칭을 하기 전에 자신의 외모를 포함한 외적 상태 및 마음가짐을 점검해야 한다.

첫째, 자신의 외모를 확인해야 한다. 코칭에서 첫인상은 매우 중요하다. 코칭대상자의 마음과 연결되어 관계를 형성하는 데 중요하다. 인간의 뇌는 0.017초라는 짧은 순간에 상대방에 대한 호감이나 신뢰 여부를 판단한다고 한다. 이와 같이 첫인상은 찰나의 순간에 결정되기 때문에 외모에서 풍기는 이미지가 80% 이상 영향을 끼친다는 사실을 알아야 한다.

둘째, 코칭의 기본을 생각한다. 코칭대화를 하는 중간에 미소를 띤 채 신중하고 주의 깊게 상대방의 이야기를 경청하는 것이다. 또한 코칭대화 중간에 이름이나 직책 등을 불러줌으로써 상대에 대한 배려심을 표현한다. 코칭대상자에 대한 성장환경

코칭 시간과 장소 선정 시 고려사항

– 사전준비된 코칭의 경우 사전에 코칭대상자에게 코칭 시간을 알려준다.

  * 중요한 일이 있을 경우에는 코칭 시간을 조정하거나 대상자가 생각을 정리할 기회를 준다.

– 바람직한 코칭 시간은 1시간 정도를 기본으로 한다.

  * 코칭 시간이 길어지면 코치와 코칭대상자 모두 코칭에 집중하지 못할 수 있다.

– 피곤하지 않거나 바쁘지 않은 시간을 선정한다.

  * 피곤하거나 중요한 일이 계획되어 있으면 코칭에 집중할 수 없다.

– 방해받지 않는 장소를 선정한다(주변이 시끄러우면 주의가 산만해지고 집중되지 않는다).

– 코칭 시간과 장소에 대한 개방적 자세를 가진다.

관계형성을 위한 코칭대화(예문)

– 현재까지 살아온 본인의 삶에 대해 이야기해줄 수 있나요?

– 현재까지 살아오면서 가장 기쁜 일이나 슬펐던 일이 있다면 이야기해줄 수 있나요?

– 당신의 강점 세 가지만 말해준다면 무엇이 있나요?

– 현재 상황에서 가장 듣고 싶은 말은 무엇인가요?

– 당신의 이야기를 듣고 보니 ○○○의 가치를 소중히 여기시는 것 같은데, 어떻게 생각하세요?

– 이야기를 들어보니 ○○○ 같은 부분에 대한 대처능력이 정말 대단하신 것 같아요.

– 이제까지 정말 많이 힘들었을 텐데, 훌륭하게 인내하신 당신에게 지지와 격려를 보냅니다.

– 코칭과정에서 혹시 제가 이해 못한 부분에 대해 언제든지 이야기해주시겠어요?

– 혹시 실례가 안 된다면 가족에 대해 이야기해주실 수 있나요?

이나 문화에 대한 적절한 표현, 눈 맞춤(eye contact) 등이 필요하다. 코칭과정에서 공통된 관심사나 취미 등에 대해 상호 교감을 하는 것도 중요하다. 텔레코칭 과정에서 코칭대상자의 스마트폰 컬러링이 동일하여 이에 대한 질문을 통한 성격유형이나 음악에 대한 상호 공감대를 이야기하는 과정에서 동일점을 찾아 만족스럽게 코칭을 마친 경우도 있다.

세 번째는 코칭대상자의 행동이나 말 한마디에 공감하고 존중하는 것이다. 코치는 코칭대상자의 마음을 열 수 있도록 너무 성급하거나 과대 해석하지 말고 조심스럽게 충분히 열어줄 때까지 기다리는 것이 필요하다. 더불어 코치는 코칭대상자가 본인의 관점만이 아니라 제3자적인 시각으로 현상을 볼 수 있도록 코칭을 이끌어야 한다. 자신의 관점보다는 타인의 관점, 더 나아가 객관적이고 미래지향적인 관점, 더 높고 멀리 바라보는 시각을 갖도록 한다.

코칭 준비는 성공적인 코칭을 위해 코칭을 시작하기 전에 코칭에 필요한 사항을 확인하는 단계다. 이는 코치가 코칭 진행 간 발생할 수 있는 여러 상황에 더욱 유연하게 대처할 수 있게 한다. 코치는 상황과 여건을 고려하여 코칭 관련 사항 등을 확인함으로써 효과를 극대화할 수 있다. 코치는 코칭대상자에 대한 사전 정보를 수집해야 한다. 이를 통해 코칭대상자의 생각과 태도를 더 잘 이해하고, 가능성 있는 문제의 식별, 코칭의 목적을 가늠해볼 수 있다.

코치가 코칭을 하기 전에 준비할 사항은 다음과 같다.

코칭 단계별 행동

단 계		주요 행동	준비 사항
사전준비		– 코칭 안내문 발송 – 신상확인(지휘성향 및 추진 내용) 등을 통한 코칭대상자 이해 – 리더 면담을 통한 니즈 파악 – 리더십 진단(360° 다면 진단) – MBTI / DISC 진단 등을 통한 리더와 조직구성원의 성격유형 파악 – 회복탄력성 척도검사 등 – 코칭의 목적 및 기대 결과 파악	– 코칭 소개 PPT – 코칭대상자 　신상 파악 – 리더십 진단도구 – MBTI – DISC 진단지 – 회복탄력성
코칭 실시	진단 브리핑	– 비밀유지 내용에 대한 합의 – 리더 면담을 통한 니즈 파악 – 리더십 진단 결과를 통한 리더의 현실인식 – 코칭의 주제와 목표 설정 – 조직코칭의 방향 설정	

실시	– 360° 다면 인터뷰
	– 리더 동행관찰(리더의 의식 및 무의식적 행동 관찰)
	– 리더와 코칭대화
	  ① 주제와 목표, 현실적인 문제점 및 도전사항
	  ② 해결방안 및 지속적인 실행계획 검토
	– 조직코칭 결과 리더와 팔로워의 인식 공동체 형성

1차 피드백	– 리더십 진단 결과를 통한 자신과 부하들의 인식 차이 확인 – MBTI 및 DISC 검사 등을 통한 자신과 부하의 성격 및 행동유형 파악 – 리더십 진단 결과에 대한 코칭 피드백 실시 – 코칭 평가 세션
서면 피드백 및 텔레코칭	– 리더십 진단, MBTI, DISC 등을 종합한 서면 피드백 발송 – 텔레코칭 실시 – 코칭의 효과성 파악

코칭 주제선정을 위한 대화

C: 오늘 어떤 주제로 코칭을 할까요?

P: 요즘 주변 동료들과 나누는 대화 가운데 '장차 무엇을 할 것인가?' 하는 미래의 진로에 대해 이야기를 많이 하고 있는데, 가장으로서 어떻게 해야 할지 고민입니다.

C: 고객님의 미래 진로에 대해 생각하고 계시는군요. 고객님의 미래 진로에 대해서는 어떻게 생각하고 계신가요?

P: 현재는 조직생활이 너무 힘들어 미래 진로는 생각하지도 못하고 있는 데 더 큰 문제가 있는 것 같아요.

C: 그래요. 고객님이 앞으로의 진로에 대해 진지하게 생각하고 싶으신데, 현재 주어진 일에 치여 아무런 준비도 하지 못하고 계신다는 얘기군요.

P: 맞아요. 무엇에 우선을 두고 해야 할지 모르겠어요.

C: 그럼 오늘은 코칭 주제를 현재 조직생활을 잘하기 위해 무엇을 할 것인가에 대해 이야기를 해볼지, 아니면 미래 진로에 대해 이야기를 해볼지 어느 것을 우선적으로 얘기해볼까요?

P: '나 자신의 미래 진로를 위해 무엇을 준비할 것인가?'로 하겠습니다.

C : '고객님의 미래 진로를 위해 무엇을 준비할 것인가?'에 대해 이야기를 나누어 보겠습니다. 고객님에게 진로란 무엇인가요?

P : 진로란 '나의 삶을 앞으로 어떻게 살아갈 것인가?' 하는 것이라고 생각합니다.

C : 그럼 고객님은 현재 삶에 대해 어떻다고 생각하나요?

P : 제가 요즘 군 생활이 너무 힘든 것 같습니다. 조금 편안해졌으면 좋겠습니다.

C : 편안해지면 군 생활이 어떨 것 같습니까?

P : 보람 있고 훨씬 신명나게 군 생활을 할 수 있을 것 같습니다. 매일 아침 즐거운 마음으로 출근할 수 있을 것 같아요.

C : 현재의 군 생활은 어떠한가요?

P : 정말 힘듭니다. 해야 할 일이 꼬리에 꼬리를 물고 나타납니다. 하나를 마치면 또 다른 임무가 생겨 늘 쫓기는 삶을 살고 있습니다.

C : 현재의 삶을 한 단어로 나타낸다면 뭐라 표현하시겠습니까?

P : 현재의 삶은 100m 낭떠러지로 떨어지는 폭포가 앞에 있는데 폭포수에 떠밀려 어쩌지 못하는 심정입니다.

C : 현재 상태에서 좀 더 나은 미래의 삶은 어떤 상태입니까?

P : 허우적거리는 삶에서 벗어나고 싶어요. 잔잔한 수평선을 바라보면서 커피를 마시는 여유로운 삶을 살고 싶어요.

C : 그럼 그 목표를 달성하기 위해 구체적으로 무엇을 가장 먼저 해야 할까요?

2. 코칭목표 설정 간 대화

코칭목표는 SMART하게 수립해야 한다. SMART한 목표는 구체적이고(Specific), 측정 가능하며(Measurable), 달성 가능하고(Achieveable), 현실적(Realistic)이며, 시간 내 (Time limited)에 달성 가능해야 한다. 따라서 코칭목표는 행동화할 수 있도록 명확하게 표현되고, 코칭대상자가 원하는 내용으로 스스로 결정해야 한다. 또한 코칭 결과에 대한 상태가 명확하게 가시화되고 측정 가능하도록 코칭의 목표달성 기준을 설

코칭목표 설정을 위한 질문

- 오늘 설정한 코칭목표가 당신에게 어떤 의미를 가지고 있나요?
- 그것을 생각하게 된 계기는 무엇인가요?
- 오늘 설정한 코칭목표를 달성하기 위해 무엇을 해야 할까요?
- 코칭목표를 구체적으로 설정한다면 무엇이라고 정리할 수 있을까요?
- 코칭목표가 이루어진 이상적인 상태는 어떤 상태일까요?
- 목표가 이루어진 이상적인 상태를 10점으로 한다면 지금은 몇 점이라고 할 수 있나요?
- 오늘 코칭이 끝났을 때 몇 점까지 올라가기를 바라나요?
- 그 상태는 어떤 상태일까요?

정하는 것이다. 코칭목표가 설정되었다 할지라도 이를 지속적으로 실천할 수 있는 시스템을 갖추어야 한다.

초급수준

초급수준에서의 대화는 코칭대상자가 다루고 싶다고 말하는 내용을 표면적인 수준에서 받아들인다. 따라서 코칭대상자가 요구하는 데 관심과 주의를 기울이지만, 대상자의 더 깊은 내면으로 들어가지는 못한 상태에서 피상적으로만 이루어진다.

중급수준

중급수준에서는 코칭대상자가 다루고 싶다고 말하는 내용을 받아들인다. 코칭주제나 목표에 관심을 갖고 대화하면서 코칭목표의 성공기준에 대해 조금 더 탐구한다. 코칭대상자가 말하는 내면을 좀 더 깊이 탐구하여 그 안에 숨은 의미를 파악하고, 상황적인 맥락을 이해하려는 시도를 한다.

고급수준

고급수준에서 코칭 리더는 코칭대상자와 완전히 하나가 되어 상대방이 진정으로 원하는 것이 무엇인지를 충분히 탐구하고 상호 합의하에 코칭의 목적을 분명히 할 수 있다. 코칭대화 간 코칭목표를 달성하는 방향으로 가고 있는지 주기적으로 점검하고 필요 시 코칭대상자의 피드백에 따라 코칭 방향을 조정한다.

구체적 목표설정을 위한 코칭대화

C: 오늘 어떤 주제로 코칭을 할까요?

P: 저 스스로 특급전사가 되고 싶어요.

C: 특급전사가 되고 싶어 하시는군요. 그렇게 특급전사가 되고자 하는 이유가 있다면 무엇일까요?

P: 남들 앞에 설 때 자신감을 갖고 싶어요. 특급전사로서 내적으로뿐만 아니라 외적으로도 멋진 모습을 지닌 리더로서 부하들 앞에 서고 싶어요.

C: 아! 내적으로뿐만 아니라 외적으로도 멋진 리더로서의 모습을 보이고 싶어 하시는군요. 멋진 리더로서 자신감을 갖는 데 무엇이 가장 큰 요인이 되고 있나요?

P: (잠시 침묵) 그 질문을 받고 보니 특급전사만이 아니네요.

C: 특급전사뿐만 아니라 무엇이 더 있으신가요?

P: 사실 제 스스로 외적 모습도 생각했지만, 그것보다 더 중요한 것은 '리더로서 제 자신이 부하들을 데리고 적과 싸워 이길 수 있는 지휘관인가?'라고 자문해 보았습니다. 제 스스로 당당한 리더가 되기 위해 무엇을 할 것인가가 더 중요하다고 생각하게 되었습니다.

C: 멋진 리더로서 사고의 전환을 통한 새로운 인식에 대해 이야기해볼까요? 특급전사 이야기를 계속 할까요?

P: 맞아요. 저에게 더 시급한 것은 특급전사보다 제 자신과 싸워 이길 수 있는 진정한 내가 되는 것이 더 중요할 것 같습니다.

C: 알겠습니다. 그러면 특급전사 이야기는 조금 나중에 하고, 오늘은 일단 나 자신과 싸워 이길 수 있는 진정한 내가 되기 위한 생각을 하게 된 계기는 무엇일까요?

P : 네! 저와 싸워 이기기 위해 항상 무엇인가를 하고자 하는 결심은 잘하는데, 실천이 지속되지 않는 것 같아요. 이러한 제 모습을 고쳐보고 싶어요. 이를 고치지 않고서는 훗날 반드시 후회할 것 같아요. 나를 지배하는 진정한 나의 리더가 되고 싶군요. 리더란 나 자신부터 전문적인 역량을 겸비하고 부대원들과 불섶이라도 뛰어들 수 있는 그런 조직을 만들어야 하는데, 막상 저 자신에게는 관대했던 것 같아요. 남에게는 엄격하지만 제 자신에게는 한없이 관대했던 것 같아요. 제가 오늘 코칭을 받으면서 정말 제 자신에게 너무 부끄럽다는 생각이 듭니다.

C : (잠시 침묵) 네! 우리 중대장님께서 스스로와 싸워 이길 수 있는 진정한 자신이 되기 위한 열망이 저에게도 전해지는 것 같군요. 저도 중대장님이 멋진 중대장이 되도록 최선을 다하도록 하겠습니다. 그럼 지금부터 진정한 자신과 싸워 이기는 사람이 되기 위한 대장정의 출발을 해볼까요?

3. 현실인식 및 해결방안

초급수준

초급수준에서는 통상적으로 코칭대상자가 제시하는 코칭 주제나 목표에 관심을 가지면서 프로세스를 준수하고, 코칭의 성과에 중점을 두면서 코칭대화를 이끌어간다. 하지만 코칭대상자가 처한 현실적인 문제나 주변 상황을 파악하지 못하고 코칭목표 달성에만 치중하다 마치는 경우가 있다.

중급수준

중급수준에서는 코칭대상자가 원하는 주제나 목표에 관심을 기울이면서 코칭대화와 프로세스도 주도적으로 수행한다. 코치는 객관적·주관적 시각으로 코칭대상자의 말이나 행동을 주의 깊게 관찰하면서 코칭을 실시한다. 코칭목표로 선정된 내용에 대한 해결방법이나 방향을 함께 탐색하면서 코칭대상자 본인이 가장 현명한 방법을 선택하도록 한다. 하지만 코치는 코칭대상자의 내면에 있는 진정한 욕구는 파악하지 못할 수 있다. 이 단계에서는 수평적 관계 속에서 파트너십은 존재하지만, 코칭대상자의 무의식 세계까지 코칭을 리드하기에는 다소 부족할 수 있다. 코칭대상자에게 진정한 자아실현이나 삶의 가치를 제공할 수 있도록 해야 한다. 더불어 코칭 전문가로서 코칭대상자의 자존감을 더해주고 코칭의 존재감을 확인할 필요가 있다.

고급수준

고급수준의 코칭은 코칭대상자조차 미처 모르고 내면에 잠재해 있던 자신의 진정한 욕구(wants)나 필요(needs)를 도출하는 단계다. 이 수준의 코칭대화는 코치와 대상자가 온전히 하나가 되어 코칭의 목표달성을 위해 함께 노력하게 된다. 코치와 코칭대상자가 상호 일체감을 형성한다는 것은 코치가 코칭대상자보다 더 그를 위한다는 마음을 전달하고 대상자는 스스로의 존재감을 찾아 자신이 누구인지, 어떻게 행동해야 하는지를 찾도록 하는 것이다. 코치와 코칭대상자는 상호 존중과 배려를 바탕으로 코칭대화를 수용할 수 있는 여유와 격려를 주고받을 수 있다. 상호 간에 감동과 울림을 주는 관계가 형성되는 것이다. 고급수준의 코칭단계에서는 코칭 주제나 목표에 집착하지 않으면서도 코칭대상자의 현실인식이나 잠재역량 개발에 온전히 몰입하는 경지에 이른다. 코치는 코칭대상자의 완전한 파트너가 되어 코칭대화를 통해 그의 삶을 변화시킬 수 있는 성찰의 기회를 제공해준다.

현실인식 및 해결방안 모색

P: 대대 전투력 측정이 곧 있는데, 전투력이 저조해서 고민입니다.
C: 대대장이 중대 전투력 측정에 대해 걱정을 많이 하고 있군요!
P: 대대 전투력 측정은 부대의 모든 것이라 해도 과언이 아닌데, 아직 수준이 낮아서요.
C: 저조하다고 느끼는데, 코칭을 통해 어떤 결과를 얻고 싶나요?

P: 네, 코칭을 통해 대대 전투력 측정 향상 방법에 대한 해결책을 찾고 싶네요.

C: 대대 전투력 측정 향상 방법을 코칭 주제로 삼게 된 구체적인 배경이 있다면 어떤 것이 있을까요?

P: 네! 사실은 요즘 대대 전투력 측정을 준비하다 보니 대대원들의 사기가 많이 저하된 것 같아서 대대장으로서 어떻게 사기를 올려야 할지 고민 중입니다.

C: 그런 상황이라면 대대 전투력 측정도 중요하지만, 대대원들의 사기향상도 중요할 것 같습니다. 그럼 대대장님께서는 대대 전투력 측정과 대대원들의 사기향상이 얼마나 중요한 일인가요?(질문 후 편안한 침묵)

P: 음… 사실은 대대 전투력 측정도 중요하지만, 대대원들의 사기가 떨어진다면 아무런 의미가 없는 일이거든요.

C: 대대원들의 사기향상을 최우선으로 하시는군요. 대대원들이 대대장님을 진심으로 믿고 따르는 이유를 알겠습니다.

P: 그건 아니고요, 코치님한테 칭찬을 받으니 기분이 참 좋습니다.

(중략)

C: 대대장님께서 보시기에 대대원들의 사기를 앙양하려면 어떻게 해야 할까요?

P: 아! 코치님과 대화하다 보니 대대원들의 사기향상은 '그들의 미래를 위해 내가 무엇을 해줄 수 있을까?' 하고 생각하니 좀 더 멀리 보이는군요.

C: 대대원들의 미래라고 말씀하셨는데, 그렇게 하기 위해서는 어떻게 해야 할까요?

P: 군에서 국방의 의무를 수행하는 주어진 현실에 충실하고, 이러한 생활방식이 습관화되어 대대원들이 미래를 생각하고, 군에서 꿈을 키워 사회에 나가 성공한다면 그 자체로도 가슴이 벅차 오르면서 제 자신의 역할이 소중함을 다시 한번 생각하게 됩니다.

C: (대대장의 흥분된 얼굴과 확신에 찬 말투를 보고) 대대장님, 지금 말씀하시면서 어떤 것을 느끼고 계신가요?

P: 대대 전투력 측정과 대대원의 사기앙양, 이들의 미래를 생각해보니 좀 더 멀리 높게 보고 대대를 지휘해야겠다는 생각이 듭니다. 정말 코칭을 받다 보니 새로운 관점이 열리고, 저도 코칭 리더십을 발휘하는 리더가 되겠습니다. 감사합니다.

4. 성찰을 통한 자기인식

코칭목표를 설정하고 난 이후 코칭대상자가 인식하는 성찰을 통해 이를 실천할 수 있는 다양한 방법을 탐구한다. 코칭대화를 통해 새로운 생각이나 관점을 가지게 함으로써 스스로에 대해 알아차리는 것이다. 코치는 객관적이고 중립적 자세를 유지하고, 코칭대상자에 대해 섣부른 판단을 해서는 안 된다. 코칭대상자가 자신의 관점을 이야기할 때 그의 이야기나 감정에 휩쓸리지 말고 중립적인 자세를 견지해야 한다. 코칭대상자가 더 큰 자아를 인식하고 문제에 대해 명확한 판단을 할 수 있는 질문 역량을 겸비해야 코칭대상자의 성찰을 촉발시킬 수 있다.

① 당신이 생각하는 문제를 역지사지의 입장에서 상대방의 관점에서 바라본다면 어떤 생각이 들까요?
② 하늘을 높이 날고 있는 독수리의 눈으로 이 상황을 바라본다면 무엇이 보일까요?
③ 10년 후에 당신이 현재의 모습을 보면 뭐라고 할까요?

이와 같은 질문을 통해 코칭대상자 스스로 상대방의 입장과 현재 직면한 문제를 높은 위치에서 바라볼 수 있는 관점의 전환을 시도한다. 현재가 아닌 미래의 시각으로 바라볼 수 있도록 하여 새로운 인식이나 감정으로 접근할 수 있도록 지원한다. 이를 통해 코칭대상자의 내면에 잠재해 있거나 표현하지 못하는 부분을 탐구할 수 있어야 한다.

코칭대상자의 말이나 행동에 나타나는 미세한 감정의 변화 등을 간파하여 이를 활용한다. 더불어 대상자가 말하는 내용의 불일치를 통해 스스로 깨닫도록 하여 올바른 현식인식을 할 수 있도록 지원한다. 자신과 세상을 인식하는 전형적이며 고정된 패턴의 문제점 등을 코치의 직관력 등을 활용하여 스스로 인지하도록 한다. 코치의 새로운 사고방식이나 관점으로 코칭대상자의 인식을 전환시켜 영감을 불러일으키고 새로운 가능성을 찾도록 도와준다. 코칭대화 간 은유나 비유 등을 통해 직접적

성찰을 통한 의식 확대 질문

- 코칭대화를 통해 인식한 성찰이 있다면 무엇일까요?
- 코칭대화를 통해 깨달은 것을 가지고 현재의 중대 상황에 적용해본다면 무엇을 새롭게 할 수 있을까요?
- 중대원들에게 서운한 감정을 갖게 되는 진짜 원인은 무엇인가요?
- 언제부터 그런 생각을 하게 되었나요?
- 존중과 배려의 리더로서 이전과 어떻게 다르게 반응할 수 있을까요?
- 진급 실패를 통해 깨달은 것은 무엇인가요?
- 리더로서 중요한 역할은 무엇이라 생각합니까?
- 상급자는 절대로 변하지 않는다면 당신이 스스로 변화되어야 할 것은 무엇인가요?
- 중대원들과 이러한 갈등을 겪을 때마다 반복적으로 갖게 되는 마음은 무엇인가요?
- 중대장의 입장에서 '서운함'이라는 마음을 버린다면 무엇이 달라질까요?

인 해결방안보다 스스로 새로운 통찰력을 갖도록 하는 것이 코칭의 효과를 오래 지속할 수 있다. 이를 위해 코치는 다음과 같은 도움을 주기 위해 노력한다.

초급수준

초급수준의 코치는 문제해결이나 현실인식, 대안탐색 단계에서 단순한 해결방법을 찾는 수준에서 코칭대화를 실시한다. 이 단계에서는 목표설정의 구체화나 코칭대화의 프로세스를 준수하는 수준에서 코칭대화를 실시할 수 있다. 새로운 방법이나 해결방안을 강구하지 못하고 이미 알고 있는 내용을 종합하는 수준에 한정되고 자기 자신에 대한 새로운 깨달음의 단계까지는 이르지 못할 수 있다.

중급수준

중급수준의 대화에서 코치는 코칭대상자가 문제를 해결하면서 새로운 깨달음을 얻을 수 있도록 돕는다. 코칭대상자는 '아하!' 하면서 새로운 내용이나 방법에 관한 성찰을 얻어 행동이나 인식의 새로운 변화를 경험한다. 코칭대화를 통한 성찰은 결과적으로 코칭대화의 범위 내에서 더욱 명확하게 정의되는 경향을 보인다. 하지만 이 단계에서 성찰은 코칭대상자 스스로 '나는 누구인가?' 또는 삶의 궁극적 목적에 대한 근원적인 깨달음에는 도달하지 못하는 경향이 있다. 코치는 코칭대상자가 특정한 상황과 관련하여 완전히 새로운 관점에서 깨달음을 얻을 수 있도록 성찰 범위를 확장시켜주도록 노력한다.

고급수준

고급수준에서의 코칭대화는 문제해결보다 탐구를 위한 코칭대상자 초대가 선행되어야 한다. 이를 위해 코치는 코칭대상자의 진정한 욕구를 찾아주는 탐험가가 되어야 한다. 코칭 과정에서 코칭대상자가 자기인식을 통해 스스로 깨닫지 못한 부분에 대해서도 성찰할 수 있도록 해야 한다. 또한 코치는 코칭대화 간 설사 모르는 부분이 있더라도 당황하거나 무리하게 알려 하지 말고 편안한 상태에서 코칭을 해야 한다. 편안한 상태에서 자신의 강점이나 탁월성을 인식하도록 지원한다. 코칭목표를 달성하도록 무리하게 독촉하거나 대상자의 잘못된 행동이나 사고를 수정하려 하지 말고 스스로 깨달아 행동의 변화를 가져오도록 한다. 때로는 코칭대상자가 코치에게 깨달음을 주고, 코치의 말보다 코칭대상자가 하는 말이나 생각이 스스로에게 더 힘을 얻을 수 있도록 허용한다. 코치는 코칭대상자가 누구이고, 그가 원하는 것이 무엇인지를 종합적으로 인식할 수 있는 감각을 지녀야 하며, 이를 대상자와 함께 나누고 코치와 공유할 수 있는 공간을 만들어준다.

자기성찰을 통한 현실인식

C: 코칭대상자님의 사고는 현재 무엇에 묶여 있나요(誰縛汝)? 오랫동안 자신만의 사고 패턴에서 빠져나와 주변을 넓고 높게 살펴보세요. 잠시 눈을 감고 생각해 보세요. 뭐가 보이시나요?

P: 저 스스로 가두어놓았던 생각의 공간에서 나와 보니, 이제까지 구성원들에게 나를 감추기 위해 더 심하게 질책했던 나의 모습이 보이네요. 그러면서 제 자신을 부각시키려고 노력했던 제 모습이 왜 이렇게 초라해 보이는지…. 인턴 시절 상급자에게 혼나면서 혼자 침울해하던 제 모습이 보이네요.

C: 그 인턴은 무엇을 불안해하고 있나요?

P: (침묵… 얼굴과 낯빛이 달라짐)

C: (온전히 함께 있어준다. 침묵하고 한참 후에 질문) 그 인턴에게 무슨 일이 있었나요?

P: (힘들었던 인턴 시절 이야기를 오랫동안 함)

C: (온전한 연민의 마음으로 대상자와 함께한다. 한참 후에 질문) 그 인턴은 지금 당신에게 뭐라고 말하고 있나요?

P: '그때 인턴 시절을 잘 이겨내서 오늘의 네가 있지 않나. 자신감 있게 하면 돼. 힘들 때 인턴 시절을 생각하며 극복할 수 있어. 그러니 이제부터는 네가 다른 사람들부터 받은 고마움을 갚아봐. 특히 중대원들에게 잘해줘. 그리고 모르면 모른다고 해. 모르는 것은 부끄러운 것이 아니야.'

C: 이제 과거의 틀에서 벗어나 먼 미래의 당신이 꿈꾸던 모습을 이룬 상태에서 현재의 당신을 보세요. 어떤 느낌이 드세요?

P: 아! 그렇군요. 제가 너무 과거의 프레임에서 벗어나지 못하고 있었군요. 감사합니다. 아! 이젠 할 수 있을 것 같아요.

* 자기 스스로 묶어놓았던 사고의 공간에서 벗어날 수 있도록 함.
* 코칭대상자가 사용하는 힘들었던 생도 시절 언어를 사용하여 공간을 만듦.
* 먼 미래의 모습을 상상하도록 하여 현재 불안감의 실체를 떨쳐내도록 함.
* 새롭게 알게 된 것은 무엇입니까?, 알게 된 것을 말하면서 어떤 느낌이 듭니까?
* 알아차린 것을 행동으로 옮길 때 어떤 영향을 미칠까요?

5. 코칭의 존재감

코치는 코칭을 하면서 상황에 진실성 있고 유연하게 대처해야 한다. 매 순간 코칭에 집중하고, 자신감 있는 태도로 코칭대상자와 자연스럽게 진행한다. 코칭의 존재감(coaching presence)은 '코칭을 함에 있어서 코치 자신이나 코칭대상자에 대한 존중과 배려를 바탕으로 전문성을 겸비했을 때 발휘'될 수 있다. 이를 위해 코치는 코칭철학을 바탕으로 코칭스킬이나 프로세스 등을 능수능란하게 발휘할 수 있어야 한다. 코칭하는 과정에서 코칭목표나 대상자의 말 또는 행동에 흔들림 없이 코칭대상자의 존재 자체를 있는 그대로 인정하고 받아들인다. 코치는 항상 충분히 깨어있고, 개방적이고 유연하며, 자신감 있는 태도로 임해야 한다. 최소한 코칭하는 순간은 코치가 코칭대상자 자신보다 더 상대를 위한다는 마음으로 임하여 협조적이고 자발적인 관계를 만들어낸다.

코칭의 존재감은 항상 현실을 올바로 인식하고 유연한 태도로 물 흐르듯이 리드할 때 가능하다. 코칭과정에서 강렬한 역동이 일어나는 상황에서도 코치는 감정을 드러내지 말고 자신감 있는 태도를 견지해야 한다. 코칭에 압도되거나 빠지지 않도록 스스로 조절할 수 있어야 한다. 자신의 직관을 믿고 내면의 깨우침을 신뢰할 수 있어야 한다. 이를 통해 코치는 코칭대상자와 연결된 상태에서 매 순간 그가 말하는 중요한 가치나 의미, 목적 및 존재 방식, 코칭 간 관찰한 것을 공유함으로써 성찰을 일으킬 수 있다. 코치는 대상자의 존재, 중요한 가치관, 말투나 행동, 감정의 흐름까지도 인식할 수 있는 능력을 갖추어야 한다.

초급수준

초급수준의 코치는 코칭하는 과정에서 코칭대상자와 함께 설정했던 코칭 주제나 목표 탐색에 집중한다. 오직 설정한 코칭목표 달성에만 집착하면서 코칭 프로세스에 관심을 갖게 되는 수준이다. 코치와 코칭대상자 상호 간 신뢰도 형성은 가장 낮은 수준 차원에서 형성된다. 따라서 최초로 형성된 코칭의 목표수준에서 코칭이 이루어지고, 코칭대상자가 원하는 깊은 내면으로 들어가지 못하는 경우가 많다. 따라서 이 단

코칭의 존재감을 나타내는 질문

- 군 생활을 하면서 가장 기뻤던 순간은 언제였나요?
- 군 생활 동안 전역하고 싶다고 느낄 정도로 힘든 상황은 언제였나요?
- 이제까지 살아오면서 가장 기억에 남는 칭찬의 말은 무엇이었나요?
- 코칭대화 중에 코칭대상자님이 '엄마'라고 말하는 순간 얼굴이 붉어지던데, 내면
  에 어떤 (생각, 감정) 변화가 있었나요?
  * 대화하다가 '비전'이라는 단어가 나올 때 눈빛에서 광채가 나오던데….
- 코칭대화를 하다가 '아버지'라는 단어에서 좀 망설이는 부분이 있었는데, 그 부
  분에 대해 나누고 싶은 이야기가 있다면 무엇이 있을까요?
- 중대장은 더 큰 성장을 원하고 있는데, 더 큰 성장을 위해 무엇을 할 수 있을까요?
- 본인의 현재 상태를 표현한다면 어떻게 표현할 수 있을까요?
- 이 일을 성취하게 된다면 주변에서 중대장을 어떤 사람이라고 할까요?
- 어떤 칭찬을 받으면 가장 기쁠 것 같나요?
- 오늘 이 기분으로 가족에게 가벼운 선물을 한다면 뭐가 좋을까요?
- 일을 좋아하신다고 하셨는데, 일이란 자신에게 어떤 의미와 가치가 있나요?

계에서는 상호 간의 친밀감 형성을 위한 노력이 요구되며, 코칭대상자의 진정한 욕구가 코칭목표와 일치하는지 점검할 필요가 있다.

중급수준

중급수준의 코칭대화는 코칭대상자와의 신뢰와 유대감을 어느 정도 가진 상태에서 진행된다. 따라서 코칭대상자가 피상적으로 말하는 것 외에 진정으로 추구하는 것이 무엇인지를 파악하고자 노력한다. 그러나 코치가 자신에 대한 좋은 이미지만 보여주려 하기 때문에 만족하지 못하거나 코칭대상자의 진정한 욕구를 파악하지 못하는 경우가 있다. 또한 코칭을 진행하면서 코칭대상자와 완전한 신뢰와 친밀감을 형성하지 못하거나 굳이 그것을 알아내려는 노력을 하지 않을 수 있다.

고급수준

최상의 코칭대화 수준은 코치와 대상자가 '상호 충분히 교감된 상태에서 어느 대화의 순간에 스스로 새롭게 인식하고 깨달아가는 것'이다. 따라서 코칭대화의 순간에 일어나는 성찰을 통해 코칭 리더에 대해 완전한 신뢰를 갖게 된다. 코치는 대화의 순간에 '알지 못함(not knowing)' 상태에서도 편안하게 대화를 진행할 수 있어야 한다. 왜냐하면 코칭대화 간 알지 못하는 일은 흔히 발생할 수 있다. 코칭하는 과정에서 코칭 대상자의 개인적인 일이나 조직에서 발생하는 일 등 코칭의 주제나 목표를 다룰 때

코칭의 존재감

P: 우리 간부들이 미래 진로 걱정을 많이 하는데, 내가 무엇을 해주어야 할까요?

C: 우리 중대장님에게 간부들의 미래 진로는 어떠한 의미가 있나요?

P: 직접적으로는 유능한 간부들이 군 생활에 충실해야 전투력이 상승되지만, 일단은 그들이 미래에 대한 확실한 자신감을 가지고 그에 따른 준비를 하는 간부들이 되기를 원합니다.

C: 구성원들의 미래 비전이나 진로에 대해 많은 생각과 배려를 해주시는 중대장님을 보니 중대원들이 왜 중대장님을 믿고 따르는지를 알겠습니다. 중대장님, 진심으로 위하는 간부들의 미래 진로의 주체는 누구일까요?

P: 아! 제가 잘못 생각했군요. 간부들의 진로계획의 주체는 당연히 본인들이지요.

C: 그럼 중대장님은 이제 무엇을 해야 할까요?

P: 코치님이 그렇게 말씀하시니 어렸을 때 읽었던 생텍쥐페리의 말이 생각나는군요. "당신이 배를 만들고 싶다면 사람들에게 목재를 가져오게 하고 일을 지시하고 일감을 나눠주는 일을 하지 마라. 대신 그들에게 저 넓고 끝없는 바다에 대한 동경심을 심어주라"는 말이 생각납니다. 저도 그들에게 꿈과 희망과 비전을 수립하도록 여건을 만들겠습니다. 그들은 우리 군의 전투력이자 미래 대한민국의 동량이니까요.

C: 중대장님의 간부 진로가 대한민국의 미래이자 희망으로 변하는 것 같아 정말 기쁩니다.

코치가 더 많이 알 수 없으며 마음의 변화를 알기 어렵다.

코치가 스스로 코칭대상자보다 더 많이 알고 있다고 생각하는 순간, 코칭 관계는 손상을 입을 수 있음을 명심해야 한다. 상담이나 컨설팅, 멘토링 등은 상대방보다 그 분야에서 전문가라고 하지만, 코칭은 코칭을 받는 대상자가 전문가라고 하는 이유가 여기에 있다. 코칭대상자보다 자신이 더 알지 못한다는 사실을 인식하고 코칭에 임하는 것이 중요하다. 따라서 코칭의 순간에 코치는 알지 못하는 사안이 발생하면 모른다는 사실을 기꺼이 코칭대상자에게 알릴 수 있고, 코칭대상자에게 양해를 구할 수도 있다. 오히려 인간적인 솔직한 모습이나 코치의 완벽하지 못한 부분이 코칭에 대한 참여도를 더욱 증진시킬 수 있다. 이런 과정에서 코치로서 코칭의 전문성을 겸비하는 것은 중요하다.

6. 적극적 경청

코치는 코칭대상자의 욕구를 알기 위해 그가 말하는 것뿐만 아니라 말하지 않는 것에도 집중하여 경청해야 한다. 대상자의 관점에서 그가 무엇을 말하고, 표현하지 않는 것이 무엇인지에 온전히 초점을 맞추어야 한다. 대상자가 원하는 것의 맥락에서 이해하며, 대상자의 자기표현을 지지하고 돕는다. 훌륭한 코치는 자신의 관심사에 집중하는 것이 아니라 코칭대상자와 합의한 코칭목표에 집중한다.

코칭대상자의 표현 중에 스스로 달성 가능한 것과 가능하지 않은 목표, 가치 및 믿음 등에 대해 경청한다. 코칭대상자의 말과 목소리, 톤, 몸의 언어 등을 구별하여 들을 줄 아는 능력이 요구된다. 코칭대화 간 대상자와 음조 맞추기(pacing)를 통해 대상자의 말 흐름을 맞추어나가고, 목소리 톤이 갑자기 높거나 낮아질 때, 감정의 기복이 생기는 시점 등을 감지하여 요약반응(backtracking)을 할 수 있어야 한다. 그의 감정, 지각, 관심사, 신념, 제안 등 표현하는 것을 경청하면서 때로는 격려하고 수용하고 강화한다.

코칭목표를 명확하게 이해하고 표현을 돕기 위해 말을 정리하거나 요약하기도 하고, 반복해서 언급하기도 한다. 이때 너무 길게 말하지 말고, 핵심적인 단어 한두 마디만 인용하여 요약한다. 대상자와 눈 맞춤(eye contact), 미러링(mirroring), 음조 맞추기, 요약반응, 침묵(silence) 등을 적절히 활용한다. 코칭대상자의 생각이나 제안을 지지하고 격려하며, 길고 자세한 설명보다는 대상자가 말하는 핵심을 이해하도록 노력한다. 다음 단계로 넘어가기 위해 대상자 나름의 판단이나 집착 없이 상황을 마무리하거나 종결시킬 수 있도록 한다.

코칭 리더에게 요구되는 역량은 코칭 주제와 관련하여 코칭대상자가 말하는 내용에 관심을 기울이고 적극적으로 공감하며 지지해주는 것이다. 코칭대상자가 말하고자 하는 내용과 깊은 내면에 잠재해 있는 욕구를 탐구하고자 경청해야 한다. 코칭대상자의 언어나 감정 및 행동 등이 일치하지 않는 부조화 현상이 발생하면 이를 무심히 넘기지 말고 인식하도록 한다. 코칭대상자의 내면에 존재하는 생각이나 행동 등을 올바로 인식하고 성찰할 수 있는 역량을 겸비해야 한다. 코칭대상자의 언어나 행동을 통해 그가 진정으로 원하는 욕구를 표현하도록 용기를 북돋울 수 있어야 한다.

초급수준

초급수준에서는 코칭대화에서 나누는 피상적인 수준에서만 다루어진다. 코칭대상자가 현재 말하고자 하는 코칭문제가 무엇인지 묻고 바로 이러한 문제를 해결하기 위해 노력한다. 이 문제를 해결하는 데 어떤 방법이나 주변의 가용자원 등에 집착할 수 있다. 따라서 단순한 문제해결사(terminator)나 멘토처럼 자신의 지식이나 경험을 나눌 수 있다.

중급수준

중급수준에서 코칭대화는 심도 깊은 단계의 의식수준에서 이루어진다. 코치는 코칭대상자의 말에 귀에 기울이며, 피상적인 수준에 머무르는 것이 아닌 좀 더 깊은 내면의 진정한 욕구를 찾아내고자 노력한다. 그의 말을 경청하면서 대화의 방향을 전환하면 새로운 관점을 가질 수 있다. 코칭대상자가 하는 말에도 초점을 맞추지만,

적극적 경청 질문

- 지금 코칭을 받는 기분이 어떠세요?
- 대대장님의 현재 상황이 '튼튼한 동아줄에 꽁꽁 묶여 있는 느낌'이라 표현했는데, 그건 어떤 상태를 말하나요?
- 현재 처한 상황이 아주 힘들다고 하는데, 어떤 심정이세요?
- 방금 '부대원 이야기'를 하면서 목소리가 많이 떨리던데, 무슨 이유가 있나요?
- 코칭대화 중에 손목시계를 자주 보시던데, 혹시 바쁜 일이 있으신가요?
- 코칭대화를 하면서 계속 문을 쳐다보면서 불안해 보이는데, 무슨 일 있으신가요?
- '대대장님이 자신을 존중해주지 않을 때가 있다'고 말했는데, 그때는 어떤 기분이 드세요?
- 중대장님이 지난번 중대원들한테 화를 낸 진짜 이유는 무엇인가요?
- 중대장님이 하고자 하는데 현재 과감히 하지 못하는 이유는 무엇인가요?
- 중대 정리가 안 되어 있으면 화가 난다고 말씀하셨는데, 정리정돈을 중요하게 생각하는 이유는 무엇인가요?

코칭목표 달성에 적절한 방법이나 대안을 수집하려는 데 더 집중한다. 코칭과정에서 질문하면서 경청하기도 하지만, 좀 더 깊고 세부적인 욕구나 현실적인 문제 또는 대안탐색을 위해 경청한다. 코칭대상자가 무엇을 어떻게 해야 코칭목표 달성에 도움이 될지를 결정하거나 실천할 수 있도록 경청한다. 코치는 상당히 깊이 있는 경청을 하지만, 때로는 코칭대상자의 말에 반응하기보다 자신의 사고를 기준으로 반응하면서 코칭대상자가 스스로 알지 못하는 진정한 욕구를 알아차리지 못하는 실수를 범하기도 한다. 따라서 경청이 세부적으로는 잘 이루어지지만, 전체적인 관점에서는 잘 이루어지지 않는 경향이 있다.

고급수준

고급수준에서의 코칭대화는 코칭대상자의 생각에 몰입하면서 모든 것으로부터 배우겠다는 관점으로 임해야 한다. 코칭대상자의 말소리뿐만 아니라 억양이나 톤,

감정의 변화 등을 듣고 보고 느끼며 인지적·정서적·행동적으로 동시에 반응한다. 경청은 의식적인 현상뿐만 아니라 전의식·무의식 세계까지 탐색하고자 노력한다. 따라서 코칭대상자에 대해 인지하게 된 내용은 코치의 반응을 통해 확인할 수 있다. 코칭대상자가 코칭대화를 통해 새로운 변화와 성장이 일어날 때, 또는 강력한 자존감이 생성될 때 통찰력 있고 자기실천력을 가질 수 있다. 코치는 대상자의 말에 귀를 기울이면서 그의 미래와 발전적 성장을 지원할 수 있는 질문을 한다. 코칭대상자의 강점뿐만 아니라 스스로 제한하고 있는 선입견이나 태도에 대해 성찰의 계기가 될 수 있도록 코칭을 진행할 필요가 있다. 따라서 코치의 경청은 각각의 단계뿐만 아니라 전체적인 코칭 맥락 속에서 객관적이고 종합적인 관점에서 진행되어야 한다.

적극적 경청을 통한 진로코칭

P: 새로운 보직을 받았는데 보직에 적응이 안 되어 헤매고 있어요. 적응을 잘하기 위한 방법을 찾고 싶어요.

C: 새로운 보직에 잘 적응하고 싶으시다고요. 네, 좋습니다. 새로운 보직 적응 방법 찾기를 코칭 주제로 설정하면 되겠네요.

P: 네, 좋습니다.

C: 그러면 새로운 보직 적응을 위해 어떤 노력을 해보셨나요?

P: 전임자로부터 받은 업무 인수인계 바인더도 다시 보고, 상급부대 참모와도 자주 전화했는데 잘 안 돼요.

C: 중대장님은 대화를 나누면서 계속 한숨을 쉬고 계시는데, 어떤 다른 고민이 있으신가요?

P: 제가 그랬나요? 사실은 제가 뭔가 하고 싶은데, 망설여지고 자신이 없는 것 같아서요.

C: 무엇이 중대장님을 망설이게 하나요?

P: 제가 현재 대대장님께 건의하고 싶은 것이 있어서요.

C: 대대장님께 건의하고 싶은 것이라면, 제가 어떻게 도와드릴 수 있는 방법이 있을까요?

P: 아뇨, 코치님이 어떻게 해주시는 게 중요한 것이 아니라 아직은 제가 어떻게 해야 할지 확신이 서지 않아서요. 제가 사실은 DISC 진단상 I형으로 사교적인 면이 있는데, 생각은 좋은데 실천계획이 잘 떠오르지 않아서요.

C: 생각은 좋은데 실천계획을 구체화하고 싶다는 이야기인가요?

P: 네! 이번 코칭을 통해 실천계획을 구체화했으면 좋겠어요.

C: 제가 듣기에 대상자님이 한숨을 쉬면서도 눈동자는 유난히 무언가를 주시하는 것 같은데, 그것은 무슨 의미인가요?

P: 제가 그랬나요? 역시 코치님은 제 말에 집중해주시니 감사합니다.

C: 그런가요? 반드시 필요하다는 표정이고, 말의 톤도 확신에 찬 듯한 의지마저 전해지더군요. 어떻습니까?

P: 제가 교육훈련 분야에 대해서는 초급장교 시절부터 생각해오던 바가 있었는데, 그것을 실천할 때가 되었다고 생각하며 구체화하고 있는데 무언가 2%가 부족한 것 같아서요.

C: 아! 그러시군요. 그렇게 말씀하실 때는 고민하는 모습이 아니라 확신에 찬 결연한 의지가 보이는 것 같아 곧 실천이 될 것 같습니다. 우선 현실적으로 무엇부터 풀어나가야 할까요?

P: 우선 제 고민부터 지우고, 할 수 있다는 자신감으로 전체적인 마스터플랜이 그려지는군요. 코치님의 코칭을 받아가면서 마스터플랜을 구체화해나가도록 하겠습니다.

7. 강력한 질문

'강력한 질문'이란 코치가 코칭대상자로 하여금 '자신만의 프레임에서 벗어나 스스로 깨달음을 얻고 변화와 성장을 할 수 있도록 이끌어주는 등대 같은 역할을 하는 질문'을 말한다. 따라서 강력한 질문은 코칭의 핵심이라 할 수 있다. 인류역사에 가장 강력한 질문은 무엇일까? 아담에게 "어디에 있느냐(Ayyeka)?" 하고 묻는 하나님의 질문, 혹은 "(주여) 어디로 가야 하나이까?" 하고 반문하는 등 무수히 많을 것이다.

"당신은 현재 누구의 삶을 살아가고 있습니까?"
"지금 당신 안에 있는 어떤 당신이 그렇게 생각하고 있습니까?"

코치는 코칭대상자의 사고방식을 이해하고, 적극적 경청을 통해 성찰에 이르는 질문을 할 수 있어야 한다. 코칭대상자로 하여금 자신이 생각하는 본질이 무엇인지, 자신의 존재를 더 넓고 깊게 탐색하게 함으로써 새로운 사고의 지평을 열어주는 질문을 해야 한다. 적극적으로 경청한 결과를 반영하고, 코칭대상자 관점의 이해를 반영하는 질문을 한다. 코칭대화 간 자신을 발견하고, 지혜를 얻을 수 있으며, 적극적 행동으로 이끄는 질문이 필요하다. 스스로를 발견하고 통찰하며, 행동(대상자의 생각에 도전하는 행동)화를 불러일으키는 질문을 해야 한다.

"당신의 상급자는 현재 당신이 어떻게 행동하고 판단하길 원할까요?"
"그는 지금 이 순간 당신에게 무엇을 바랄까요?"

코칭대상자가 새롭게 배우고, 제대로 된 현실인식을 통해 가능성을 발견하고, 혼돈의 수렁에서 명확성을 도출할 수 있는 질문을 해야 한다. 코칭 간 대상자가 스스로를 방어하거나 정당성을 주장하게 하는 질문이 아닌 대상자의 장점이나 비전, 희망을 찾는 질문을 해야 한다. 질문을 통해 무엇인가가 명확해지고, 가능성이 생기며, 새로운 도전을 샘솟게 하는 미래지향적이며 스스로의 마음이 열리게 해야 한다. 코칭대상자를 정당화하거나 뒤돌아보게 하는 질문보다는 대상자가 원하는 것을 향해 나아가는 질문을 해야 한다. 코칭대화에서는 침묵이 강력한 효과를 발휘하기도 한다. 코칭대화 간 침묵의 공간에서 나오는 질문이 때로는 말하지 않는 가운데 성찰에 이르는 강력한 질문이 되기도 한다.

코치는 코칭대상자가 관심을 가지거나 내면에 잠재해 있는 핵심이슈를 건드릴 수 있는 질문을 할 수 있어야 한다. 코칭대상자의 말과 어투, 행동에 담긴 감정적 내

성찰(省察) 질문

- 당신의 내면 깊은 곳에 있는 진실한 마음은 무엇입니까?
- 무엇이 당신의 진실한 마음을 제어하고 있습니까?
- 당신의 그러한 행동은 당신에게 어떤 유리한 점이 있을까요?
- 이제까지 당신의 인생에서 가장 기뻤던 순간은 언제입니까?
- 지금부터 원점에서 새롭게 시작한다면 무엇을 할 수 있을까요?
- 당신이 가장 잘할 수 있는 것은 무엇입니까?
- 무엇이 당신을 자주 행복하게 만듭니까?
- 현재 가장 긍정적인 것은 무엇입니까?
- 당신에게 긍정적인 에너지를 주는 것은 무엇입니까?
- 당신에게 가장 효과적인 전략은 무엇입니까?
- 당신이 진정으로 원하는 것은 무엇입니까?
- 당신의 존재가치는 무엇이라고 생각합니까?
- 당신 자신에게 줄 수 있는 선물이 있다면 무엇입니까?
- 어려움 속에서도 항상 최선을 다하는 그 힘은 어디서 나오나요?
- 지금 이 상황에서 10년 뒤를 바라본다면 어떻게 되길 원하시나요?
- 가장 듣고 싶은 말이 있다면 무엇일까요?
- 이제까지 한 번도 시도해본 적 없는 방법을 사용한다면 그것은 무엇이 될까요?
- 현재 상황에서 최선의 방법은 무엇일까요?

용과 내면에 감춰진 욕구를 코칭대상자와 함께 탐구하고 스스로 탐구할 수 있도록 분위기를 조성한다. 또한 코칭대상자의 잠재해 있는 행동과 신념으로부터 배우고 함께 탐구하는 역량을 개발하는 질문을 통해 사고의 공간을 확장하고 새로운 관점을 이끌어낼 수 있어야 한다.

초급수준

초급수준의 질문은 코치가 코칭대상자와 합의한 주제나 목표에 관련된 내용 수준에서 이루어져 대부분 정보를 구하는 질문이나 형식에 구애받는 고정된 질문 또는 코치가 기대하는 정답(正答)을 구하는 수준으로 질문이 이루어진다. 따라서 코치의 질문은 코칭대상자와 합의한 코칭목표를 달성하기 위한 주요 관심사를 최대한 빨리 해결하기 위한 것이다. 코칭이 끝났을 때 무언가를 배웠다기보다는 그저 코칭을 했다는 수준에서 끝나는 경우가 많다.

중급수준

중급수준의 질문은 코칭대상자의 관심사에 관련된 내용이며, 통상적으로 탐색적 질문과 강력한 질문을 같이 사용한다. 하지만 강력한 성찰의 질문도 코칭대상자가 관심을 가진 의제나 목표를 해결하는 데 초점이 맞춰지는 경향이 있어 코칭대상자에게 반응하기보다는 주로 코칭의 주제나 목표, 개인적인 관심사에 반응하는 경우가 많다. 질문을 할 때 코칭대상자의 언어나 말투, 행동에 중점을 두고 파악하여 코치의 생각대로 말하거나 행동하기보다는 코칭대상자가 하는 대로 자연스럽게 따라가는 것이 중요하다. 자칫 코치 중심의 언어나 말투를 사용함으로써 코칭대상자와 함께 춤을 춘다기보다는 코치 중심으로 이끌어가는 느낌을 갖게 할 수 있다. 이 단계에서는 코치의 궁금증을 해결하기 위한 질문이나 추궁하는 질문을 하기도 한다. 경우에 따라 코치는 코칭대상자가 불편하게 생각하는 질문도 해야 할 경우가 있지만 회피하는 경우도 있다.

고급수준

고급수준에서 코칭대화는 코치와 코칭대상자가 완전히 일체가 되어 함께 춤추는 것이다. 코칭대상자에 충분히 반응해주고, 이를 통해 현실에 기반한 미래지향적인 해결방안을 생각케 하는 질문을 한다. 코치의 강력하고 성찰이 일어나게 하는 질문은 코칭대상자로 하여금 사고의 전환을 가져오는 계기를 만들 수 있다. 코칭대상자가 사용하는 언어나 말투 및 행동, 사고방식을 적극 활용하여 그에 적합한 질문을 한다. 코치는 코칭대상자에게 호기심을 가지고 코치 중심의 질문이 아닌 코칭대상자에게 완전히 몰입한 질문을 한다. 코칭대상자가 자신의 강점과 가능성을 찾을 수 있도

장기복무를 위한 진로코칭

P: 장기복무 군인이 되고 싶은데, 어떻게 준비할지에 대해 코칭을 받고 싶습니다.

C: 장기복무 군인이 되고 싶다고 했는데, 그것이 인생에 어떤 의미가 있나요?

P: 장교로서 평생을 국가와 국민을 위해 봉사하는 신성한 소명일 것 같습니다.

C: 신성한 소명이라고 말씀하셨는데 대단하십니다. 소명이라고 표현하신 이유라도 있나요?

P: 장교라는 직업은 국가가 위기에 빠졌을 때 목숨을 초개와 같이 바칠 수 있는 신성한 직업이라는 차원에서 소명이라고 표현했습니다.

C: 소명의식을 지닌 장교로서 임무를 수행하는 중대장님의 모습을 상상하니 멋진 군인의 표상이 될 것 같다는 생각이 듭니다. 이를 위해서는 무엇이 필요할까요?

P: 먼저 소명의식을 지닌 멋진 군인의 표상이 되기 위해서는 전문성을 지닌 장교가 되어야겠다는 생각이 듭니다.

C: 전문성을 지닌 장교가 되기 위해서는 무엇을 준비해야 할까요?

P: 전문성을 지닌 장교가 되기 위해서는 중대장으로서 해야 할 전투수행방법이나 부대관리기법을 제대로 알고 행동하며, 이를 바탕으로 대대장으로부터 신뢰를 받는 장교가 되겠습니다.

C: 이를 위해 무엇을 먼저 하시겠습니까?

P: 중대장으로서 적과 싸워 이기는 방법을 알기 위해 교범을 탐독하고 중대원들과 부대훈련 간 많은 토의를 활성화하도록 하겠습니다.

록 하여 스스로의 깊은 내면에 감춰진 역량을 발굴하도록 돕는다. 코치의 질문은 코칭대상자의 과거나 현재의 문제에 관심을 가지기보다는 미래를 창조하도록 돕는 질문을 한다. 이때 코치는 코칭대상자에게 불편할 수 있는 질문하기를 두려워하지 않는다.

8. 효과적인 피드백

피드백은 코치와 코칭대상자 상호 간의 의사소통을 통해 긍정적 영향을 미친다. 피드백을 통해 자신의 강점을 발굴하기도 하고, 약점을 보완할 수도 있다. 피드백을 하는 데 있어서 코칭대상자와 다룰 의제를 분명히 하는 것이 중요하다. 코칭대상자의 수준에 적합하게 전문용어를 사용하지 않고 편안한 대화가 이루어질 수 있도록 적절한 용어를 사용한다. 피드백을 할 때는 코칭의 목적이나 순서, 효과적인 피드백 기술 등을 적절히 사용할 수 있어야 한다. 피드백을 통해 코치가 하고자 하는 바를 명확하게 이해하도록 다시 설명하거나 다른 관점에서 볼 수 있도록 한다.

피드백할 때 유의할 점은 부정적 측면보다는 긍정적 측면을 보고 긍정 언어를 사용해야 한다. 예를 들면 '불만이 많은 사람'이라는 피드백보다는 '표현이 다양하고 감정이 풍부하다'는 관점에서 접근하는 것이다. '~하지 말라'는 부정적인 표현보다는 '~을 하는 것이 좋겠다'는 긍정적 표현을 사용하는 것이 효과적이다. 피드백을 할 때 길고 복잡한 표현을 사용하지 말고 간단하고 이해하기 쉽게 질문하고 적절한 피드백을 한다. 중립적이고 이해하기 쉬운 단어를 사용하며, 코칭대상자를 존중하며 배려하는 가운데 실시한다. 때로는 큰 그림을 그리거나 핵심을 설명하기 위해 비유나 은유를 적절히 사용한다. '리더는 등대와 같다'는 비유나 '리더는 등대'라는 은유를 사용하기도 한다.

피드백을 사용할 때는 통상적으로 샌드위치 피드백을 사용한다. 처음에는 칭찬이나 인정을 하고, 이어서 코치가 하고 싶은 교정의 피드백을 하고, 마지막으로 끝날 때는 반드시 상대의 강점이나 노력, 성품, 과거의 성공사례를 들어 인정하고 지지하면서 마치는 것이다. 코치는 코칭대상자의 관점, 생각, 직관 및 피드백을 사용하여 직접적이고 현실감 있게 코칭할 수 있어야 한다. 코치 자신의 관점을 고집하지 않고 코칭대상자의 언어와 학습모델을 사용하는 것이다. 코치의 관점이나 생각, 직관 및 피드백을 나누기 위해 폭넓게 고객의 참여를 요청해야 한다.

초급수준

코치는 자신의 경험을 바탕으로 말을 많이 하거나 리더십 관련 내용으로 포장된 교육을 하려는 경향이 나타날 수 있다. 또한 코칭대상자가 사용하는 수준의 단어나 말투를 따라가기보다는 리더십이나 코칭과정에서 습득한 전문용어를 대체로 많이 사용할 수 있다. 따라서 대부분의 코칭대화가 코치 중심으로 매우 평범한 수준에서 일방적으로 훈계를 받았다는 인식을 가지게 할 수 있다. 즉, 코칭대상자가 원하는 진정한 욕구를 탐색하지 못하고 코치가 만족하는 수준에서 끝날 수 있다.

중급수준

코치와 코칭대상자가 통상적인 코칭대화 과정을 통해 행동의 변화뿐만 아니라 정서적인 변화까지도 수반하는 코칭을 하고자 한다. 따라서 코치는 코칭대상자의 마음을 따라가고자 최대한 노력한다. 하지만 코치가 코칭대상자가 사용하는 말투나 행동 등에 충분하게 반응하지 못하는 경향도 나타난다. 피드백을 하면서 종종 코치 자신이 깨달은 바를 정답인 것처럼 생각할 수 있다. 따라서 피드백을 하면서 질문이나 관찰내용을 과장되게 표현하려는 경향을 지닐 수 있다. 또한 코칭대상자가 사용하는 언어보다는 코칭언어를 사용하는 경향이 있다. 코칭대상자가 수용하지 않거나 자신이 틀릴 수도 있다는 두려움 때문에 현실적이고 반드시 다루어야 할 피드백을 회피할 수도 있다.

고급수준

코치가 자신이 생각하고 관찰한 바를 물 흐르듯이 코칭대상자의 사고에 맞추어 자연스럽게 편견 없이 서로 나눈다. 코치는 코칭대상자가 외부 전화나 업무로부터 충분히 이격된 안정된 공간, 충분한 시간적 여유, 마음의 준비가 된 상태에서 피드백을 받아들일 수 있도록 여건이 조성된 상태에서 실시한다. 이를 통해 코칭대상자의 행동이나 정서적인 감정, 인지적인 사고 등에 대해 과장되거나 장황하지 않게 포장하지 않고 간단하게 생각을 나누며, 코칭대상자가 사용하는 언어 중심으로 나눈다. 코치는 코칭대상자가 피드백을 받아들이고 최선의 반응을 할 것이라는 확신을 가지

효과적인 피드백 방법

C: 360° 다면평가 결과 중 어떤 부분에 대해 코칭을 받고 싶으신가요?

P: 360° 다면평가 결과를 보고 좀 많이 당황스러웠습니다. 저는 나름대로 구성원들에게 최선을 다한다고 했는데….

C: 어떤 점이 당황스러웠습니까?

P: 저는 구성원들에게 무슨 일을 함에 있어서 부족하다는 생각이 들어 구체적으로 지도해준다고 생각했는데, 그들은 이를 간섭으로 생각해서 부정적 평가가 나온 것 같습니다.

C: 지도해준다 생각했는데 간섭으로 받아들여서 많이 실망하셨겠네요. 또 어떤 것이 당황스러우셨습니까?

P: 또 당황스러운 것은 제가 결단력이 없는 리더라고 평가했다는 것입니다.

C: 그럼 대대장님은 자신을 어떤 리더라고 평가하십니까?

P: 저는 지금까지 어떤 결정을 함에 있어 우유부단한 것이 아니라 구성원들을 배려하여 최대한 의견을 수렴하여 존중한다고 했는데…. 하지만 이를 우유부단으로 판단하니 결단력 있는 행동을 보여주기 위해 노력하겠습니다.

C: 대대장님께서 여러모로 노력하시고 수고가 많으셨네요. 대대장님의 리더십 스타일을 듣고 제 의견을 말해도 될까요?

P: 네, 솔직하게 말씀해주세요.

C: 대대장님은 구성원들을 배려하려고 의견을 구한다고 했지만, 구성원들은 이를 어떻게 생각을 했을까요? 역지사지의 입장에서 책임지지 않으려 결심하지 않는 리더의 모습으로 보일 수도 있었겠는데, 대대장님의 생각은 어떠세요?

P: (잠시 침묵) 그럴 수도 있겠네요. 아, 이젠 구성원들의 말을 듣고 현장에서 즉각 결정할 것은 결정하고 나중에라도 공지해서 결과를 공유할 수 있도록 해야겠습니다. 올바른 판단력을 개발하기 위한 방법은 어떤 것들이 있을까요?

C: 그러면 지금부터는 '어떻게 하면 올바른 판단력을 발휘할 수 있을까?'로 주제를 바꾸어 진행해도 될까요?

P: 네, 그것이 바로 제가 원하던 코칭 주제입니다. 좋습니다.

고 있다. 따라서 코치는 피드백 과정에서 직접적인 대화로 반응할 것을 권유하고 존중하며 축하한다.

9. 지속 실천(follow up)

코칭목표를 설정하고 달성함에 있어 강점요소를 찾거나 방해가 되는 요소를 제거하고 지속적인 성찰과 변화를 통한 성장이 이루어지도록 한다. 이를 위해 여건을 조성하고, 통찰이 일어날 수 있도록 행동이나 인지적 변화를 시도하는 과정이 필요하다. 코치는 코칭대상자가 스스로 행동설계를 하게 함으로써 성찰과 더불어 변화할 수 있는 행동과 인지적 결정에 대한 생각을 나누고 지원한다. 코칭대상자가 설정한 코칭목표를 실행할 수 있도록 체계화하며, 스스로 선택한 결정과 옵션을 평가하고 해결책 등을 실천하도록 지원한다. 스스로 행동 실행을 위한 새로운 가능성과 아이디어를 촉진하도록 행동과 생각을 자극하고, 코칭 간 학습한 것을 실제 생활에서 즉시 적용하도록 적극적인 실행과 자기발견을 촉구한다. 이를 통해 코칭대상자 자신의 미래 성장 가능성을 촉진하고, 성공을 인정하고 지지·격려해준다.

코칭대상자에게 코칭목표 달성을 위해 중요한 것이 무엇이며, 그가 해야 할 행동은 무엇인지를 명확히 인식시켜야 한다. 따라서 코칭대상자에게 설정한 목표를 향해 실천할 수 있도록 분명히 요청하고, 코칭과정에서 코칭대상자가 하겠다고 한 행동을 실제로 했는지 묻고 지속하여 관리하는 모습을 보여준다. 코칭 리더에게 요구되는 사항은 코칭대상자가 행동을 설계할 때 완벽한 동반자가 되어 코칭목표 달성을 향해 전진할 수 있도록 도와주어야 한다.

코칭목표 간 설계된 행동은 코칭대상자가 전적으로 공감하고 대상자의 생각이나 학습, 통합 등 그가 원하는 결과를 이루는 데 전체적으로 통합되도록 적절히 구성되어야 한다. 코치는 코칭대상자가 합의했던 코칭목표의 진행상황을 측정하기 위한 상징물과 방법을 만들어내고 스스로 진행에 대한 책임을 다하도록 완벽한 파트너가 되어야 한다. 코치는 코칭 결과가 미래 자신의 성장에 도움이 될 수 있도록 관심을 가지면서 코칭과정들이 제대로 진행되도록 유지한다. 이를 위해 코칭대상자가 하기로 한 것에 대해 상호책임을 질 수도 있어야 한다. 코칭대상자의 강점을 극대화하고, 약점이나 고민 등을 해결하기 위한 역량을 개발할 수 있도록 지원·격려해준다. 설사 코칭대상자가 코칭대화 시 동의한 행동을 하지 않았을 때도 긍정적인 방법으로 사실을 직면하게 함으로써 다시 실천하도록 지지와 격려를 해줄 필요가 있다.

초급수준

코칭목표를 설정하고 현실인식 및 대안탐색을 마친 이후 이를 실천하기 위한 과정에서 합의된 목표를 이루기 위해 노력한다. 하지만 때로는 선배 또는 선생의 입장에서 코칭대상자가 자신의 직무에 책임의식을 갖도록 하려는 강압적 분위기를 만들 수 있다. 강요하거나 하지 않았을 때 어떤 문제가 발생할 수 있는지 집중적으로 부각함으로써 강압적이라는 인식을 극복할 필요가 있다.

중급수준

코치는 지속적으로 실천할 수 있도록 하는 과정에서 코칭대상자와 코칭목표 실천을 위한 파트너십 관계가 형성되어 같이 노력하는 자세를 갖추고 이를 위한 갖가지 방법과 약속을 한다. 진심으로 자신을 바꿀 획기적인 마음이 일어나도록 지속적 실천을 할 수 있는 방안을 강구할 필요가 있다.

고급수준

코치는 코칭대상자가 코칭목표를 달성하기 위한 스스로의 방법을 찾도록 지원한다. 코칭을 통해 자신의 인생관이나 생활습관을 바꿀 획기적인 전환점을 가질 수 있다. 코칭대상자가 코칭목표 달성 여부에 스스로 책임을 진다는 것을 인식하고 약속한 행동이 이행되지 않을 때는 기꺼이 코치에게 전화하여 설명하거나 상의할 수 있도록 한다.

지속실천을 위한 코칭대화

C: 대대장님, 이번 코칭 세션이 끝난 이후 실천하기로 한 것을 정리해보시겠습니까?

P: 네, 대대원 모두가 포함된 워크숍을 실시하겠습니다. 모두가 개방되고 수용하는 분위기에서 서로의 생각을 나누고, 소통의 문화를 정착하기 위해 어떻게 할 것인가를 논의해보겠습니다.

C: 네, 좋습니다. 대대장님께서 계획하신 것을 성공적으로 해내시는 비결이 있다면 뭔가요?

P: 네, 저는 수첩과 스마트폰에 알림창을 활용해서 잊지 않고 실천하고 있습니다. 또한 계획과 실천을 잊지 않기 위해 제 나름대로 상징물을 만들었습니다. 시계인데, 시계를 볼 때마다 계획한 것을 생각하고 실천을 점검해보고 있습니다.

C: 와! 상징물까지 만드시고 실행에 대한 의지가 엿보이는군요. 상징물까지 보시면서 실천하시겠다고 하니 성공하리라 믿습니다. 이 계획이 성공적으로 되기 위해 지원이 필요하다면 어떤 것이 있을까요?

P: 수평적 조직문화를 만들기 위해 코치님께서 가끔 격려 메시지라도 보내주시면 감사하겠습니다.

C: 기대가 됩니다. 격려 메시지 꼭 보내드리겠습니다. 구상하신 것이 이루어진 것을 제가 어떻게 알 수 있을까요?

P: 제가 한 것을 리포트로 만들겠습니다. 그리고 실행한 다음날 메일로 보내드리겠습니다.

* 고객이 실행을 통해 배움과 깨달음을 더 얻을 수 있도록 코치가 제안

IV

리더십 코칭의 효과성

12장
리더십 코칭

1. 군 조직의 특징

'군 조직은 일상에서의 업무수행 자체가 곧 리더십이다.' 부여된 임무를 완수하기 위해 조직구성원에게 동기를 부여하고, 효과적으로 수행하기 위해 영향력을 발휘하게 된다. 따라서 올바른 리더십을 발휘하기 위해서는 타인을 이해하는 것도 중요하지만, 그보다 더욱 중요한 것이 리더 자신을 아는 것이다.

군 조직은 다른 어느 집단보다 위계적이고, 때로는 강압적일 수밖에 없는 조직의 특성이 나타난다. 군 조직의 특성에 대해 야노비츠(Janowitz, 1979)는 "계급과 책임 및 권위를 바탕으로 하는 위계적 전투집단"이라 정의했다. 여기서 '위계적'이라는 개념은 계급과 직책에 의한 절대적 권위하에 관료체제 규율로 형성되어 있는 지휘체계를 의미한다. 군 조직은 일반사회와 공통되는 점도 있지만 임무완수의 절대성, 상하계급에 의한 명령 복종체계, 전장상황의 불확실성과 복잡성, 군 조직의 강제성과 규범성 차원에서 차이점이 있다.

현대 군 조직의 특성[1]은 다음과 같다.

---

1   군 조직의 특성을 「한국군 리더십 진단과 강화방안」(국방부, 2005)에서는 조직목적의 절대성, 권위적

첫째, 군 임무완수의 절대성이다. 군 조직에 부여된 임무는 반드시 완수되어야 한다. 전투에서 임무수행의 실패는 부상이나 죽음을 의미하며, 국가의 존망을 가를 수 있는 중대사이기 때문이다.[2] 국가방위를 위해 평시에는 실전적인 교육훈련과 군사대비태세를 유지하고, 유사시에는 적과 싸워 이겨야 한다.

둘째, 계급과 직책에 의한 상하 명령체계의 조직이다. 직책과 계급에 따른 권한과 책임이 부여되고, 조직 내의 임무와 역할이 명확하며, 조직구성원은 법과 규정에 의해 리더의 지시에 따라야 한다. 따라서 조직의 질서를 유지하면서도 조직구성원들이 자발적으로 임무를 완수할 수 있도록 동기를 부여하고, 가용자원과 전투력을 효율적으로 운용할 수 있는 리더의 자질과 역량이 요구된다.

셋째, 전장상황의 불확실성과 복잡성을 전제로 임무를 수행하는 집단이다. 군 전투현장에서 발생할 수 있는 상황은 지형 및 기상, 피아의 전투 의지, 부여된 임무, 가용 부대 등 다양한 요소에 의해 미래 예측이 곤란하고 다른 여타 민간조직보다 훨씬 복잡하다. 리더는 이러한 전장상황의 불확실성과 복잡성을 수용하면서 조직구성원의 잠재능력을 최대한 이끌어낼 수 있는 리더십을 발휘해야 한다.

넷째, 군 조직의 강제성과 규범성을 들 수 있다. 군은 일사불란(一絲不亂)하게 임무를 수행하는 전통에서 비롯된 상명하복의 강제성과 공동체적 규범문화가 형성되어 있다. 이러한 군 조직의 의식과 문화는 구성원들에게 하나라는 일체감을 조성하여 개인의 이익보다 조직의 이익을 우선시하게 된다.

위계조직, 조직의 집단성, 조직의 강제성과 규범적 성격, 조직기능의 자족성을 제시하고, 육군본부(2017)의 리더십 교범에는 임무, 조직구조, 구성원, 군대문화 등으로 기술하고 있다.

2 『손자병법』에 "兵者는 國之大事라, 死生之地요 存亡之道이니 不可不察也라(전쟁은 나라의 중대한 일이다. 국민의 생사와 나라의 존망이 걸린 일이니 깊이 살펴야 한다)"고 강조하고 있다.

2. 리더십 코칭의 특징

1) 리더십 진단을 통한 자기인식

　리더들은 '조직구성원들과 자신이 인식하는 간격(gap)'을 좁히기 위한 코칭목표를 선정하면 스스로 해야 할 코칭목표가 뚜렷해지는 장점이 있었다. 분명하게 설정된 코칭목표를 바탕으로 이를 해결하기 위한 방안을 도출한다. 군 코칭은 이와 같이 리더십 중심의 명확한 코칭의 목표를 선정하고 이를 달성하기 위해 코치와 리더가 함께 노력하니 코칭의 효과가 배가되는 특성이 있다.

　리더십 코칭은 리더십 역량 개발을 목적으로 코칭 리더가 반드시 지녀야 할 덕목을 선정하여 리더십 모형으로 정립했다. 리더십 모형은 칠흑같이 어두운 바다에서 방향을 잃고 표류하는 배에 희망을 주는 등대(GPS) 같은 존재일 수 있다. 리더십 진단도구는 객관적인 신뢰도와 타당도를 갖추기 위해 설문지 개발을 위한 절차적 과정을 준수했다.

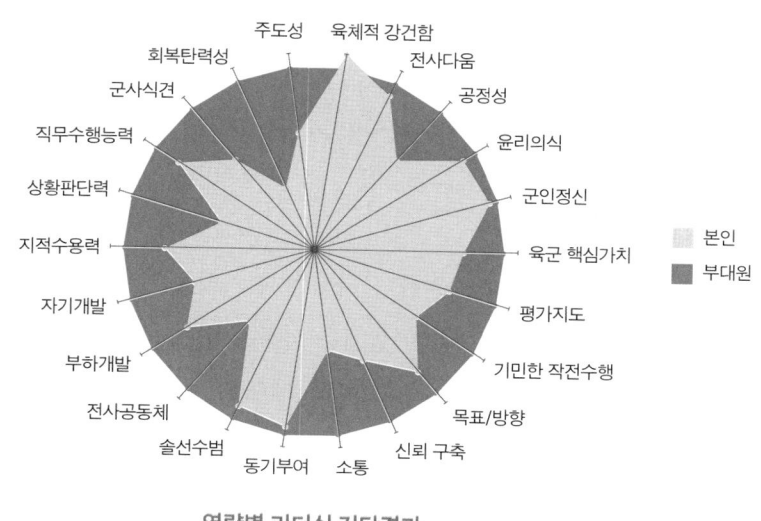

역량별 리더십 진단결과

① '리더십 발휘에 필요한 핵심요인이 무엇인가?'를 도출하기 위해 리더십에 관한 선행연구들과 개방형 설문, 포커스그룹 인터뷰, 리더십 전문가들을 선정하여 리더십 범주와 핵심요인을 추출했다(리더십 진단요인 도출).

② 리더십의 범주와 요인에 대한 정의를 사전적 정의와 군 연구자료, 교범 등의 공식자료 등을 검토하여 새롭게 규명했다(각 범주와 요인에 대한 정의).

③ 정의에 내포된 의미에서 해당 요인의 구성요소를 식별했다. 구성요소 수는 필수적인 사항을 중심으로 반영하여 선정했다(핵심요인의 구성요소 식별).

④ 문항 수는 구성요소와의 대응을 기준으로 하되 리더십 전문가와 토의를 거쳐 확정했다(각 요인별 구성요소를 기준으로 진단문항 작성).

⑤ 진단도구의 검증을 위해 신뢰성과 타당도를 통계적으로 검증하고 진단문항의 내용타당성을 질적으로 검증하기 위한 설문지를 개발했다(진단문항지 개발).

⑥ 통계적인 신뢰성과 타당성 검증을 거쳐 문항을 수정하여 최종 진단도구를 확정했다(진단도구 확정).

리더십 코칭의 진행방식은 이와 같이 통계적으로 검증된 리더십 진단도구를 활용한다. 코칭을 하기에 앞서 리더와 조직구성원에게 코칭교육을 실시하고, 코칭에 대한 충분한 이해를 바탕으로 리더십 진단도구를 활용하여 코칭대상자의 리더십에 대해 평가하도록 했다. 리더 자신이 발휘한 리더십에 대한 평가와 구성원의 평가 결과를 '조하리의 창을 활용한 상호 간의 인식 차'를 바탕으로 코칭대상자가 자신의 코칭목표를 선정하도록 했다.

리더들은 이제까지 조직구성원들이 자신을 평가하는 것을 경험해보지 못하다가 객관적으로 타인이 평가한 자신의 실체를 접하는 순간 충격을 받는 경우도 많다. 20~30년 군 생활 동안 자신의 모습을 한 번도 제대로 보지 못한 리더들이 스스로의 모습을 거울로 비추어보는(mirroring) 기회를 갖게 되면 충격을 받기도 한다. 리더십 진단을 접한 초기에는 최선을 다하는 자신의 모습을 알아주지 않는 구성원의 평가에 서운해하는 경우도 있었지만, 수긍하고 코칭에 적극적으로 임한다. 리더에게 조직구성원은 거울 같은 존재다. 리더들은 '거울에 비친 자아'를 보면서 자신의 언행을

IV. 리더십 코칭의 효과성

자각한다.

군은 리더십이 일상화된 조직이다. 군 리더는 아침에 출근하면서부터 퇴근해서도 군대라는 조직을 떠나서 생활할 수 없는 소명의식을 지닌 존재들이다. 이들에게 자신의 조그마한 변화가 조직구성원에게 심대한 영향을 미친다는 사실을 인지시키는 리더십 코칭은 소명(calling)과도 같다. 리더에게 자신이 변화하면 자신의 부대원, 적게는 500명에서 많게는 1만여 명이 행복해진다는 사실을 인식시키면 스스로 변화하고자 하는 의식이 생기는 현상을 현장에서 자주 목도하게 된다.

2) 약점 보완 및 강점 발굴을 통한 성찰

군 조직에 입대하는 인원은 건강한 신체와 건전한 사고방식을 지닌 대한민국의 훌륭한 젊은이들이다. 이들은 부여된 임무를 성실하게 수행하고 완수할 능력을 충분히 겸비한 군인들이다. 리더와 조직구성원 모두 충분히 교육을 받고 스스로 강점과 자존감을 지닌 훌륭한 인격체로, 그들의 능력을 신뢰하고 인정해주어야 한다. 현명한 리더는 조직구성원의 잠재능력을 신뢰하여 그들의 무한한 가능성을 발휘하고 조직에 기여하도록 리드한다. 리더의 신뢰는 조직구성원의 말과 행동을 통해 조직에 전파된다. 리더의 신뢰감은 조직구성원들의 사기를 충천하게 하고, 목숨을 걸고 불섶에 뛰어들게 만든다. 따라서 리더는 이들이 흥겹게 춤추는 마당을 펼쳐주면 스스로 보람을 느끼고 결과를 산출할 수 있다.

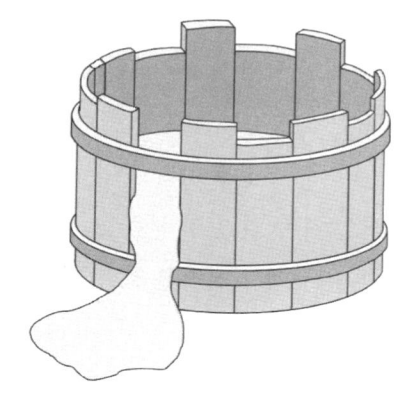

리비히의 최소량의 법칙

식물의 성장은 많은 영양소에 의해 좌우되는 것이 아니라 적은 영양소에 의해 좌우된다는 리비히의 법칙[3]이 있다. 리더는 자신의 약점

---

3 리비히의 최소량의 법칙(law of minimum): 식물의 성장을 좌우하는 것은 넘치도록 공급되는 영양소가 아니라 가장 부족한 영양소라는 것이다.

을 보완하기 위해 노력해야 한다. 리더십 역량은 평시에는 강점보다는 약점에 의해 좌우된다는 점을 명심해야 한다. 위기 시에는 강점을 극대화하는 것이 중요하지만, 안정기에는 자신의 약점을 극복하려 노력해야 한다. 리더십도 안정기나 평시에는 리더십 최소량의 법칙에 의해 좌우된다. 리더는 조직구성원들의 약점보다는 강점을 적극 발굴하고 인정해주는 것이 효과적임을 알 수 있다. 조직구성원들의 잠재능력을 읽어내고 인정해주는 것도 리더의 능력이다. 리더는 조직구성원들을 인정해주는 것도 중요하지만, 이들에게 자신의 있는 모습 그대로를 인정하도록 지도하는 것도 중요하다. 조직구성원들이 리더의 인정과 칭찬을 진심으로 받아들여 자신의 내면에 있는 잠재성을 자각하고 수용할 때 개인과 조직의 경쟁력이 강화되기 때문이다.

리더십 진단도구를 활용하여 본인이 스스로 판단한 진단 결과와 조직구성원들이 판단한 진단 결과를 종합하여 잘하고 있는 영역과 못하고 있는 영역으로 구분하여 가시화한다. 조하리의 창을 응용하여 잘하는 영역과 못하는 영역으로 구분하여 리더 자신과 조직구성원들이 모두 잘하고 있다고 인정하는 부분은 열린 창(open window), 리더 본인은 못하고 있다고 인식하나 조직구성원들은 잘하고 있다고 인식하고 있는 보이지 않는 창(blind window), 리더 자신은 잘하고 있으나 조직구성원들은 못하고 있다고 인식하는 숨겨진 창(hidden window), 둘 다 인식하지 못하는 미지의 창(unknown window) 영역 등이 있다.

섀도 코칭(shadow coaching)은 상급자나 조직구성원들과의 대면 인터뷰, 360° 진단 등 다양한 정보를 종합 정리하여 리더 자신이 보지 못하는 부분을 집중하여 전달해준다. 군 코칭은 이와 같이 종합한 내용을 조하리의 창으로 표현한다. 조하리의 창에서 말하는 열린 창 부분을 적극적으로 활성화하도록 권장한다. 자신이 잘못 인식하고 있는 맹점 영역은 조직구성원들의 말에 귀를 기울여 스스로를 성찰할 기회를 갖도록 한다. 리더나 조직구성원들 모두 인식하지 못하는 미지의 창 부분은 리더나 조직구성원들의 개인적 발전이나 조직발전을 위해 적극적으로 발굴하도록 권장하는 코칭의 특징이 있다.

IV. 리더십 코칭의 효과성

3) 문제해결을 통한 코칭효과 증대

군 코칭은 진찰(examination)과 피드백 기반의 코칭을 중점으로 한다. 진찰이 중요한 이유는 리더가 자기 자신에 대한 인식을 바탕으로 성찰하여 스스로 변화할 기회를 갖게 되기 때문이다. 코칭을 통해 변화·성장하기 위해서는 먼저 자신의 현재 모습을 객관적인 시각에서 탐구할 필요가 있다. 리더십 진단 결과를 바탕으로 자기인식과 타인과의 지각 사이에 갭(gap)을 알아차릴 때 자발적인 성찰이 일어나게 된다. 성찰이 크게 일어나기 위해서는 제공되는 정보의 양이 정확하고 풍부해야 신뢰할 수 있다. 또한 조직구성원의 인식에 담긴 정보들이 리더 자신에 대한 행동과 언행이 담겨있기 때문에 성찰이 일어나게 된다. 성찰이 일어날 때 통찰과 관점의 전환이 이루어진다.

군 코칭은 조직 특성상 때로 카운슬링이나 컨설팅, 멘토링, 티칭 등이 병행되기도 한다. 코치들은 리더들과 동일한 군 조직에 대한 지휘경험, 비슷한 현실인식이나 해결할 문제에 대한 경험이 있기 때문에 다양한 관점에서 전문가적인 질문을 통해 스스로 깨달을 기회를 제공할 수 있다. 이를 통해 코치는 리더에게 신뢰감을 준다. 코칭을 하다 보면 리더 자신이 지닌 문제를 반드시 해결해야 하는 경우가 생기기도 한다. 리더십 코칭을 하기 전에 개인 상담을 먼저 하고 난 이후에 코칭을 하기도 한다. 또한 급변하게 변화하는 상황과 다양한 문제에 대해 리더 자신이 모르는 경우도 발생한다. 이러한 경우에는 코칭을 잠시 내려놓고 티칭을 실시하고 나서 리더가 충분히 인식하게 되면 이후에 코칭을 함으로써 코칭의 효과를 나타내기도 한다.

4) 실천 중심의 코칭

공자는 "들은 것은 잊어버리고, 본 것은 기억만 나고, 직접 해본 것은 이해된다"고 말했다. 군 코칭의 특징은 다른 어떠한 영역의 코칭보다 코칭 이후(post coaching) 부분이 강력하다. 4박 5일간의 집중적인 피드백이 종료된 이후에는 2주 정도 지나 서면 피드백이 제공된다. 서면 피드백에는 50페이지 분량의 4박 5일간 집중적인 코칭

기간 동안의 리더에 대한 모든 부분이 제공된다.

서면 피드백을 받고 난 이후 추가로 코칭목표를 설정하고 원격 코칭을 실시한다. 이와 같이 사전진단에 의한 코칭교육, 4박 5일간 집중적인 현장코칭, 이후 서면 피드백에 의한 코칭, 전화를 이용한 원격코칭 등을 실시하고 나서 6개월 정도 경과한 이후에 코칭의 효과성을 평가한다. 평가방법은 조직구성원들이 리더십 진단도구를 활용하여 리더의 변화와 성장한 모습을 파악한다.

리더십 코칭철학 및 역량모델

구분	내용	
군 코칭철학	① growther: 성장욕구를 지닌 인격체 ② positiver: 긍정적 사고를 지닌 신뢰할 수 있는 존재 ③ solutioner: 문제해결 역량 구비 ④ facilitator(leader): 리더 = 촉진자	
군 코칭 정의	자신의 장점을 극대화함으로써 변화와 성장을 추진하는 활동	
군 코칭 이론	① 목표설정 이론(goal setting theory) ② 긍정심리학(positive psychology) ③ 해결 중심 이론(solution coaching)	
군 코칭 리더십 역량모델	① 인성: 공정성, 책임감, 자기통제력 ② 통솔력: 임파워먼트, 비전제시, 문제해결, 동기부여 ③ 리더다움: 주도성, 강건성, 유연성, 솔선수범 ④ 조직관리: 자기개발, 부하개발, 통찰력, 방향제시 ⑤ 코칭스킬: 경청, 질문, 피드백, 평가 및 지도	
군 코칭 프로세스	목표설정(G) Goal	– 목표설정 원칙: SMART – 명확한 목표 설정 – 측정 및 행동 가능한 목표
	현실인식(P) Present	– 관점 전환(올바른 현실인식) – gap 확인(문제 탐색) – 성찰공간 마련, 의미 확장(가치, 존재)
	대안선택(S) Solution	– 가용자원 및 가능성 발견, 욕구 파악 – 성공경험, 강점, 해결책 확인 – 해결방안 수립(if, one more, 긍정적 상상)
	지속실천(F) Follow up	– 배움 찾기(확인과 인식) – 실행 성찰(격려, 지원) – 해결에 초점(지속적 유지)

군 코칭 간에는 리더 및 조직구성원을 대상으로 리더십 및 팔로워십 교육을 병행한다. 리더십코칭팀들이 구성원을 대상으로 코칭대상자의 리더십과 조직 분위기에 대한 진단을 바탕으로 리더십, 개인의 고민상담, 때로는 군의 선배로서 멘토링, 조직을 진단하는 컨설팅 등을 종합하여 코칭 리더 자신뿐만 아니라 조직을 제대로 보는 계기가 되도록 한다. 이러한 리더십과 팔로워십, 상담 등의 병행 교육은 한 번으로 끝나는 것이 아니라 지속적인 실천으로 이어져 코칭의 효과성 평가 시 10%p 이상의 결과로 제시되었다.

3. 리더십 코칭모델

군 코칭모델은 코칭 리더와 코칭대상자가 함께 설정한 목표를 달성할 수 있도록 돕는 대화모델이다. 코칭대상자의 행동변화와 성장에 초점을 둔 코칭모델이다. 더불어 군 조직특성상 어떠한 환경에서도 쉽게 적용할 수 있도록 단순해야 한다. 새로운 지식과 경험에 대한 즉각적인 현실적용을 가능케 하는 도구로, 코칭대상자가 자신의 문제를 해결하고 성장할 수 있도록 도울 수 있는 모델이어야 한다.

군 코칭모델은 군 코칭철학을 바탕으로 정립된 군 코칭의 정의, 즉 "자신의 장점을 극대화함으로써 변화와 성장을 추진하도록 돕는 활동"을 실현할 수 있어야 한다. 이를 체계적으로 정립하기 위해 군 코칭에 대한 이론적 배경을 정리했다. 또한 코칭 리더로서 갖추어야 할 자질과 역량을 개발했다. 코칭 리더십을 발휘하기에 용이하도록 '길잡이(GPS)'를 생각하고 이를 지속실천(follow up)'하는 코칭모델을 제작했다.

리더십 코칭은 군 조직에 적합하도록 4박 5일간 현장에서 집중적으로 실시하고, 이후 3~6개월 동안 텔레코칭(tele coaching)을 통해 변화와 성장을 촉진하도록 정립되었다. 군 코칭 모델은 기존의 리더십이나 인성, 상담 교육 등 군 교육에 대한 다양한 분석과 도널드 커크패트릭(Donald L. Kirkpatric)의 ADDIE의 교육훈련 프로그램을 참조하여 군 특성에 맞게 개발했다. 특히 독일군의 코칭모델을 벤치마킹하여 우리 군 특성에 맞게 적용·발전시켰다.

　설계 및 개발단계로서 군 코칭 설계 프로그램에 따른 교안과 교재를 개발하고, 파일럿 테스트로서 현장 예비실험을 통해 프로그램과 코칭자료를 수정·보완했다. 실행단계로서 통제집단의 동질성 검사, 코칭대상자인 대대장의 리더십 자질과 역량 검사, 코칭프로그램을 코칭대상자인 대대장에게 시행하고, 평가단계로서 텔레코칭 등을 통해 지속적인 코칭을 실시하면서 코칭평가 및 코칭만족도 평가, 코칭 소감문 평가 등을 통한 코칭성과를 확인하며 점검하는 과정으로 개발했다.

　이처럼 군 코칭 개발과정은 커크패트릭의 개발모델을 참조했다. 리더십교관과 코칭전문가 등에 대한 자문과 의견수렴 등을 통해 타당도 등을 검토하고, 야전 간부들에 대한 의견수렴 등의 과정을 거쳐 제작했다. 군 조직만의 독특한 특성에 대한 이해와 전문지식, 충분한 신뢰와 관계(relationship)를 바탕으로 코치와 코칭대상자, 더불어 코칭대상자의 부대원들이 함께할 수 있는 방향성을 제시하는 ‘GPS-Follow up’ 과정을 제시했다.

　사회조직도 조직의 성장과 목표달성에 목표와 방향이 중요하지만, 군이라는 조직은 항상 ‘적이 어디에 있고, 나의 현 위치는 어디인가?’, 그리고 ‘무엇을 준비해야 하는가?’ 하는 방향성이 중요하다. 따라서 군 조직 사고체계의 핵심인 GPS를 설정하고 목적지까지 지속실천(Follow up)을 위한 GPS-Follow up 코칭모델을 정립했다. 1단계는 목표설정(Goal), 2단계는 현실인식(Present), 3단계는 대안탐색(Solution), 4단계는 지속지원(Follow Up) 등으로 구성했다. 상세한 내용을 살펴보면 다음과 같다.

　첫 번째는 목표설정(Goal) 단계로 코치와 코칭대상자와의 합의를 통해 코칭목표 및 전략을 설정한다. 코칭목표는 명확하고 구체적이며 달성 가능한 목표를 설정하도록 했다. 이를 위해 코칭대상자의 말에 적극적으로 경청하고 공감하며, 행동을 관찰하여 코칭대상자의 기대에 합의되는 목표를 설정하는 단계로 구성했다.

　두 번째는 현실인식(Present) 단계로 현재 무엇이 문제인가를 파악하여 문제점이 어디에서 비롯되었는지를 인식하는 단계다. 현실인식 단계에서는 코칭목표를 달성하는 데 현재 문제가 무엇이며, 제한사항이 무엇인지 확인해야 한다. 이를 위해 현장관찰, 조직구성원 대담, 질문, 상급지휘관 및 참모 등과 대화 등을 통해 자료를 수집

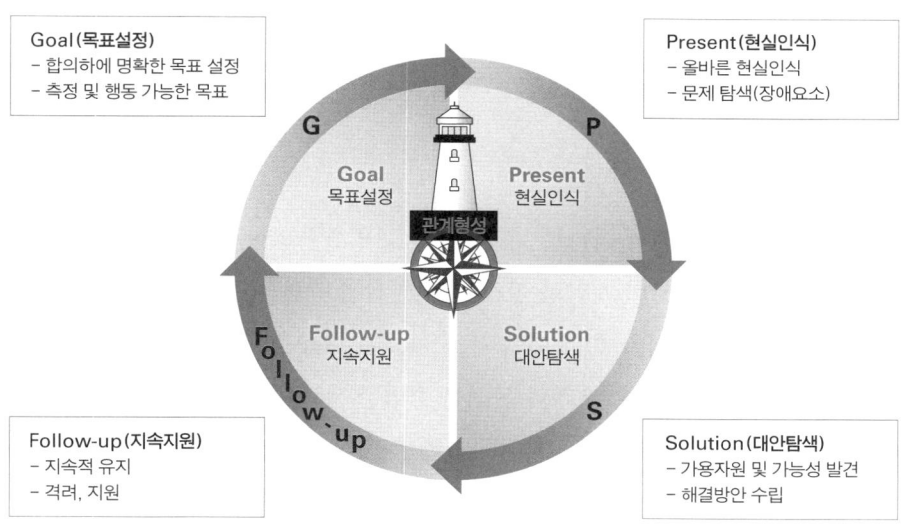

Goal(목표설정)
– 합의하에 명확한 목표 설정
– 측정 및 행동 가능한 목표

Present(현실인식)
– 올바른 현실인식
– 문제 탐색(장애요소)

G
Goal
목표설정

P
Present
현실인식

관계형성

Follow-up
지속지원

Solution
대안탐색

S

Follow-up(지속지원)
– 지속적 유지
– 격려, 지원

Solution(대안탐색)
– 가용자원 및 가능성 발견
– 해결방안 수립

GPS-Follow up 코칭대화 모델

하고 적절한 피드백을 제공하며 "왜"라는 끊임없는 문제의식을 통해 지휘의 제한사항 등을 파악해야 한다. 군 코칭팀은 리더십 진단지를 활용하여 조직구성원(간부, 병), 상급자(지휘관 및 참모)들은 코칭대상자의 리더십을 어떻게 평가하는지에 대해 종합적인 관점에서 파악한다.

세 번째는 대안탐색(Solution) 단계로 문제를 어떻게 해결할 것인가를 같이 고민하며 장애요소를 찾아 대책을 수립하는 단계다. 이 단계에서는 경청과 질문, 피드백 등을 통해 장애물을 분석하고 의식의 확장 등을 통한 대안탐색에 초점을 두어야 한다. 코칭대상자의 자각을 통한 변화와 성장을 촉진할 수 있는 대안을 찾아내고, 강점은 더욱 발전시키되 약점은 보완·발전시킬 수 있도록 코치가 지속적으로 지원·격려한다.

네 번째는 지속지원(Follow up) 단계로 코칭성과를 지속적으로 유지하도록 격려·지원하는 단계다. 코칭목표 달성을 확인하고 이를 지속적으로 지원·격려하기 위한 방법을 모색하는 단계다.

4. 군 조직코칭

1) 조직코칭의 정의

인간의 최고 업적 중의 하나는 '조직'을 만들어 효율성과 효과성을 추구한 점을 들 수 있다. 힘센 동물에 비해 약한 힘을 가진 인간이 만물의 영장이 될 수 있었던 것은 조직을 만들어 힘을 응집하고 이를 통해 학습된 내용을 전파했기 때문이다. 이러한 차원에서 피터 드러커는 "조직의 목적은 평범한 사람들이 모여 비범한 성과를 창출하는 것"이라 했다. 이처럼 조직의 힘은 평범한 다수가 모여 여러 사람의 의견을 종합하여 더욱 큰 시너지를 창출하는 것이다. SNS가 발달한 요즘에는 다수의 사람이 모여 큰 힘을 발휘할 수 있다. 한 사람보다는 다수의 구성원들이 제시하는 의견은 문제를 정확하고 빠르게 효율적으로 대응하는 방법과 수단을 제공할 수 있다.

현대사회에서 집단지성(collective intelligence)[4]의 대표적인 사례는 위키피디아를 통해 알 수 있다. 300년 역사의 브리태니커 백과사전이 단 10여 년 만에 불특정 다수의 사람들이 모여서 이룩한 집단지성에 무너졌다. 온라인 백과사전인 위키피디아는 IT 기술과 '집단지성'이 만들어낸 인간세상과 자연현상에 대한 총체적 지식의 보물창고로 자리매김하고 있다. 이와 같이 다수의 사람이 발휘하는 집단지성은 상호협력 혹은 경쟁을 통해 얻어지는 결과다. 소수의 리더나 전문가의 능력보다 다양성과 독립성을 가진 다수 조직구성원의 통합된 지성이 올바른 결론에 도달하는 것이다. 호기심과 창의적인 조직구성원들의 자발적인 참여와 자율성, 개방성, 수평적 관계 속에서 상호 협업 등을 통한 집단지성은 미래 조직이 지향하는 방향이다.

제임스 서로위키(James Surowiecki)는 『대중의 지혜(Wisdom of Crowds)』에서 "우수한 한 사람의 직감보다는 평범한 여러 사람의 직감이 더 우수한 결과를 만든다"고 하면서 집단지성을 강조했다. 예를 들면, 도축장에서 도축업 전문가와 일반인이 육우의 체

---

4 '집단지성'이라는 말은 1910년대 미 하버드대학의 곤충학자인 모턴 휠러(W. Morton Wheeler)가 흰개미의 협업 장면을 유심히 관찰하면서 집단지성의 통찰을 얻었다고 한다.

중을 알아맞히는 과정에서 전문가들이 추정한 예측보다 다수의 일반인이 예측한 결과가 더 정확했다는 점을 들 수 있다.

이처럼 집단지성은 ① 복잡한 문제해결 방안을 찾거나 ② 혁신을 추진할 때, ③ 현명한 의사결정을 내려야 할 때, ④ 미래를 예측할 때 한 명의 주도적 리더에 의한 판단보다 조직구성원의 판단이 더 현명할 수 있다는 것이다. 조직을 변화시키는 힘은 한 명의 리더보다 다수 구성원의 통찰과 지혜에서 나올 수 있다는 점이다.

조직의 힘을 그룹화하여 효율성과 효과성을 추구하는 조직코칭은 개인코칭에 비해 효과적이다. 진저 코커햄(Ginger Cockerham)은 조직코칭에 대해 "조직의 목표나 개인적인 목표를 달성하기 위해 합류한 사람들의 에너지나 경험, 지혜를 극대화하고자 하는 의도를 가지고 전문코치가 촉진적으로 이끄는 그룹 프로세스"라 했다. 브리튼(Britton)은 "개인의 발전, 목표성취, 자기인식 확장을 목적으로 특정주제를 정해 코칭의 원리를 적용하는 소규모 그룹 프로세스"라고 정의했다.

조직코칭은 "개인이나 조직의 목표를 달성할 수 있도록 상호 의사소통을 통한 변화와 성장을 촉진하는 활동"이라 정의할 수 있다.

조직코칭은 목적에 따라 조직구성원들의 리더십 개발을 목적으로 한 리더십 코칭, 조직의 실적향상을 위한 성과코칭, 학습능력향상을 위한 학습코칭, 조직구성원의 커리어 능력개발을 위한 커리어코칭, 인간관계 향상을 위한 관계코칭 등 다양하다. 조직코칭은 참가자들에게 정답을 제시하기보다 코칭철학을 바탕으로 코칭스킬과 코칭 프로세스를 적용하여 참가자들이 역량을 기르고 스스로 해답을 찾을 수 있도록 상호작용을 하게 한다. 개인의 성장과 조직의 성과달성에 초점을 두어 개인이나 조직의 시너지 효과를 낼 수 있도록 하는 것이다.

개인코칭과 대별되는 조직코칭이 있다. 조직코칭은 그룹코칭과 팀코칭으로 구분된다. 그룹코칭은 수평적 위치의 상호 대등하고 독립적인 개인들이 모여 개인이나 조직의 성과를 향상시키기 위한 목적으로 코칭을 한다. 수평적인 관계로 연대감이나 책임감은 낮으나 코칭현장에서 활발한 토의가 가능하다. 그룹코칭은 비교적 갈등상황이 발생하지 않으며, 서로 협력적인 분위기에서 이루어진다. 수평적이고 대등한 관계에서 서로 다른 개인적인 목표를 선정하거나 동일한 주제를 선정하여 함께 토의한다. 코칭과제 수행은 개인이나 그룹형태로 수행할 수 있으며, 코칭에 참여하는 개인의 역량이 중요한 역할을 수행한다. 그룹코칭 간 코치는 수평적이고 대등한 관계에서 코칭을 진행하다 보면 토의에 소홀하거나 소외되는 사람이 없도록 신경을 써야 한다.

팀코칭은 그룹코칭과 달리 코칭대상자 상호 간 서열이 존재한다. 조직 내 팀의 목적을 달성하기 위해 팀장과 구성원들이 정기적으로 모여 일정 기간 동안 코칭을 받는 것이다. 코칭목적을 달성하는 데 있어 공동의 일을 해야 하는 사람들이 하나의 팀을 구성한다. 그룹코칭에 비해 갈등상황이 적을 수 있으나 팀코칭 간 이해 당사자들의 갈등상황이 발생할 수도 있다. 공동의 목표달성을 위해 팀장과 팀원으로 구성되어 조직 차원의 수직관계가 존재하는 것이 그룹코칭과의 차이점이다. 팀코칭은 그룹코칭에 비해 단결력과 상호의존성이 높은 게 특징이다. 코칭 간 팀이 단일한 목적으로 연결되고, 동일한 코칭목표하에 상호 책임을 갖고 실시하며, 팀장과 팀원 간 업무협력과 팀 과제 수행이 중요하다.

조직코칭과 유사한 방식으로 퍼실리테이팅이 있다. 퍼실리테이팅은 퍼실리테이터가 주제를 준비하고 그에 적합한 토의형식과 프로세스를 준비한다. 더불어 퍼실리테이팅은 진행과 결과에 초점이 맞추어지며 조직의 발전에 목적이 있다. 조직코칭은 구성원이 원하는 결과에 초점을 맞추어 목표를 세우고 실천방법을 강구한다. 조직구성원이 스스로 해결책을 찾을 수 있도록 코칭 프로세스를 중심으로 올바른 현실인식을 공유하고, 공동의 대화를 통해 해결역량을 갖추도록 하는 것이다. 조직코칭은 구성원의 성찰을 통해 스스로 변화와 성장을 목표로 한다. 이를 바탕으로 개인과 조직의 문제해결 역량을 개발하고 해법의 탐구, 지속적인 실천에 중점을 둔다.

2) 조직코칭의 필요성

조직을 둘러싼 환경 및 조직구성원의 인식은 변화하나 조직의 사명과 임무완수의 절대성은 변하지 않는다. 변화하는 조직의 환경과 구성원의 특성에 접합하게 리더십의 변화가 필요하다. 환경이 변화하는데 이에 적합하게 변화하지 못하면 성공적인 임무수행이 어려워진다. 임무완수를 위해 새로운 시대(VUCA)에 적합한 조직으로 변화하지 못하면 도태되는 것은 자명하다. 조직은 임무완수를 위해 조직구성원들이 자율성과 적응성, 창의성을 지니도록 해야 한다. 조직은 변화에 민첩하게 대응하는 역동적인 역량(dynamic capability)과 민첩함의 근간이 되는 안정적인 근간(stable backbone)을 구축해야 한다.

조직에는 개인코칭과 더불어 조직코칭으로의 확장이 필수불가결한 사항이다. 리더 개인의 변화로 인한 조직의 성장도 바람직하지만, 코칭대상자의 인식과 조직환경의 급격한 변화로 리더 개인의 코칭만으로 일어나는 변화는 한계에 직면하고 있다. 따라서 리더 개인에 대한 코칭과 더불어 조직구성원 전체를 그룹이나 팀으로 구성하여 조직코칭을 실시하는 것은 4차 산업혁명 시대에 필수불가결한 사항이 되고 있다. 조직코칭을 통해 코칭의 효과성을 증진하고, 더불어 코칭을 받는 것이 문제 있는 리더로 인식되는 것을 방지할 수도 있다. 조직코칭을 통해 코칭대상자 개인의 변화를 넘어 조직 차원으로 확대된다면 조직문화의 변화로 이어질 수 있다.

조직코칭은 리더십 개발(leadership development)과 팔로워십 개발(followership development), 조직목표 정렬(organizational objective alignment)로 구분할 수 있다. 리더십 개발은 조직구성원의 일부이지만 리더 또는 셀프리더로서 개인적인 자기인식, 자기조절, 동기부여를 통해 역량개발을 하는 것이다. 리더로서 품성과 전문성을 개발해나갈 수 있는 개인 내적역량(intrapersonal skills) 개발을 지원한다. 리더 개발은 리더의 개인적 역량이 관계 차원에서 발휘될 수 있도록 사회적 인식과 사회적 기술개발을 통해 리더십 효과성을 높이는 대인 간 역량을 개발하는 것이다. 성공적인 조직변화와 성과를 만들어가는 과정으로 리더십 정렬, 과업 정렬, 리더와 구성원 간의 심리적 정렬이 필요하다.

팔로워십 개발은 조직구성원의 일부인 팔로워로서 리더의 지시를 이해하는 과정에서 자발적·적극적으로 이행하기 위한 역량을 개발하는 것이다. 팔로워의 행동은 조직의 성공과 실패에 중요한 요인이다. 조직이 유연하고 전문화된 조직으로 변화되는 시점에서 리더십보다 팔로워십이 중요해지고, 팔로워의 건전한 비판이 요구되고 있다. 요즘과 같이 변화의 속도가 빠를 경우에는 리더나 팔로워의 잘못된 행동이나 결정에 의해 조직의 생사가 결정되므로 건전한 팔로워십 정렬에 대한 코칭이 절실하다.

리더십 개발과 팔로워십 개발을 바탕으로 한 방향으로 가기 위한 조직목표 정렬이 필요하다. 올바른 조직목표 정렬은 속도가 빠른 경우 리더와 팔로워, 조직이 한순간 조금만 방향성을 상실해도 큰 차이가 난다. 따라서 리더가 장기적인 비전을 수립하고 이를 달성하기 위한 올바른 목표설정, 방향제시 등을 해야 한다. 또한 팔로워는 조직의 장기비전하에 목표달성을 위한 적극적인 이행과 건전한 비판으로 조직 전체가 상하 동일체의 조직 구심력을 발휘할 수 있도록 해야 한다.

3) 조직코칭의 구조

조직코칭은 코칭에 적합한 인원이 모여 개별적인 목표 혹은 조직의 목표를 달성하기 위해 정기적으로 일정 시간 동안 코칭을 받는 것을 말한다. 조직코칭의 적정인원에 대해서는 의견이 다양하지만, 6~10명 정도가 적당하다. 조직코칭 구성원이 10명 이상이면 코칭에 대한 집중도가 떨어질 수 있다. 한 세션의 적정한 시간은 1~3시간 정도가 적절하며, 2시간 정도가 코칭에 대한 관심과 집중도가 최대화될 수 있다.

조직코칭의 형식은 구조화 코칭, 준구조화 코칭, 비구조화 코칭 등으로 구분된다. 구조화 코칭은 회기마다 진행되는 조직코칭의 형식과 내용이 정해져 있다. 다시 말하면 짧은 기간 진행되는 집체교육의 형태를 10여 회의 형태로 전환한 형식이다. 따라서 일반적인 집체교육에 개인의 코칭목표를 추가하여 진행되는 형태다. 코칭 전체 주제와 각 회기의 주제를 사전에 선정하여 진행한다. 따라서 구조화 코칭은 진정한 의미의 조직코칭이라 하기 곤란하며, 교육내용과 개인의 코칭목표를 일치시키기 힘든 단점도 있다.

준구조화 코칭은 회기마다 진행해야 하는 주요 형식과 절차는 있으나 코칭내용은 사전에 준비하지 않는다. 코칭내용은 사전에 선정돼 있지 않으나 코칭을 진행하다 보면 교육이 진행될 가능성이 높다. 코칭 주제를 사전에 선정하되 코칭 진행에 따라 변경될 수 있다. 조직코칭 간 개인의 목표에 중점을 둘 경우 사전에 준비된 형식이 의미가 없을 수 있으나 코칭대상자들에게 필요한 부분을 적절히 알려줄 수 있다는 장점이 있다. 코칭대상자들의 개별적인 목표와 형식의 연계성이 없을 경우 일치시키기 어려운 단점이 있다.

비구조화 코칭은 형식과 내용이 사전에 준비되어 있지 않으며, 코칭대상자들의 코칭목표에 따라 세션을 진행한다. 진정한 의미의 조직코칭이라 할 수 있으나 고도의 숙련된 코치와 적극적인 코칭대상자들의 자발적인 참여, 상호 역동이 일어나는 코칭 분위기 등의 일치되어야 가능하다. 이러한 비구조화된 코칭이 목적에 따라 순조롭게 진행되면 다른 어떠한 조직코칭보다 효과가 증대될 수 있다. 참여자들은 처음에 익숙하지 않아 당황스러워할 수 있으나 곧 적극적으로 참여하여 결과에 대해 만족하는 경우가 많다.

4) 조직코칭 실시

조직코칭의 목표를 효과적으로 달성하기 위해서는 일련의 형식과 절차에 따라 준비하되 자율적인 분위기에서 실시하는 것이 바람직하다. 조직코칭은 코칭 준비(pre coaching) 코칭 실시(main coaching), 사후 코칭(post coaching) 등으로 구분된다. 코칭 준비는 조직코칭을 계획하고 준비하는 단계, 코칭 실시는 조직코칭이 실제로 이루어지는 단계, 사후 코칭은 조직코칭이 종료된 후에 이루어지는 단계다.

코칭 리더는 조직코칭의 목표에 맞는 코칭 운영방식을 선정하고 참가인원을 구성한다. 조직코칭 구성원은 코칭목표와 주제에 따라 구성할 수 있으며, 인원은 시간과 몰입도를 고려하여 6~10명 내외를 기준으로 하는 것이 좋다. 조직코칭을 실시하기에 앞서 코칭 리더는 코칭에 적합한 환경을 조성해야 한다. 조직코칭 구성원의 인원 및 코칭 목적에 적합한 크기의 회의실, 밝은 조명, 적당한 온도 등을 점검한다. 또한 코치는 사전에 코칭대상자들의 성격, 성향이나 욕구, 필요를 파악해야 한다.

사전 오리엔테이션이 준비되면 코칭상황에 대해 충분히 이해할 수 있도록 설명한다. 이번 조직코칭을 왜 실시하는지, 코칭의 목적과 기대되는 성과 등에 대해 명확히 설명해야 한다. 코치는 코칭대상자에 대해 명확하게 이해하기 위해 사전에 성격유형검사(MBTI)나 행동유형검사(DISC), 리더십 진단 등을 실시할 수 있다. 코치는 첫 회기를 시작하기 전에 코칭 시간과 장소, 필기구나 자료, 교육자료 및 교보재, 세션일지, 성찰일지 등이 준비되었는지 확인·점검해야 한다.

본격적인 조직코칭 과정으로서 첫 단계에는 분위기 조성을 위해 라포르 형성을 위한 아이스브레이킹(ice breaking) 시간을 가진다. 코칭 진행 전반에 걸친 안내와 코칭을 하기 전에 코치 자신을 소개하고, 참가자 상호 간에 자기소개 시간을 갖고 그룹 이름을 제작한다. 그룹 이름을 제작할 때는 부르기 좋고 긍정적 단어를 사용해야 한다. 동시에 코칭 시 주의사항, 코칭 리더의 역할, 수행할 과제 등을 알려준다.

첫 세션에서는 기본규칙(ground rule)을 설정하여 혼란을 방지해야 한다. 조직코칭 간 코칭대상자 상호 간에 적용되는 기본규칙은 다음과 같다.

① 솔직하게 자신을 개방하고 적극적으로 참여한다.
② 다른 사람의 의견이나 행동을 비난하지 않으며 존중한다.
③ 조직코칭 간 일어난 사건이나 알게 된 내용에 대해 비밀을 보장한다.
④ 개인과 조직의 발전을 위한 바람직한 행동을 선택하고, 시간을 효율적으로 활용한다.

모든 사람이 지켜야 할 기본규칙은 코칭대상자들의 모든 아이디어는 소중하게 생각하며, 조직코칭에 몰입하기를 서약한다. 휴대전화 사용은 최대한 자제하며, 휴식시간을 활용하도록 권장한다. 또한 코칭 간 토의한 내용에 대해서는 뒤끝이 없도록 할 것을 약속한다. 코칭 간 코칭대상자들은 정해진 코칭 시간을 엄수할 수 있도록 분위기를 조성한다. 조직코칭을 실시함에 있어서 지시적이거나 강압적이기보다는 자유로운 의사개진이 가능하도록 코칭을 진행하고, 참가자들의 피드백을 코칭세션에 적극 반영한다. 코칭 간 참가자의 경험과 지식을 공유하고 코칭대상자들이 주인의식을 갖고 동참하도록 진행해야 한다.

코칭 리더는 코칭 참가자들이 마음을 열 수 있도록 안정되고 신뢰할 수 있는 분

조직구성원의 역량에 따른 코치 유형

구 분	티칭형 코치 (teaching coach)	상담형 코치 (counseling coach)	멘토형 코치 (mento coach)	촉진형 코치 (facilitating coach)
구성원 유형	업무를 잘 모르는 경우 (신입사원형)	문제가 있는 경우 (문제사원형)	know-how 전수 (중간계층형)	강점 극대화 (미래 인재형)
Goal	과업의 목표, 방법, 우 선순위 등을 알려줌 (SMART)	상담 문제의 발생 원인 탐구를 위한 목표수립	효율적·효과적 업무를 하기 위한 목표수립	약점보다는 강점을 극 대화할 수 있도록 목표 수립
Present	현재 모르는 것이 무엇 인지를 함께 파악하도 록 노력	무엇이 문제인지 현상 을 파악하는 데 주력	더디고 잘 안 되는 문 제나 현상에 대한 원인 파악	as is-to be 미래의 모 습 가시화, 강점 발굴
Solution	해결방안을 탐색하는 데 필요한 자원이 무엇 인지 일러줌	문제를 해결하기 위한 근본적인 원인치유가 무엇인지를 파악하는 데 주력	파악된 문제나 현상에 대한 멘토의 know- how 해법 연구	미래 개인/조직 극대화 방안 탐색, 강점 극대 화, 약점 최소화
Follow up	구체적으로 실천할 해 결방안을 위하여 함께 노력	파악된 문제를 지속적 으로 제거하고 치유할 방안을 실천할 방법 강구	해법에 따른 실천과 더 불어 왜 그런지를 알고 다른 문제도 대입하여 실천지속	결정된 사항의 지속 추 진, 더 나은 실천방법 강구

위기를 조성한다. 코치는 참가자들이 솔직하게 이야기하도록 격려하고, 적절한 유머 등을 사용하여 자발적 분위기 형성을 위해 노력한다. 관계 형성 단계에서 반드시 필요한 것이 상호 간에 이해와 신뢰가 전제되어야 한다. 통상 조직 내 인원들이 모여 조직코칭을 하다 보면 상호 간에 관계가 형성되지 않은 상태에서 허심탄회한 의견이 개진되기 어렵다. 따라서 코칭 리더는 이러한 분위기를 해소할 수 있도록 충분한 라포르를 형성해야 한다.

관계를 형성하기 위한 방법에는 먼저 자기 별명을 짓고 이를 설명할 시간을 갖는 것도 좋은 방편 중의 하나다. 별명을 지을 때는 자신을 잘 나타내고 자랑스러운 것으로 하는 것이 좋다. 또한 별명 앞에 긍정적인 형용사를 붙여 이야기한다. 예를 들면 '자유이용권'처럼 자유는 어떤 것으로부터도 구속받지 않는 자유로움을 뜻하며, 이용권은 힘들고 어려울 때 누구에게나 사용될 수 있다. 또한 인생그래프를 통해 이제까지 좋았던 일과 슬펐던 일을 몇 개씩 적어 서로를 알 수 있는 시간을 가지는 것도 상호 이해의 차원에서 유용한 방편이 될 수 있다. 코칭 리더가 그림에 대한 해석을 조금이라도 할 줄 안다면 '빗속의 그림검사(PITR: Person in the Rain)'를 통해 조직코칭에 참가한 인원들의 스트레스 정도를 파악하고, 현실에서 이들의 생각을 알 수 있는 좋은 계기가 되기도 한다.

코칭목표를 설정하면서 자유로운 분위기에서 토론을 시작한다. 이 과정에서 군 코칭 프로세스인 GPS-Follow up 모델을 활용하여 코칭목표를 실천으로 유도할 수 있도록 진행한다. 코칭 말미에는 다음 세션에 수행할 과제를 선정하고, 돌아가면서 성찰일지를 공유하여 참가자들로부터 인정과 칭찬을 받는 성찰 시간과 마무리 기회를 가진다. 코칭 리더는 지난 세션 내용을 리뷰하고, 지난 시간에 토의한 내용에 대한 실행 결과를 공유하며, 이에 대해 의견을 나누는 시간을 가진다. 세션 진행 간 새로이 토의할 주제에 대해 경청, 질문, 피드백을 통해 구성원의 욕구, 감정, 희망을 주의 깊게 관찰한다. 코칭 진행 간 코칭 주제에 대한 각자의 생각을 진술하게 표현하고 논의하며, 바람직한 관점과 행동방안을 모색한다.

코칭 리더의 역할은 조직코칭 참가자 개인 및 조직 발전에 도움이 되도록 자연스럽게 의견을 교환하고, 상호 역동이 발생할 수 있는 코칭 분위기를 조성한다. 코칭 리더는 능숙한 진행을 통해 구성원 상호 간 성찰 및 변화, 성장이 일어날 수 있도록 한다. 상호 공감하고 지지하고 격려해줌으로써 코칭대상자들이 이해받고 수용된다는 인식을 갖도록 한다. 이를 통해 코칭대상자들이 학습 기회를 가지며, 코칭을 통해 습득된 내용을 정리하고 실천사항을 합의하며, 성찰 및 마무리 시간을 갖도록 진행한다. 한편 코칭 리더는 코칭대화에 참여하기를 거부하거나 방해가 되는 구성원이 있을 경우 이를 제지할 필요가 있다. 또한 코칭대상자들이 자신의 현재 생각과 행동을 스스로 탐색하고 수용하는 과정에서 성찰이 일어날 수 있도록 한다.

코칭대상자 스스로 강점을 찾거나 문제를 해결할 수 있도록 자유롭게 대안을 제시하고, 다양한 가능성과 효과성을 논의하게 하여 최선의 해결방안을 찾도록 한다. 최선의 해결방안을 위한 실행계획을 세우고, 이를 실천하고 성찰과정을 반복하여 새로운 실행계획을 반복하는 과정에서 행동과 정서, 사고의 전환을 가져올 수 있도록 하는 것이 코칭의 목적이다.

마무리 단계에서는 코칭 결과를 정리하고 코칭과정에서 의미가 있었거나 도움이 되었던 경험을 나누며 스스로 어떠한 변화와 성장이 있었는지 평가해보도록 한다. 이때 코칭과정에서 느끼고 배운 것을 실제 리더십 과정에서 어떻게 적용할 것인지를 생각하고 다짐할 수 있는 시간을 가지는 것이 좋다. 조직코칭 간 배운 것을 정리하고 축하하며, 코칭 간 있었던 변화와 성장이 지속적으로 유지될 수 있도록 인정하고 지지해준다.

5) 조직코칭의 효과

조직코칭이 완료된 후에는 조직코칭의 효과성을 평가한다. 이때 코칭의 효과성 평가는 ① 1단계: 구성원의 만족도(reaction), ② 2단계: 구성원이 배운 내용(learning), ③ 3단계: 변화된 구성원의 행동(behavior), ④ 4단계: 조직에 나타난 긍정적 성과 평가(results) 등으로 실시할 수 있다.

조직코칭이 성공하려면 코칭 리더의 능력이 대단히 중요하다. 코치가 조직코칭을 위해 얼마나 성실하게 준비하고, 이를 위한 환경을 조성하는가도 중요하다. 따라서 코치는 조직코칭을 위한 토의장소 및 토의 준비물 등에 관심을 기울여야 한다. 코치는 조직코칭의 목적을 달성하기 위해 코칭대상자들과 충분한 신뢰와 라포르를 형성하여 진행해야 한다. 또한 조직코칭의 목표설정과 프로세스에 따라 유연하게 코칭을 진행해야 하며, 코칭대상자들이 코칭에 자발적으로 참여할 수 있도록 분위기를 조성해야 한다.

조직코칭을 실시함에 있어서 코치와 코칭대상자들 간의 상호 신뢰 분위기 조성과 코칭 간 비밀유지에 대한 믿음, 안정된 코칭 공간 확보, 코칭대상자들의 호기심을 이끌어내는 코칭 주제 등이 중요하다. 더불어 코칭 주제를 설정하고 이후 더욱 명확한 코칭목표 설정과 행동변화에 대한 지원, 이를 위한 시간관리, 코칭목표에 대한 가치부여 등은 코칭목표 달성에 의미를 부여하고 지속시키기 위한 필수적인 요소다. 코치의 조직코칭을 촉진시키기 위한 코칭스킬과 도출된 실행내용에 대한 지속적인 실행의지 등에 대한 지원과 격려가 중요하다.

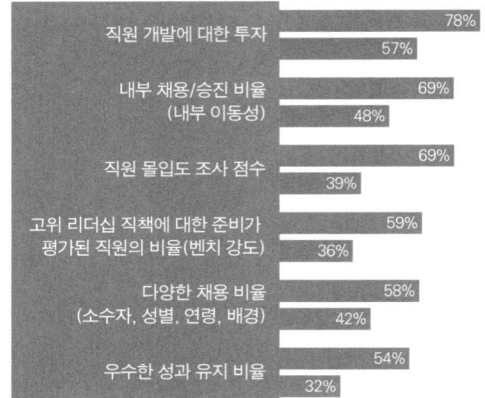

역량증진 성과

항목	값1	값2
직원 개발에 대한 투자	78%	57%
내부 채용/승진 비율 (내부 이동성)	69%	48%
직원 몰입도 조사 점수	69%	39%
고위 리더십 직책에 대한 준비가 평가된 직원의 비율(벤치 강도)	59%	36%
다양한 채용 비율 (소수자, 성별, 연령, 배경)	58%	42%
우수한 성과 유지 비율	54%	32%

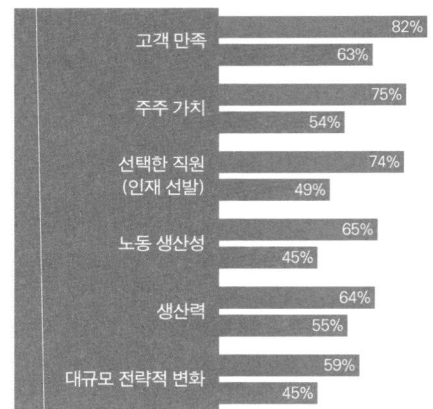

사업 성과

항목	값1	값2
고객 만족	82%	63%
주주 가치	75%	54%
선택한 직원 (인재 선발)	74%	49%
노동 생산성	65%	45%
생산력	64%	55%
대규모 전략적 변화	59%	45%

조직을 변화시키는 코칭의 효과

조직코칭의 효과는 조직의 임무 및 목표를 달성하는 데 유용하다. 워크숍이나 강연은 일회성이고 이벤트적인 성격이 강하나 조직코칭은 일정 기간 정해진 주제를 가지고 상호 간의 생각이나 고민을 나눔으로써 조직 내 의사소통의 활성화를 통한 일체감 형성, 코칭대상자들 간의 의견교환을 통한 상호학습, 스스로 변화와 성장의 기회 등을 달성할 수 있다. 조직코칭은 개인코칭에 비해 그룹이나 팀 편성을 통해 비용이나 시간 면에서 저렴하고 효과적일 수 있으며, 코칭대상자들의 상호 역동을 통해 목표달성에 더욱 적극적으로 임할 수 있다는 장점이 있다. 또한 코칭대상자들이 조직코칭을 통해 퍼실리테이팅 기법이나 리더십 등에 대해서도 타인의 지식이나 경험을 통해 배울 수 있다.

6) 조직코칭 간 활용할 수 있는 기법

조직코칭 간 유용하게 사용할 수 있는 방법은 그룹이나 팀 단위의 토의나 사례발표 시 다양한 기법 등을 통해 조직코칭의 효과성을 극대화할 수 있다.

조직코칭 간 유용하게 사용할 수 있는 기법에는 브레인스토밍(brainstorming) 방법이 있다. 브레인스토밍은 단어 뜻 그대로 코칭대상자들이 자유롭게 의견을 제시하고 조직구성원들이 받아들여 많은 아이디어를 창출해내는 방법이다. 이 방법은 미국 광고회사의 책임자였던 오즈번(Alex F. Osborn)이 최초로 제안한 것이다. 특정 문제에 대한 조직구성원의 확산적 사고를 유도하기 위한 방법이다. 브레인스토밍 토의 간 원칙은 구성원이 내는 어떠한 의견에도 비판을 지양하며 자유스럽게 머릿속에 폭풍우가 일 듯이 발상을 유도하고 이를 결합하는 방식이다. 브레인스토밍 토의 방법은 적당한 인원의 조직코칭 대상자(6~10명)를 지정하고 구성원 중에 진행자와 기록담당자를 선정한다. 진행자와 기록담당자는 지정된 코칭 주제에 대한 구체적 목표설정 및 현실인식, 이를 해결하기 위한 대안을 탐색하고 지속 실천할 수 있는 방법 등을 토의하는 방식이다. 브레인스토밍 방법을 사용하면서 상호 간 준수해야 할 원칙은 질보다 양에 초점을 맞춘다는 것이다. 나온 의견에 대해서는 반대나 토의 없이 일단 받아들이는 것이다. 아무리 엉뚱한 의견이라도 환영하고, 판단을 보류하며, 비판이나 비난은 허용하지 않는다. 반면에 제시된 의견에 자신의 의견을 덧붙이는 행위는 장려한다.

두 번째는 브레인라이팅(brain writing) 기법이다. 개인별로 생각하도록 하면서 집단발상의 장점을 살리는 방법이다. 브레인라이팅 기법은 홀리겔에 의해 고안된 것으로, 참석자에게 포스트잇이나 백지를 주고 여기에 각자의 아이디어나 의견을 적어 제출하는 방법이다. 조직코칭 간 구성원의 의견을 민주적이고 효율적으로 받아들여 정리하기에 유용하다. 브레인라이팅 기법은 브레인스토밍과 비교하여 소극적으로 발표하는 사람의 사고력을 최대한 이끌어내는 데 효과적이다. 참가자 개인의 생각은 물론 다른 구성원의 생각을 참고하여 작성하는 방법으로 시간제한을 통해 빠르게 스쳐 지나가는 생각을 정리한다. 이러한 브레인라이팅 기법이 효과적인 상황은 소수의 발언자에 좌우되지 않고 전체 조직구성원의 고른 의견이 필요할 때나 질적·양적으로 다양한 결과물을 도출해야 할 때 필요한 기법이다. 브레인라이팅 기법의 진행절차는 다음과 같다.

① 코칭주체를 명확하게 제시하고 메모지 상단에 주제와 이름을 작성한다.
② 작성 간 침묵을 유지하면서 개인별로 각자의 아이디어를 3개씩 적게 한다(5분

이내).

③ 일정 시간이 경과하면 시계 방향으로 종이를 돌리고, 옆 사람은 다음 줄에 3개의 아이디어를 적게 만든다. 이와 같은 방법을 5~6회 반복한다.

④ 작성 완료된 아이디어 중 코칭 주제에 적합한 것을 선택한다.

⑤ 선택된 아이디어를 분류하고 그룹화하여 네이밍을 하고 전지에 붙인다.

⑥ 선택된 아이디어에 대한 토의와 투표를 통해 아이디어를 평가하여 채택한다.

이때 주의할 사항은 구성원들끼리 의논하거나 대화하지 않도록 하며, 옆 사람이 작성한 아이디어를 보고 생각나거나 발전시킬 새로운 아이디어를 제시하도록 한다.

세 번째는 스캠퍼(SCAMPER) 기법이다. 미국의 알렉스 오즈본이 1950년대 개발된 체크리스트법을 보완하여 발전시킨 것으로, 사고영역을 일정하게 제시함으로써 구체적인 안이 도출될 수 있도록 유도하는 아이디어 발상법이다.

S는 Substitute(대체하기)로, 기존의 방법 대신 다른 무엇이 있을까?

C는 Combine(결합하기)으로, 기존 방법에 무엇을 더하면 더 좋을까?

A는 Adapt(적용하기)로, 기존 방법과 비슷한 것은 무엇이 있을까?

M은 Modify(수정하기)로, 색깔이나 모양·형태를 바꾸면 어떻게 될까?

P는 Put other use(다른 용도)로, 기존 장비를 다른 용도로 사용한다면?

E는 Eliminate(제거하기)로, 기존 장비에서 기존 부속품을 제거하면 어떻게 될까?

R은 Reverse(반대로 하기)로, 기존 방법이나 장비를 거꾸로 하면 어떻게 될까?

네 번째는 역(逆)발상법으로 거꾸로 사고하는 방법이다. 물리적 위치의 뒤집기와 함께 프로세스의 시간적인 순서를 바꾸는 것도 포함한다. 역발상 사고의 네 가지 원칙은 다음과 같다.

① 물리적 위치를 바꾼다.　　② 시간적 위치를 바꾼다.

③ 주체와 객체를 바꾼다.　　④ 개념 자체를 바꾼다.

다섯 번째는 '속성나열 기법'으로 문제의 속성(모양, 크기, 색깔, 특성 등)을 열거하여 기존과 다른 개념이나 원리를 색다르게 결합하거나 수정해 새로운 아이디어를 산출하는 기법이다.

① 문제 확인 및 재진술　　　② 속성 열거하기
③ 속성 결합 및 수정　　　　④ 실행 가능성 검토 등

마지막으로 조직코칭 간 마무리는 시간을 연장해서 진행할 필요가 있는지 확인하며, 세션 간 나누며 도출된 산출물 등을 검토한다. 또한 개시 때 확인했던 목표와 참석자의 기대사항을 돌아보고 가장 중요한 실행계획을 점검한다. 마지막으로, 참석한 구성원들의 조직코칭에 대한 참여소감을 청취한다.

7) 조직코칭 간 유의할 점

조직코칭은 개인코칭에 비해 다음과 같은 장점이 있다.

첫째, 코칭비용이 비교적 저렴하다는 점이다. 한 번의 코칭에 많은 사람이 모여 서로의 경험과 지식을 공유하고 변화와 성장을 추구하므로 경제적으로 효과가 클 수 있다.

둘째, 코칭대상자들과의 경험교류와 상호 간의 경험과 지식, 칭찬과 지지, 격려 등의 나눔을 통해 변화와 성장 기회가 있다. 자신이 생각하지 못했던 내용을 깨달음으로써 타인의 경험이나 지식을 타산지석으로 삼아 성찰의 기회를 통한 통찰력을 배양할 수 있다.

셋째, 코칭 회기 간 역동이 발생할 수 있으며 상호 학습 및 실습이 가능하다. 코칭대상자들의 집단지혜와 다양한 경험, 다른 시각과 관점을 통해 틀림(wrong)이 아닌 다름(difference)을 발견할 수 있다. 조직코칭은 타인의 생각이나 행동, 태도 및 언어구사 등에 대한 경험과 관찰을 통해 자기 자신을 인식할 수 있는 기회가 되기도 한다.

반면에 조직코칭의 단점은 코칭대상자 개인의 문제를 다루기가 어려운 점이 있다. 다수의 대상자들이 코칭에 참가하여 개인의 관심사에 소홀해질 수 있다. 따라서 코치는 개인들이 소외되지 않도록 모두에게 세심하게 배려하며 코칭을 진행해야 한다. 또한 코칭 참가자들의 시간을 맞추기 어려울 뿐만 아니라 개인적인 업무나 여타의 이유로 코칭 불참을 통제하기 힘들다는 점이다.

코칭 리더는 조직코칭 간 소극적으로 참가하는 구성원에게 주의를 기울여 적극적으로 참여할 수 있도록 유도해야 한다. 조직코칭을 준비함에 있어서 코칭을 위한 환경조성은 매우 중요하다. 회의실의 크기와 조명, 책상 및 의자 배치, 실내 온도, 외부와 차단되는 환경 조성 등은 매우 중요하다. 또한 코칭 리더는 참가자들의 성향과 니즈를 파악하여 제공할 수 있어야 한다. 조직코칭 간 첫 세션에서는 모두 지켜야 할 기본규칙을 정하고 이를 준수할 수 있도록 해야 한다. 코칭 참가자들의 불만이나 갈등, 대립은 즉시 해결할 수 있어야 한다. 소극적인 참가자들도 조직코칭에 적극적으로 참여할 수 있도록 유도해야 한다. 이를 위해 편안하게 발언 기회를 부여하거나 미리 지정하여 그 사람의 경험을 먼저 듣고 싶다고 하여 적극적으로 참여토록 유도할 수도 있다.

5. 독일군 코칭

독일군은 내적지휘센터(Zentrum Innere Führung)[5]에서 자체적으로 '코칭팀(Coaching Team)'을 편성하여 리더십 코칭을 실시하고 있다. 내적지휘센터는 1956년 내적지휘학교[6]로 창설되었으며, 1981년 내적지휘센터로 개명되었다. '내적지휘'는 연방군의

---

5 원어로는 'Zentrum Innere Führung'이며, '내적지휘센터'로 번역한다. 내적지휘센터의 주 임무는 군 복무의 정체성을 정립하고, 군이 국가와 사회에서 분리된 별도 조직이 아닌 하나가 되는 것과 헌법적 가치에 충실한 내부질서를 형성하는 제반 기초를 제공하는 것이다. 즉, 내적지휘센터는 근본적으로 '군복을 입은 민주시민'을 양성하는 것을 목표로 하고 있다.
6 원어는 'Schule Innere Führung'

정신적 가치로서 '운영철학'을 의미하며, 내적지휘에 관련된 사항 등을 연구하고 장병들의 정신교육을 주관하고 있다.

독일군의 내적지휘센터는 '군인들이 왜 존재하고 복무해야 하는가?', '무엇을 위해 복무해야 하는가?'라는 본질적인 문제를 연구하고, 장병들에게 신념화하여 국민으로부터 신뢰 받는 군대를 만들기 위한 목적으로 창설되었다. 헌법의 자유민주주의 체제의 기본 가치를 충실히 이행하는 기관으로 군과 민이 별도가 아닌 하나가 되기 위해 군내 문화의 지속적인 변화와 개혁을 추진하고 있다. 조직의 구성은 함부르크 연방대학의 자체 외부 연구소, 연방지휘참모대학, 연방군 교육훈련센터 그리고 국방부에 속한 개발연구소, 군 관련 기관들이 내적지휘센터의 고위 리더 코칭의 개념을 발전시키기 위해 함께 연구를 추진하고 있다.

독일군의 리더십 코칭은 크게 지휘동행코칭(FMO: Führungsbegleitung, Moderation & Orientierung)과 고위리더코칭(SPC: Spitzenpersonalcoaching)의 두 가지로 구분된다. 지휘동행코칭(FMO)[7]은 지휘자(관) 및 부서장들의 리더십을 현장에서 동반수행하면서 관찰 및 진단하고 평가를 실시한다. 고위리더코칭(SPC)[8]은 2015년부터 대령 및 장군급 직위의 고위직 리더 지원자들을 대상으로 시행하고 있다. 지휘동행코칭과는 별도로 고위급 리더의 모범적인 리더십이 독일연방군의 지휘문화를 개선 및 발전시키는 데 중요하다는 인식에서 출발하고 있다.

지휘동행코칭은 리더십 진단 및 평가 결과를 본인에게 객관적 시각으로 제공함으로써 리더 스스로 자신을 성찰하며 배울 수 있다는 인식하에 실시한다. 지휘동행코칭은 군 및 행정조직 지휘자들의 개별 리더십을 배양하기 위한 코칭프로그램이다. 자신의 희망에 따라 지원하는 방식으로 진행된다.

코칭팀은 사전 진단 및 현장단계에서 리더와 동행하여 관찰평가를 실시하고, 종합 분석된 서면 결과를 바탕으로 중립적이고 객관적인 피드백을 실시한다.

---

7   원어로 'Führungsbegleitung, Moderation & Orientierung (FMO)'이며, '지휘동행, 중재, 방향제시'로 해석할 수 있다. 참고로 2004년경에는 "Führungsbegleitung in militärischen Organisation(군조직에서 리더십 동행)'의 약자로 쓰였다.

8   원어로는 'Spitzenpersonalcoaching'이며, '고위리더코칭'으로 번역한다.

코칭과정은 도입 단계 – 지휘동행 단계 – 피드백 단계로 약 1년간 진행된다.

도입 단계[9]는 본격적인 코칭을 하기 1개월 전에 약 4주간 실시된다. 코칭팀이 코칭대상자를 접촉하고, 대상자의 리더십에 대해 사전 평가하여 첫 코칭을 하는 단계다. 코칭대상자를 포함하여 상관, 동료, 부하들에게 리더십 평가 항목으로 구성되어 있는 설문지를 보내고 이를 회수한다. 지휘동행 단계는 코칭대상자의 리더십 현장에 동반 수행한다. '코칭팀'이 코칭대상자의 근무지를 방문해 동행하여 관찰하고, 필요 시 사진이나 동영상 등을 촬영한다. 피드백 단계에는 상관, 동료 본인과 인터뷰 등을 통해 코칭대상자의 자질과 역량에 관한 정보를 수집하여 분석한 결과를 바탕으로 현지에서 구두로 피드백을 하게 된다. 지휘동행 단계를 마치고 6개월 정도 경과한 후 이를 A/S하는 차원에서 코칭대상자의 리더십 역량을 재진단 및 평가하여 최종 피드백을 한다. 이러한 피드백을 받은 리더들은 자신의 지휘방식과 태도를 성찰하고 통찰을 통해 리더십을 함양토록 한다. 지휘동행코칭의 주요 대상자는 소대장급 이상 군부대 지휘자(관), 참모부서장들이다. 코칭팀은 10명 이내로 편성되어 임무를 수행하며, 코칭 관련 교육을 이수한 전문 장교 및 부사관으로 구성된다.

독일군 고위급 리더 코칭팀은 코칭 관련 특별 교육을 받고 독일 국가자격 인증(IHK: Internationale Handelsksmmer)을 받은 군인(중령, 소령급)과 군무원, 외부 전문가들로 구성된다. 이들은 코칭 분야에서 10~20년 실무경험을 쌓아온 리더십 코칭 전문가다. 리더십 분야에 폭넓은 전문가들이 완벽하게 업무를 추진하고, 그 목적과 개념에 총체적인 접근이 가능하도록 중요하고 편견 없는 '외부시각'을 보장하게 된다.

코칭방법은 리더십 행동 결과를 중립적이고 꾸밈없이 적나라하게 제공한다. 코칭의 중심철학인 코칭대상자의 긍정적 리더십이 최대한 발휘되도록 코칭한다. 리더의 잠재역량을 더욱 발전시킬 수 있도록 강점을 극대화하면서 약점도 보완될 수 있도록 코칭을 실시한다. 연방군의 정체성 인식과 지휘문화를 충분히 인식하고, 코칭 관련 교육을 받은 전문인력에 의해 추진되며, 객관적이고 중립성을 유지한다. 자신의 부족한 지휘역량을 채워주고, 고과에 반영되지 않으며, 코칭팀이 하루 동안 동행

---

9   원어는 Einfuehrungs-Workshop

하며 근무현장에서 진행하게 된다.

고위급 리더 코칭 단계는 '예비 단계 – 핵심 단계 – 동행 단계 – 분석 및 평가 단계'로 12개월을 기준으로 이루어진다. 자기성찰을 통해 자신의 리더십 행동에 긍정적인 변화를 가져오기 위한 목적으로 자원한 코칭대상자에게 두 명의 코치가 투입된다. 예비 단계는 지역단위 부대별 담당자의 홍보를 통해 참가 희망인원에 대한 안내로 시작된다. 고위급 리더 코칭을 희망하는 코칭대상자들은 진행절차에 대한 상세한 안내와 함께 코칭의 목적과 최근 2년간의 통계적 결과에 대해 간단한 설명을 듣게 된다. 예비 단계에서는 코칭대상자의 개인적 관심과 주제가 중요하다. 고위급 리더 코칭의 목적은 획일화된 리더를 지향하지 않으며, 한 개인으로서 본질적인 인간만을 지향하게 된다. 코칭 일정이 확정되면 리더들은 첫 360° 피드백을 위해 리더십 진단 설문지(일명 '리더십 내비게이터'라고 함)를 받게 된다. 설문대상은 본인, 상관, 동료직원 등이 해당한다. 그와 함께 코칭이 자신의 리더십 행동에 대한 개인적 자기평가(반성)를 통해 먼저 시작된다.

핵심 단계에서는 하루 동안 동행 관찰하면서 6개 영역(책임과 신뢰, 리더십과 위임, 갈등관리, 팀워크, 고충처리, 유연성)별로 진단을 실시한다. 상관과 동료 및 직원들과의 대화로 리더에 관한 정보를 획득하고, 획득된 정보를 6개 전문 영역별로 리더십을 진단한다. 리더의 동의를 전제로 하루 동안 리더의 업무수행에 동행하면서 리더십을 파악하고, 상관과 동료 및 직원들과 함께 리더 주변 인원에 대한 인터뷰를 한다. 코칭팀은 이러한 정보를 종합하여 6개 영역에 대한 리더십 행동을 포괄적이고 중립적으로 분석하여 피드백을 할 수 있게 된다.

'동행 단계'는 별도로 코칭팀을 구성하여 리더십을 강화하는 단계로, 추가 코칭팀이 24시간 리더십 6개 영역뿐만 아니라 개인 주제와 관심에 대해 확인한다. 지휘동행코칭 단계에는 없는 리더십 강화를 위해 특별히 발전시킨 단계다. 코칭과정에서 수집된 모든 데이터와 결과는 정보보호 3단계를 적용받으며, 고위급 리더 코칭을 수행하는 데만 활용된다. 리더십 코칭에 관련된 내용은 규정에 따라 데이터가 삭제된다. 자유의사결정에 의한 동행 단계 동안 개인코칭팀에서 리더십을 좀 더 강화할 수 있는 기회를 갖게 된다. 동행 단계는 고위급 리더 코칭 단계에서 리더십 강화를 특별히 발전시킨 실용적인 것이다.

분석·평가 단계는 마지막으로 코칭대상자의 변화 정도를 알려주는 마무리 단계로, 동행 단계 9~12개월 후에 설문조사를 실시한다. '리더십 내비게이터'라 할 수 있는 설문조사를 한 후 360° 피드백을 실시하게 된다. 이러한 방법으로 핵심 단계 이후 변화된 리더십 정도를 알려주게 된다. 군 코칭에 의해 리더십의 변화 정도를 알려주는 개인발전 코칭대화 시간이다. 고위급 리더 코칭은 분석·평가 단계를 끝으로 마무리된다. 고위급 리더 코칭의 특징은 리더의 동의하에 본인의 근무지역에서 코칭교육을 받은 전문인력에 의해 진행되며, 고과에 반영되지 않고, 자발적인 참여의사를 존중한다.

6. 미군 코칭

미군은 코칭을 상담이나 멘토링 등과 별도로 구분하여 시행하기보다는 리더가 타인을 개발하는 방법의 하나로 강조한다(Army Leadership, 2012). 리더는 카운슬링, 코칭, 멘토링을 통해 지식과 피드백을 제공할 수 있어야 한다고 강조한다. 피드백을 제공하는 것은 개발기간에 타인과 소통할 수 있는 보편적인 방법이다. 피드백은 개발에 상당 부분 기여하며, 일상에서의 학습을 촉진하고, 더 나은 리더 업무수행능력을 쌓게 한다. 리더가 지녀야 할 자질과 역량을 별도로 구분하여 미 육군 리더십 교범에 정의하고 있다. 여기에서 코칭은 "이미 알고 있는 역량을 끌어내고 증진할 수 있도록 이를 가르치고 지도하는 것"이라 정의한다. 멘토와 카운셀러가 일반적으로 지원받는 입장의 사람들보다 더 많은 경험을 갖고 이를 진행한다고 강조하고 있다. 코칭은 과업 또는 일반적인 자질과 역량에 기대어 누군가에게 도움을 주는 기능이라고 한다. 코칭을 받는 대상자는 스스로의 잠재능력을 알고 있거나 아직 모를 수도 있다. 코치는 이러한 사람들이 자신의 현재 업무능력수준을 이해하는 데 도움을 주고, 한 단계 높은 수준의 지식과 기술을 함양할 수 있도록 지도한다.

미군이 주장하는 코칭 프로세스는 단기 및 장기 목표를 식별하고 계획을 세우는 것이다. 코치와 코칭을 받는 사람은 장점을 지속적으로 증진할 수 있어야 한다.

코칭을 위한 지침은 다음과 같다.

① 목표에 집중하라: 코칭과정에 대한 목적을 식별할 수 있는 코치가 필요하다. 코칭을 받는 사람과 코치 모두에 대한 기대를 의논할 필요가 있다. 코치는 개인과 코칭과정에 대한 개발과업에 대해 소통해야 하며, 이를 통해 개인의 다면평가, 피드백에 대한 결과를 종합할 수 있다.

② 리더가 명확하게 자기인식하기: 코치가 장점과 개선할 점 모두를 파악하려면 개인과 직접적으로 업무를 수행해야 한다. 이 과정에서 성과를 증진하기 위해 코치와 개인은 인식된 장점, 개선할 점, 집중영역에 대해 의견을 교환해야 한다. 코치와 코칭대상자는 개선이 필요한 영역에서 합의를 이루어야 한다.

③ 잠재력 깨우기: 코치는 질문하면서 논의를 이끌어나가고, 개인의 잠재력과 개선할 점에 대한 자기인식을 촉진해야 한다. 코치는 코칭대상자가 자신의 잠재력에 대해 어떻게 인식하는가를 적극적으로 경청해야 한다. 이는 아이디어를 자유롭게 교류하도록 독려하는 데 목적이 있다. 코치는 이 과정에서 수정하고 종합할 수 있도록 개인의 준비상태를 평가해야 한다.

④ 개발 장벽 제거하기: 코치는 코칭대상자의 자기개발을 저해하는 영역과 더불어 개발 필요성 또한 식별해야 한다. 개발 장벽 제거하기는 코치가 코칭대상자의 개발에 장애물을 극복하는 방법과 리더의 전반적인 성과를 증진하도록 효과적인 계획을 이행하는 데 도움을 준다. 또한 코치는 코칭대상자가 활동계획을 이행하도록 지원에 대한 잠재근원을 식별하는 데 도움을 준다.

⑤ 활동계획과 헌신 개발하기: 코치와 코칭대상자는 주어진 기간 동안 성과를 증진할 수 있는 활동계획을 수립한다. 자기주도활동을 통해 개인은 스스로의 특별한 역량을 발휘해서 성과를 증진할 수 있으며, 코치는 개별활동을 통해 이와 같은 사람들과 의견을 교환하는 데 이를 활용할 수 있다.

⑥ 후속조치: 코칭과정을 마친 이후에 더 큰 변화의 하나로 후속조치가 이루어져

코칭-상담-멘토링의 비교

구 분	코 칭	상 담	멘토링
목적	학습 또는 개선기술 지도	현재 또는 미래성과를 지속적으로 개선하도록 과거 또는 현재의 성과 검토	전문지식 또는 개인 성장에 초점을 맞춰 지도
주체	할당된 코치나 특수지식을 겸비한 교관	평가자, 지휘계통	경험이 풍부한 사람
교류방식	연습, 코치/교관과 개인 사이에 업무성과, 관찰, 지도과정	상급자와 부하 사이의 공식 또는 비공식 대화	개인적 수준의 대화
역할	기술을 발휘할 기회, 성과 관찰, 지도	수요 식별, 과정 준비, 부하의 적극적 참여 장려, 목표설정, 진행과정에서 후속조치 마련	멘토의 경험을 부하를 지도하는 데 적용
결과	개선, 더 우수한 성과로 이어지는 행동	공식 또는 지속 및 개선을 위한 비공식 목표	개인의 직업선택에 대한 헌신도 및 개선에 대한 의도
요구사항	필수 또는 본인 선택	필수적 사항임. 부하는 개발되어야 하며, 상담을 받아야 함	본인 선택, 상호 간의 약속
발생	훈련 및 성과 발생	성과평가에 의거하거나 평가자가 수요를 결심한 시간에 발효됨	양쪽 집단에 의해 시작

출처: 미 육군 리더십(Army Leadership, 2012. 8).

야 한다. 코칭 이후 참가자들은 평가의 유효성, 자신이 받은 정보의 유용성, 평가의 유효성, 자신이 받은 정보의 유용성, 진행과정에 대한 피드백을 제공받는다. 코치인 리더는 부하를 정기적으로 감화하고 개선하도록 비공식적인 피드백과 적시에 적극적이고 공식적인 카운슬링을 제공해야 한다.

13장
코칭의 효과성 평가

1. 효과성 평가

1) 효과성 평가란?

조직은 부여된 과업에 대해 얼마나 효과가 있었는지 알아보기 위해 평가를 하게 된다. 평가에 대한 정의는 학자들마다 다양하지만, "수행한 일에 대해 가치를 부여하는 과정"이라고 할 수 있다. 이러한 평가 기준으로는 일에 대한 적절성(relevance) 여부와 목표달성 정도를 파악하는 효과성(effectiveness) 측면, 투입(in put) 대비 산출(out put)이 얼마나 되는지를 평가하는 효율성(efficiency), 일의 결과가 얼마나 영향력이 있는지(impact)와 더불어 평가 결과의 지속 가능성(sustainability) 등을 들 수 있다.

효과성 평가는 "목표달성뿐만 아니라 더불어 목표달성 과정이 적절했는지 가치를 부여하는 과정"이라고 할 수 있다. 효과성 평가는 의도했던 결과가 나타났는지, 그 결과가 수행했던 일 때문에 발생했는지, 효과의 크기가 계획한 만큼인지 여부를 포함해야 한다. 효율성은 '투입 대비 산출 비율'을 의미한다. 즉, 효율성이란 "산출물 대비 결과물이 얼마나 나왔는지를 평가하는 것으로 목표를 달성하거나 성과를 창출하는데 투입된 비용이나 시간이나 노력의 정도"를 의미한다.

이러한 평가는 누가 실시하는가에 따라 내부평가, 외부평가, 자체평가 등으로 구분된다. 내부평가(inside evaluation)는 과업수행자가 아닌 과업수행에 책임을 지고 있는 조직 내부 구성원에 의해 수행되는 평가를 말한다. 외부평가(outside evaluation)는 제3자적 위치에 있는 외부 전문가가 수행하는 평가로서 가장 객관적인 평가라 할 수 있다. 자체평가(self evaluation)는 과업의 수행을 담당하고 있는 사람들 자신이 수행하는 평가다. 평가 단계에 따라 사전평가, 사후평가, 과정평가 등으로 분류된다. 사전평가는 사업 기획 단계에서부터 성과평가, 지표개발 등 평가계획을 포함하여 사업계획을 수립하는 것이다. 사후평가는 사업이 종료된 후 일정 기간 뒤에 수행하는 평가로 선별적 실시, 단일사업 혹은 여러 사업을 묶어 수행한다. 과정평가는 사업 진행 중에 이루어지는 평가로 점검 등의 형식으로 선별적으로 실시된다.

2) 효과성 평가 방법

효과성 평가의 고전적인 방법으로는 목표달성 접근법(goal approach), 체계자원 접근법(system resource approach), 내부과정 접근법(internal process approach) 등이 있다.

'목표달성 접근법'은 효과성을 측정함에 있어서 목표달성 여부를 중요시하며, 조직의 목표달성 정도에 따라 성공이나 실패 정도를 평가하는 모형이다(Boyne, 2003). 목표달성 평가방법은 매출이익 신장이나 산출물의 크기, 고객의 만족도 등을 표현하는 수익성, 시장점유율, 성장 정도, 사회적 책임 등을 제시한다.

'체계자원 접근법'은 조직의 존속과 유지를 위해 필요한 자원의 획득에 중점을 둔 모형이다. 목표달성 접근법이 최종 결과물에 초점을 맞춘 평가라면, 체계자원 접근법은 외부환경으로부터 조직에 필요한 자원과 역량을 획득할 수 있는 능력을 기준으로 효과성을 평가한다. 조직에 가치 있고 필요한 자원을 효율적으로 획득하고 유지·관리할 수 있는 능력을 평가하는 것으로, 유·무형 자원 관리능력, 협상 지위, 의사결정권자의 결정능력 등이 포함된다.

'내부과정 접근법'은 조직구성원의 만족감 같은 내부 요인을 중요시한다. 목표달성 접근법이나 체계자원 접근법이 조직이나 인적자원 관리 측면에 중점을 두었다면,

내부과정 접근법은 조직의 내부 건전성과 효율성에 초점을 둔 평가 방법이다. 조직 문화 분위기의 평가, 운영 효율성, 수평적·수직적 의사소통 활성화, 구성원의 성장과 개발 등에 중점을 두고 있다. 조직 내부 운영과정이 원활하고 구성원의 높은 만족을 이끌어내며 바람직한 조직문화를 평가하는 것으로, 효과성 자체를 평가하는 것보다는 효과성 향상 평가를 위한 잠재적 선행요인이라 할 수 있다.

평가 방식의 형태로는 이해관계자 접근법, 경쟁가치 이론 등이 있다.

'이해관계자 접근법(stakeholder theory)'은 조직과 직간접적으로 관계를 맺고 있는 조직구성원이나 고객의 다양한 욕구에 얼마나 구체적으로 잘 대응하는지에 따라 조직의 효과성을 평가하는 방식이다. 이해관계자란 조직이 목표를 달성하는 데 영향을 미치거나 조직에 의해 영향을 받는 집단 또는 개인이라 할 수 있다. 정부, 경쟁 기업, 주주, 공급자, 시민사회, 고객, 종업원 등의 이해관계자 그룹은 기업의 행동에 영향을 주거나 영향을 받는다(Freeman, 1984). 다양한 집단과 참여자에 의한 조직의 산출과 행동에 대한 평가로 이해할 수 있다. 구체적으로 조직을 둘러싼 이해관계자 혹은 관계 집단의 목표를 충족시키는 정도로 정의할 수 있다. 주주에게는 높은 배당을, 구성원에게는 충분한 동기부여와 복지시설 등을, 고객에게는 고품질의 제품과 서비스를 제공하는 것이다.

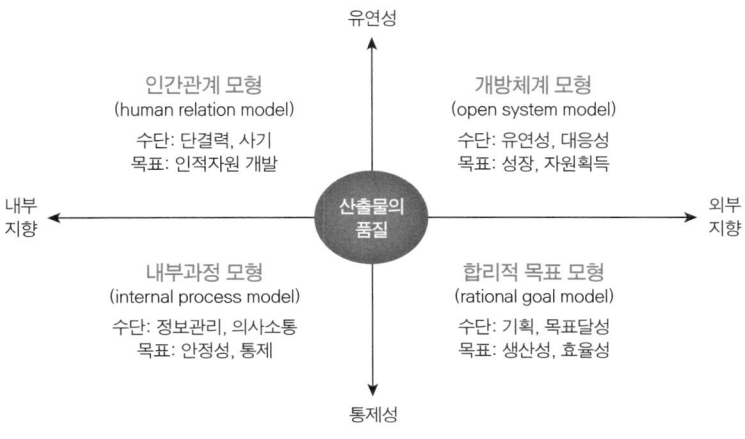

퀸의 경쟁가치 모형

'경쟁가치 이론(completing values theory)'은 1981년 퀸과 로어바흐(Quinn & Rohrbaugh)가 제시한 모형이다. 조직의 목표는 다수의 이해관계자들이 우선시하는 가치와 목적에 따라 달라지기 때문에 조직의 효과성은 상이한 요소들을 동시에 고려하여 결정해야 한다. 시간과 상황에 따라 조직이 추구하는 목표와 가치의 우선순위가 변화할 수 있기 때문에 이에 따른 효과성의 변화가 수반된다는 것을 인정하는 통합적이면서 유연한 이론이다(Quinn & Rohrbaugh, 1981). 따라서 경쟁가치 모형은 '내부지향인가, 외부지향인가?', '통제방식에 있어서 유연한가, 통제적인가?'에 따라 구분하여 설명하고 있다. 이러한 요소들의 구분에 의해 개방체계 모형, 합리적 목표 모형, 내부과정 모형, 인간관계 모형 등의 상이한 조직효과성 이론 등을 포괄하고 있다.

3) 효과성 평가 모형

효과성 평가 시 자주 사용하는 모형으로 커크패트릭의 교수체제개발 모형에 기반한 ADDIE(Analysis, Design, Development, Implement, Evaluation) 모형과 스터플빔(Stufflebeam)의 CIPP 모형 등이 널리 활용되고 있다.

ADDIE 모형은 교육훈련체제를 분석(Analysis)하여 시스템을 설계(Design)하고, 개발(Development)·운영(Implementation)·평가(Evaluation)하는 5단계 교육훈련 프로그램으로로 구성되어 있다.

① 분석(Analysis) 단계는 학습자의 특성, 학습과제의 특성, 학습환경의 특성 등을 분석하는 단계로 효과적인 교수학습이 이루어질 수 있도록 한다.
② 설계(Design) 단계는 분석과정에서 나온 결과를 토대로 교육 제반 사항에 대해 설계하여 구체적인 수행목표, 효과적인 교수학습을 위한 교수전략 수립, 적절한 교수매체를 선정한다.
③ 개발(Development) 단계에서는 설계 단계에서 계획한 것을 바탕으로 실제 사용될 교수자료를 개발하고 개발한 프로그램을 평가한 후 실제로 적용할 수 있는 프로그램으로 수정한다.

④ 실행(Implemention) 단계는 개발 단계에서 개발한 프로그램을 실제로 사용하는 단계로, 개발한 프로그램을 관리하고 다음 수업에 효과적으로 사용될 수 있도록 유지 및 보수를 실시한다.

⑤ 평가(Evaluation) 단계는 실행 단계에서의 모든 결과를 평가한다. 설계 및 개발한 자료와 프로그램, 학습매체의 적합성과 효율성, 그 과정을 계속 이어나가도 될지에 대한 지속성 여부를 검토하고, 프로그램의 문제점을 파악하여 이를 보완하기 위한 피드백을 제공한다.

커크패트릭은 자신의 교육훈련 프로그램 중 5단계 평가모형을 다시 4단계로 좀더 구체화했다. 즉 반응(Reaction), 학습(Learning), 행동(Behavior), 결과(Result)로 평가할 것을 제안했다. 반응과 학습의 1, 2단계 평가는 개인적 차원의 평가이고, 행동과 결과에 의한 3, 4단계 평가는 조직적 차원의 평가가 포함된다.

1단계 반응평가는 교육훈련 참가자의 느낌, 태도, 의견 등과 관련된 수집 자료와 함께 이루어지는 만족도 평가다. 교육과정에서 사용한 각종 자료와 피드백 자료 및 학습내용에 대한 교육 참가자들의 효과도 평가를 지원하는 활동(Forsyth, Jolliffe & Stevens, 1999)이라 할 수 있다.

2단계 학습평가는 이해도 평가로서 교육 참가자들이 교육목표를 어느 정도 달성했는지를 평가하기 위한 것으로, 학습을 통해 참가자의 지식(knowledge), 기술(skills), 태도(attitude) 등에 변화가 일어났는지를 평가하는 활동이다. 교육 프로그램을 통해 이들이 배운 지식이나 기술, 태도 등에 대한 학습 정도를 평가한다.

3단계 행동평가는 학습의 전이도 평가로, 이들이 배운 내용을 현장에 얼마나 적용하는지 여부를 판단하는 것으로 '현장적용도 평가'라고도 한다. 학습전이도 평가는 "교육 참여자가 교육훈련 기간 성찰한 자기인식을 바탕으로 습득한 지식이나 기술, 태도를 직무현장에 효과적으로 적용하는 정도"(Newstorm, 1986)라고 할 수 있다.

4단계 결과평가는 투자 대비 산출(ROI) 평가로서 교육과정에 투입된 비용이 경영성과에 어떠한 긍정적인 가치를 부여했는지를 평가하는 것이다(Kirkpatrick, 1998). 교육 프로그램의 최종 결과가 무엇인지, 궁극적으로 조직에 얼마나 기여했는지를 평가하

커크패트릭의 4단계 평가모형에 의한 코칭의 효과도 평가

평가 단계	평가 목적	평가 시기	평가 내용	평가 방법
1단계 (반영)	– 코칭에 대한 반응 정도 – 코칭프로그램의 개선	코칭 실시간	코칭대화, 코칭 리더, 코칭 환경 및 분위기 등	설문지, 인터뷰, 소감문 등
2단계 (학습)	코칭목표 달성도	코칭 전/중/후	코칭목표 달성도	리더십에 대한 사전/사후 비교, 통제집단 비교, 리더 십 진단도구
3단계 (행동)	리더십 적용도	코칭 이후	리더십 현장 적용도	통제집단 비교, 다면 인터 뷰, 설문지 진행 등
4단계 (결과)	조직목표 기여도	코칭 종료 6개월 후	코칭으로 조직목표 기여 도 평가	조직목표 달성 여부 점검

는 단계다.

스터플빔의 CIPP 평가모형은 상황평가(C: Context evaluation)–투입평가(I: In put evaluation)–과정평가(P: Process evaluation)–산출평가(P: Product)로 구성된다. 상황평가(C) 단계는 계획의사결정 단계로 체제분석, 조사, 문헌연구, 진단 검검, 델파이 기법 등으로 이루어진다. 투입평가(I)는 구조화 의사결정 단계이며, 과정평가(P)는 참여, 관찰, 토의, 설문조사를 실시하는 단계, 산출평가(P)는 미리 설정된 프로그램의 목표에 비추어 성과를 비교하거나 다른 유사 프로그램과의 비교를 통해 평가하는 방법이다. 이러한 효과성 평가모형에 포함되어야 할 내용은 의도했던 효과가 얼마나 나타났는지를 알 수 있어야 한다. 의도했던 결과가 해당 프로그램으로 기인한 것인지, 나타난 효과의 크기 정도가 통계적으로 유의미해야 한다.

2. 코칭은 효과적인가?

리더십 연구가인 칙센트미하이(Mihaly Csikszentmihaly)는 "최고의 조직으로 만드는 방법은 조직구성원을 몰입하게 만드는 것"이라고 했다. 4차 산업혁명으로 인해 '언택트(un-tact)' 성향의 사회 분위기는 리더에게 리더십 발휘를 더욱 제한하고 있다. 리더와 구성원 간의 소통의 벽은 오프라인이 온라인보다 훨씬 수월한 것이 사실이다. 오프라인으로도 어려운 것이 소통인데, 온라인 방식과 이러한 추세에 있는 조직 내 분위기는 리더의 고립감 또는 리더십 발휘를 더욱 제한할 것이다. 이로 인해 구성원에 대한 리더의 강압적·지시적 리더십은 더욱 어려워질 것이다.

이러한 사회 분위기에 리더가 가장 효과적으로 구성원들에게 동기를 부여하여 스스로 자발적으로 참여하게 할 수 있는 방법은 무엇일까? 이에 대한 대안을 신속히 모색해야 한다. 결국은 구성원들이 원하는 욕구(wants)와 필요(needs)를 파악하는 것이 급선무일 것이다. 이를 바탕으로 적극적인 참여를 모색하고 실천하도록 하는 것이 필요하다. 이에 대한 효과적인 방법으로 부상하고 있는 것이 코칭이다. 왜냐하면 산업화 시대까지는 리더의 강압적·지시적 리더십이 통했다면, 인터넷이나 SNS 등으로 모든 것이 개방된 4차 산업혁명 시대에는 불가능하기 때문이다. 조직구성원들의 욕구가 무엇인지를 알기 위해 질문하고 경청하는 코칭이야말로 시대적인 요청이다. 코칭은 개인의 성장과 조직에서의 목표를 달성하는 데 매우 효과적인 인적자원개발 기법 중의 하나인 것은 분명하다.

코칭의 효과성이란 "코칭을 받은 리더가 리더십 발휘를 통해 목표를 달성한 정도"라고 할 수 있다. 기업에서의 효과성은 일반적으로 수익률, 매출액, 시장점유율, 생산성, 사고율, 결근율 등의 객관적인 지표와 리더에 대한 구성원의 만족도, 리더십의 영향력이 미치는 집단의 사기와 응집력, 직무만족도, 조직몰입도, 집단의 효능감 등 주관적인 지표가 활용된다(Yulk, 2006). 코칭을 받고 난 이후 코칭대상자가 얼마나 변화하고 성장했는지를 스스로 인식하고, 조직에 부여된 과업 향상도 등을 통해 평가할 수 있다. 더불어 조직구성원들이 체감하는 코칭으로 인한 코칭대상자의 리더십 변화, 이로 인한 조직구성원의 몰입도 등이 코칭의 효과성 등으로 평가될 수 있다.

코칭의 효과성에 대해 2003년 세계코칭연맹(ICF: International Coach Federation) 심포지엄에서 셔먼 세브린(Sherman Severin)은 "교육의 효과는 385%인 반면, 코칭은 1,825%의 효과를 보였다"고 주장했다. 또한 코칭교육을 받은 교육생 15만 명을 대상으로 코칭의 효과성에 대한 설문조사 결과 코칭교육이 효과가 있다고 평가했다. 설

학습방법과 코칭식 훈련의 효과 비교

구 분	말로 듣기	듣고 보기	듣고 보기 및 경험하기	코칭식 훈련
3주 후 기억	70%	72%	85%	100%
3개월 후 기억	10%	32%	65%	95%

문에서 코칭을 통해 코칭목표를 달성할 수 있었고, 개인 및 회사 차원 모두에서 큰 효과를 보았다고 대답했다. 혼(Horne, 2008)은 코칭식 훈련과 다른 학습방법의 효과를 비교분석했다. 분석 결과에 의하면 3개월 후 기억을 측정해보면 말로만 들었을 때는 10%, 듣고 보았을 때는 32%, 듣고 보고 경험했을 때는 65%를 기억하지만, 코칭식 훈련을 받았을 때는 95% 훈련 효과가 있다고 주장했다.

앤드루 토킹턴(Andrew W. Talkington, 2011)에 의하면 "교육의 생산성은 22%에 불과하지만, 교육에 코칭을 더하면 4배의 효과가 도출된다"고 했다.[1] 조직에 부여된 과업을 리더와 조직구성원이 상호 협력적 관계를 통해 효율적인 과업수행을 통해 목표 달성이 가능하다. 이처럼 조직에 부여된 성과를 달성하는 과정에서 부정적 리더십을 치유하고, 긍정적 리더십을 발휘토록 하며, 침체된 조직 분위기를 개선하기 위해 코칭을 실시한다. 이러한 코칭 결과에 대한 효과성 평가는 코칭을 지속적으로 신뢰하고 실행하는 데 중요한 요소다.

코칭은 1980년대 미국에 있는 기업들에서 본격적으로 확산되기 시작했다. 인간의 본성은 악하다고 보는 X이론보다는 맥그레고리(McGregory, 1960)의 Y이론에 기반을 둔 참여경영이 도입되기 시작하면서 코칭이 전 세계적으로 확산되었다. 미국에 기반을 둔 글로벌 1,000대 기업의 90% 이상, 미국을 제외한 글로벌 기업의 60% 이상이 임원들을 대상으로 임원 코칭(executive coaching)을 실시하고 있다(Bono, 2009). 영국에서도 600여 개의 조사 대상 기업 중 거의 90%가 코칭을 정규 프로그램으로 활용하고 있으며, 그중 3분의 2에 해당하는 조직에서 외부 전문코치를 초빙하고 있는 것

---

1 Business Magazine Chemistray Secction, 2011. 11.

으로 나타났다(Hamlin, Ellinger & Beattie, 2008).

국내에서도 LG전자가 가장 선도적으로 코칭을 도입했다. LG전자는 인적자원개발(HRD: Human Resources Development) 차원에서 코칭교육을 실시하고 코칭문화를 확산시켰다(김은희, 2014). 이어서 현대자동차, SK텔레콤, 포스코, LG디스플레이, LG이노텍, 현대오일뱅크, 삼성코닝, KTF, 한겨레신문, 성균관대학교, 아주대학교, 남서울대학교 등 많은 기업과 학교에서 도입하여 기업의 목표달성과 조직문화 개선에 기여하고 있다(한국코치협회, 2012).

코칭의 대표적인 사례는 닛산자동차회사의 성공적인 경영회복을 들 수 있다. 1991년 자동차 시장점유율 6.6%까지 차지했던 닛산자동차는 1999년 매출과 점유율이 급감하면서 적자기업으로 도산위기에까지 내몰리게 되었다. 이러한 상황에서 닛산자동차 회장으로 취임한 카를로스 곤 회장은 회사 내에 체계적인 코칭 프로그램을 도입하여 시행했다. 먼저 1단계로 중견간부 600명을 선발하여 직접 3개월간 코칭을 실시했다. 이를 바탕으로 다시 중간관리자 2,500여 명을 대상으로 코칭스킬 교육을 실시하고, 코칭교육을 받은 상급자들이 사원들을 대상으로 1:1 코칭을 실시했다. 이와 같은 체계적인 코칭프로그램 도입과 코칭교육 실시, CEO의 전폭적인 지원 등으로 닛산자동차회사는 18개월 만에 적자기업에서 흑자기업으로 전환했다. 이를 통해 글로벌 기업 대부분이 코칭을 채택하게 되는 계기가 되었으며, 코칭의 대표적인 사례로 회자되고 있다.

코칭의 효과성 연구에서는 일반적으로 생산성이나 수익률 등 객관적인 지표보다는 리더십 설문지를 활용하여 조직구성원들의 리더십 만족도를 측정하여 간접적으로 측정하고 있다. 리더십 설문지를 활용한 효과성 평가는 조직구성원의 응집력, 리더십 만족도 등과 같은 주관적 평가가 조직목표 달성에 긍정적인 영향력을 미쳐(Bass, 1998) 리더십이나 코칭의 효과성을 높인다. 군 조직에서는 전술훈련 평가나 전투력 측정 같은 요소가 리더의 리더십 효과성을 평가하는 중요한 요소이기도 하지만, 지휘관의 리더십 효과성을 평가하기 위해서는 리더에 의한 조직구성원의 사기, 응집력, 몰입 등의 질적 평가요소가 조직의 성과를 결정하는 핵심요소로 식별된다. 상관과 동료 부하에 대한 신뢰, 조직구성원의 사기, 조직에 대한 응집력, 과업에 대한 자신감 등과 같은 조직심리학적 요인들이 전투의 승패를 결정하는 핵심요인으로 간주되고 있다.

코칭프로그램을 이수한 대상자들이 말하는 코칭의 효과는 다음과 같다.

① 자신에게 부여된 과업에 대한 자신감 회복
② 일과 삶의 균형
③ 경력기회의 확대나 조직의 관리경영능력 습득

이들은 코칭을 치료법이나 상담 같은 수동적 해결책보다는 스스로의 삶을 능동적으로 개선하기 위한 수단으로 선호하는 것으로 나타났다. 또한 코칭을 통해 자신의 존재에 대한 인식을 통해 스스로의 변화와 성장, 삶의 변화, 자기 자신에 대한 성찰 및 통찰력 등을 배양하는 소중한 기회를 가졌다고 했다.

코칭이 효과적인 이유는 다음과 같다.

첫째, 코칭대화를 통해 '메타인지를 통한 자기성찰'이 일어난다는 점이다. 코칭대상자가 스스로 말하는 과정에서 자기 자신이 아는 것과 모르는 것을 구분하면서 스스로 성찰이 일어나게 된다. 자기인식을 통한 성찰로 자발적인 설득 효과가 발생한다. 이러한 점은 코치조차 깨닫지 못하는 경우도 있을 수 있다. 따라서 코치는 이러한 코칭대상자의 흐름을 방해하지 않도록 물 흐르듯이 코칭을 유지해야 한다.

둘째, 코칭은 '자기 생각을 정리'하게 한다. 자기 생각을 말로 표현하는 과정에서 해야 할 일과 하지 말아야 할 일, 잘한 일과 잘못한 일 등 미처 생각하지 못했던 생각 너머의 무의식의 세계까지도 깨닫게 된다. 이처럼 코칭의 질문을 통해 코칭대상자는 자신의 의지와 생각이 자발적으로 반영되어 내면의 심리적 발달이 이루어진다는 것이다. 스스로에 대한 성찰과 통찰 속에서 인지적·정서적 변화에 의한 발달을 스스로 깨닫고 성장하게 되는 것이다.

셋째, '공식적인 선언을 통한 실천의지 고양'으로 행동의 변화를 촉진시킬 수 있다. 코칭은 실천이다. 아무리 코칭목표를 잘 세워 구체화시키고 올바른 현실인식을 통해 대안탐색을 잘하더라도 실천이 이루어지지 않으면 아무런 효과가 없다. 따라서 코치는 코칭대상자가 스스로 깨달은 바를 타인들과 공유함으로써 실천의지를 지지·격려 받을 수 있도록 하는 것이 효과가 있다. 코칭을 통해 리더십의 치유(healing of leadership)뿐만 아니라 인생의 성찰이 일어나고, 구성원 각자의 인생목표를 달성할 수 있다.

하지만 이러한 코칭의 효과성 평가에 연구들이 부족한 것이 현실이다. 왜냐하면 자연과학에서는 실험실에서 많은 조건을 통제한 가운데 다양한 실험을 할 수 있지만, 코칭에 대한 효과도는 사회과학적 측면에서 다양한 실험에 대한 현실적인 제한이 많다.

첫째, 자연과학에서는 여러 가지 조건을 통제한 가운데 99%의 신뢰도를 기준으로 실험을 할 수 있다. 하지만 사회과학에서는 사회현상을 통제할 수 없는 가운데 95% 신뢰수준을 바탕으로 하고 있지만, 이마저 극히 제한된 수준에서 할 수밖에 없는 실정이다.

둘째, 코치의 주관적 판단이 아닌 객관적인 평가가 요구된다. 하지만 코칭성과에 대한 측정의 대부분이 코치의 주관적인 견해에 의한 사례연구가 대부분이다(Blatter, 2005) 코칭 연구는 내·외부 환경요인이 통제되지 않은 상태에서 진행되었거나 소수 인원이 제한적이고 명확하지 않은 대상을 중심으로 한 연구 등으로 내적·외적 타당성 강화가 필요하다.

셋째, 코칭의 효과에 영향을 미치는 다양한 만족도 요인을 규명하는 연구가 진행되어야 할 필요가 있다. 코칭 효과성 평가는 코칭 전반에 걸쳐 필요하다. 코칭교육의 전반적인 효과성 검증에만 초점을 맞추어 진행되었기 때문에 이를 보완하기 위해 코칭의 효과에 영향을 미치는 다양한 만족도 요인을 규명하는 연구가 진행되어야 할 필요가 있다.

코칭의 효과성 연구에서 홀(Hall, 1999)은 코칭에 참여한 75명의 임원을 대상으로 코칭 종료 후 코칭만족도를 조사한 결과 대부분의 참석자가 만족했다. 와실린(Wasylyshyn, 2003)은 자신이 코칭한 87명의 코칭대상자에게 코칭 만족도를 설문조사한 결과 양호한 반응을 보였다고 했다. 그러나 코칭 결과에 대한 준거의 대부분이 커크패트릭(1994)의 4단계 이론에서의 반응준거에 해당하며, 실제로 행동적 변화나 조직목표 달성에 효과가 발생했는지 검증하기 힘들다는 점에서 주목할 필요가 있다고 했다.

3. 리더십 코칭의 효과성 평가

1) 코칭 절차

군 코칭은 2013년부터 2015년까지는 중대장을 대상으로 하다가 2016년부터는 대대장을 대상으로 확대했다. 대대장으로 확대된 이유는 중대장이 책임을 지고 독립적인 리더십을 발휘하기에는 한계가 있다고 판단하여 군 조직특성상 주둔지, 즉 구획단위인 대대장을 중심으로 상향하여 시행하게 되었다. 이후 2018년부터는 별들의 꽃으로 불리는 사단장으로까지 확대하여 실시 중이다. 리더십 코칭은 중령 1명, 소령 2명으로 기본적인 팀을 편성하여 대대장 1명에 대해 4박 5일 동안 집중적으로 실시한다. 이후 코칭팀이 종합한 피드백 내용을 발송하고, 추가적인 텔레코칭을 통해 마무리한다.

군 코칭 신청은 본인이 직접 하거나 상급부대에서 신청하는 경우가 있다. 자발적

군 코칭 진행 절차

1단계 (사전준비/ 1~2주 전)	2단계(현장 코칭/4박 5일)				3단계 (2주 후)	4단계 (3~6개월 후)
	1일차	2일차	3~4일차	5일차		
코칭 준비 - 대대장 선정 / 　6정보 확인 - 코칭 소개자료 　제공	대상자 코칭 - 코칭대화 - MBTI 검사 - 리더십 　진단	상급자 설문 - 연대참모 　설문 - 현장 관찰	코칭대화 - 부대원 인터뷰 - 부대지휘 관찰 / 　현장 확인 - 피드백 준비	현장 피드백	서면 피드백 / 텔레코칭	리더십 코칭 효과성 평가

※ 기간 중 코칭부대의 위관 · 부사관 대상 리더십교육 지원(2H) / 조직코칭 실시

으로 신청하는 사람은 리더십 코칭에 대한 의욕이 높은 반면, 상급부대에서 지정한 사람은 조직구성원들과 관계가 좋지 않거나 코칭에 대한 관심도 낮은 경우가 많다. 코칭팀은 코칭대상자가 선정되면 코칭하기 전에 사전에 코칭대상자에 대한 정보를 확인하고 코칭 관련 자료를 발송한다.

군 코칭은 현장에 도착하면 먼저 지휘관에게 코칭의 취지와 목적 등에 대해 설명하면서 시작된다. 코칭을 이해시키고 적극적인 동참을 이끌어내면서 코칭대상자의 지휘방향과 이를 구현하기 위한 실천목표 등에 대해 청취하면서 라포르를 형성한다. 리더십 진단도구를 이용한 리더십 진단 결과와 MBTI, 조직구성원들의 DISC 진단, 회복탄력성 검사 등을 통해 지휘관 자신과 조직구성원들의 특성, 이들의 반응 등에 대해 대화를 나눈다. 지휘관과 4박 5일간 함께하면서 코칭목표 등을 설정하여 문제를 해결하면서 대안을 탐색하고, 구체적 실천방안은 텔레코칭을 통해 확인한다. 1일차에 리더십 진단도구(병사용, 간부용, 상급자용, 본인용)를 간부, 병사, 상급자 및 상급부대 참모 등에게 분배하여 지휘관의 리더십을 상급자의 입장에서, 간부 및 병사는 리더의 리더십을 평가하고, 본인은 자신이 생각하는 리더십에 대해 평가를 실시한다.

또한 대대장에게는 MBTI(Myer-Briggs Type Indicator)를 이용한 성격유형검사를 실시하여 성격유형과 대대장의 리더십 성향을 비교 분석하여 코칭 간 참고하여 활용하자 코칭의 효과가 배가됨을 알 수 있었다. 지휘관에 대한 MBTI 성격유형검사를 실시한 결과 흥미로운 결과를 도출할 수 있었다. 대대장들의 경우 행동적 제대의 리더로서 일반 사회조직의 리더들보다 조직원들에게 노출되는 일이 훨씬 많아 조직의 특성에 따라 성격이 변해간다는 것을 알 수 있었다. 평소 자기 성격이 내향적일지라도 타 조직의 리더들에 비해 폭넓은 대인관계와 활발히 의사소통하는 외향형, 오감을 통해 직접 경험한 정보를 바탕으로 현재 상황에 초점을 둔 감각형, 의사결정 시 인과관계를 파악하여 객관적으로 판단하려는 사고형, 조직적이고 구조화된 경향과 분명한 목적의식과 방향성을 가지려는 판단형의 사고를 가지려는 경향이 나타남을 알 수 있었다.

리더십 코칭팀은 코칭부대가 선정되면 부대 유형 및 코칭대상자인 대대장의 리더십 스타일 및 성격, 복무방침 등 관련 자료를 인트라넷이나 여러 경로를 통해 파악한다. 더불어 코칭 관련 내용을 부대에 사전 배부하여 코칭대상자 및 조직구성원들이 코칭 내용을 이해하고 코칭을 받아들일 수 있는 분위기를 형성한다. 사전준비 차원에서 코칭 1주 전에 군 코칭팀이 해당 부대에 도착하여 코칭대상자 및 조직구성원들을 대상으로 코칭교육을 실시한다. 이후 코칭대상자의 리더십이나 성격, 행동유형 등을 알아보기 위해 리더십 진단도구 MBTI를 이용한 성격유형검사, DICS, 회복탄력성 등을 면담에서 자연스럽게 실시한다. 이런 가운데 코칭대상자와 관계를 형성하고, 그가 원하는 코칭 주제나 목표를 설정한다. 사전 코칭 간 리더의 현장 동행관찰이나 상황보고 청취 등을 통해 리더십 스타일도 병행하여 알아본다.

이후 군 코칭팀은 4박 5일간 해당 부대에 상주하면서 코칭대상자의 상급부대장과 인터뷰를 통해 상급자의 입장에서 보는 장점과 보완할 점을 청취하여 코칭 간 활용한다. 이후 서너 차례 사전 설정된 코칭 주제나 목표에 대해 현실인식과 대안을 탐색하고, 코칭목표 달성을 지속할 수 있는 행동실천 내용 등을 파악한다. 이후 마지막 날에는 리더십 개발모형을 근거로 제작된 리더십 진단도구 중심으로 대대장의 리더십에 대한 피드백을 실시한다. 이때 사전에 실시한 대대장의 성격유형(MBTI)과 현장 동행관찰을 하며 파악한 리더십 스타일이 조직구성원에게 미치는 영향 등 전반적인 리더십 코칭을 실시한다. 피드백 간에는 샌드위치 피드백 기술도 적용하지만, 군 조직에서 활용하는 AAR(After Action Review) 피드백 기술도 곁들여서 실시한다. 미군은 걸프전이나 이라크전에서 AAR 피드백을 활용하여 20배 이상의 작전 효율성을 기했다. AAR 피드백 방법은 다음과 같다.

① 얻고자 하는 것은 무엇이었는가?
② 결과적으로 얻은 것은 무엇인가?
③ 그 차이와 원인은 무엇 때문인가?
④ 해야 할 행동은 무엇인가?
⑤ 하지 말아야 할 행동은 무엇인가?

이러한 AAR 피드백 방법은 리더십 코칭 간에도 아주 유효하게 활용된다. 리더의 행동 중에서 가장 많이 호소하는 것 중 하나가 자신의 감정조절이다. 우리는 이러한 감정조절 실패가 자신의 리더십에 얼마나 치명적인가를 잘 알고 있다. 더구나 현재나 미래의 리더에게 감출 수 없는 진실은 없다. 리더의 감정조절 실패로 리더가 얻고자 한 것은 구성원에게 잘하는 방법을 알려주고자 하는 것이었지만, 결과적으로 얻은 것은 실망과 분노, 좌절뿐이라는 것이다. 그러한 차이와 원인이 무엇인지 리더가 너무도 잘 알고 있고, 앞으로 리더십 발휘에 있어서 해야 할 행동과 하지 말아야 할 행동은 리더 스스로의 성찰을 통해 변화와 성장을 가져올 수 있다.

　피터 드러커는 지식근로자를 위한 가장 확실한 방법은 피드백이라 했다. 이러한 피드백이 가장 발달한 곳은 군대다. 리더의 올바른 피드백 방법은 비난받지 않는다는 느낌이 들도록 해야 한다. 조직구성원을 대할 때 표정이나 억양, 언어적 표현에서 비난받지 않는다는 느낌이 들도록 주의해야 한다. 또한 피드백을 할 때는 타이밍이 중요하다. 코칭 리더의 마음보다는 조직구성원의 마음을 고려하여 실시해야 한다. 또한 피드백 방법에서 과거 행동의 잘못보다는 미래 구성원에게 기대하는 바를 명확하게 피드백해야 한다. 단순하게 앞으로 잘하자는 것이 아니라 어떻게 해야 하는지를 명확하게 제시해야 한다.

　피드백을 하고 나서 현장코칭을 종료한다. 2주 후에는 구체적으로 조직구성원들이 작성한 리더십 진단도구에 기술된 내용을 포함한 전체적인 내용을 종합하여 서면 피드백을 전달한다. 서면 피드백은 리더에 대한 조직구성원들의 리더십 진단 결과, MBTI 결과, DISC 결과, 회복탄력성 결과 등 자신에 대한 성찰을 가져올 수 있는 자료 등을 포함한다. 더불어 리더십 모형에 의한 6대 범주(품성, 리더다움, 군사전문성, 역량개발, 영향력 발휘, 임무완수)와 21개의 하위 요인 등에 대한 조직구성원의 평가 결과와 의견, 코칭팀의 피드백 결과 등을 포함하여 전달한다. 이러한 피드백 결과는 자신의 재임기간이나 이후 자신의 행동이나 사고의 시금석이 된다고 이구동성으로 말한다. 이후에는 전화를 활용한 원격코칭(tele coaching)을 수회 실시한다.

　현장코칭과 원격코칭을 실시하고 나서 6개월 정도 경과한 후 코칭대상자의 변화된 리더십에 대해 효과성 평가를 실시한다. 리더십 진단도구를 활용하여 코칭 전후 코칭대상자의 변화된 코칭을 바탕으로 군 코칭의 효과성을 평가했다.

2) 효과성 평가 절차

리더십 코칭은 군 코칭팀들이 코칭대상자 및 이들의 지휘를 받는 대상자들을 대상으로 한 코칭교육에서 시작된다. 코칭대상자인 리더 및 그의 지휘를 받는 구성원들을 대상으로 코칭에 대한 오리엔테이션을 실시한다. 군 조직의 특성상 강압적이고 지시적인 리더십에 익숙하거나 관념에 젖어 있는 이들은 자발적이고 수평적인 파트너십을 강조하는 코칭 리더십에 흥미를 가지고 임한다. 인터뷰 및 코칭 과정, 설문지 작성 과정 등을 통한 대화과정에서 이들의 욕구를 알 수 있다.

효과성 평가 절차는 커크패트릭의 평가모형 4단계 절차를 준용하여 실시한다.

1단계인 반영 단계는 코칭에 대한 반응 정도로 코칭대상자들의 코칭에 대한 느낌, 태도, 의견 등 코칭에 대한 만족도 평가다. 코칭에 대한 만족도 평가는 현장 코칭 간이나 코칭이 종료되는 시점을 전후하여 설문지나 인터뷰, 소감문 등을 통해 실시한다.

2단계 학습평가는 코칭의 목표달성 정도로 코칭교육을 통해 코칭 리더십을 자신의 리더십에 접목하는 정도를 평가한다. 이에 대한 평가 방법은 자신의 사전 리더십 스타일과 코칭 이후의 경청과 질문, 피드백 등을 통한 코칭대화 모델을 이용한 코칭 리더십의 발휘 정도를 파악한다.

3단계 행동평가는 학습의 전이도 평가로 코칭에 대한 교육과 피드백을 받은 이후 리더십 발휘 현장에서 얼마나 적용하는지 여부를 판단하는 현장적용도 평가라 할 수 있다. 코칭에 대한 기본적인 교육과 4박 5일 동안 리더십 전문코치들과 수시로 코칭을 받은 이후 자신의 조직구성원에게 실질적으로 얼마나 발휘했는지를 평가하는 것이다.

4단계 결과평가는 코칭대상자인 지휘관 자신이 얼마나 현장에 적용했고, 그래서 자신이 느끼는 만족도를 평가했다. 더불어 코칭대상자의 코칭 리더십의 직접적인 지휘를 받는 조직구성원들을 대상으로 코칭 이전과 비교하여 얼마나 변화했는지를 평

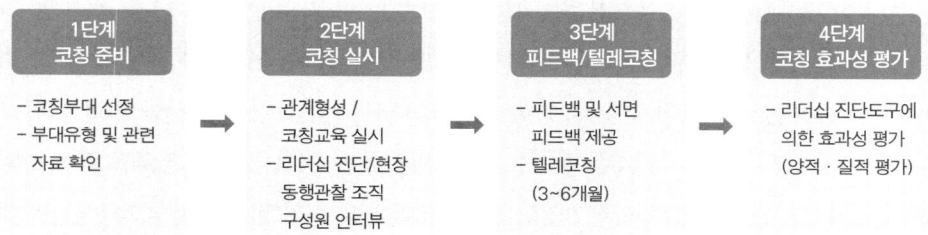

1단계 코칭 준비		2단계 코칭 실시		3단계 피드백/텔레코칭		4단계 코칭 효과성 평가

- 코칭부대 선정
- 부대유형 및 관련
  자료 확인
	→	- 관계형성 /
		  코칭교육 실시
		- 리더십 진단/현장
		  동행관찰 조직
		  구성원 인터뷰
			→	- 피드백 및 서면
				  피드백 제공
				- 텔레코칭
				  (3~6개월)
					→	- 리더십 진단도구에
						  의한 효과성 평가
						  (양적 · 질적 평가)

군 코칭 효과성 평가 절차

가했다. 코칭을 통해 부하들의 자발적인 참여로 조직문화를 개선하고, 이를 통해 조직에 부여된 임무를 완수하는 것을 평가한다. 예를 들면 선봉부대로 선발되거나 무사고 부대를 달성할 수 있다.

코칭의 효과성 평가는 2016년부터 2018년까지 3년에 걸쳐 실시한 100여 명의 리더십 코칭대상자 중 54명을 대상으로 했다. 코칭 참가 부대 및 인원은 대대장 본인을 포함하여 대대 간부와 병사, 연대장 및 연대 참모 등을 포함하여 92개 대대 7,615명이 참가했다. 코칭 전문팀에 의해 54명의 대대장을 대상으로 군 코칭을 실시한 이후 코칭 리더에 의한 코칭 전후의 효과성을 평가했다. 또한 코칭을 실시한 부대와 조직의 성격이 유사한 부대를 선정하여 코칭 실시 부대와 미실시 부대의 코칭 효과성을 비교 평가했다. 군 코칭의 효과성 평가를 위해 코칭 전에 측정했던 동일한 리더십 진단도구를 활용하여 객관적인 리더십 진단도구를 근거로 했다.

코칭의 효과성 검증에서 경험적 연구 사례의 극복 및 내적 · 외적 타당성의 한계성, 코치 개인의 단순한 사례연구 차원의 한계를 극복하고자 노력했다. 먼저 대대장 54명을 대상으로 리더십 진단도구 및 조하리의 창, MBTI 성격유형검사 등을 활용하여 코칭을 실시했다. 코칭에 대한 코치 개인의 효과성 평가로 그치지 않도록 객관적인 리더십 진단도구를 이용했다. 리더십 진단도구에 의한 평가도 대대장 본인과 간부와 병사, 상급자로 구분하여 효과성 평가를 실시했다. 또한 코칭대상자인 대대장의 개인적인 성격유형검사(MBTI) 및 회복탄력성 지수 등을 측정하여 코칭에 활용했다. 코칭의 효과성 평가를 객관적인 수치로 계량화하기 위해 코칭 이전과 코칭을 받고 난 이후의 리더십 진단평가를 바탕으로 했다.

　최초 코칭을 받기 전 대대장의 리더십 진단평가에서 2016년에 실시한 대대장 4명에 대한 평균점수는 리커트식 5점 척도 기준으로 대대장 본인의 평가는 3.68, 상급부대 평가는 4.25, 간부들에 의한 평가는 3.64, 병사들에 의한 평가는 3.66으로 도출되었다. 2017년 전반기에 실시한 8명의 평가는 대대장 본인의 평가는 4.24, 상급부대 평가는 4.31, 간부들에 의한 평가는 4.27, 병사들에 의한 평가는 4.17로 도출되었다. 후반기에 실시한 3차 평가 결과는 대대장(9명) 본인의 평가는 4.19, 상급부대 평가는 4.28, 간부들에 의한 평가는 4.30, 병사들에 의한 평가는 4.00으로 도출되었다.

　리더십 진단 점수 결과를 분석해보면, 상급자와 간부들은 대대장에 대해 일반적으로 관대하게 평가했으며, 리더십 진단 대상자인 본인과 병사들은 다소 낮게 평가했다. 상급부대는 예하 대대장에 대해 관대화 평가 경향을 보이고, 대대장 본인들은 자신에 대해 대체로 겸손하게 평가하는 경향이 나타났다. 반면 병사들은 있는 그대로 평가하려는 속성을 나타낸 것으로 파악되었다. 조직구성원들이 높게 평가하는 역량은 명예심과 충성심, 윤리의식, 존중감, 군사지식, 자아정체성 등이었다. 연대장과 참모들의 평가는 명예심과 충성심, 윤리의식, 책임완수와 필승의 신념, 군인다움 등이 높게 평가되었다. 반면에 부대원이 평가하는 대대장의 약점으로는 용기, 창의, 관계유지, 동기부여, 조직구성원 개발, 지적 수용력, 주도성, 의사소통 등이, 상급부대가 평가하는 약점으로는 업무추진에서 창의성과 자기개발, 용기, 지적 수용력, 동기부여, 상황조치 능력 등이 도출되었다.

군 코칭 간 도출된 리더들의 공통된 강·약점

구 분	부대원 평가	상급부대 평가
강점	① 명예심과 충성심 ② 윤리의식 ③ 존중, 군사지식, 자아정체성	① 명예심과 충성심 ② 윤리의식 ③ 책임완수, 필승의 신념, 군인다움
약점	① 용기, 창의, 관계유지 ② 동기부여, 조직구성원 개발 ③ 지적 수용력, 주도성, 의사소통	① 창의 ② 자기개발, 용기 ③ 지적 수용력, 동기부여, 상황조치

코칭 리더들의 코칭에 대한 만족도는 이들과 인터뷰 및 코칭소감문을 통해 평가할 수 있었다. 대부분의 코칭 리더들은 코칭에 대해 아주 만족스럽게 생각했으며, 코칭을 다른 동료들에게 소개하겠다고 진술했다. 다른 어떤 조직보다 리더십교육을 많이 받고 군 조직 자체가 리더십 현장이라 코칭 리더십에 대한 습득 정도는 아주 양호했다. 코칭 리더십의 일상적인 생활화가 쉬운 이유는 군 조직특성상 매일 조직구성원들과 대면하면서 '이들과 어떻게 효과적인 관계를 형성하여 조직을 이끌어갈 수 있겠는가?' 하는 것이 주요 임무이기 때문이다. 이러한 군 코칭의 효과성 평가는 코칭을 받고 나서 6개월 정도 경과한 이후 동일한 조직구성원들의 만족도를 리더십 코칭의 효과성으로 평가했다.

리더십 코칭 과정에서 구성원들로부터 리더십이 우수하게 평가된 리더들의 공통적인 특징으로는 업무와 관계지향이 적절하게 조화된 지휘 스타일을 선호했다. 또한 어떠한 상황에서도 감정을 다스릴 수 있는 부드러운 품성, 업무수행 결과에 따라 대대장이 책임지려는 자세, 야전의 경험과 노하우를 적절히 활용하는 전문가적 자질과 역량, 조직구성원들의 입장에서 합리적이고 공감하는 자세를 견지하는 리더십 등이 도출되었다. 반면에 부대원들로부터 저조한 평가를 받은 지휘관의 공통적 특징으로는 조직구성원들의 건의를 수용하지 않는 독선적 지휘, 인격모독 등 하급자를 무시하거나 배려하지 않는 말과 행동, 조직구성원 복지가 배제된 지나친 임무지향적 지휘, 공개석상에서 상급지휘관의 질책으로 인한 조직구성원들의 부정적인 시선, 일부 종교 편향적인 성향 등이 도출되었다.

이러한 평가 결과를 분석해보면 행동적 제대의 리더들은 어떻게 지휘해야 하는가에 대한 방향성을 제시하는 데 유용한 결과가 도출되었다. 리더십 평가 점수가 리커트 5점 척도 기준 4.25 이상 나온 지휘관은 업무지향과 관계지향이 적절히 조화된 리더십을 발휘하는 것으로 확인되었다(육군 교육사령부 전투발전, 2018). 조직구성원들로부터 우수하게 평가된 지휘관의 공통점은 조직구성원의 마음을 움직이고, 조직에 부여된 목표를 달성하기 위해 역할과 책임에 따라 동기를 부여할 줄 아는 리더였다. 반면 4.00점 이하로 낮은 평가를 받은 지휘관은 조직에 부여된 임무달성을 위해 업무지향형 리더십 스타일을 발휘하는 것으로 파악되었다. 이는 전문성이 부족하거나 조직구성원들의 사고와 행동, 가치관, 신념 등에 효과적인 변화를 일으키지 못하는 리더에게는 낮은 점수를 부여한다는 사실을 알 수 있다. 조직구성원들의 마음을 얻지 못하고 대대장 혼자만 최선을 다하거나, 조직구성원의 복지와 배려를 무시하고 신뢰형성보다는 임무완수만 고집하는 업무 중심의 리더는 낮은 평가를 받았다.

이를 통해 전시에 목숨을 걸고 임무를 완수해야 하는 군 조직 특성상 업무지향 리더십과 관계지향 리더십을 적절히 조화를 이루며 지휘해야 함이 입증되었다. 리더는 조직구성원이 스스로 할 일을 능동적으로 수행할 수 있도록 조직 분위기를 조성하고 목표지향적으로 부대를 이끌어가는 주도성을 발휘해야 한다. 또한 개방적 사고로 지적 수용력을 갖추며, 조직구성원의 강점을 극대화하기 위한 조직구성원 개발에 관심을 기울여야 한다. 항상 조직구성원들과의 소통을 원활히 하며, 스스로 의욕과 열정을 갖도록 동기부여를 하는 것이 최상의 전투력 발휘요소임을 본 연구 결과를 통해서도 알 수 있었다.

첫째, 코칭 전후 리더들의 리더십 코칭효과를 파악했다. 코칭의 효과성을 대응표본 t 검정을 통해 측정했다. 대응표본 t 검정이란 1개의 표본을 2회 측정(사전-사후)하여 두 측정치 간의 차이 여부를 판단하는 분석방법이다. 보통 어떤 실험이 효과가 있는지 없는지를 판단할 때 사용한다(노경섭, 2014). 신뢰도와 타당도를 높이기 위해 최초 코칭 전에 실시한 리더십 진단도구에 의한 진단 결과, 코칭팀에 의한 현장에서의 코칭 2주 후 배송된 서면에 의한 리더십 진단 결과 종합표, 전화 등에 의한 주기적 코칭 등을 통한 대대장들의 리더십 변화도를 6개월 후 본인과 병사 및 간부, 상급자에 의한 360° 다면평가에 의한 코칭의 효과성을 양적으로 파악했다.

1차 코칭을 하기 전의 리더십 진단도구에 의한 리더십 평균점수는 3.68, 코칭을 실시한 이후의 리더십 평균점수는 4.17로 0.49의 차이가 도출되었다. 대응표본 t값은 -9.288로 t값이 1.96보다 크고 최초 진단과 코칭 이후의 재진단 값은 통계적 유의한 범위 내(유의확률 .000)에서 차이가 있는 것으로 나타났다. 2차는 코칭 이전에는 4.24, 코칭 이후는 4.61로 0.37의 차이가 도출되었고, 대응표본 t값은 -15.928이 도출되어 통계적으로 유의한 것으로 도출되었다. 3차 결과도 코칭 이전 4.19, 코칭 이후 4.68로 대응표본 t값이 -15.681로 통계적으로 유의함이 입증되었다.

둘째, 간부들이 인식하는 대대장 코칭 전후 효과 차이를 파악했다. 간부들이 인식하는 코칭의 효과성에 대한 검증을 위해 대응표본 t 검정을 통해 코칭의 효과성을 분석한 결과 통계적 유의한 범위 내에서 차이가 있는 것으로 나타나 가설 2는 지지되었다. 1차 진단 결과 코칭 이전은 3.64, 코칭 이후는 4.32로 대응표본 t값은 -9.383으로 유의함이 입증되었다. 2차 진단 결과 코칭 이전은 4.27, 코칭 이후는 4.65로 대응표본 t값은 -12.614로 유의함이 입증되었다. 3차 진단 결과도 코칭 이전 4.30, 코칭 이후 4.74, 대응표본 t값은 -11.186으로 유의함이 입증되었다.

셋째, 병사들이 인식하는 대대장 리더십 코칭 전후 효과 차이를 검증했다. 병사들이 인식하는 코칭의 효과성에 대한 검증을 위해 대응표본 t 검정을 통해 코칭의 효과성을 분석한 결과 통계적으로 유의한 범위 내에서 차이가 있었다. 진단 결과는 코칭 이전 4.17, 코칭 이후 4.57로 대응표본 t값은 -11.258로 유의함이 입증되었다.

넷째, 리더십 코칭 효과는 코칭 실시 부대와 미실시 부대 간에 차이가 있음을 파악했다. 코칭대상자 17명의 부대와 임무특성이나 부대 유형이 비슷한 부대에 대해 코칭 효과도 평가를 실시했다. 코칭부대와 최대한 유사하고 인접한 부대를 통제부대로 설정하여 코칭 효과를 평가했다. 통계적으로 유의미한 차이를 보이고 있으므로 가설 5는 지지되었다.

4단계 결과는 코칭으로 조직목표 기여도를 평가하는 것이다. 코칭 리더의 코칭 리더십 발휘를 통해 조직구성원들의 자발적인 참여를 유도하고, 바람직한 조직문화를 조성하여 조직목표를 달성하는 것이다. 이러한 조직의 목표는 매출신장이나 소비자 만족도, 투입 대비 산출 등의 효율성으로 나타나는 민간조직과 상이하게 군 조직은 적과 싸워 이길 수 있는 조직목표 달성, 즉 선봉부대 육성이나 무사고 부대 육성 등으로 표현될 수 있다. 코칭 리더 및 조직구성원들은 인터뷰나 소감문 등에서 코칭을 통해 리더와 조직구성원이 한 방향으로 나아가는 과정에서 조직이 단합되고 하나 되어 조직의 목표를 달성될 수 있었다고 기술하고 있다.

리더의 코칭 효과성 평가

구 분		평균(M)	표준편차(SD)	t값	p값
1차	코칭 전	3.68	.68462	−9.288	.000**
	코칭 후	4.17	.63503		
2차	코칭 전	4.24	.44952	−15.928	.000**
	코칭 후	4.61	.32396		
3차	코칭 전	4.19	.51474	−15.681	.000**
	코칭 후	4.68	.34359		

조직구성원들이 인식하는 코칭 효과성 평가

구 분		평균(M)	표준편차(SD)	t값	p값
1차	코칭 전	3.66	.74908	−3.832	.000**
	코칭 후	3.99	.65618		
2차	코칭 전	4.17	.51802	−11.258	.000**
	코칭 후	4.57	.34124		
3차	코칭 전	4.00	.54387	−14.314	.000**
	코칭 후	4.62	.35983		

코칭 실시 부대와 미실시 부대

구 분		평균(M)	표준편차(SD)	t값	p값
① 코칭 실시 부대	코칭 전	4.27	.34816	−20.747	.000**
	코칭 후	4.62	.21465		
② 코칭 미실시 부대	코칭 효과성 평가 시기와 동일	4.10	.58073	11.402	.000**

코칭을 받고 난 이후 소감문을 중심으로 리더들의 변화된 마음가짐을 정리해보면 다음과 같다.

첫째, 스스로 할 일을 능동적으로 수행하고 목표지향적으로 부대를 이끌어가는 주도성을 함양하게 되었다고 평가했다. 코칭을 받은 리더들은 명확한 목표를 제시하고, 목표지향적인 부대지휘를 하게 되었으며, 부여된 임무는 우선순위를 고려하여 수행하는 가운데 스스로 변화되는 자세를 보임으로써 조직구성원들의 인식이 달라졌다고 했다. 또한 조직에 부여된 임무와 역할, 조직이 처해 있는 여건과 환경을 고려하여 균형감 있는 지휘와 리더로서 전문성과 포용력을 가지고 대인관계를 주도함으로써 조직구성원들의 공감대를 형성했다고 진술했다.

둘째, 개방적 사고로 지적 수용력을 가짐으로써 리더십 발휘에 도움이 되었다는 점이다. 지적 수용력이란 새로운 지식을 받아들이려는 개방적 태도와 관점, 지적 탐구 노력, 신지식 활용능력을 말한다. 따라서 리더들은 지적 수용력을 개발하기 위해 현실에 안주하기보다 새로운 도전을 시도해보려는 마음가짐과 타인의 의견을 존중하고 적극 수용하려는 자세 견지, 외부환경 변화에 적응하려는 사고의 유연성을 기르고 지적탐구 노력을 게을리하지 않음으로써 조직구성원들의 마음을 얻었다고 했다.

셋째, 조직구성원들의 강점 극대화를 위해 조직구성원 개발에 관심을 갖게 되었다고 했다. 리더들은 먼저 코칭 리더십을 발휘하여 조직구성원들이 성장할 수 있도록 지원과 지지를 아끼지 않으며 임무부여 시 조직구성원들이 자율성을 바탕으로 스스로 문제를 해결할 수 있도록 시간과 권한을 위임했다. 리더가 조직구성원에게 신뢰를 보냄으로써 이들 스스로 기뻐하면서 부여된 임무를 완수함으로써 부대 전투력 발휘에 효과를 나타냈다고 진술했다.

넷째, 조직구성원들 스스로 의욕과 열정을 느끼도록 동기를 부여하게 되었다고 했다. 인정과 칭찬을 하고, 목적과 지휘방향을 명확히 제시하며, 충분한 의사소통을 통해 조직구성원 스스로 의욕을 갖고 동참하도록 동기를 부여했다. 또한 결과뿐만 아니라 임무수행의 과정을 중요시하고 공정하게 평가하여 성취감을 갖도록 함으로써 긍정적인 조직 분위기에 크게 기여를 했다는 점이다.

다섯째, 소통을 잘하기 위해 서로의 입장 차이를 이해하게 되었다는 점이다. 리더 중심이 아닌 조직구성원 중심으로 경청하고, 다양한 수단과 방법을 통해 의견교환을 하고자 노력했다. 소통수단은 면담, 마음의 편지, 간담회 등 다양한 수단으로 진행되었지만 형식이 아닌 진심으로 다가가 조직구성원의 마음을 얻음으로써 부대관리 및 사고예방에도 많은 도움을 받았다고 했다.

마지막으로 진정성을 바탕으로 신뢰하는 부대 분위기를 이루게 되었다는 점이다. 리더십 코칭을 받고 난 이후 리더 스스로 조직구성원들에게 신뢰를 요구하는 것이 아닌 자신부터 조직구성원들을 신뢰하는 진정성을 보여주기 위해 노력했다. 또한 조직구성원들의 롤모델(role model)이 되기 위해 행동하며, 소신 있는 지휘를 통해 조직구성원들로부터 신뢰를 얻어 '상하동욕자승(上下同欲者勝: 손자병법)'의 부대를 이룩했다고 소감문에서 밝혔다.

리더십 코칭 소감문

- 코칭 결과를 항상 사무실 책상에 올려놓고 아픈 가슴을 쓰다듬으며 조직 지휘의 나침반으로 활용하고 있음
- 코칭을 계기로 나를 바꾸고 조직이 바뀌는 것을 확실히 느낄 수 있었음
- 코칭 결과를 가슴 한 곳에 새기며 매 순간의 언행을 조심하는 계기가 되었음
- 코칭 결과를 나의 거울이라 생각하며 조직구성원들에게 부끄럽지 않은 리더가 될 수 있도록 노력하는 계기가 됨

군 코칭에 대한 의견을 종합해보면 다음과 같다.

첫째, 군 코칭(military coaching)을 "코칭 전문화된 팀에 의한 체계적·입체적인 코칭 시스템"이라고 했다. 리더십 코칭 전문교관들로 구성된 코칭팀의 코칭을 받아보니 대대장 임무수행의 자세 및 방향성, 본인 리더십의 장단점을 파악할 수 있었던 좋은 계기였다는 의견이었다. 약점 보완 및 강점 발굴을 통한 스스로의 참여가 가능했다

는 점이다. 칭찬은 고래도 춤추게 한다고 한다. 상담은 자신의 문제에 침잠하다 보면 더욱더 의기소침해질 수 있다. 멘토링은 경험이나 지식을 전수받음으로써 성장할 수 있지만, 자칫 간섭으로 느껴질 수도 있다. 컨설팅은 문제해결의 단기적인 성과는 볼 수 있으나 스스로의 문제해결이 아니어서 장기적으로 지속성을 유지하기 힘든 측면이 있다. 그러나 코칭은 약점보다 강점 발굴을 통해 스스로의 자발성으로 장기적인 실천으로 코칭 효과를 지속할 수 있다.

둘째, 코칭을 받은 대대장 본인뿐만 아니라 조직구성원들이 피부로 느낄 수 있도록 '리더십 역량을 획기적으로 향상시킬 수 있는 터닝포인트'가 되었다는 점이다. 영관급 장교로서 20년 정도의 군 생활을 하다 보니 고착화된 가치관으로 나의 리더십에 잘못된 것이 없다고 생각했다. 그러나 코칭을 받으면서 이러한 생각이 얼마나 잘못되었는지를 깨닫고 코칭의 필요성과 중요성을 다시 한번 생각할 수 있었던 좋은 시간이었다. 그리고 자기결정을 통한 주도성 증진을 들 수 있다.

인간은 스스로 한 결정에는 적극적으로 참여하고 기꺼이 책임을 감당하려는 경향이 있다. 반면 누군가의 강요에 의한 결정에는 소극적이거나 책임을 지지 않으려 한다. 심리학자 래드키(Radke)와 크리슈리히(Klisurich)에 의한 간유 섭취 실험은 이를 잘 나타내준다. 이들은 모유를 수유하는 주부들을 대상으로 어린 자녀에게 모유뿐만 아니라 간유도 함께 섭취하는 실험을 했다. 이 실험에서 간유의 장점을 설명하는 것보다 주부들 스스로 '간유의 좋은 점은 무엇인가?'를 생각하도록 한 뒤 그 내용을 종이에 쓰게 한 쪽이 설득 효과가 훨씬 높다는 사실이 확실히 드러났다. 사람들은 스스로의 주도적 결정에는 더욱 활발히 움직이게 된다. 반면 심리학자 레건(Regan)과 브렘(Brehm)은 실험을 통해 슈퍼마켓에서 특정 상품을 사야 한다는 강한 압력을 받은 사람일수록 거꾸로 그 상품을 구입하지 않는다는 사실을 밝혀냈다. 명령하고 강제할 때보다 '자신의 의지와 의견'에 따를 때 자발적인 행동을 한다.

셋째, 군 코칭을 받음으로써 스스로 자신을 돌아볼 수 있는 '거울(mirroring) 역할'을 해주었다. 스스로 볼 수 없는 자신의 모습을 통해 자아성찰의 기회를 얻을 수 있었다는 점이다. 인간은 스스로 성찰할 기회가 적다. 그러나 코칭을 통해 자신이 볼 수 없는 부분을 타인의 인식을 거울로 삼아 봄으로써 자기인식의 기회를 갖게 된다. 이제까지 보지 못했던 강점과 약점을 인식할 수 있는 좋은 계기가 되었으며, 이와 같은 제도를 점차 확대 시행해야 한다고 의견을 제시했다. 코칭을 통해 스스로 자기 자신의 고착된 사고나 행동방식에서 자기인식을 하게 되면 스스로 변화의 필요성을 강하게 느낀다. 변화의 필요성에 따라 이전보다는 나은 스스로를 성장시키고자 하게 된다.

넷째, 코칭에서 주장하는 '줄탁동시(啐啄同時)'의 의미를 되새기게 되었다고 했다. 새끼병아리가 알에서 깨어나도록 어미가 알 밖에서 부리로 쪼아준다고 생각했는데, 새끼병아리가 준비되지 않은 상태에서 어미가 일찍 쪼면 새끼가 죽을 수도 있고 어미와 새끼가 쪼는 방향이 다르면 서로 헛수고만 한다는 점에서 리더와 조직구성원의 일치된 마음이 중요함을 새삼 깨달았다는 점이다.

코칭은 이전의 다른 어떠한 교육방식보다 효과를 향상시킬 수 있으며, 또한 효과의 지속성을 유지할 수 있다. 2003년 국제코칭연맹 심포지엄 발표자료에 의하면, 교육의 효과는 385%의 효과를 발생했지만 코칭을 도입한 기업은 1,825%의 효과를 보았다고 주장했다. 또한 코칭은 코칭목표를 수립하고 이를 추진하는 프로세스에 의한 실천의지를 통해 지속성을 유지할 수 있다.

다섯째, 군 코칭을 받은 조직구성원들은 이러한 기회를 통해 '조직이 화합·단결'하고 지휘관의 모습을 왜곡 없이 볼 수 있는 좋은 계기가 되었다고 했다. '조하리의 창'을 통해 리더 자신과 조직구성원들이 보는 시각을 상호 비교해봄으로써 자신의 생각과 타인의 생각이 옳고 그름의 문제가 아닌 다름을 알게 되었다고 진술했다. 또한 코칭 간 리더와 조직구성원의 '인식의 차'를 확인함으로써 코칭을 확실히 이해할 수 있었다고 했다.

이러한 리더십 코칭의 효과성 부분을 전체적으로 분석해보면 다음과 같다.

첫째, 리더십 코칭의 효과성 평가에서 조직 특성상 리더 개인코칭뿐만 아니라 조직환경이나 조직구성원들의 특수성이 망라된 조직코칭이 동반되어야 효과가 나타난다는 점이다. 부대의 임무와 성격을 고려하고 상급자의 지원하에 조직구성원의 특성 등을 고려한 코칭이 이루어져야 리더십 코칭의 효과성이 배가될 수 있는 것으로 파악되었다.

둘째, 리더와 조직구성원의 인식 차를 느끼게 함으로써 스스로 변화하고 성장하고자 노력했다는 점이다. 군 조직의 리더들은 모두 연령대가 40대 이후로 20~30년 이상 군 생활에서 형성된 사고방식과 리더십 스타일이 강하게 형성되어 있다. 이러한 코칭대상자에게 조직구성원이 비춰주는 거울, 즉 리더십 진단도구와 조하리의 창을 활용한 상호 인식의 차이, MBTI 등 다각적인 리더십 및 심리상담 도구 등을 조합한 군 코칭시스템을 활용하니 코칭의 효과가 배가되었다.

셋째, 군 코칭은 조직구성원에 대한 리더십 교육뿐만 아니라 팔로워십도 병행 교육함으로써 리더인 대대장을 이해할 수 있도록 했다. 군은 살아있는 리더십의 현장이다. 리더십 및 팔로워십 현장에서 전문교관인 군 코칭팀이 리더십 및 팔로워십 교육을 통해 대대장을 이해하고, 대대장은 조직구성원을 이해하고 존중하고 배려해줄 수 있는 기회를 제공하자 코칭의 효과성이 증가되었다.

넷째, 군 코칭은 기존의 비즈니스 코칭이나 커리어 코칭 등에서 일부 고객이 코치와 만나 단순히 대화만 나누고 헤어지는 식의 코칭에 만족하지 못했다(Gillian Jones & Ro Gorell, 2016)는 한계점을 극복함으로써 코칭의 효과를 배가했다는 점이다. 기존 코칭은 고객과 대화 위주의 코칭으로 고객의 욕구를 충족하지 못했다. 하지만 군 코칭은 대화뿐만 아니라 자체 제작한 GPS-Follow up 코칭모델을 통해 명확한 코칭목표를 설정하고 달성하기 위한 코칭에 중점을 두었다. 군에서는 조직에 부여되는 목적이나 목표의 방향성이 중요한데, 이러한 지휘의도와 부대목표를 연상하는 GPS-Follow up 코칭모델을 정립하여 시행하다 보니 코칭 프로세스 적용이 쉽고, 코칭대상자도 쉽게 받아들였다. 또한 4박 5일간 집중적인 코칭을 통해 코칭 효과를 극대화하면서 이후 텔레코칭을 통해 지속적 실천을 약속하자 효과가 배가되었다고 했다.

다섯째, 코칭대상자인 리더들은 장교 초군과정, 고군과정, 육대과정 등을 모두 수료한 자원으로 대부분 지휘관 및 참모 임무를 수행하는 자원이라는 특성을 지니고 있다. 군 코칭팀은 리더십 코칭뿐만 아니라 지휘관 경험과 더불어 기존 MBTI, 회복탄력성 등 심리검사도구 및 리더십 진단도구를 다양하게 활용했다. 이러한 진단 결과를 토대로 질문과 경청뿐만 아니라 때로는 멘토로 잘 모르는 내용에 대한 조언을 함으로써 스스로 깨우치도록 했다는 점이다.

여섯째, 군 코칭팀은 때로는 다른 부대의 장점이나 코칭대상자가 잘 모르는 내용에 대해 군 조직의 특성이 가미된 카운슬링을 하여 코칭의 효과를 배가시켰다는 점이다. 군 코칭팀은 다른 부대에서 잘 하고 있는 점에 대해 타 부대에 알려주고, 코칭대대장들이 모르는 부분에 대해서는 해답을 제공해주는 카운슬링을 통해 시간을 최대한 줄임으로써 조직구성원들이 빠른 시간에 변화된 대대장의 리더십으로 인한 행복을 만끽할 수 있었다는 점이다. 이처럼 군 코칭(military coaching)은 군부대의 특성을 고려하여 개인코칭뿐만 아니라 부대에 대한 조직코칭, 멘토링, 컨설팅을 실시함으로써 효과성을 극대화할 수 있었다.

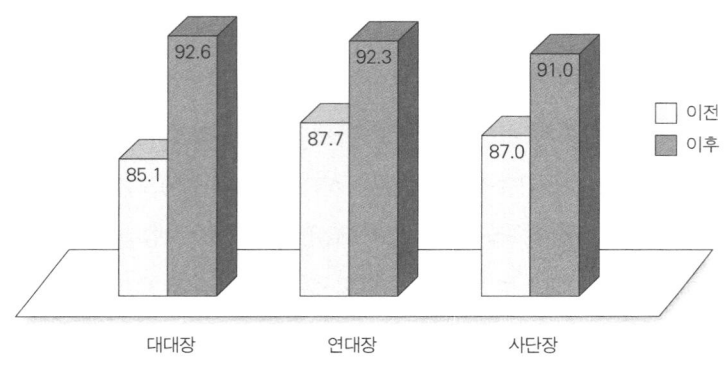

리더십코칭 효과성 평과 결과

대대장은 85.1점에서 92.6으로 7.5%p 상승했다. 연대장은 87.7점에서 92.3으로 4.6%p 상승했다. 사단장은 코칭을 받고 나서 리더십 진단도구에 의한 평가로 100점 만점 기준으로 87점에서 91점으로 4.0%p 상승했다.

14장
코칭 도구

1. 코칭 리더십 진단도구 개발

1) 코칭 리더십 역량모델 구축을 위한 예비 문항 개발

코칭 리더십의 효과성을 입증하기 위한 진단도구를 제작하기 위해 먼저 코칭 리더십 관련 역량을 도출했다. 이를 위해 기존 코칭 리더십 관련 선행연구와 개방형 설문, 포커스그룹 인터뷰, 5년여에 걸친 코칭과 축적된 D/B 등을 활용했다.

먼저 선행연구를 통해 코칭 리더십 역량은 공정성, 책임감, 신뢰, 동기부여, 솔선수범, 통찰력, 경청, 질문, 피드백, 방향제시, 목표설정, 열린 대화 등과 같은 의사소통이나 관계 중심의 역량들이 도출되었다. 리더십 교관들을 대상으로 개방형 설문 결과 도출된 역량으로는 리더의 인성, 책임감, 신뢰, 통솔력, 동기부여, 의사소통, 코칭 스킬, 경청, 질문, 피드백 등이 제시되었다. 조직 내 리더들을 대상으로 한 FGI 결과에서는 리더로서 필요한 윤리의식, 솔선수범, 통찰력, 관계유지, 회복탄력성, 목표설정, 방향제시, 경청, 질문, 판단 및 평가 등이 도출되었다.

코칭 리더십 역량

구 분	코칭 리더십 역량
선행연구 (33)	공정성, 책임감, 신뢰, 정직, 존중, 자기통제력, 동기부여, 의사소통, 솔선수범, 통찰력, 관계유지, 전략적 사고, 문제해결, 비전제시, 회복탄력성, 주도적 행동, 용기 있는 행동, 위험관리, 자기개발, 부하 개발, 긍정적 기풍 조성, 갈등관리, 시스템적 사고, 변화관리, 업무의 전문성, 목표설정, 방향제시, 지도와 평가, 경청, 질문, 피드백, 진단 및 평가, 현실진단, 안내 및 촉진, 열린 대화
기존 코칭 결과	의사소통 능력, 목표 및 방향설정, 지도 및 평가, 변화와 성장 촉진, 리더 역량개발, 관계형성, 인성, 리더십, 리더다운 행동, 임무완수, 상황판단력, 지적 수용력, 자기관리, 경청, 질문, 피드백, 방향제시, 열린 대화
개방형 설문 결과	준법정신, 윤리의식, 공정성, 충성, 용기, 책임감, 신뢰, 정직, 존중, 동기부여, 의사소통, 솔선수범, 통찰력, 관계유지, 팔로워십, 전략적 사고, 문제해결, 비전제시, 임파워먼트, 리더다움, 육체적 강건함, 회복탄력성, 주도적 행동, 유연한 행동, 침착성, 용기 있는 행동, 위험관리, 자기개발, 부하 개발, 긍정적 기풍 조성, 전우애 함양, 갈등관리, 시스템적 사고, 변화관리, 업무의 전문성, 목표설정, 방향제시, 경청, 질문, 피드백, 현실진단
FGI 결과	윤리의식, 공정성, 충성, 책임감, 신뢰, 정직, 존중, 동기부여, 의사소통, 솔선수범, 통찰력, 관계유지, 팔로워십, 전략적 사고, 문제해결, 비전제시, 임파워먼트, 리더다움, 육체적 강건함, 회복탄력성, 주도적 행동, 침착성, 용기 있는 행동, 위험관리, 자기개발, 부하 개발, 긍정적 기풍 조성, 전우애 함양, 갈등관리, 시스템적 사고, 변화관리, 업무의 전문성, 목표설정, 방향제시, 경청, 질문, 진단 및 평가

위와 같이 도출된 코칭 리더십 역량들은 델파이 전문가들의 의견을 수차례 종합했다. 종합한 결과 인성, 통솔력, 리더다운 행동, 조직관리, 임무완수, 코칭스킬 역량군 등이 도출되었다. 코칭 리더십 역량모델 개발을 위한 FGI 및 개방형 설문 등을 종합한 결과 특이한 사항은 인성 역량군에서 준법정신이나 윤리의식, 조직에 대한 충성, 용기 등은 리더로서 자질적 요소라 할 수 있다. 또한 팔로워십, 임파워먼트, 리더다움, 육체적 강건함, 유연한 행동, 침착성 등도 급변하는 조직 상황을 잘 반영하는 요소라 할 수 있다.

이와 같이 도출된 코칭 리더십 역량 모델을 측정하는 문항을 개발하기 위해 델파이 조사를 통해 확정된 31개의 역량요소를 문항으로 제작하는 작업을 실시했다. 측정문항은 각 역량의 정의를 기준으로 지식, 행동, 특성들을 나타내는 내용을 문항으로 제작했으며, 역량당 3~4개 문항씩 총 102문항을 제작했다. 102개 문항은 전문교수의 검토를 거쳐 15인의 전문가 패널을 통해 안면 타당도 검증을 했다. 전문가 패

코칭 리더십 역량군과 역량

역량군(6)	도출된 역량(44)			
A. 인성(9개)	① 준법정신 ⑤ 책임감 ⑨ 자기통제력	② 윤리의식 ⑥ 신뢰	③ 공정성 ⑦ 정직	④ 충성심 ⑧ 존중감
B. 통솔력(10개)	① 동기부여 ⑤ 관계유지 ⑨ 비전제시	② 의사소통 ⑥ 팔로워십 ⑩ 임파워먼트	③ 솔선수범 ⑦ 전략적 사고	④ 통찰력 ⑧ 문제해결
C. 리더다운 행동(7개)	① 리더다움 ⑤ 유연한 행동	② 육체적 강건함 ⑥ 침착성	③ 회복탄력성 ⑦ 용기 있는 행동	④ 주도적 행동
D. 조직관리(9개)	① 위험관리 ⑤ 전우애 함양 ⑨ 업무의 전문성	② 자기개발 ⑥ 갈등관리	③ 부하 개발 ⑦ 시스템적 사고	④ 긍정적 기풍 조성 ⑧ 변화관리
E. 임무완수(3개)	① 목표설정	② 방향제시	③ 지도와 평가	
F. 코칭스킬(6개)	① 경청 ⑤ 목표설정	② 질문 ⑥ 현실진단	③ 피드백	④ 진단 및 평가

널들의 의견을 반영하여 수정을 거친 후 마지막으로 전문교수 2인의 재검토를 거쳐 102개의 최종문항을 확정했다.

2) 신뢰도와 타당도 분석

코칭 리더십 역량을 확정하기 전에 KMO(Kaiser-Meyer-Olkin) 검증을 통해 요인분석의 가능성을 검정했다. 요인분석에 대한 KMO 통계치를 분석한 결과 0.79 이상으로 나타나(인성 = .86, 통솔력 = .79, 리더다운 행동 = .83, 조직관리 = .85, 코칭스킬 = .80) 모든 통계치가 0.60 이상이므로 요인분석에 적합하다고 할 수 있다.

먼저 인성 역량군 요인분석 결과 조사도구에서 요인부하량 .50 이상, 고유치 1 이상을 만족하는 문항으로 구성된 3개 군이 나왔다. 공정성, 책임감, 자기통제력이 인성 역량군을 68.540% 설명하는 것으로 분석되었다. 그리고 신뢰도를 측정하기 위해 내적 일관성을 나타내는 신뢰도 계수인 크론바흐(Cronbach's) α값을 분석했는데, 조직 단위의 분석 수준에서 일반으로 요구되는 크론바흐 α값이 .60 이상이면 측정도구의 신뢰도에 별다른 문제가 없는 것으로 일반화되어 있다. 공정성 역량 크론바흐 α값은 .813, 자기통제 역량 크론바흐 α값은 .741, 책임감 크론바흐 α값은 .813으로 공정성, 자기통제, 책임감 역량군 3개만 0.6 이상을 충족하는 것으로 나타났다.

인성역량에 대한 요인분석과 신뢰도분석 결과

구 분	성 분		
	1	2	3
공정성 3	.828	.056	.201
공정성 1	.800	.147	.084
공정성 2	.729	.308	.117
공정성 4	.656	.333	.218
자기통제 2	.170	.852	.125
자기통제 1	.203	.814	.195
자기통제 3	.255	.721	.308
책임감 1	.083	.137	.865
책임감 2	.180	.198	.815
책임감 3	.325	.329	.558
고유치(Eigen Value)	2.568	2.305	1.981
설명량(%) 68.540	45.441	12.728	10.372
크론바흐 α	.813	.741	.813

다음으로 통솔력 역량군에 대한 요인분석 결과는 임파워먼트, 비전제시, 문제해결, 동기부여 등이 통솔력 역량군을 66.167% 설명하고 있는 것으로 분석되었다. 통솔력 역량군에 대한 신뢰도분석 결과 임파워먼트 역량 크론바흐 α값은 .824, 비전제시 역량 크론바흐 α값은 .746, 문제해결 크론바흐 α값은 .788, 동기부여 역량 크론바흐 α값은 .660으로 산출되었다. 크론바흐 α값은 하위 역량 모두 크론바흐 α값이 .60 이상을 충족하여 조사도구는 내적 일관성을 갖춘 것으로 나타났다.

통솔력 역량에 대한 요인분석 및 신뢰도분석 결과

구 분		성 분			
		1	2	3	4
임파워먼트 3		.858	.173	.066	-.021
임파워먼트 2		.820	.150	.323	.191
임파워먼트 1		.786	.115	.286	.096
비전제시 2		.195	.790	.047	.071
비전제시 1		.023	.817	.229	.185
비전제시 3		.211	.695	.027	.274
문제해결 2		.103	.110	.879	.126
문제해결 3		.289	-.003	.843	.161
동기부여 1		-.024	.026	.032	.814
동기부여 3		.213	.312	.041	.625
동기부여 2		.062	.366	.247	.740
고유치(eigen value)		2.291	2.034	1.801	1.722
설명력(%)	66.167	36.203	13.237	9.508	7.219
크론바흐 α		.824	.746	.788	.660

리더다움 역량군에 대한 요인분석 결과는 주도적 행동, 강건한 모습, 유연한 행동, 솔선수범 등이 리더다움 역량군을 76.240% 설명하는 것으로 분석되었다. 리더다움의 신뢰도분석 결과 주도적 행동 역량의 크론바흐 α값은 .847, 강건한 모습은 .835, 유연한 행동은 .829, 솔선수범은 .813으로 나타났다. 크론바흐 α값은 하위 역량 모두 .60 이상을 충족하여 내적 일관성을 갖춘 것으로 나타났다.

리더다움에 대한 요인분석과 신뢰도분석 결과

구 분	성 분			
	1	2	3	4
주도적 행동 3	.851	.106	.186	.111
주도적 행동 1	.825	.091	.142	.231
주도적 행동 2	.770	.164	.150	.369
강건한 모습 3	.091	.864	.195	.107
강건한 모습 1	.031	.805	.150	.231
강건한 모습 2	.267	.792	.318	.048
유연한 행동 2	.204	.153	.847	.151
유연한 행동 1	.102	.242	.810	.161
유연한 행동 3	.206	.315	.715	.262
솔선수범 3	.163	.197	.092	.826
솔선수범 4	.198	.132	.338	.772
솔선수범 2	.295	.074	.154	.760
고유치(eigen value)	2.327	2.311	2.270	2.241
설명력(%)　　76.240	45.035	13.869	8.878	8.459
크론바흐 α	.847	.835	.829	.813

조직관리 역량군에 대한 요인분석 결과는 방향제시, 부하 개발, 자기개발, 통찰력이 조직관리 역량군을 74.596% 설명하는 것으로 분석되었다. 조직관리의 신뢰도 분석 결과 방향제시 역량의 크론바흐 α값은 .860, 부하 개발 역량의 크론바흐 α값은 .855, 자기개발 역량의 크론바흐 α값은 .831, 통찰력 역량의 크론바흐 α값은 .827이었다. 크론바흐 α값이 .60 이상을 충족한 4개의 하위역량은 내적 일관성을 갖춘 것으로 나타났다.

조직관리 역량에 대한 요인분석과 신뢰도분석 결과

구 분	성 분			
	1	2	3	4
빙향제시 1	.860	.245	.039	.161
방향제시 2	.854	.166	.051	.202
방향제시 3	.826	.084	.345	.020
부하개발 3	.255	.849	.141	.214
부하 개발 4	.132	.797	.271	.172
부하 개발 2	.160	.747	.363	.152
자기개발 1	.086	.212	.829	.123
자기개발 2	.102	.244	.822	.268
자기개발 3	.237	.263	.697	.250
통찰력 3	.100	.116	.173	.877
통찰력 2	.165	.105	.261	.817
통찰력 1	.133	.362	.137	.718
고유치(eigen value)	2.386	2.338	2.313	2.268
설명력(%) 74.596	46.453	13.099	8.295	6.748
크론바흐 α	.860	.855	.831	.827

코칭스킬 역량군에 대한 요인분석 결과는 아래 표와 같이 나타났다. 평가 및 지도, 피드백, 질문, 경청 등이 코칭스킬 역량군을 63.903% 설명하는 것으로 분석되었다. 평가 및 지도 역량의 크론바흐 α값은 .795, 피드백 역량의 크론바흐 α값은 .755, 질문 역량의 크론바흐 α값은 .787, 경청의 신뢰도분석 결과 크론바흐 α값은 .648로 나타나 크론바흐 α값이 .60 이상을 충족한 4개 하위역량은 내적 일관성을 갖춘 것으로 나타났다.

코칭스킬 역량에 대한 요인분석과 신뢰도분석 결과

구분	성분			
	1	2	3	4
평가 및 지도 3	.809	.101	.089	-.079
평가 및 지도 4	.792	.068	.048	.182
평가 및 지도 1	.768	.030	.041	-.008
평가 및 지도 2	.742	.021	.138	.022
피드백 1	-.011	.835	.182	.106
피드백 2	.158	.768	.173	.102
피드백 3	.049	.699	.251	.176
질문 3	.069	.277	.797	.040
질문 1	.169	.088	.795	.174
질문 2	.096	.313	.756	.091
경청 3	.092	.281	.061	.741
경청 2	.094	.208	-.006	.701
경청 1	-.111	-.106	.273	.657
고유치(Eigen Value)	2.522	2.108	2.073	1.605
설명력(%)　　　63.903	29.520	16.546	9.518	8.319
크론바흐 α	.795	.755	.787	.648

코칭 리더십 역량모델은 최종적으로 5개 역량군과 19개의 하위역량이 확정되었다. 인성 역량군에서는 공정성, 책임감, 자기통제력 등 3개의 역량이, 통솔력 역량군에서는 임파워먼트, 비전제시, 문제해결, 동기부여 등 4개 역량이 확정되었다. 리더다움에서는 주도적 행동, 강건한 모습, 유연한 행동, 솔선수범 등 4개 역량이, 조직관리 역량군에서는 자기개발, 부하 개발, 통찰력, 방향제시 등 4개 역량이 확정되었다. 코칭스킬 역량군에서는 경청, 질문, 피드백, 평가와 지도 등 4개 역량이 확정되었다.

군 리더들의 코칭 리더십 역량 측정도구 개발을 위한 본 연구조사를 통해 최종적으로 5개의 코칭 리더십 역량군과 19개의 코칭 리더십 역량이 확정되었다. 인성 역량군에서는 윤리의식, 공정성, 책임감, 자기통제력, 존중감 역량 중에서 윤리의식과 존중감이 요인부하량 0.5 이하로 도출되어 삭제되고 공정성, 책임감, 자기통제력 등 3개 역량이 최종 확정되었다. 영향력 발휘 역량군에서는 동기부여, 의사소통, 비전제시, 관계유지, 팔로워십, 문제해결, 임파워먼트 역량 중에서 요인부하량 0.5 이하로 도출된 의사소통, 관계유지, 팔로워십이 제거되어 임파워먼트, 비전제시, 문제해결, 동기부여 등 4개 항목이 확정되었다.

외적태도에서는 강건한 행동, 회복탄력성, 주도적 행동, 유연한 행동, 솔선수범, 용기 있는 행동 중에서 요인부하량 0.5 이하로 도출된 회복탄력성, 용기 있는 행동이 제거되어 주도적 행동, 강건한 모습, 유연한 행동, 솔선수범 등 4개 항목이 확정되었다. 조직관리 역량군에서는 자기개발, 부하 개발, 전략적 사고, 통찰력, 긍정적 기풍 조성, 위기관리, 시스템적 사고, 갈등관리, 업무의 전문성, 방향제시 중에서 요인부하량 0.5 이하로 도출된 전략적 사고, 긍정적 기풍 조성, 위기관리, 시스템적 사고, 갈등관리, 업무의 전문성 등이 제거되고 자기개발, 부하 개발, 통찰력, 방향제시 등 4개 항목이 확정되었다. 코칭스킬 역량군에서는 경청, 질문, 피드백, 코칭목표 설정, 현실진단, 평가 및 지도 중에서 요인부하량 0.5 이하로 도출된 코칭목표 설정, 현실인식 등이 제거되고 경청, 질문, 피드백, 평가 및 지도 등 4개 항목이 최종 확정되었다.

2. MBTI 성격유형검사

성격이란 현실세계에서 각 개인들이 자신의 주변에서 일어나는 현상에 대한 태도와 행동방식 가운데 비교적 안정적이고 핵심적 의미를 지닌 개인의 심리적 특징을 말한다. 성격의 유형을 구분하는 이론은 많지만 그중에서도 MBTI(Myers-Briggs Type Indicator) 성격유형 이론은 현재 국제적으로 보편적으로 사용되는 심리검사다. MBTI 검사는 융(C. G. Jung)의 심리유형이론을 토대로 캐서린 브릭스(Katherine C. Briggs)와 이자벨 마이어스(Isavel Briggs Myers), 피터 마이어스(Peter Myers)에 이르기까지 3대에 걸쳐 연구 개발한 심리유형검사다.

MBTI는 인간의 행동은 각자의 개성대로 예측 불가능해 보여도 조금 주의를 기울여 관찰해보면 일정한 경향성을 지닌다는 것을 전제로 한다. 겉으로 표출되는 다양한 인간행동은 각자가 인식(perception)하고 판단(judgement)하는 특성에 따라 발현된다고 한다. MBTI는 이러한 인식과 판단에 대한 심리적 이론과 인식과 판단의 방향을 결정짓는 행동적 태도 이론을 바탕으로 제작되었다.

MBTI는 에너지 방향, 인식기능, 판단방식, 이해방식으로 구분하여 이를 16가지 성격유형으로 나타낸 것이다.

① 주어진 상황에 대해 외부세계에 좀 더 반응하는지, 자신의 내부세계에 더 중점을 두는지에 따라 외향적(E: Extraversion) 또는 내향적(I: Introversion)으로 분류한다. 에너지 방향이 외향적인 성향의 사람들은 폭넓은 대인관계를 유지하고, 사교적이며 정열적으로 활동한다. 반면에 에너지 방향이 내향적인 사람들은 깊이 있는 대인관계를 유지하고, 조용한 가운데 신중하며, 주어진 상황에 대한 이해를 하고 난 이후에 행동하는 경향을 보인다.

② 외부에서 정보가 주어졌을 때 어떻게 인식하는가를 기준으로 감각형(S: Sensing)과 직관형(N: iNtuition)으로 분류한다. 감각형은 인간의 오감에 의존하며, 실제적인 경험을 중시하고, 현재에 초점을 맞추어 정확하고 철저한 업무처리를 중시한다. 직관형은 직관을 비롯한 육감에 의존한다. 업무를 처리함에 있어 미래

지향적으로 가능성과 의지를 추구하고, 비약적으로 신속하게 처리한다.

③ 주어진 정보에 대해 어떻게 평가를 내리거나 결정하기를 선호하는지에 따라 사고형(T: Thinking)과 감정형(F: Feeling)으로 분류한다. 사고형은 정보를 객관적·논리적으로 분석하며, 사실과 진실 규명에 초점을 둔다. 반면에 감정형은 인간적인 관계에 중점을 두고 타인의 감정을 우선적으로 고려한다.

④ 사람들이 어떠한 생활방식을 선호하는가에 따라 판단형(J: Judging)과 인식형(P: Perceiving)으로 분류한다. 판단형은 시스템적인 사고로 업무에 대한 명확한 목적과 방향성을 설정하고 주어진 업무를 면밀하게 분석하여 처리한다. 인식형은 융통성 있는 사고로 주어진 상황에 따라 목적과 방향을 얼마든지 변경할 수 있으며 자율적으로 업무를 처리한다.

이러한 MBTI 심리유형은 실제적·사실적 유형의 ST, 동정적·우호적 유형의 SF, 열정적·통찰적 유형의 NF, 논리적·창의적 유형의 NT 계열로 분류할 수 있다.

첫째, 실제적·사실적(ST) 유형의 코칭대상자는 주로 감각기능을 활용하여 사실적 정보를 수집하여 단계적·논리적으로 업무를 분석하고 추진하는 유형이다. ST 유형의 대화 스타일은 어떠한 사실에 대해 돌려서 말하거나 숨기지 않고 직접적으로 말하는 것을 선호한다. 따라서 말하고자 하는 것을 명확하게 표현하고, 의미를 명확하게 표현하는 방식을 선호한다. ST 유형의 코칭대상자를 피드백할 때는 실용적이고 실제적인 문제 중심으로 접근하고, 객관적이고 사실적인 근거를 제시하여 이들로부터 호응을 얻어야 한다. 코칭 주제나 목표를 중심으로 간단명료하게 커뮤니케이션을 하고, 논리적이고 체계적인 방식으로 구체적 행동계획을 수립하여 이를 코칭할 수 있어야 효과도가 높다.

둘째, 동정적·우호적(SF) 유형의 코칭대상자는 감각기능을 활용하여 직접적으로 확인되는 사실에 관심을 기울이고, 감정기능을 활용하여 주관성과 온정을 중시하여 의사결정하는 유형이다. SF 유형이 선호하는 대화 스타일은 상호 간의 공감대를 유지한 상태에서 공통점을 찾으려고 한다. 상호 공통된 내용에 대한 질문을 하고, '언제', '어디서', '어떻게' 같은 구체적인 질문을 하는 경향이 있다. 코칭 종료에 개의치 않으며, 코칭을 할 때는 코칭대상자에게 직접적인 영향을 미치는 실용적인 문제 중심으로 접근하고, 코치의 경험적인 사례를 들어 구체적인 자료를 제시한다. 경청하고 공감하는 태도로 여유 있게 의사소통을 하고, 수립한 행동계획의 진행과정을 지지하고 격려해줌으로써 코칭의 효과가 배가 될 수 있다.

셋째, 열정적 · 통찰적(NF) 유형의 코칭대상자는 직관기능을 활용하여 직접적인 사실 이면에 대해 관심을 가지며, 감정기능을 활용하여 대인관계에 자신의 통찰력을 주로 활용하는 스타일이다. NF 유형은 감정을 표현하는 단어를 자주 사용하여 대화 내용에 따라 말의 어조나 속도가 달라진다. 코칭대화 간 대화의 주제가 꼬리를 물고 이어질 수도 있다. 이러한 유형에 적합한 코칭 스타일은 전체적인 관점에서 근본적인 해결방안을 중심으로 접근하고, 방향성과 가능성을 종합적으로 확인할 수 있는 자료를 제시한다. 코칭대상자의 아이디어를 경청하고, 욕구를 충족시켜줄 수 있는 활동에 관심을 둔다.

넷째, 논리적 · 창의적(NT) 유형의 코칭대상자는 직관기능을 가능성과 이론적 관계, 추상적인 생활방식이나 이해를 바탕으로 사고기능을 활용하여 객관적이고 합리적으로 분석해 판단하는 스타일이다. 처음에는 업무 중심적인 대화를 선호하고, 코칭대화 간 '왜', '만약'이라는 단어가 자주 사용될 수 있으며, 약간 엉뚱한 농담이나 대화가 오갈 수 있다. 이러한 유형을 코칭할 때는 코칭대상자의 지적인 능력을 존중하고, 코칭대상자가 직접 분석하고 결정할 수 있는 선택사항과 대안을 다룬다. 코칭대상자는 코치의 능력에 관심이 많고, 명확한 코칭목표 수립을 원한다. 따라서 객관적이고 장기적인 경향을 선호하므로 이에 적합한 코칭을 리드하는 것이 효과가 높다.

코칭은 리더십 진단도구와 조하리의 창을 활용하여 본인과 타인의 인식 차를 통한 성찰의 기회를 마련하는 데 중점을 두었다. 또한 리더 본인의 성격유형(MBTI)이 리더십에 어떠한 영향을 미치는지를 설명하고, 군 코칭팀의 현장동행 관찰이나 인터뷰 등을 종합하여 피드백 시 제공함으로써 코칭의 효과를 배가시킬 수 있었다. 이와 같이 MBTI[1] 결과 및 코칭 간 현장관찰 및 조직구성원과의 인터뷰, 리더십 진단도구

---

1 MBTI에서 ESTJ형은 사업가형으로, 사무적이고 실용적이며 현실적인 스타일이다. 또한 ISTJ형은

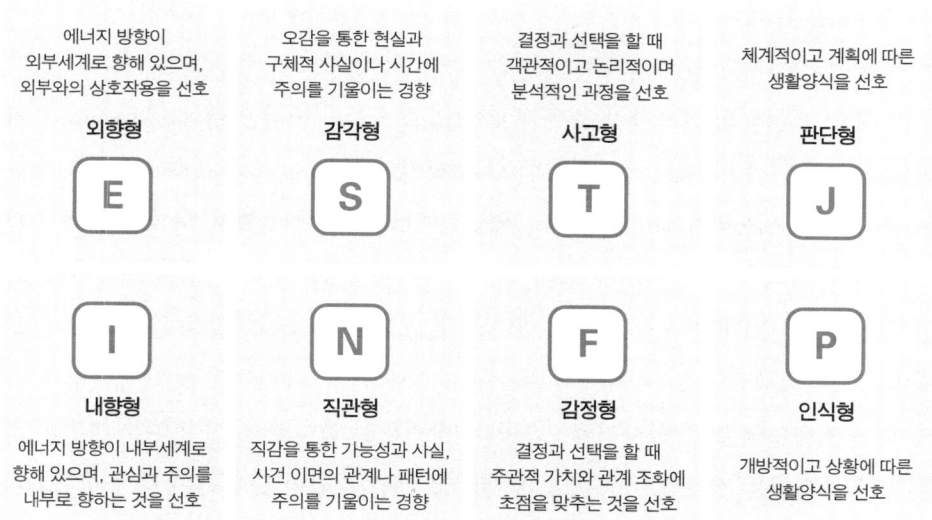

에너지 방향이
외부세계로 향해 있으며,
외부와의 상호작용을 선호

외향형

E

내향형

에너지 방향이 내부세계로
향해 있으며, 관심과 주의를
내부로 향하는 것을 선호

I

오감을 통한 현실과
구체적 사실이나 시간에
주의를 기울이는 경향

감각형

S

직관형

직감을 통한 가능성과 사실,
사건 이면의 관계나 패턴에
주의를 기울이는 경향

N

결정과 선택을 할 때
객관적이고 논리적이며
분석적인 과정을 선호

사고형

T

감정형

결정과 선택을 할 때
주관적 가치와 관계 조화에
초점을 맞추는 것을 선호

F

체계적이고 계획에 따른
생활양식을 선호

판단형

J

인식형

개방적이고 상황에 따른
생활양식을 선호

P

MBTI 성격유형

결과 등을 종합하여 코칭 목표설정과 피드백 시 활용했다.

MBTI 결과에서 나타난 특이한 현상은 ESTJ나 ISTJ가 유난히 많다는 점이다. 이는 조직의 특성이 개인의 성격에도 영향을 미칠 수 있음을 알 수 있다. 조직의 임무 및 특성상 리더의 성향이 외향적이거나 내향적일 수 있지만, 리더로서 임무를 수행하는 과정에서 감각적이고 사고적이며 즉각적인 판단을 요구하게 된다는 점이다.

소금형으로, 한번 시작한 일은 끝까지 해내는 성격으로 분류한다. ENFP형은 스파크형으로 열정적으로, 새로운 관계를 만드는 유형으로 분류되며, ENTJ형은 지도자형으로 비전을 가지고 사람들을 활력적으로 이끌어가는 유형이다. ESFJ형은 친선도모형으로 친절과 현실감을 바탕으로 타인에게 봉사하는 유형이고, ESFP형은 사교적인 유형으로 분위기를 고조시키는 유형으로 분류한다.

3. 조하리의 창

1950년대 미국의 심리학자 조셉 루프트(Joseph Luft)와 해리 잉햄(Harry Ingham)은 자아의 인식에 관한 이론을 제시하여 이를 '조하리의 창(Johari's window)'이라 했다. 인간의 삶은 자기 스스로에 대한 인식이 끊임없는 탐색 과정이라 했다. 나와 타인과의 관계를 통해, 나와 일과의 관계를 통해, 나 자신과의 관계를 통해 자아를 인식한다. 조하리의 창은 자기개발과 의사소통, 대인관계, 집단역학, 조직개발을 위해 개발된 모델이다.

대인관계 영역 속에서 자신을 인식하는 방법론의 하나로, 자신이 다른 사람과 소통할 때 나타나는 정보 공유와 개방의 결과로 본인 자신이 인식하는 것과 상대방이 인식하는 것의 차이(gap)가 있음을 잘 나타내고 있다. 이를 통해 리더는 스스로의 마음속에 비춰진 창을 보고 반성하거나 개선의지를 가지며, 타인과의 관계를 회복하고자 한다. 개인이 인간관계에서 나타내는 자기공개와 피드백 정도에 따라 마음의 창을 구성하는 영역의 넓이가 달라진다. 조하리의 창은 열린 창(open window)과 보이지 않는 창(blind window), 숨겨진 창(hidden window)과 미지의 창(unknown window)으로 분류된다(Luft, 1969; 이유미, 2012).

① '열린 창(open window)'은 리더와 조직구성원이 공통적으로 알고 있는 외적 영역이다. 나도 알고 타인에게도 알려져 있는 나에 관한 정보를 말한다. 이 영역이 넓은 사람은 자기표현과 타인에 대한 관심이 많고, 타인의 말에 귀를 기울이며, 친밀성 등이 탁월한 유형이다. 공개된 창의 영역이 넓을수록 타인과의 대화가 원활하게 이루어진다고 볼 수 있다. 서로 잘 알고 상호작용하기 때문에 효과적인 의사소통이 가능하다. 효과적인 의사소통을 위해서는 이 부분의 영역을 넓혀가야 하는데, 자기노출을 하고 피드백을 많이 받을 때 가능하다.

② '보이지 않는 창(blind window)'은 리더 본인은 잘 모르나 조직구성원은 알고 있는 영역이다. 사람은 이상한 행동습관, 특이한 말버릇, 독특한 성격 등 남들은 알고 있지만 자신은 모르는 자기 모습이 있는데, 이를 보이지 않는 창의 영역

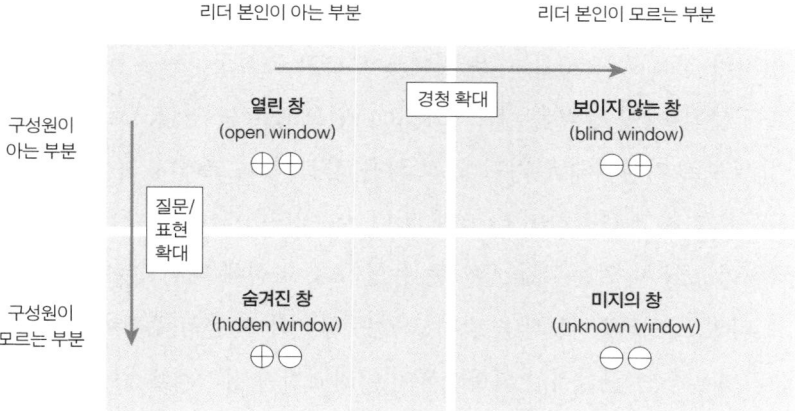

리더 본인이 아는 부분 　　　　　　　　리더 본인이 모르는 부분

구성원이
아는 부분

열린 창
(open window)
⊕⊕

경청 확대

보이지 않는 창
(blind window)
⊖⊕

질문/
표현
확대

구성원이
모르는 부분

숨겨진 창
(hidden window)
⊕⊖

미지의 창
(unknown window)
⊖⊖

조하리의 창을 활용한 인식의 차

이라 할 수 있다. 이 영역이 넓은 사람은 자신의 기분과 의견을 잘 표현하고, 자신감이 있으며, 솔직한 성격 유형이다. 자신에 대한 정보가 타인에게는 알려져 있지만 자신에게는 알려져 있지 않은 부분으로, 타인으로부터 피드백을 받지 못할 때 이 부분이 넓어져 효과적인 의사소통이 이루어지기 어렵다.

③ '숨겨진 창(hidden window)'은 리더 스스로는 잘 알고 있으나 상대는 모르는 영역이다. 숨겨놓은 자신의 모습으로, 남에게 노출되지 않고 나만이 알고 있는 나의 성격을 의미한다. 나의 약점이나 비밀처럼 타인에게 숨기는 영역으로, 의도적으로 숨기고자 하는 부분도 있지만 스스로 나타내지 않아서 깊이 있는 관계가 아니면 타인이 알지 못한다. 사실 이 영역은 자신을 얼마나 잘 노출하느냐에 따라 영역의 크기가 좌우되는데, 이 영역이 넓을수록 타인과의 소통이 잘되지 않고, 타인의 접근이 용이하지도 않게 된다. 타인이 어떻게 반응할지 몰라 자신의 감정과 태도를 타인에게 잘 알리려 하지 않는 방어적인 태도를 취하게 될 때 나타난다. 의사소통에서 자신의 의견이나 감정을 표출하지 않고 타인으로부터 정보를 얻으려는 경향이 크다. 이 영역이 넓은 사람은 타인에 대해 수용적이며, 자신에 대해서는 함구하는 형태다. 현대인에게 많이 발생하는 유형으로 내면적인 욕망이나 감정, 꿈이나 선호경향 등을 표현하지 않기도

한다.

④ '미지의 창(unknown window)'은 리더도 모르고 조직구성원도 잘 모르는 영역으로 구분된다. 이 영역은 나도 모르고 타인도 모르는 영역으로, 심층적인 무의식 세계로 자신에게 알려져 있지 않은 부분이다. 그러나 자신에게 지속적인 관심을 가지고 관찰하면 알 수도 있다. 이 영역이 넓은 사람은 인간관계에 소극적이고 혼자 있는 것을 즐기는 유형이다. 자신에 대한 견해를 표출하지 않고, 타인으로부터 피드백을 받지도 않는 경우다. 자신의 주장이 지속적으로 표출되지 않으면 일상적인 의사소통이 어려워지며 자기폐쇄적이 되기 쉽다.

본인이 타인과의 관계를 어떻게 인식하느냐에 따라 같은 사람이라도 조하리의 창은 변화하게 된다. 또한 시간이 흐르거나 관계가 발전되어감에 따라 변화할 수 있게 된다. 조셉 루프트는 이러한 창의 변화원리를 다음과 같이 정리했다. 첫째, 하나의 창의 변화는 결국 다른 모든 창에 영향을 미치며, 상호작용과 관련된 행동을 숨기거나 부정하고 인식하지 않으면 타인과의 관계에서 자신의 에너지가 소모된다. 둘째, 상호신뢰는 본인과 타인에 대한 관심을 증가시키지만 위협은 관심을 감소시키는 경향이 있다. 셋째, 강요된 인식(노출)은 바람직하지 못하며 비효율적이다. 넷째, 공개된 창을 타인들과 공유하는 것은 그들의 동기부여와 영향력 행사에 영향을 미친다는 사실이다.

4. DISC 행동유형검사

미국 컬럼비아대학 심리학 교수인 윌리엄 마스턴(William M. Marston) 박사는 인간이 환경을 어떻게 인식하고 받아들이는가에 따라 네 가지 행동유형으로 발현된다고 주장했다. 이를 체계화하여 DISC(행동유형)로 분류했다. 가이어(Jan Geier)는 이를 현재 우리가 많이 사용하는 DISC 자기진단도구로 발전시켰다. 인간은 태어나서 성장하는 과정에 자기만의 독특한 성격과 행동패턴이 형성되고, 타인들과 상호작용을 통해 관계를 형성하게 된다. 이러한 행동패턴은 일종의 습관적인 경향을 나타내고, 일상생활에서 아주 자연스럽게 고착화된다. 이와 같이 오랫동안 형성되어 인식된 행동이나 정서적 반응은 일종의 행동패턴(behavior pattern)이나 정서적 감정, 업무성향으로 표현된다. DISC는 주어진 상황에서 개인의 성향이 외향적인가, 내향적인가? / 일처리가 빠른가, 느린가? / 관계 중심인가, 과업 중심인가에 따라 네 가지 성향으로 분류했다.

　네 가지 성향은 주도형(D: Dominance), 사교형(I: Influence), 안정형(S: Steadiness), 신중형(C: Conscientiousness)으로 구분된다. 이 네 가지 유형의 앞 글자를 따서 DISC 성격유형 혹은 행동유형검사라고 불린다. 네 가지 행동유형은 다음과 같다.

① 주도형(D형)은 경쟁적이며, 자신의 의견을 주장하고, 개척자 경향이 강하다. 업무추진에서 과감하고 적극적이다. 따라서 타인의 감정을 헤아리지 못하고, 타인의 말이나 행동을 종종 가로막는 행동을 하거나 공감하지 못하는 성향을 보이기도 한다. 주도형이 타인과의 관계나 업무추진에서 유의할 점은 타인의 의견을 존중하고, 의견 상충 시 상호 협상하는 능력을 키워야 한다. 결론보다는 과정을 생각하고 타인의 노력을 인정할 필요가 있다.

② 사교형(I형)은 인정이 많고, 사고방식이 자유분방한 편이다. 관계에서 다소 말이 많으며, 타인과의 의사소통에 능하다. 유머감각이 풍부하며, 활기차고 개방적이다. 상대방에게 동의할 때 타인의 표현을 적극적으로 하며, 사물이나 주제의 긍정적인 측면을 부각시키려 노력하는 형이다. 업무추진에서 즉흥적이고, 자기 기분에 따라 계획을 바꾸기도 하는 편이다. 사교형이 주의할 점은 중요한 업무를 일관성 있게 마무리하고, 자신의 시간 관리에 엄격해야 한다. 타인과의 관계나 업무가 완수될 때까지 과정을 구조화하고, 때로는 단호하게 거절해야 할 경우도 필요하다.

③ 안정형(S형)은 성실하고 꾸준하게 안정적인 관계로 업무를 추진한다. 타인을 부러워하지 않고, 복지부동 경향이 있으며, 변화에 대한 두려움이 가장 큰 유

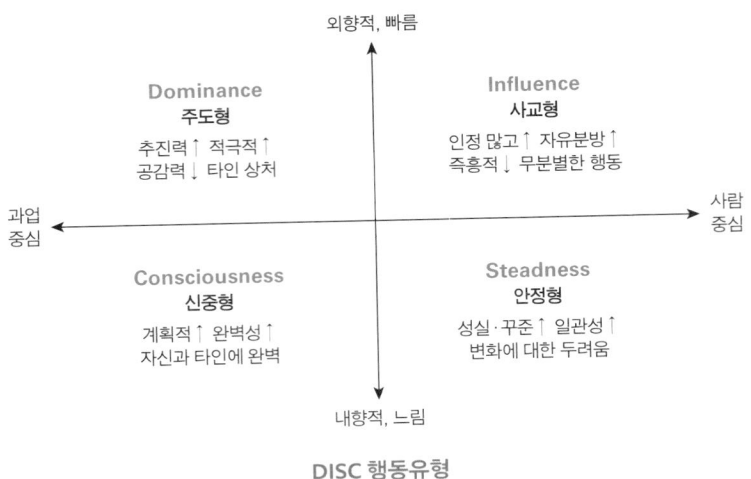

DISC 행동유형

형이다. 안정형이 주의할 점은 자신의 감정을 표현하고 정보를 공유해야 한다. 갈등은 발전의 원동력이 될 수 있음을 인식하고 자신의 완고함을 피해야 하며, 때로는 자기주장을 할 수 있어야 한다.

④ 신중형(C형)은 타인과의 관계에서 계획적이고 완벽하며, 업무추진에 신중하다. 자신과 타인에게 완벽을 추구하다 보니 기대치가 높다. 신중형이 유의해야 할 점은 새로운 도전을 받아들일 필요가 있으며, 예측 불가능한 상황에 대한 대처능력을 개발해야 한다. 주관적인 결단력을 배양하고, 융통성 있는 업무추진이 필요하다.

DISC 행동유형검사는 다른 모델과 비교했을 때 세 가지 장점이 있다.

① 밖으로 드러나는 인간의 행동을 통해 인간을 설명한다.
② 인간행동의 동기나 욕구를 규명함으로써 개인의 변화 및 개발 가능성을 전제한다.
③ 쉽게 강점과 약점을 발견하여 약점을 보완하고 강점을 강화시킬 수 있다.

DISC 검사를 실시한 이후 DISC 유형에 따라 코칭 방법을 달리할 필요가 있다.

'주도형'인 코칭대상자에게는 신뢰형성 단계에서 코칭에 대한 큰 그림을 그리며 세부적인 사항으로 접근해야 한다. 또한 코칭대상자에게 지시적이거나 강압적인 태도를 지양하고, 코칭의 기본자세인 수평적·동반자적인 자세로 임해야 한다. 코칭 간 코칭대상자가 주도적으로 답을 찾도록 해야 한다. 코칭 리더는 코칭 간 대화에서도 용기 있는 행동이나 목표지향적인 과업 임무수행이나 자신감에 대한 칭찬을 적극적으로 하고, 그들의 약점인 참을성이 부족하거나 공격적인 태도에 적절하게 반응할 수 있어야 한다. 따라서 주도형에게 질문할 때는 핵심만 간략하게, 결론부터 간략하게 말하고, 세부사항은 코칭대상자와 함께 말할 수 있는 코칭 분위기를 유지하는 것이 좋다. 피드백을 하는 순간에는 외부로 드러나는 결과를 중심으로 코칭을 통해 변화한다면 어떠한 결과가 예상되는지를 단도직입적으로 나누는 것이 효과적이다.

'사교형'은 신뢰형성 단계에서 사적인 이야기를 통해 관계를 형성하고, 새롭고 흥미 있는 이야기를 충분히 들려줌으로써 코칭에 대한 관심을 증폭시켜야 한다. 코칭을 통해 이루어질 수 있는 희망과 비전을 제시하고, 코칭대상자의 성공경험담을 공유하여 코칭 분위기를 상승시킬 수 있다. 코칭대상자의 낙천적이고 풍부한 상상력, 사교적이고 열성적인 장점을 극대화할 수 있는 코칭대화를 하고, 다소 감정적이고 비현실적이며, 공상력이 풍부한 코칭대상자의 약점을 이해하는 코칭대화가 필요하다. 코칭 주제와 목표를 다룰 때 다른 유형과 달리 폭넓은 이슈에 대해 질문하고, 때로는 비정형화된 상태의 아이디어라도 자연스럽게 말할 수 있는 분위기를 조성하는 것이 좋다. 피드백을 나누는 방법은 가능한 한 많은 사람 앞에서 코칭목표의 실천에 대한 피드백을 할 수 있도록 하는 것이 좋으며, 코칭대화 간 코칭 리더가 적절한 호응을 통해 기를 살려주는 것도 좋다. 부정적 피드백을 최소화하고, 긍정적 피드백 및 결과를 다루는 것이 양호하다. 코칭대화를 하면서 논리적이고 구체적인 설명보다는 비전을 제시하는 것이 코칭대상자의 성격 및 행동유형에 효과가 클 수 있음을 유념해야 한다.

'안정형'은 신뢰형성 단계에서 자유스러운 코칭 분위기를 조성하는 것이 필요하다. 코칭대상자의 능력을 인정하고, 지지와 격려를 수시로 하는 것이 필요하다. 코칭대화 간 코칭대상자를 진정으로 위하는 마음과 우호적이고 꾸준한 태도를 보여준다. 열성이 부족하거나 변화를 싫어하고, 성격적으로 수줍어하거나 연약할 수 있는 코칭대상자의 특성을 이해하고 코칭에 임할 필요가 있다. 코칭대화 간 질문을 할 때는 부드러운 표현을 사용하고, 코칭대상자가 표현할 때 적극적으로 경청하고 호응해줄 필요가 있다. 피드백 시에는 코칭대상자에 대한 칭찬을 먼저 한 다음, 과업성과에 대해 칭찬을 통해 마음의 안정을 느끼게 한 이후에 코칭대상자의 행동이나 과업성과가 타인 및 조직에 미칠 영향력을 중심으로 표현하는 것이 좋다. 코칭대상자의 변화에 대해 상급 리더가 지지하고 격려할 것이라는 명확한 표현을 하며, 일과 사람은 별개라는 것을 분명히 할 필요가 있다.

　'신중형'은 신뢰형성 단계에서 세부사항에 대해 먼저 말한 뒤 큰 그림을 그려나가는 것이 중요하다. 미시적 차원에서 거시적 차원으로, 귀납적 접근에서 연역적 접근이 좋다. 코칭대상자가 생각하거나 반응하는 데 충분한 시간을 주고, 비판적 반응도 받아들이며, 6하 원칙에 의거하여 구체적인 자료를 제공하는 것이 좋다. 코칭대상자의 분석적이고 양심적이며 높은 이상추구, 주의력 있는 태도를 인정해준다. 반면에 비사교적이고 완벽주의 성향에 대한 이해를 바탕으로 코칭대화를 진행할 필요가 있다. 따라서 질문할 때는 큰 그림보다는 범위를 좁혀나가는 구체적인 질문을 하거나 질문내용을 미리 알려줌으로써 충분한 준비 시간을 부여해야 한다.

참고문헌

국내 단행본

강경표 · 남궁승필 등(2004). 『군 리더십 길라잡이』. 서울: 진영사.

공군본부(2012). 『공군 리더십 교범』.

국방부(2005). 『한국군 리더십 진단과 강화방안』.

김재득(2012). 『리더십』. 서울: 대영문화사.

김정태 · 심혜숙(2015). 『16가지 성격유형의 특성』. 서울: 어세스타.

김주엽 · 송계층 등(2014). 『조직행위론』. 서울: 경문사.

박유진(2009). 『현대사회의 조직과 리더십』. 서울: 양서각.

배병렬(2008). 『구조방정식 모델』. 서울: 도서출판청람.

백기복(2000). 『이슈리더십』. 서울: 창민사.

백기복 · 신제구 · 김정훈(2009). 『리더십의 이해』. 서울: 창민사.

서우경(2009). 『행복코칭』. 서울: 자유로운상상.

성태제(2004). 『교육연구방법의 이해』. 서울: 학지사.

성태제 · 시기자(2009). 『연구방법론』. 서울: 학지사.

송경재 · 정신영 · 김민종 · 이종형(2016). 『군 리더와 병영상담』. 서울: 학지사.

이경우 · 김경희(2007). 『커뮤니케이션과 대인관계』. 서울: 도서출판역락.

이소희 · 도미향(2008). 『해피온 코칭』. 서울: 한국부모코칭센터.

최병순(2010). 『군 리더십』. 성남: 북코리아.

국내 논문

김소윤(2016). 「기업체팀장의 커리어코칭 역량측정도구 개발」. 숭실대학교 박사학위논문.

배을규(2008). 「기술사 공통직무능력표 개발의 이론과 방향」. 한국기술사회.

성세실리·조대연(2016). 「HRD분야에서 코칭관련 연구 동향 탐색」. 『HRD 연구』11(3), 1-24.

신종국(2001). 「캐나다정부의 역량중심 인사관리」. 『인사행정』6, 64-67.

우수명(2013). 「경영자의 코칭 역량 모델링 및 요구분석」. 경희대학교 박사학위논문.

이경근(1995). 「신세대 대상 광고의 표현방향설정 연구」. 『광고연구』2(7), 215-243.

이동우(2011). 「코칭과 조직유효성의 관계: 자기효능감과 환경의 불확실성 지각의 매개효과를 중심으로」. 성균관대학교 박사학위논문.

이선희(2009). 「리더십 코칭연구의 현재와 향후 연구」. 『사회과학연구』20(1).

이용권·전기석(2018). 「군대조직 리더십 코칭프로그램 효과연구: 대대급 지휘관을 중심으로」. 『코칭연구』.

이유미(2012). 「여성결혼 이민자 부부 의사소통 연구」. 중앙대학교 다문화콘텐츠연구원.

이황원·정범구(2012). 「부정 리더십 연구의 필요성에 대한 고찰」. 인적자원개발연구.

임창현·이희수(2010). 「국내 기업 임원의 리더십탈락에 영향을 미치는 행동특성 연구」. 『한국HRD연구』5(1), 33-59.

전기석·곽대훈(2018). 「연례 육군 리더십 수준 진단결과와 의미」. 육군 교육사령부 리더십 세미나. 충남대학교.

전정희(2009). 「리조트코칭에 관한 연구: 자기효능감 조절효과」. 경기대학교 박사학위논문.

정태영(2011). 「기업 관리자의 평생교육 코칭과 조직구성원의 문제 해결능력 인간관계능력간의 구조적 관계」. 아주대학교 박사학위논문.

조대연(2009). 「설문조사를 통한 요구분석에서 우선순위 결정방안 탐색」. 『교육문제연구』35, 165-174.

주인중·김덕기·정종태·김호연·최선아(2010). 「기업체에서의 역량모델 개발과 활용 실태분석」. 『직업교육연구』29(3), 309-334.

탁진국·조은현(2011). 「코칭 리더십 척도 개발 및 타당화」. 『한국심리학회: 산업 및 조직』24(1), 127-155.

국외 문헌

Aasland, M. S., Skogstad, A., Notelaers, G., Nielsen, M. B., & Einarsen, S. (2010). The prevalence of destructive leadership behaviour. *British Journal of Management*, 21(2), 438-452.

Bacon,. T. R., & Spear, K. I. (2003). *Adaptive coaching: The art and practice of a client-centered approach to performance improvement*. Palo Alto, CA: Davis-Black.

Bartlett, J. E., & Bartlett, M. E. (2011). Workplace bullying: An integrative literature review.

Advances.

Borich, G. D. (1980). A Needs Assessment Model for Conducting Follow-up Studies. *The Journal of Teacher Education*, 31(3), 39-42.

Christopher, W., Calum A., & Hardy, L. (2017). The development and initial validation of a measure of coaching behaviors in a sample of army recruits. *Journal of Applied Sport Psychology*, 1(17), 1-17.

Collins, G. R. (2001). *Christian coaching: Helping others tum potential into reality*. Colorado Springs, CO: Navpress.

Coutu, D. & Kauffman, C. (2009), What Can Coaches do for you? *Harvard Business Review*, January, 26-32.

Dembkowski, S., & Eldridge, F. (2003). Beyond GROW: A new coaching model. *The International Journal of Mentoring and Coaching*, 1(1), 1-6.

Detert, J. R., Trevino, L. K., Burris, E. R., & Andiappan, M. (2007). Managerial modes of influence and counter productivity in organizations: A longitudinal business-unit-level investigation. *Journal of Applied Psychology*, 92(4), 993-1005.

Diedrich, R. C. & Kilburg, R. R. (2001), Further Consideration of Executive Coaching as an Emerging Competency. *Consulting Psychology Journal: Practice and Research*, 53, 203-204. Effectively.

Duffy, M. K., Ganster, D. C., & Pagon, M. (2002). Social undermining in the workplace. *Academy of Management Journal*, 45(2), 331-351.

Edelson, M. (2006). The current evolution and revolution of coaching. In Common wealth Educational Seminars, Danvers, MA.

Edwards, L. (2003). Coaching-the latest buzzword or a truly effective management tool? *Industrial and Commercial Training*, 35(7), 298-300.

Ellinger, A. D. (1999). Supervisory coaching behavior, employee satisfaction, and ware house employee performance: A dyadic perspective in the distribution industry. *Human Resource Development Quarterly*, 14(4), Winter, 435-452.

Einarsen, S., & Skogstad, A. (1996). Bullying at work: Epidemiological findings in public and private organitions. *Europeans Journal of Work and Organitional Psychology*, 5(2), 185-201.

Evered, R. D., & Selman, J. C. (1989). Coaching and the art of management. *Organizational Dynamics*, 18(2), 16-32.

Fairley, S. G., & Stout, C. E. (2004). *Getting started in personal and executive coaching: How to create a thriving coaching practice*. John Wiley & Sons.

Frey, J. H., & Carns, D. E. (1988). Job satisfaction of casino card dealers. Sociology & Social Research.

Whitmore, J. (2004). *Coaching for performance* (4th ed.). London: Nicholas Brealey.

Whitworth, L., Kimsey-House, K., Kimsey-House, H., & Sandahl, P. (2007). *Co-Active Coaching*. Davies-Black Publishing

부정적 리더십을 치유하는 리더십 코칭

찾아보기

부정적 리더십을 치유하는 리더십 코칭

부정적 리더십을 치유하는 리더십 코칭

이용권

경남대학교 군사학과 초빙교수
전, 동국대학교 상담코칭학과 겸임교수
충남대학교 군사학과 박사
국방대학교 국방관리 석사
육군사관학교 졸업

국방정신전력원 전문연구원
육군리더십센터 리더십코칭과장
제67주년 국군의날 행사기획단(참모장)
육군리더십센터 상담처장
27사단 지휘부(중대장, 대대장, 참모장)
72사단 200연대 연대장
한국코치협회 비즈니스코칭위원회 군코칭팀장
미래군사학회 사무국장 / 리더십분과장
국방기술품질원 기동분과위원

보국훈장 삼일장
한국코치협회 코칭학술 포럼 우수논문상
코칭확산 우수기관 선정 표창
국군의날 행사 유공 대통령 표창
평택대학교 총장상(군 심리상담 교육 성적우수)
육군전투력발전 유공 참모총장 표창
전사자 유해발굴 국방부장관 표창

기획재정부/국방부 대상 리더십코칭 전문관 제도 신설 노력
사단장(10명), 연대장(25명), 대대장(125명) 대상 리더십코칭 실시
육군 병영생활전문상담관 대상 군상담교육 실시
전군 영관장교/주임원사(4,500여 명) 리더십 순회교육 실시
대대장/연대장 진급자 대상 군상담 / 리더십코칭 교육 실시

주요저서 및 논문

『만화로 쉽게 배우는 병영상담』

『전환기의 HRD, 연구의 미래를 묻다』(공저)

『정신전력 이슈브리프』

『통일한국의 적정병력규모 판단에 관한 연구』

『군 리더의 코칭역량모델 개발 및 교육요구도 분석』

"군대조직 리더십코칭 프로그램 효과연구"

"군대조직의 코칭리더십 역량모델 개발과 요구도 분석"

"카리스마에 대한 긍정적 인식정도와 카리스마적 리더십 행동의 효과에 관한 연구"

"군 리더의 독성리더십 예방을 위한 코칭방안의 탐색적 연구"

"군 코칭철학 정립에 관한 연구"

"GPS-Follow up 군 코칭모델 개발에 관한 연구"(미래군사학회)

"MZ세대 특성에 적합한 코칭리더십 효과성 평가"

세미나 발표

"군 코칭소개 및 리더십코칭 프로그램 효과성 평가", 코칭페스티벌, 남서울대학교,
         2018. 03.

"군대조직 리더십코칭 효과성 평가", 인적자원개발, 국가공무원인재개발원,
         2018. 10.

"코칭리더십 효과성 평가", 아주대 MBA 과정, 아주대학교, 2019. 10.

"군 리더십코칭 소개 및 코칭효과성 평가", 코칭페스티벌, 한국코치협회,
         2019. 11.

"군 코칭철학 정립에 관한 연구", 충남대-동국대 세미나, 충남대학교, 2020. 12.

"MZ세대에 적합한 코칭리더십 효과성 연구", 미래군사학회-충남대세미나,
         충남대학교, 2021. 11.

"방산협력 지역클러스터 개발에 관한 연구", 미래군사학회 세미나, 충남대학교,
         2022. 03.

.